JINGJIFA LILUN YU
SHIXUN JIAOCHENG

经济法理论与实训教程

主　编　任跃斌　尹梦霞
副主编　雷　群　耿选珍　贾林蓉

西南财经大学出版社
Southwestern University of Finance & Economics Press

图书在版编目(CIP)数据

经济法理论与实训教程/任跃斌,尹梦霞主编.—成都:西南财经大学出版社,2011.12
ISBN 978 - 7 - 5504 - 0494 - 6

Ⅰ.①经… Ⅱ.①任…②尹… Ⅲ.①经济法—中国—高等学校—教材 Ⅳ.①D922.29

中国版本图书馆 CIP 数据核字(2011)第 252947 号

经济法理论与实训教程
主 编:任跃斌 尹梦霞
副主编:雷 群 耿选珍 贾林蓉

责任编辑:杨 琳
助理编辑:何春梅
封面设计:杨红鹰
责任印制:封俊川

出版发行	西南财经大学出版社(四川省成都市光华村街55号)
网 址	http://www.bookcj.com
电子邮件	bookcj@foxmail.com
邮政编码	610074
电 话	028 - 87353785 87352368
印 刷	四川森林印务有限责任公司
成品尺寸	185mm×260mm
印 张	20.25
字 数	460 千字
版 次	2011 年 12 月第 1 版
印 次	2011 年 12 月第 1 次印刷
印 数	1— 3000 册
书 号	ISBN 978 - 7 - 5504 - 0494 - 6
定 价	38.00 元

前 言

经济法是调整特定经济关系的法律规范的总称。经济法课程是普通高等学校经济管理类专业的主干课程，掌握和运用经济法知识是对经济管理人员的基本要求。为了满足普通高等学校经济管理类专业经济法课程教学的需要，我们编写了这本教材。本教材的特点可以概括为：

第一，编写本教材时，在遵循经济法课程教学规律，保证课程体系完整性的基础上，根据经济管理类专业教学要求对教材内容作了一定的取舍，增加了与经济管理类专业联系紧密的民商法中的部分内容。

第二，注重学生基本素质培养与实践操作技能培养的结合。具体安排为在每一章后设置"案例精析"、"实训项目"和"自测题"三个板块。在"案例精析"部分，通过经典案例分析，在阐述经济法原理，明确各项法律制度重点、难点的同时，培养学生分析能力和运用所学知识解决实际问题的能力；在"实训项目"部分，通过各类实训项目设置，培养学生的动手能力；通过完成"自测题"，学生可以检查学习情况，巩固所学知识。通过以上安排，突出学生实践能力的培养及训练，以期实现"教、学、做"的一体化。

本书由任跃斌、尹梦霞任主编，雷群、耿选珍、贾林蓉任副主编，全书最后由任跃斌统稿。教材编写分工如下（以教材章节顺序为序）：第一章由雷群撰写；第二章由韩琼慧撰写；第三章第一节、第二节、第三节由耿选珍撰写；第三章第四节由易莉撰写；第四章由贾林蓉撰写；第五章第一节、第二节由徐学英撰写；第五章第三节至第七节和第六章由尹梦霞撰写；第七章由龚勋撰写；第八章由李浩淼撰写；第九章及各章后"实训项目"由任跃斌撰写；第十章由霍波撰写；第十一章由李亮撰写。

在本教材的编写过程中，我们参考和借鉴了一些专家学者的有关论述和研究成果，主要参考文献已在脚注和书后所附主要参考文献中列出。在此对这些作者表示诚挚的谢意。

由于编者水平有限，书中难免有错漏之处，敬请读者批评指正。

编 者

2011 年 10 月

目 录

第一章 经济法基础知识

第一节 经济法的产生和发展

一、经济法的产生

经济关系是最基本的社会关系，是人类社会赖以存在与发展的前提条件。任何社会的发展，都需要一定的行为规范。在原始社会，经济关系是由习惯来调整的；在阶级社会，经济关系则由法律等加以调整。因此，经济法的产生和发展是社会经济发展的客观要求。

在人类阶级社会发展史上，在奴隶社会和封建社会，由于自给自足的自然经济在经济结构中居于主导地位，商品经济处于从属地位，使得奴隶制、封建制国家的法律呈现出"诸法合一"的特点。但这一时期的法律中已开始出现调整经济关系的法律规范。

进入资本主义社会以后，随着自然经济的解体，商品经济有了空前发展，资本主义国家先后把调整经济关系的法律规范分离出来，制定了民法典，有的还制定了商法典。19世纪末20世纪初，资本主义从自由竞争阶段发展到垄断阶段，经济发展日益复杂，社会矛盾日益尖锐，原有的民法、商法不能完全适应垄断资本主义发展的需要。为了维护整个资产阶级的统治，摆脱经济困境，资本主义国家纷纷通过经济立法，直接干预国民经济的发展。这样，一个以国家权力干预国民经济为主要标志的新的法规群——现代意义上的经济法就应运而生了。

经济法是1755年法国著名的空想社会主义者摩莱里（Morelly）在其所著的《自然法典》一书中首先提出的。摩莱里认为："未来的理想社会应当废除私有制，实行公有制，在财产公有的基础上组织生产，按需进行分配，人人平等、共同劳动……要进行分配就得有法律，就得有分配法或经济法。"[①] 1843年，法国著名空想社会主义者德萨米（Dézamy）在他的《公有法典》一书中将"分配法和经济法"作为专章加以论述，系统地提出了经济法、分配法、工业法、农业法、贸易法等部门法，这种观点更接近后来的经济法现实。摩莱里、德萨米的观点均从空想出发，脱离实际，但其中确有合理的内核，即国家要用法律管理经济、干预经济。不过现代意义上的经济法的产生却是商品经济进一步向市场经济发展的必然结果。1804年《法国民法典》的颁布是商品

---

① ［法］摩莱里. 自然法典［M］. 北京：商务印书馆，1985：106.

经济发展的必然结果，民法与刑法的分离是经济发展的必然结果。但即便是在当时，也暴露出了民法不能完全调整所有的商品经济关系。

20 世纪前后，当资本主义从自由竞争走向垄断后，由于垄断资本家残酷的剥削与毫无节制的市场活动，使资本主义的自由竞争和资产阶级的经济民主被破坏殆尽。传统民法的"契约自由"、"平等互利"、"等价有偿"都无法实现，由此造成的经济危机猛烈地冲击着资本主义制度，危及资产阶级的阶级利益。资本主义国家单靠市场机制已不能解决垄断经济的矛盾。为此，资产阶级学者推出以凯恩斯为代表的国家干预经济的理论，强调要运用经济法律直接规范垄断经济关系。正是在这种条件下，经济法产生了。概括地说，经济法的产生有两方面的原因：第一，从生产力角度看，社会化大生产推动社会分工越来越细，所形成的经济部门越来越细，这就需要有一定的管理部门来调控经济关系，以使其适应生产力的发展；第二，从生产关系角度来看，垄断对生产力的进一步发展的阻碍越来越大，为了能在一定程度上缓和垄断资产阶级和中小资产阶级的矛盾，缓和垄断资产阶级和广大人民的矛盾，维护整个资产阶级的总体利益，资产阶级国家不得不通过法律干预经济生活，控制市场、实行国有化、防止垄断、强制分配国民收入、搞国家直接投资等等。

二、经济法的发展

现代经济法最早出现于德国。1906 年德国学者雷特在《世界经济年鉴》中首先使用具有现代意义的"经济法"的概念，并把这一概念运用到立法实践中去，并且取得了成功。1914—1918 年第一次世界大战期间，各帝国主义国家的垄断资产阶级大发战争横财，给国家收集战争物资造成极大困难。为了进行战争和保证前方物资供应，国家不得不运用国家权力对重要物资的收集、分配及价格作出直接的规定，即国家集中管理经济。比如，德国颁布了《关于限制契约最高价格的通知》（1915 年）、《确保战时国民粮食措施令》（1916 年）等经济统制法令。战后，德国国内矛盾更加尖锐和激烈，为了缓和矛盾，恢复被战争破坏的经济，德国吸取战时的立法经验，通过法律直接干预控制经济活动，先后颁布了《卡特尔规章法》、《煤炭经济法》、《钾盐经济法》、《防止滥用经济权力法令》等。其中《煤炭经济法》（1919 年）是世界上第一部以经济法命名的法律。这一系列立法，确认了国家对市场经济的干预，摆脱了在自由竞争的资本主义时期所确立的资产阶级"私有权神圣不可侵犯"原则和"契约自由"的原则，从而影响了传统市场经济的职能。德国法学者把这些法律命名为经济法，并将其研究成果逐步介绍到其他国家。

德国经济法对世界各国影响较大。此后，经济立法在美国、英国和日本等国广泛展开。比如，为了解决农业危机，日本颁布了《米谷法》、《米价调整法》、《不动产融资损害补偿法》、《农村负债清理令》等。1934 年颁布的《不正当竞争防止法》、1947 年颁布的《关于禁止私人垄断及确保公正交易法》等法律，在日本享有"经济宪法"之誉。

资本主义经济法在战后恢复崩溃的国民经济、限制大财团垄断、发展中小企业、恢复资产阶级经济民主和自由竞争等方面起了重要的历史性的作用。

　　我国经济法的出现是在 1978 年党的十一届三中全会以后，此次会议明确了党和政府的工作中心全面转移到经济建设的轨道上来。随着改革开放的不断深入和社会主义市场经济的建立和完善，建立健全经济法制建设的呼声不断高涨。我国当前的许多重要的和基本的经济法律法规几乎都是在 1979 年以来的三十多年中颁布的。

第二节　经济法概述

一、经济法的概念

　　经济法是调整国民经济运行过程中形成的经济关系的法律规范的总称。经济法的概念从理论上概括，具体包括以下含义：

　　首先，经济法本身是一种法律规范，它是国家对社会经济活动进行调控和管理的法律。因此，它对社会的经济活动和行为人的作为与不作为都具有普遍的法律约束力。

　　其次，经济法是用来调整社会经济关系的法律规范。这种经济关系是为实现一定的经济目的而发生的社会关系，主要包含因经济的调控和管理活动而发生的纵向经济关系、经济运行中开展协作活动而发生的横向经济关系，以及社会经济组织内部在管理和协作过程中所发生的经济关系，还有涉外活动中所发生的各种经济关系。

　　最后，经济法是调整社会经济活动中一定范围的经济关系的法律规范。

　　经济法是我国社会主义法律体系中的重要组成部分，是一门独立的部门法。经济法是国家对社会的经济活动实行宏观调控与管理的重要工具，是国家机关、企事业单位、各种社会经济组织以及公民个人在社会经济活动中的行为准则。

二、经济法的调整对象

　　经济法的调整对象是社会经济活动中的一定范围的经济关系，即在社会经济调控与管理活动以及在市场经济运行活动中所发生的各种经济关系。这些经济关系，主要归纳为以下四个方面：

（一）经济法调整国家在进行宏观调控和管理活动中所发生的经济关系

　　所谓宏观调控与管理活动，是国家或政府有意识、有目标地运用各种手段对社会供给总量和需求总量及其构成等主要经济活动所实施的调节和控制的活动。它包括计划、组织、指挥、调节、监督等活动，在这些活动中所发生的经济关系体现的是一种纵向的管理关系。作为调整国家宏观调控和管理活动中的经济关系的经济法，一是要规范宏观调控主体，二是要规范和管理宏观调控行为。在市场经济条件下，经济法把调控主体及其行为作为自己的调整对象是完全必要的。这对于各级政府、各种经济管理机关依据法律规定取得主体资格，确立健全的强而有力的宏观调控体系，以及以其调控行为对市场经济的发展施加一定影响，以确保市场经济正常有序地运行等方面都有重要意义。

（二）经济法调整社会经济活动中的各种行为主体在市场经济运行中所发生的经济关系

国家经济管理机关、企事业单位和其他社会组织以及个体生产经营者和公民个人相互之间，在市场经济运行中必然会发生广泛的、多形态的横向联系和协作经济关系。经济法主要调整各社会组织、团体及个人相互之间彼此以独立主体的身份平等进行交往的经济联系和经济协作关系；调整各企业、社会组织以及个体生产经营者和公民个人在参与市场经济竞争活动中所发生的各种各样的经济关系等等。

（三）经济法调整社会经济组织内部在开展经济活动中所发生的经济关系

社会经济组织内部的经济关系是一种特殊的经济关系，这种经济关系既有纵向的管理特点，又有横向联系和协作的要求，同时又是一种纵横交叉、相互结合的经济关系。这种经济关系主要包括：企业或其他经济组织内部围绕着生产、经营、科研等方面的工作所形成的纵向管理和横向协作过程中发生的各种经济关系；在农村的乡、镇、村及其他经济组织，围绕着联产承包责任制以及农村专业承包户相互之间建立起来的各种经济关系。

（四）经济法调整涉外经济活动中所发生的经济关系

涉外经济关系是指国家经济管理机关和社会经济组织在对外经济活动中，发生的具有涉外因素的经济关系。具体来说，涉外经济关系包括涉外经济管理机关与企业组织之间的调控与管理关系，以及外贸组织、企事业单位与外商之间的市场运行和相互协作的关系，还有在我国的涉外组织内部所发生的各种涉外经济关系等等。

上述经济管理关系、经济联系和经济协作关系，经济组织内部的经济关系以及涉外经济关系，既相互联系又有所区别，共同构成了我国经济法的完整、统一的调整对象。

三、经济法的特征

经济法作为法律体系中的一个独立的部门法，从本质上来说，与其他部门法一样，都具有鲜明的阶级性、国家的强制性和具体的规范性等特点。除此之外，经济法又不同于其他部门法，它还具有以下几个法律特征：

（一）经济法具有体系结构上的综合性特征

经济法是一个总的名称，它是由工业、农业、商业、交通运输、财政金融、自然资源和环境保护、基本建设、经济协作、涉外经济等各方面的一系列单行经济法律法规所共同组成的综合体系。经济法的这种综合性特点，是由它所调整的经济关系所具有的广泛性和统一性所决定的。

（二）经济法具有讲求效益的经济性特征

一切经济主体参加经济活动，都是为了实现一定的经济目的。因此，它们在经济活动中必须讲求经济效益，减少浪费，提高效率，力争用最小的劳动消耗取得最大的经济利益。而经济法的作用就在于，国家通过运用法律的形式，以"国家之手"来干预和调整社会经济活动，保证一切合法经营者的经济目的能够得到实现，它是对有关经济方面的内容所作出的法律规定。

（三）经济法具有奖励与惩罚两种措施同时并用的特征

一般来说，法律只是规定对某些行为的限制与惩罚。不过，从某些具体的经济法律法规的相关条款来看，却采取了奖励与惩罚两种措施同时并用的处理方式。如参与经济法律关系的主体履行义务并卓有成效时，就会根据有关规定对其进行不同形式的奖励；违反法律规定时，就要对其进行不同形式的制裁。这也是经济法不同于其他部门法的一个重要特征。

（四）经济法具有明显的专业技术性特征

社会的经济活动与科学技术的发展是紧密相连的，作为经济法来说，既要反映经济规律的客观要求，同时又要符合科学技术发展的现状。无论立法者在经济法的制定上，还是经济法律关系的主体和执法者在组织实施经济法的过程中，都需要了解和掌握一定的科学技术知识。这样才能适应经济法制建设的需要，保证经济法律法规的有效实施。

四、经济法的基本原则

（一）坚持社会主义基本经济制度原则

社会主义基本经济制度，是我国经济立法的基础和前提。经济法必须以各种法律形式和调整手段，保障、贯彻和发展社会主义基本经济制度。社会基本经济制度包括生产资料所有制和分配制度。我国正处于社会主义初级阶段，在生产资料所有制上实行社会主义公有制为主体、多种所有制经济共同发展的制度；在分配上实行以按劳分配为主体，多种分配方式并存的制度。其中，公有制为主体、多种所有制共同发展的制度，是社会主义经济制度的基础和基本特征，它适应我国经济发展的客观要求，是解放生产力、发展生产力、巩固社会主义生产关系的根本经济制度保证。

坚持公有制为主体、多种所有制经济共同发展制度，必须从五个方面着手：一是要坚持、保障公有制经济的主体地位。国有经济控制国民经济命脉，对经济发展起主导作用。这种主导作用主要体现在其控制力上，对关系国民经济命脉的重要行业和关键领域，国有经济必须占支配地位；在其他领域则应通过资产重组等形式提高国有资产的经营效益和整体质量，而不能仅仅着眼于其数量比重的大小。集体经济是公有经济的另一种重要形式，在农村经济发展中居于主体地位，应当通过深化农村经济体制改革，壮大集体经济实力，发展多种形式的合作经济，引导农民走共同富裕的道路。经济法还要为城市集体经济的改革与发展提供制度保证。二是保障社会主义公有财产不受侵犯。其中包括保护国有资产和国有自然资源不受侵犯；保护城乡集体财产不受侵犯；保证国有经营性资产保值增值。三是保护个体经济、私营经济的合法权利和利益，对其实行引导、监督和管理。四是保护公民个人的合法财产不受侵犯。五是保护外国投资者在我国的权益，规范其生产经营行为。

坚持按劳分配为主体、多种分配方式并存的制度，必须要注意以下三个方面：一是要调整分配关系，真正体现多劳多得，少劳少得。二是要把按劳分配和按生产要素分配结合起来，既鼓励一部分人通过诚实劳动和合法经营率先致富，也鼓励和保护资本、技术等生产要素参与收入分配。三是杜绝非法收入，整顿不合理收入，调节过高收入，救济过低收入人群。

（二）市场机制与国家干预相结合原则

1993 年 3 月 29 日第八届全国人民代表大会第一次会议通过的《中华人民共和国宪法修正案》作出了"国家实行社会主义市场经济"的规定，把它确定为一项宪法原则，确立了我国经济体制改革的目标。坚持市场机制与国家干预相结合的经济法原则，是实行社会主义市场经济的基本要求。由计划经济向市场经济转变，集中表现为资源配置方式由计划配置转向在国家宏观调控下的市场机制为主。市场机制的建立和完善，有利于充分优化资源配置，调动市场主体的生产经营积极性，促进科学技术的进步和管理水平的提高，是经济体制改革的核心环节。它要求：依法确认市场主体资格，赋予企业和其他经济组织自主经营和独立参与市场竞争的权利；发展包括资本、劳动力、技术等生产要素市场在内的市场体系，完善价格形成机制；健全市场规则，加强市场管理，消除垄断、不正当竞争、地区封锁等市场障碍，建立统一、公平、开放、充分竞争的市场秩序。

市场机制必须与国家干预相结合，原因在于市场机制这只"看不见的手"存在天然的缺陷，需要政府的宏观调控和微观规制去矫正。只有将市场机制与国家干预有机结合起来，才能既激发市场主体的巨大活力，又保证经济发展的平衡、稳健、协调和可持续性。市场机制下国家干预社会经济活动的要求，一是政府由直接管理经济转向宏观调控。经济法要确认和保障政府宏观调控的权限，保证政府对国民经济发展的方向、进程、结构、质量等的有效控制。二是规范宏观调控的手段，由传统的行政命令、行政指挥手段为主，转向依靠基础建设、计划引导、政策调节、市场服务为主。三是完善微观经济体制，有效管理市场交易行为。

（三）保护社会公平原则

保护社会公平，是法律的根本价值目标之一，经济公平则是社会公平的决定性因素。公平包括形式公平和实质公平两方面。形式公平指的是机会均等和法律地位平等，追求的是公平竞争。实质公平则是指结果公平。由于每个人的社会地位、经济实力、先天禀赋及个人能力存在差异，所以使得很多情况下仅靠形式公平难以实现实质公平。传统民商法以个人权利为本位，强调形式公平，但其结果在微观领域会因竞争条件的不平等而导致个人之间物质财富、工作条件、生存空间的差距，造成形式与实质的背离；在宏观领域则无法解决垄断、分配不公、宏观经济总量失衡的问题。经济法在维护形式公平的同时，更注重社会实质公平的实现，通过订立一些义务性条款，维护实质的公平。比如，通过税收调控分配关系，通过社会保障救助社会弱者，通过劳动关系中的强制性规定保护劳动者的合法权益，通过反垄断等保持市场充分竞争等。

（四）权利义务与责任相统一原则

权利义务与责任相统一原则，是指包括国家在内的经济法主体，在经济法律关系中权利义务、责任集于一身，相互统一的原则。权利义务与责任相统一的原则是社会公平原则的延伸，是明确经济法主体权利义务和责任的依据。坚持这一原则的要求是：国家机关行使调控和管理权力必须与其担负的经济管理职责相统一，公共经济管理职能决定了其职权范围，任何国家机关及其工作人员都不能超越职权、牟取私利；国家作为国有财产的代表，与其他任何财产所有者在生产经营领域享有同样的权利，承担同样的义务；任何市场主体在充分享有经济权利的同时，都应当履行相应的经济义务；任何违反经济义务的行为，都必须承担相应的消极的法律后果；在企业内部的权利划分上，明晰财产所有权、法人产权和企业经营权；围绕所有者财产权利的实现划分企业职能部门的职责，建立内部的制衡关系；在劳动合同关系中，劳动者的报酬应与其工作业绩相统一。

经济法上述四项基本原则是相互密切联系的有机整体：坚持社会主义基本经济制度原则是前提和基础，市场机制与国家干预原则是宏观运行模式，保护社会公平原则是价值目标，权利义务与责任相统一的原则是微观活力源泉。

第三节 经济法律关系

一、经济法律关系的概念和特点

法律关系是法律规范在调整人们的行为过程中所形成的经济职权与经济职责，经济权利与经济义务关系，是社会关系的特殊的形态。法律关系是一种社会关系，但并非所有的社会关系都是法律关系，只有受法律规范所调整的社会关系才是法律关系。法律关系按不同的标准有不同的分类，如以部门法为标准可分为民事法律关系、行政法律关系、刑事法律关系和经济法律关系等。

经济法律关系是指由经济法律规范所确认的、各经济法主体在经济管理和经济活动中所形成的经济职权与经济职责、经济权利和经济义务关系。经济法律关系是一种经济关系，但并非所有的经济关系都是经济法律关系，只有当经济关系为法律规范所调整并且具有经济职权与经济职责、经济权利和经济义务时，才形成经济法律关系。

根据经济法律关系的概念，可以归纳出经济法律关系具有以下几个特点：第一，经济法律关系是由经济法所确立的；第二，经济法律关系是在经济管理和经济活动中产生的法律关系；第三，经济法律关系的核心内容是经济职权与经济职责、经济权利与经济义务。

二、经济法律关系的构成要素

经济法律关系的构成要素，是指构成经济法律关系不可缺少的组成部分。任何经济法律关系都是由主体、内容和客体三要素构成的。缺少其中任何一个要素都不能构成经济法律关系，变更其中任何一个要素，就是变更了原来的经济法律关系，都形成新的经济法律关系。

（一）经济法律关系的主体

经济法律关系的主体，是指依法参加经济法律关系，享有经济权利和承担经济义务的当事人。我国经济法律关系的主体分为以下三类：

1. 法人

法人有着其特定的法律内涵。《中华人民共和国民法通则》（以下简称《民法通则》）第36条规定："法人是具有民事权利能力和民事行为能力，依法独立享有民事权利和承担民事义务的组织。"法人是相对于自然人而言的另一类民事主体。它与自然人的主要区别在于，法人是一种社会组织，是组织在法律上的人格化。

法人是一种社会组织，但并不是说任何社会组织都是法人。要成为法人，取得法人地位和资格，必须同时具备以下几个条件：

（1）依法成立。这是成为法人的先决条件。法人是对社会发展有重要作用的组织，它的设立必须在国家严格的管理和监督下进行。依法成立包括两重含义：一是法人组织的设立必须合法，即法人的设立目的和宗旨、组织机构、经营范围、经营方式必须符合法律的规定；二是法人成立的审核和登记程序必须符合法律的规定。要成为法人，必须按照法律、法规的规定和要求进行。此规定的目的在于加强国家对法人组织的统一控制和管理。当然，对不同种类的法人来说，所依据的法律内容也是不尽相同的。

（2）有必要的财产或者经费。这是法人应具备的基本的物质条件。法人成为经济法律关系主体，要参与各种经济活动、进行生产经营，就应以一定的财产或经费作为履行义务、承担责任的物质保证。法人的财产应与组成法人的个人的财产和设立法人的国家财产区别开来。

（3）有自己的名称、组织机构和场所。法人的名称是法人之间相互区别的标志，是以自己的名义参与经济活动的必要条件。法人对其依法注册的名称享有专用权。法人的组织机构是对内管理事务、对外代表法人从事各种活动的常设机构或机关。当然，不同的法人，机构设置也有所不同。法人的场所是法人从事生产、经营活动的所在地。没有一定的场所，法人便不能进行业务活动，他人也无法同法人进行业务联系和结算。在社会生活中，有些法人的业务活动十分广泛，除生产、经营的中心场所外，在其他地方还设有分支机构或临时办事机构。《民法通则》第39条规定："法人以它的主要办事机构所在地为住所。"

（4）能够独立承担民事责任。这是我国法人制度的核心。即法人能够以自己所拥有的财产或经费承担它在经济活动中的债务。这一规定明确了法人的责任只能由法人自己来承担，并且也必须有能力承担；否则，因经营管理不善，没有能力承担责任时，该法人就应该解散或破产。

我国《民法通则》主要将法人分为两大类：企业法人和非企业法人。企业法人是指拥有必要财产，直接从事商品生产和经营活动的法人，如工厂、商店和各种企业、公司等。企业法人是我国法人中最典型、数量最多的一种。其主要的特点是为营利而设立，直接从事生产经营活动。非企业法人是指不直接从事商品生产和经营活动的法人。它分为以下三种：①机关法人，是指从事国家领导和行政管理活动、以国家预算拨款为经费的法人，包括从中央到地方的各级权力机关、行政机关、军事机关、审判机关和检察机关等。作为经济法律关系的主体，主要是指国家管理机关中的经济管理机关。国家机关在法律规定的范围内参加经济关系，享有经济权利和承担经济义务，成为经济法的主体。②事业单位法人，是指从事社会公益事业，拥有独立经费或财产的法人，包括除国家机关之外的新闻、出版、广播、电影电视、图书、艺术、科研、教育、体育、卫生等单位。事业单位法人的经费主要来源于国家预算拨款，也有些来源于自筹、集体提供、他人捐助和自己收入积累等。③社会团体法人，是指由群众自发或国家倡导而成立的有益于物质文明或精神文明建设的社会组织，如各种学会、协会、工会、妇联等社会团体。

法人具有相应的权利能力和行为能力。法人的权利能力，是指法律赋予法人享受经济权利和承担经济义务的资格。法人的权利能力从成立时开始，到解散时终止。法人的权利能力范围（又称业务范围或经营范围），是国家有关法律、法规、政策和法人自身的组织章程特别规定的。各种法人都有自己的权利能力范围。法人的行为能力，是法人依法以自己的行为参与各种经济管理和生产经营活动，取得权利和履行义务的资格。法人的行为能力只能通过法人的法定代表人或代理人来实现。法人行为能力从法人成立时开始，到解散时终止。法人的成立宗旨和业务范围决定法人行为能力的内容。超出业务范围所为的行为无效。法人的法定代表人或法人的其他工作人员，在法人业务范围内开展的活动，他们的行为就是法人本身的行为，所产生的后果由法人负责。同时，法定代表人可以更换，但这种更换不应影响在此之前其代表法人所进行经济活动的法律效力。

2. 非法人组织

非法人组织指不具有法人资格但可以以自己的名义进行民事活动的社会组织。

非法人组织具有以下法律特征：

（1）非法人组织为社会组织，这是非法人组织与自然人的根本区别。

（2）非法人组织具有相应的民事权利能力和民事行为能力。

（3）非法人组织不具备法人的条件。尽管非法人组织也是一个组织体，但其不是如法人一样地具有完全的独立性、严密的组织机构、严格的议事规则，也不能独立地承担责任。

非法人组织也是多种多样的，可作以下分类：

（1）营利性非法人组织和非营利性非法人组织。根据非法人组织的成立目的，可分为营利性非法人组织和非营利性非法人组织。营利性非法人组织是指以营利为目的的不具有法人资格的社会组织，如合伙企业、个人独资企业等。非营利性非法人组织是指不以营利为目的的不具有法人资格的社会组织，如不具有法人资格的社会团体。

（2）需登记的非法人组织和不需登记的非法人组织。根据其成立是否以办理登记为要件，非法人组织可分为需登记的非法人组织和不需登记的非法人组织。需登记的非法人组织是指不经登记原则上不能成立的非法人组织。依我国法律规定，社会团体及从事工商业经营活动的非法人组织需要办理登记手续，领取社会团体证书或营业执照后方能取得相应的主体资格。不需登记的非法人组织是指不需办理登记手续也可成立的非法人组织。例如，农村承包经营户依法不需办理登记手续。

3. 自然人

自然人在一定的条件下也可成为经济法的主体。例如，依法纳税与国家税务机关形成税务权利义务关系，就是一种经济管理法律关系。作为经济法律关系主体的自然人应当年满18周岁并具备完全行为能力。我国《民法通则》规定：年满18周岁的自然人是成年人，具有完全民事行为能力；虽未满18周岁的，但已满16周岁，以其劳动收入为主要生活来源者，也视为完全行为能力人。10周岁以上未满18岁的未成年人是限制民事行为能力人；不满10周岁的人无行为能力。对于精神病人，则依其精神状况，个案审定其行为能力，或者无行为能力或者有部分行为能力，同时规定了利害关系人申请精神病人进行行为能力宣告制度。

（二）经济法律关系的内容

经济法律关系的内容，是指经济法律关系主体享有的经济权利与经济职权，承担的经济义务与经济职责。它反映了经济法律关系主体的具体要求，决定着经济法律关系的实质。

1. 经济职权

经济职权，是指国家机关进行经济管理时依法享有的权力。经济职权具有以下三个特征：第一，经济职权的产生基于国家授权或法律的直接规定。哪些国家机关享有什么样的经济职权，是由国家授权或法律直接规定的。第二，经济职权具有命令与服从的性质。在国家机关依法行使经济职权时，其下属的国家机关、有关的各种经济组织和其他经济主体，都必须服从。第三，经济职权不可随意转让、放弃和抛弃，随意转让、放弃或抛弃是一种失职和违法行为。经济职权的内容，包括决策权、资源配置权、指挥权、调节权、监督权和其他经济职权。由于经济职权作为一种权力，具有不同于权利的必须行使性，因此，经济职权同时又是其享有者必须履行的经济职责。

2. 经济权利

经济权利，是指经济法律关系主体依法为或不为一定的经济行为和要求他人为或不为一定经济行为的资格。经济权利主要表现在以下三个方面：一是经济法律关系主体有权在法律规定的范围内，根据业务活动的需要按自己的意志进行各种经济活动；二是经济法律关系主体为实现自己的经济权利，有权要求其他经济法律关系主体作出一定行为或不为一定行为，以保证实现或不影响实现权利主体的意志及经济利益；三是因其他经济法律关系主体的行为使自己的经济权利不能实现时，有权要求法院或仲裁机构给予法律保护。有关机构可依法直接采取保护措施。

经济权利的种类主要有经营管理权、财产所有权、债权、知识产权等。

（1）经营管理权。经营管理权，是指企业进行生产经营活动时依法享有的权利。经营管理权的内容包括产、供、销、人、财、物各个方面，主要有经营方式选择权、生产经营决策权、物资采购权、产品销售权、人事劳动管理权、资金支配权、物资管理权、其他经营管理权等。不同类型的企业所享有的经营管理权的具体内容是不相同的。

（2）财产所有权。财产所有权，是指所有人依法对自己的财产享有占有、使用、收益和处分的权利。它是国家规定所有制关系的一项法律制度。从表面上看，所有权表现为人与物的关系，但从实质上看，所有权表现的是人与人之间的一种社会关系。

财产所有权是市场主体依法享有的基本民事权利。它具有以下六个基本特征：

第一，财产所有权是一种最充分的权利。财产所有权的内容主要包括占有、使用、收益和处分，它与其他物权相比在权能上是最充分、最完整的。因此，财产所有权称为"完全物权"。

第二，财产所有权是绝对权。它是一种不依赖也不从属于其他权利而独立存在的自主权利。在财产所有权法律关系中，权利人不需要义务人积极作为，就可以实现自己的权利。

第三，财产所有权是对世权。表现为其权利主体是特定的单一主体，即财产所有权人。一项财产只能设定一个完整的所有权，但不排除两个以上的人对一项财产共同享有所有权，比如共有财产关系。义务主体是不特定的分散的群体，即除财产所有权人之外的其他任何人都负有不得侵犯财产所有权人财产的义务。

第四，财产所有权具有排他性。表现为财产所有权人对自己的财产享有独立支配权，他人不得干涉。

第五，财产所有权的客体是物。它不包括行为和非物质财富。

第六，财产所有权具有法定限制性。财产所有权与其他财产权利不同，对它的限制只能由国家通过法律加以规定。世界各国的法律都对财产所有权作出了限制性的规定，其目的在于维护国家和社会公共利益，防止财产所有权人滥用权利。

财产所有权的取得，是指市场主体依据一定的法律事实获得某物所有权的一种法律现象。尽管所有权取得的具体方式很多，但根据其取得所有权是否与原所有人的权利和意志有关，可将其分为原始取得和继受取得两种。

①原始取得，也称初始取得，是指不以原所有权人的权利和意志为依据，直接依据法律规定而取得的所有权。通常包括以下七种情形：

生产创造，即依法对其生产创造的财产取得所有权。

收取孳息，即依法对其原物所生孳息取得所有权。

强制没收，即对违法所得的财产或作为违法手段的财产的剥夺。

收取无主财产，即依法将无主财产收归国有。

添附取得。所谓添附，是指不同所有权人的财产，非因合意合为一体，不能分离的事件。它主要包括混合、附合、加工三种情况。添附事件发生后，因添附物不能分割，必须依法确定该添附物的归属。各国对此规定不一，但多数按主物吸收从物的原则处理。如该添附物归主物或价值大的物的所有人所有，其实际上即依法取得了原属对方的财产。但依据公平原则，其应当给对方一定的补偿。

时效取得，即依法因占有时效届满而取得财产所有权。我国现行法律尚未对此作出规定。

善意取得。善意取得是动产所有权取得的一项特殊制度。善意取得是指原物被无处分权人转让给第三人，如第三人不知道也不可能知道转让为非法，则可依法取得原物的所有权，原所有人不得请求第三人返还原物，只能请求非法转让人赔偿损失。善意取得应具备四个要件：一是其标的须为不必经登记即可自由流转之善意取得动产；二是受让人须因有效交易行为而有偿取得；三是受让人须已经实际占有了该财产；四是受让人取得该财产时必须为善意，即受让人不知道且不应当知道转让人对该财产无处分权。善意取得构成后，受让人可依法即时取得财产所有权。原权利人的损失应由无权转让人依法赔偿。

②继受取得，也称传来取得，是指以原所有权人的权利和意志为依据，通过法律行为或法定事件而取得所有权。它与原始取得的主要区别在于，所有权的取得必须以原所有权合法为前提，且须以原所有权人的意志为转移，故其所有权的取得通常应有合同依据。继受取得的方式主要包括买卖、赠予、互易、继承和受遗赠等。

（3）债权。债是按照合同的约定或者依照法律的规定，在当事人之间产生的特定权利和义务关系。在债的法律关系中，享有权利的人为债权人，负有义务的人为债务人。债作为一种民事法律关系，反映的是社会财产流转关系，主要是商品交换关系，体现的是财产从一个主体转移给另一个主体的过程，因而具有财产性质。

债权是债权人按照合同的约定或者依照法律的规定请求债务人为一定行为或不为一定行为的权利。债权与所有权同属于财产权，两者既有联系又有区别。所有权关系反映的是社会经济生活中物质资料的归属问题，属于静态法律关系；债权关系反映的是社会经济生活中物质资料的转移问题，属于动态法律关系。一般来讲，所有权是债权发生的前提和结果，债权又是所有权的表现形式，是取得和实现所有权的一种方法。

债权与所有权相比较，具有以下四个基本特征：

第一，债权是对人权。在债的法律关系中，债权人和债务人都是特定的，债权人的请求权只有对特定的债务人才发生法律效力。

第二，债权是相对权。在债的法律关系中，债权人的权利必须通过债务人实施一定的积极行为，即履行积极义务才能实现。

第三，债的客体可以是物和行为。在以物为客体的债中，法律允许一物之上成立多个债权，可见，债权本身不具有排他性。

第四，从法律关系的发生看，产生债的法律事实可以是合法行为，也可以是不法行为。财产所有权一般只能根据合法行为产生。

债权的发生，必须有一定的法律事实。引起债权发生的法律事实就是债权发生的根据。在我国，债权发生的根据主要有以下四种：

第一，因合同发生的债权。合同是债权发生的最为普遍的根据。

第二，因侵权损害发生的债权。侵权行为是指不法侵害他人的合法利益，给他人造成损害，依法应承担民事责任的行为。实施侵权行为的人有义务赔偿给他人造成的损害。这样，在当事人之间就形成了以损害赔偿为内容的债权债务关系。它与因合同发生的债权相比，有如下特点：①是由侵害人的不法行为引起的，而合同债权只能由当事人的合法行为引起。②它由侵害人的单方行为引起，与受害人的意思和行为无关，而合同债权是由当事人意思表示一致而发生的。③它的内容主要是损害赔偿。侵害人的责任并不以财产责任为限，还有非财产责任，如赔礼道歉等。而合同债权的内容基本上只具有财产性质。④它是法定债权，其产生、构成要件、内容等均由法律明确规定，而合同债权一般为任意债权，由当事人在法律许可的范围内自由约定。

侵权行为依其成立条件和表现形式的不同，可以分为一般侵权行为和特殊侵权行为两大类。一般侵权行为又称直接侵权行为，是指满足一般侵权行为构成要件并应由行为人自己承担责任后果的侵权行为。一般侵权行为的法定构成要件是：①行为具有违法性；②造成他人法定权利的损害；③违法行为与损害后果具有因果关系；④违法行为人主观上须有过错。

特殊侵权行为是指当事人管理的人或物致人损害的侵权行为。根据我国《民法通则》的规定，特殊的民事侵权行为主要有：国家机关或其工作人员的职务侵权行为、产品质量不合格致人损害行为、高度危险作业致人损害的民事行为、施工人致人损害的民事行为、建筑物保管不善致人损害行为、饲养的动物致人损害行为、无民事行为能力人或限制民事行为能力人致人损害行为。特殊侵权行为，一般实行过错推定原则或无过错责任原则，并由与行为人或物有关的人承担侵权责任。

第三，因不当得利发生的债权。不当得利，是指没有合法根据，取得不当利益，并致他人受损的法律事实。由于受益人取得该利益没有合法根据，因此受益人应将不当利益返还给受害人，受害人有权请求受益人返还其所得利益。这样，在当事人之间便形成了以返还不当得利为内容的债权债务关系。

不当得利之债的构成要件有四个方面：①一方取得利益；②得利无合法根据；③造成他人损失；④一方得利与另一方受损有因果关系。

第四，因无因管理发生的债权。无因管理，是指没有法定的或约定的义务，为避免他人利益受损而自愿为他人管理事务的行为。无因管理发生后，管理人有权请求受益人偿付因管理事务所支付的必要费用，受益人负有偿还这种费用的义务。这样，在当事人之间就形成了以受益补偿为内容的债权债务关系。

无因管理之债的构成要件有四个方面：①客观上为他人管理了事务；②主观上有为他人谋利益的意思；③无法定或约定的义务；④管理他人事务时支付了必要的费用。

除上述根据之外，债权还可以因其他法律事实而发生，如因遗嘱、缔约过失行为等而发生。

知识产权的具体内容将在第十章讲述。

3. 经济义务

经济义务，是指经济法律关系主体依法应当为或不为一定行为的责任。经济义务主要体现在以下三个方面：一是经济法律关系主体必须按规定负担其应负的经济义务，以保证国家利益和相应享有权利的另一方经济法主体的权益得以实现；二是所履行的经济义务范围是由法律界定的；三是经济法律关系主体应自觉履行经济义务，若不履行或不完全履行，就会受到法律的制裁。

经济权利和经济义务是互相联系、互相依赖、互相渗透、密不可分的。在许多情况下，一方权利的实现依赖于他方义务的履行，他方义务的履行体现并实现了一方的权利。

（三）经济法律关系的客体

经济法律关系的客体，是指参加经济法律关系的主体享有的经济权利和承担的经济义务所共同指向的对象。没有经济法律关系的客体，经济法主体的经济权利和经济义务就会落空。可以作为经济法律关系客体的有财物、经济行为和智力成果。

1. 物

物是指经济法主体能够控制、支配的，经济法律允许其进入经济法律关系运动过程的，具有一定的经济价值和实物形态的物品，以及可充当一般等价物的货币。

作为经济法律关系客体的物，受到国家政策、法律的严格限制，有些物只能成为国家所有权关系的客体，为国家所有，不能直接参与经济法律关系的流转，如矿藏、水流、城市土地等，这些财产要由国家授权专门机关、国有企业经营管理。有的物不能作为流通、买卖的客体，或在流转过程中有严格的限制。

结合民法学与经济法学的观点进行分类，财物类客体可分为生产资料和消费资料、限制流通物和非限制流通物、种类物和特定物、动产和不动产、可分物和不可分物；原物和孳息等。

2. 经济行为

经济行为是指经济法律关系的主体为达到一定的经济目的所进行的活动，经济权利和经济义务通过行为的实施得以实现。它包括经济管理行为、完成一定工作的行为和提供一定劳务的行为。

（1）经济管理行为，是指在国家调控经济运行过程中，国家机关、社会组织根据法律规定行使职权的行为。如编制、审批和下达国家计划的行为，制定、审定物价的行为以及审计行为等。

（2）完成一定工作的行为，是指经济法律关系主体一方所要求的，由另一方主体通过自己的行为予以实现、完成的任务、指标或是物化劳动的成果。它可以是体力劳动的成果，如建筑和修理房屋、安装设备等；也可以是脑力劳动的成果，如完成一项工程的设计、翻译某技术资料等。

（3）提供一定劳务的行为，是指经济法律关系主体利用自己的设施和条件为对方提供一定的劳动服务，使对方从劳动服务中实现一定的经济利益。这种经济法律关系的客体往往反映为某种物质表现出来，但其客体不是物而是某种行为，如运输货物、仓储保管、装饰房屋等均为提供劳务的行为。

3. 智力成果

智力成果是人类脑力劳动创造非物质财富，一般是指智力方面的创作，如商标权、专利权、著作权等。它虽然没有直接的物化形态，但却可以创造物质财富，取得经济效益。由于智力成果可以运用于生产，转化为生产力，因此，智力成果也是经济法律关系的客体，可以在经济组织之间进行有偿转让。

三、经济法律关系的产生、变更和消灭

（一）经济法律关系产生、变更和消灭的概念

经济法律关系的产生是指经济法律关系的最初形成。因一定的经济法律事实使得原本没有法律联系的当事人之间形成经济法律关系。例如，税款的征收使某种经济法律关系产生。

经济法律关系的变更是指经济法律关系主体、内容、客体三要素中任何一个要素发生了变化，从而使经济法律关系发生了变更。为了维护正常的经济秩序，经济法律关系的变更受到严格的限制，除发生法律规定的情形外，一般不得随意变更。必须变更时，要根据法定程序，经双方协商一致，否则，要承担法律责任。

经济法律关系的消灭是因一定的经济法律事实，使原来存在的经济法律关系不复存在。经济法律关系的消灭可以是全部消灭，也可以是部分消灭。

（二）经济法律关系产生、变更和消灭的原因

经济法律关系产生、变更和消灭必须以法律规定和客观存在的事实为依据，即由于一定的经济法律事实的出现，才导致经济法律关系产生、变更或消灭。

经济法律事实，是指由经济法律规范确认并能够引起经济法律关系产生、变更或消灭的客观现象。并不是一切客观事实都能引起经济法律关系的发生，只有国家法律规范认可的客观事实引起相应的法律后果的，才是经济法律事实。

经济法律事实可分为事件和行为两大类。

事件，亦称经济法律事件，是指不以经济法律关系主体的主观意志为转移能够引起经济法律关系产生、变更和消灭的客观事实。它包括各种自然现象，如地震、暴风、水灾等自然灾害；也包括各种社会现象，如战争、军事行动、动乱、暴乱等。由于这些自然现象和社会现象都是经济法律关系主体事先所不能预见，且发生后亦无法避免、无法克服的，因此导致原来的经济法律关系变更或消灭，也可以使新的经济法律关系产生。事件作为法律事实，只限于法律有明文规定的情况。

行为，是指经济法律关系主体依自己的意志所进行的能够引起经济法律关系产生、变更和消灭的活动。行为有合法行为与非法行为之分。合法行为，是指符合法律规定并能依当事人的意愿发生预期的法律后果的行为，如国家管理机关的行政执法行为、司法机关的司法行为、仲裁机构的仲裁行为等。非法行为，是指不符合法律规定的行为，如生产、销售假冒伪劣产品的行为，偷税漏税行为，走私贩私行为，国家经济管理机关的越权行为等。非法行为本身虽不合法，不受法律保护，但它所引起的法律后果是依法受保护的，只是这种后果通常是与当事人的意志相悖的。对于引起经济法律关系设立、变更、终止的行为除经济法律行为外，还应注意以下行为：

1. 民事法律行为

民事法律行为，是指民事主体设立、变更、终止民事权利和民事义务的合法行为。我国《民法通则》第55条规定，任何民事法律行为皆须具备如下一般有效要件：①行为人具有相应的民事行为能力。②当事人的意思表示真实。意思表示真实，指当事人

在意志自由、能认识到自己的意思表示之法律效果的前提下，内心意图与外部表达相一致的状态。意思表示不真实，指当事人的内心意图与外部表达不一致的状态。意思表示不真实包括意思与表示不一致和意思表示不自由。意思与表示不一致又可分为故意的不真实和基于错误的不真实。故意的不真实主要有真意保留、虚假表示和隐藏行为。基于错误的不真实包括错误和误传。意思表示不自由包括受欺诈的意思表示、受胁迫的意思表示和危难中的意思表示。③不得违反法律或社会公共利益。合法性是民事法律行为的本质属性，因此，民事法律行为的内容不能违反法律和社会的公共利益。如行为人不得以规避法律强制执行为目的而让渡自己的财产，订立买卖合同不得以禁止流通物作为标的物，遗嘱不得取消无劳动能力又无生活来源的继承人的必要份额等。

以上三点为民事法律行为的一般有效要件。虽然在一般情况下，当事人进行民事行为可以自由选择采取一定的形式，但法律规定适用特定形式时，民事法律行为所采取的形式应符合法律、法规的规定。如果违反法定形式，便会导致民事行为的无效。

2. 代理

（1）代理的概念。广义的代理是指代理人在代理权范围内，以被代理人的名义或者自己的名义独立与第三人进行民事行为，由此产生的法律后果直接或者间接由被代理人承担的法律制度。狭义的代理是指代理人在代理权限范围内以被代理人的名义与第三人进行民事行为，由此产生的法律后果由被代理人承担的法律制度。根据我国《民法通则》第63条关于代理的规定，我国现行民事立法采用狭义的代理。在代理制度中，以他人名义与第三人实施民事行为的人，称为代理人。由代理人代替其实施民事行为的人，称为被代理人，也称本人。与代理人实施民事行为的人，称为第三人。

（2）代理的特征。一是代理人以能进行意思表示为基本要件。代理人进行代理行为，以代被代理人实施民事行为使命。由于意思表示是民事行为的基本要素，因此，代理人以自己的技能和知识为被代理人的利益独立进行意思表示，才符合代理制度的目的。在这一点上，代理人与使者不同，使者只传达他人的意思而不独立进行意思表示。代理也有别于其他委托行为，比如代人保管物品、照看婴儿等事实行为，这些行为尽管也出于他人委托，但是受托人不必对第三人进行意思表示，因而不是代理行为。

二是代理人应在代理的权限范围内实施代理行为。如果代理人超越代理权而进行民事活动，被代理人又没有追认的，该行为的法律后果则由行为人自己负责。

三是代理人须以被代理人的名义进行活动。广义代理有直接代理和间接代理之分。狭义的代理仅指直接代理，即代理人须以被代理人的名义进行代理行为。广义的代理不仅包括直接代理，而且包括间接代理。所谓间接代理，就是代理人以自己的名义代被代理人进行民事行为。大陆法系各国一般仅承认狭义的代理。

四是代理行为的法律后果归属于被代理人。我国《民法通则》规定，被代理人对代理人的代理行为承担民事责任。因为代理的后果由被代理人直接承担，所以代理人在代理中所为的意思表示应与被代理人的真实意思或利益相一致。代理人所实施的行为属于可撤销、可变更民事行为时，被代理人有权请求变更或撤销。代理人不履行代理职责，给被代理人造成损害的，代理人应承担民事责任。

（3）代理的分类。根据代理权产生原因的不同，代理可分为委托代理、法定代理和指定代理。委托代理是指基于被代理人的委托授权而发生代理权的代理。法定代理是指依照法律的规定发生代理权的代理。指定代理是指按照人民法院或者指定单位的指定发生代理权的代理。

（4）代理的适用范围。代理的适用范围极广。从主体上说，不论自然人、法人还是其他民事主体，都可以通过代理人进行民事活动。从代理的事项上说，代理进行的虽主要是民事法律行为，但其他与民事行为相关的能够引起民事权利义务发生的具有法律意义的行为，也可以适用代理。但下列行为不适用代理：①依照法律规定或者当事人的约定应由本人实施的民事法律行为。②违法行为。代理实施违法行为的，不适用代理的规定。《民法通则》第67条规定："代理人知道被委托代理的事项违法仍然进行代理活动的，或者被代理人知道代理人的代理行为违法不表示反对的，由被代理人和代理人负连带责任。"

（5）代理权的产生和终止。代理权因法律的直接规定、有关机关或单位的指定和被代理人的委托而产生。代理权的终止，又称为代理权的消灭，指代理人与被代理人之间的代理权关系消失。

代理权终止的共同原因：代理人死亡或者丧失民事行为能力；被代理人死亡。但是，如果代理人不知道被代理人死亡而继续进行代理行为的，其行为的后果由被代理人的继承人承担。

委托代理权终止的特定原因：代理期间届满或者代理事务完成；被代理人取消委托或者代理人辞去委托；作为被代理人或者代理人的法人终止。

法定代理或指定代理权终止的特别原因：被代理人取得或恢复民事行为能力；指定代理的人民法院或其他有关单位取消指定；由其他原因引起的被代理人和代理人之间的监护关系消灭。法定代理权都是以监护人身份的存在为前提的，监护关系消灭，法定代理权必然随之终止。

（6）无权代理。无权代理，是指行为人不具有代理权而以他人名义实施的代理行为。无权代理是具备代理关系的其他要件，唯独缺乏代理权的行为。无权代理是一种效力待定的民事行为，可因代理行为发生后的某种法律事实而转化为有权代理或丧失其法律效力。无权代理包括以下三种情况：①行为人（代理人）与被代理人之间从未发生代理权关系；②行为人与被代理人之间虽存在代理权关系，但行为人的行为超越了代理权限；③行为人与被代理人之间曾经存在代理权关系，但行为发生时，代理权关系已经终止。没有经被代理人事后追认的无权代理行为，应由行为人自己承担民事责任。第三人知道行为人没有代理权、超越代理权或者代理权已终止还与行为人实施民事行为给他人造成损害的，由第三人和行为人负连带责任。委托代理转托时，应事先取得被代理人的同意，或事后及时告知取得其同意，否则，由代理人负民事责任。但在紧急情况下为保护被代理人利益而转托的不在此限。

（7）表见代理。表见代理是指行为人虽无代理权，但善意相对人（第三人）客观上有充分理由相信行为人（代理人）具有代理权，而与其进行民事法律行为，该民事法律行为的法律后果直接由被代理人承担。

表见代理的构成要件为：客观上存在使相对人相信无权代理人有代理权的事由；

相对人主观上为善意且无过失，即不知无权代理人欠缺代理权；无权代理人同相对人之间的民事法律行为具备代理的表面特征和民事法律行为的一般有效条件。

四、经济法律关系的保护

经济法律关系的保护，即对经济法主体的经济职权和经济权利的保护。其目的是运用国家强制力，使经济法律关系在受到损害时得以救济，损害行为受到追究。

（一）经济法律关系的保护措施

我国经济法律关系的保护措施主要有以下几种：

1. 行政执法保护

经济法律关系的行政执法保护，是指国家行政机关通过行政执法活动对经济法主体权利的保护。行政执法的措施包括强制履行、行政处罚、行政复议等。

2. 诉讼保护

经济法律关系的诉讼保护，是指在人民法院主持下，通过诉讼活动解决经济纠纷，制裁经济犯罪，从而使经济法主体的权利得以保护。经济法律关系的诉讼保护包括民事诉讼、行政诉讼、刑事诉讼三种。民事诉讼是人民法院依据民事诉讼法和经济实体法的规定，对平等主体当事人之间的经济纠纷进行审理裁判的活动。行政诉讼是人民法院依据行政诉讼法和行政法、经济法的规定，对公民、法人及其他组织不服行政行为而起诉的案件的审理裁判活动。刑事诉讼是审理刑事犯罪案件，制裁犯罪的诉讼活动。民事诉讼、行政诉讼和刑事诉讼以人民法院的公正审判为手段，并以国家强制力为后盾，是维护经济法主体权益的有效措施。

3. 仲裁保护

仲裁保护是指依法设立的仲裁机构对当事人通过合意自愿交由其审理的争议，作出对当事人有拘束力的裁决的活动。仲裁是保护经济法律关系、解决经济纠纷的重要形式。

（二）经济法律责任

保护经济法律关系的基本手段，是追究违法行为人的经济法律责任。所谓经济法律责任，是指经济法主体因实施了违反经济法律法规的行为而应承担的消极的法律后果。根据我国法律的规定，违反经济法的法律责任种类有：

1. 行政责任

行政责任是指国家行政机关依照行政程序对违反经济法律法规的社会组织和公民个人所做的处罚。行政处罚的方法包括罚款、责令停业、加收滞纳金、没收非法所得、吊销营业执照等。

2. 民事责任

民事责任是指社会组织和公民个人因侵犯他人民事权利或违约所应承担的法律后果，其基本形式是赔偿损失，责任的性质具有补偿性。

3. 刑事责任

刑事责任是指人民法院对于触犯国家刑法的个人和单位给予的刑事制裁。经济犯罪行为严重危害经济法律关系，因而对其行为人的制裁措施也是最为严厉的。

【案例精析】

郭耀周等四原告诉中国人寿保险股份有限公司南阳分公司赔偿案

一、案情

2003 年 1 月 6 日，李书阁与中国人寿保险股份有限公司南阳分公司（下称保险公司）签订了一份康宁终身保险合同，合同约定保险金额为 1 万元，交费方式为年交 900 元，交费期间为 20 年，即交至李书阁年满 61 岁，被保险人和身故保险金受益人均为李书阁本人。作为保险合同组成部分的中国人寿保险公司康宁终身保险条款第四条第二项规定：被保险人身故，本公司按基本保额的 3 倍给付身故保险金，但应扣除已给付的重大疾病保险金，本合同终止。

合同订立后，李书阁按合同约定交纳保险费 900 元。2004 年 6 月 22 日，李书阁因脑溢血意外死亡。同月 29 日，李书阁之夫郭耀周向保险公司申请理赔。保险公司以李书阁带病投保为由，拒绝按保险合同的约定赔偿 3 万元保险金，只同意赔偿部分。2005 年 6 月 29 日，郭耀周同保险公司达成保险给付协议书，协议载明："郭耀周同意保险公司一次性给付保险金 2 万元，此协议为最终协议，双方互不追究"。据此，保险公司支付给郭耀周现金两万元。2006 年 11 月 22 日，郭耀周及其同李书阁所生的三个儿子郭茂卿（生于 1977 年 9 月 14 日）、郭毅卿（生于 1979 年 4 月 17 日）、郭毅然（生于 1983 年 10 月 11 日）向法院起诉，请求保险公司支付所欠的 1 万元保险金。

二、审判

河南省内乡县人民法院审理后认为，合同当事人应当按照约定全面履行自己的义务。李书阁与被告保险公司签订了康宁保险合同，李书阁出险后，被告应依合同约定支付保险金。被告保险公司辩称其以协议书的方式终止了李书阁与其之间的保险合同，且就保险金的给付数额作出约定并履行完毕。河南省内乡县人民法院认为，该协议书是无效合同，该证据系无效证据，不具有证明力，因此对被告的该抗辩理由不予支持。因为被告保险公司未举出有效证据证明李书阁与其所签订的保险合同系无效合同或已终止及存在其他应当不付、少付保险金的情形，所以被告应当全额支付保险金。故判决：被告中国人寿保险股份有限公司南阳分公司在本判决生效后三日内支付原告郭耀周、郭茂卿、郭毅卿、郭毅然保险金 3 万元（含已支付的 2 万元）。

三、法律问题

如何认定共有人未经其他共有人同意处分共有财产行为的效力。

四、评析

1. 保险公司拒绝履行赔付义务是一种违约行为

第一，李书阁生前属于完全民事行为能力人，她同保险公司签订保险合同系其真实意思表示，双方所签订合同没有违反我国法律、法规的规定，应为有效合同。李书阁已按合同约定履行了义务。保险公司在李书阁出险后拒绝履行赔付义务显然是一种违约行为，依法应当承担相应的违约责任。第二，康宁终身保险条款第五条规定，"因下列情形之一导致被保险人身故、身体高度残疾或患重大疾病，本公司不负保险责任：
……被保险人在本合同生效（或复效）之日起一百八十日内患重大疾病，或因疾病而
身故或造成身体高度残疾……"李书阁是 2003 年 1 月 6 日投保，2004 年 6 月 22 日病
故，是在保险合同生效后的 180 日之后因疾病而身故，因而不属于保险公司免责的
情形。

2. 李书阁死亡后应得的保险金已转化成她的遗产

保险金不是被保险人的遗产，但在某些特殊情况下，保险金应作为被保险人的遗
产。我国《保险法》第 64 条规定，"被保险人死亡后，遇有下列情形之一的，保险金
作为被保险人的遗产，由保险人向被保险人的继承人履行给付保险金的义务：（一）没
有指定受益人的；（二）受益人先于被保险人死亡，没有其他受益人的；（三）受益人
依法丧失受益权或者放弃受益权，没有其他受益人的。"由此可见，只有在上述三种情
况下，被保险人的继承人对被保险人的身故保险金才享有继承权。继承权不是受益权。
被保险人死亡之前，其身故保险金的受益人只具有领取保险金的期待权。被保险人死
亡时，受益人的期待权转化为债权，才能继承或转让，继承人才能行使债权请求权。
本案中，李书阁在同保险公司签订康宁终身保险合同后交纳保险费，并在合同中明确
其本人为被保险人和受益人，显然，李书阁集投保人、被保险人和受益人三种身份于
一身。基于她的死亡而产生的保险金符合上述条文中所列举的第二种情形，其死亡后
应得的保险金已转化成她的遗产。我国《继承法》第 10 条规定，遗产按照下列顺序继
承：第一顺序，配偶、子女、父母……由于李书阁的父母早于她去世，其遗产只能由
生前配偶郭耀周和三个儿子郭茂卿、郭毅卿和郭毅然四人继承，人均继承 7 500 元。

3. 郭耀周同保险公司签订的"最终协议"无效

郭耀周在未征求儿子意见的情况下，同保险公司签订了保险金赔付额为 2 万元的
协议，直接造成每位继承人损失 2 500 元。可见，郭耀周签订协议的行为不仅损害了自
己的利益，而且也处分了他人的财产，侵害了他人的合法权益。《民法通则》第 78 条
规定："按份共有人按照各自的份额，对共有财产分享权利，分担义务。共同共有人对
共有财产享有权利，承担义务。"最高人民法院《关于贯彻执行〈中华人民共和国民法
通则〉若干问题的意见（试行）》第 89 条规定，共同共有人对共有财产享有共同的权
利，承担共同的义务。在共同共有关系存续期间，部分共有人擅自处分共有财产的，
一般认定无效。但第三人善意、有偿取得该项财产的，应当维护第三人的合法权益，
对其他共有人的损失，由擅自处分共有财产的人赔偿。《合同法》第 51 条规定："无处
分权的人处分他人财产，经权利人追认或者无处分权的人订立合同后取得处分权的，
该合同有效。"本案中，李书阁死亡后应得的保险金属于郭耀周等四原告共同共有的财
产，郭耀周擅自处分与三个成年儿子共同共有的财产，事后未得到三个儿子的追认，
应属于在协议订立后未取得处分权的情形，基于其实施的无权处分行为所签协议自然
无效。尽管双方在协议中约定"此协议为最终协议，双方互不追究"，但《合同法》
第 56 条规定，无效的合同或者被撤销的合同自始没有法律约束力。由此说明，无论合
同当事人将合同名称明确为"最终合同"，还是将其明确为"不可撤销合同"，只要其
内容违反法律规定或者显失公平，都是无效合同或可撤销合同，自始不具有法律约

束力。

附带说明的是，李书阁死亡后，郭耀周遂于同月 29 日申请理赔，而保险公司以李书阁带病投保为由同意赔偿部分。郭耀周在经历了整整一年多的时间后，在要求全额赔付无望的情况下，不得不违背自己的真实意思同保险公司签订了显失公平的协议。根据《民法通则》第 59 条第 1 款的规定，双方所签协议属于可撤销范畴，即郭耀周本人有权请求人民法院予以撤销，而被撤销的协议自订立时起无效。①

（案例来源：人民法院报　http：//rmfyb.chinacourt.org，案例指导）

【实训项目】

经济法的认知

一、目的

通过该实训项目使学生进一步掌握经济法关系的要素。

二、内容

1. 由学生列举自己生活中有关经济法实例；

2. 结合相关知识，引导学生查阅有关内容；

3. 观看法庭审理录像。

【自测题】

一、判断题

1. 1890 年，美国率先颁布了世界上第一部被认为是经济法的反垄断法，即《谢尔曼法》。　　　　　　　　　　（　　）

2. 经济法是我国社会主义法律体系中的重要组成部分，它并不是一门独立的部门法。　　　　　　　　　　（　　）

3. 经济法是国家对社会的经济活动实行宏观调控与管理的重要工具。（　　）

4. 经济法调整社会经济活动中的所有经济关系。　　　　（　　）

5. 经济法律关系是经济法律规范所确认和保护的在国家参与、管理和协调经济运行中形成的权利义务关系。　　　　　　　　（　　）

6. 经济法律关系同其他法律关系一样，由主体、内容和客体三个要素构成。
　　　　　　　　　　（　　）

7. 经济法律关系主体又称经济法主体，是指参加经济法律关系，享有一定经济权利与经济职权，承担一定经济义务与经济职责的当事人。　　（　　）

8. 经济法律关系的内容，是指经济法主体所享有的经济权利与经济职权，承担的经济义务与经济职责。　　　　　　　　（　　）

9. 经济权利是指经济法主体依法享有的自己为或不为一定行为和要求他人为或不

① 案例编写人：河南省内乡县人民法院魏建国、杨宗华。

为一定行为的资格。 ( )

10. 请求权是指经济法主体享有的在其合法权益受到侵犯时要求侵权人停止侵权行为或要求有关国家机关保护其合法权益的权利。 ( )

二、单项选择题

1. 经济法律关系的（ ），是指参加经济法律关系，享有一定经济权利和承担一定经济义务的当事人。

    A. 主体   B. 客体   C. 内容   D. 条件

2. 经济法律关系的（ ），是指经济法主体享有的经济权利和承担的经济义务所共同指向的对象。

    A. 主体   B. 客体   C. 内容   D. 条件

3. 经济法律关系的（ ），是指经济法主体所享有的经济权利、经济职权和承担的经济义务、经济职责。

    A. 主体   B. 客体   C. 内容   D. 条件

4. （ ）是指经济法主体依法享有的自己为或不为一定行为和要求他人为或不为一定行为的资格。

    A. 经济权利   B. 经济义务   C. 经济责任   D. 经济职权

5. 美国通过的联邦第一部反托拉斯法是（ ）。

    A.《克莱顿法》 B.《莫里尔法》 C.《谢尔曼法》 D.《联邦委员会法》

6. 财产所有权中最核心的权能是（ ）。

    A. 占有权   B. 使用权   C. 收益权   D. 处分权

7. 法人的住所是指（ ）。

    A. 生产中心   B. 销售中心

    C. 主要办事机构所在地   D. 分支机构所在地

8. 下列组织中，（ ）是企业法人。

    A. 公司   B. 学校   C. 公安机关   D. 工会组织

9. 表见代理行为的法律后果由（ ）承担。

    A. 代理人   B. 被代理人   C. 行为人   D. 第三人

10. 下列行为适用代理的是（ ）。

    A. 代他人办理离婚手续   B. 代写书信

    C. 代签合同   D. 代他人考试

三、多项选择题

1. 下列各项中，可以作为经济法律关系客体的有（ ）。

    A. 阳光   B. 房屋   C. 经济决策行为 D. 专利技术

2. 下列各项中属于行政责任的是（ ）。

    A. 警告   B. 罚金   C. 责令停业   D. 没收违法所得

3. 下列行为中属于滥用代理权的是（ ）。

    A. 超越代理权进行无权代理

    B. 与第三人恶意串通，损害被代理人利益

C. 没有代理权而进行代理

D. 在未经被代理人特别许可的情况下，代理人与自己进行民事行为

4. 市场经济中的市场主体包括（　　　）。

A. 企业　　　　　B. 事业单位　　　C. 社会团体　　　D. 公民

5. 经济法律关系同其他法律关系一样，由（　　　）三个要素构成。

A. 主体　　　　　B. 客体　　　　C. 内容　　　　D. 条件

四、案例分析

1. 2009 年 8 月，某单位业务员齐某所在城市天气炎热。齐某声称他有门路以优惠价格购买质量优良的某品牌冰箱和空调，于是单位里有许多人委托齐某代买冰箱和空调。齐某按冰箱每台 2 400 元向李某等 10 人预收了代购冰箱价款，按空调每台 2 600 元向丁某等 12 人预收了空调价款。而后便与某电器厂联系，以每台 2 400 元购买空调 12 台，以每台 2 600 元购买冰箱 10 台。剩余价款 400 元，齐某没有返还而是自己留下，并向李某等 10 人交付了冰箱，向丁某等 12 人交付了空调。丁某等 12 人得知此事后，要求齐某返还每台空调多收的 200 元。齐某以自己没有实际占有 2 400 元钱为由只愿返还 400 元。丁某等 12 人起诉至法院。

问题：

（1）请分析本案中存在哪些法律关系？为什么？

（2）本案应如何处理？为什么？

2. 李明 14 岁，某中学初二学生。一天，在放学回家的路上，李甲看到某商场正在进行有奖销售，奖券为 20 元一张，最高奖金 5 000 元，他便买了一瓶价值 20 元的洗发水，领到一张奖券。几天后抽奖结果公布，李明所持奖券中了最高奖，李明非常高兴，急忙与母亲到商场兑了奖。几天后，李明趁妈妈不注意悄悄拿了 5 000 元钱到商场买了一台电脑。李明的父母立即赶到商场要求退货。商场售货员说只有电脑质量不合格才予退货，现在电脑没有质量问题，无法退货。

问题：

（1）本案奖金应归谁所有？

（2）李明购买电脑的行为有法律效力吗？他的父母能否要求退货？

第二章 企业法律制度

第一节 企业与企业法概述

一、企业

（一）企业的概念与特征

企业，是指依法设立，从事生产、流通或服务等经营活动，实行独立核算的经济组织。企业有如下特征：

1. 企业是社会经济组织

企业作为一种社会组织，有自己的机构及工作程序。企业作为一种社会经济组织，主要从事经济活动，并有相应的财产。因此，企业是一定人员和一定财产的组合。

2. 企业是以营利为目的从事生产经营活动的社会经济组织

企业是从事生产经营活动的社会组织。所谓生产经营活动，是指创造社会财富的活动，包括生产、交易、服务等。企业从事生产经营活动以营利为目的。

3. 企业是实行独立核算的社会经济组织

实行独立核算，即要在银行单独开设账户，独立建立账簿，编制财务会计报表，独立计算盈亏。

4. 企业是依法设立的社会经济组织

企业依法定条件和法定程序设立。依法设立的企业，受到国家法律的认可和保护。

（二）企业的分类

根据不同的标准，对我国现有企业可以进行不同的分类。

（1）根据所有制形式，可将企业分为国有企业、集体企业、私营企业和外商投资企业。集体企业包括城镇集体企业和乡村集体企业。外商投资企业包括中外合资经营企业、中外合作经营企业、外资企业。

（2）根据投资者出资和承担责任的方式，可将企业分为公司、合伙企业、个人独资企业。

（3）根据是否具有法人资格，可将企业分为法人企业和非法人企业。

法人企业包括国有企业、集体企业、中外合资经营企业、公司、符合法人条件的中外合作经营企业和外资企业。非法人企业包括合伙企业、个人独资企业、不符合法人条件的中外合作经营企业和外资企业。

二、企业法

企业法是指规制企业组织的法律规范的总称。企业法不是指某一部法律，而是所有与企业的组织、运作有关的法律、法规的总称。调整企业的民事活动的法律规范不属于企业组织范围，故不属于企业法范畴。

广义上的企业法包括公司法。由于企业法律形式的不同，且在我国还有所有制方面的区别，所以企业法的立法在形式上无法形成统一的法典，单独立法是其基本的形式。改革开放以来，我国在企业立法方面存在两种立法模式：

第一种为 20 世纪 70 年代末开始的以所有制形式为标准的立法模式，出台了关于国有企业、集体企业、私营企业、外商投资企业的立法，关于企业登记、企业破产的立法。

第二种为 20 世纪 90 年代开始的以投资者出资和承担责任方式为标准的立法模式，出台了关于公司、合伙企业、个人独资企业的立法。

前一种立法模式在客观上导致企业身份待遇的差异，与市场经济的平等、公平等本质要求格格不入；后一种立法模式则摒弃了投资者的身份，强调出资和承担责任方式的统一性，使得投资者以及企业处于同一起跑线上，在市场竞争中优胜劣汰，符合市场经济的本质要求。因此，本章主要介绍个人独资企业法、合伙企业法、外商投资企业法等有关法律、法规的内容，公司法律制度将在第三章作专门介绍。

第二节　个人独资企业法

一、个人独资企业的概念及法律特征

1999 年 8 月 30 日，第九届全国人民代表大会常务委员会第十一次会议通过、自 2000 年 1 月 1 日起施行的《中华人民共和国个人独资企业法》（以下简称《个人独资企业法》）第二条规定：个人独资企业是指依法在中国境内设立，由一个自然人投资，财产为投资人个人所有，投资人以其个人财产对企业债务承担无限责任的经营实体。简单地说，个人独资企业就是一个自然人单独投资并由其一人所拥有的企业。在理解个人独资企业定义时，应注意个人独资企业所表现出的独有的法律特征：

（1）个人独资企业是一个自然人投资设立并控制的企业，并且该自然人仅指中国人。这一特征将独资企业与合伙企业、公司、外商独资企业区别开来，也排除法人投资设立独资企业的可能性。

（2）个人独资企业属于投资人所有，投资人就是企业的主人，因此个人独资企业是一种个人所有制企业。也就是说，在独资企业中，投资人的投资以及企业所得收益归个人所有，同时，投资人对独资企业享有完全的经营管理权。至于投资人是自行管理企业事务，还是委托或聘用他人负责管理企业事务，并不影响其对独资企业的控制权。

（3）个人独资企业不具有法人地位，投资人以其个人财产对企业债务承担无限责任。

（4）个人独资企业是市场经营实体。所谓经营实体，是指具有一定规模的生产经营组织，它具有固定的生产经营场所和必要的生产经营条件以及一定数量的从业人员。因此，独资企业不同于个体工商户。

二、个人独资企业的设立

（一）个人独资企业的设立条件

《个人独资企业法》规定，设立独资企业应当具备下列条件：①投资人为一个自然人；②有合法的企业名称；③有投资人申报的出资；④有固定的生产经营场所和必要的生产经营条件；⑤有必要的从业人员。应注意的是，设立独资企业，并非所有的自然人都可以作为投资人，法律、行政法规禁止从事营利性活动的人，不得作为投资人申请设立个人独资企业。

另外，与公司及其他类型的企业相比，个人独资企业设立条件中没有规定企业注册资本金的最低限额，这是因为投资者对独资企业承担的是无限责任，不规定注册资本金最低限额，独资企业债权人的合法权益并不会因此受到损害。

（二）个人独资企业设立程序

个人独资企业的设立程序主要分两个阶段：

1. 申请

申请设立个人独资企业，应当由投资人或者其委托的代理人向个人独资企业所在地的登记机关提交以下法律文件：①设立申请书；②投资人身份证明；③生产经营场所使用证明。委托代理人申请设立登记时，应当出具投资人的委托书和代理人的合法证明。

2. 登记

登记机关应当在收到设立申请文件之日起15日内对符合《个人独资企业法》规定条件的，予以登记，发给营业执照；对不符合《个人独资企业法》规定条件的，不予登记，并应当给予书面答复，说明理由。个人独资企业营业执照的签发日期，为独资企业成立日期，在领取个人独资企业营业执照前，投资人不得以个人独资企业名义从事经营活动。

三、个人独资企业的事务管理

由于个人独资企业是由投资人所有并完全控制的企业，因此投资人对独资企业事务、经营享有完全的管理权。投资人在行使管理权时，既可以自行管理企业事务，也可以委托或者聘用其他具有民事行为能力的人负责管理企业事务。

投资人委托或者聘用他人管理个人独资企业事务，应当与受托人或者被聘用的人签订书面合同，明确委托的具体内容和授予的权利范围。受托人或者被聘用的人员应当履行诚信、勤勉义务，按照与投资人签订的合同负责个人独资企业的事务管理。投资人对受托人或者被聘用人员的职权的限制，不得对抗善意第三人。

四、个人独资企业的解散和清算

（一）个人独资企业的解散

个人独资企业解散，就是企业出现法律所规定的解散情形时丧失其经营资格和主体资格的行为。根据《个人独资企业法》的规定，个人独资企业有下列情形之一时，应当解散：①投资人决定解散；②投资人死亡或者被宣告死亡，无继承人或者继承人决定放弃继承；③被依法吊销营业执照；④法律、行政法规规定的其他情形。

（二）个人独资企业的清算

个人独资企业解散时，由投资人自行清算或者由债权人申请人民法院指定清算人进行清算。个人独资企业解散时，财产应当按照下列顺序进行清偿：①所欠职工工资和社会保险费用；②所欠税款；③其他债务。个人独资企业财产不足以清偿债务的，投资人应当以其个人的其他财产予以清偿。

个人独资企业清算结束后，投资人或者人民法院指定的清算人应当编制清算报告，并于 15 日内到登记机关办理注销登记。

第三节　合伙企业法

一、合伙企业的概念及法律特征

《中华人民共和国合伙企业法》（以下简称《合伙企业法》）已由第十届全国人民代表大会常务委员会第二十三次会议于 2006 年 8 月 27 日修订通过，并于 2007 年 6 月 1 日起施行。所谓合伙企业，是指两个或两个以上合伙人订立合伙协议，共同投资、合伙经营、共享收益，至少有一个以上的合伙人对企业债务承担无限责任的营利性组织。与其他企业形态相比，合伙企业具有以下法律特征：

（1）合伙企业必须有两个或两个以上的合伙人共同投资。合伙人可以是自然人、法人和其他组织。合伙企业中的合伙人分为普通合伙人和有限合伙人两类。普通合伙人依法对合伙企业债务承担无限连带责任，有限合伙人依法对合伙企业债务以其认缴的出资额为限承担有限责任。但国有独资公司、国有企业、上市公司以及公益性的事业单位、社会团体不得成为普通合伙人。

（2）合伙企业设立的法律基础是合伙协议。合伙协议是各合伙人按照自愿、平等、公平、诚实信用的原则，就合伙企业的基本问题，按照法定的内容和要求所订立的书面法律文件。合伙企业正是通过合伙协议这一法律形式将合伙人连结起来的营利性组织。

（3）合伙企业必须有人对企业债务承担无限连带责任。合伙企业有普通合伙企业和有限合伙企业两种法定形式。普通合伙企业的合伙人均承担无限连带责任，有限合伙企业最少必须有一个合伙人承担无限连带责任。在有限合伙企业经营中，承担无限责任的合伙人要负责企业经营，执行企业事务，对外代表企业。

（4）合伙企业不具备法人资格。合伙企业既不同于法人，又不同于自然人，不能独立承担民事责任，属于非法人组织的范畴。

二、普通合伙企业

普通合伙企业是由普通合伙人组成，合伙人对合伙企业债务承担无限连带责任的企业。

（一）普通合伙企业的设立

1. 设立条件

设立合伙企业，应当具备下列条件：

（1）有两个或两个以上合伙人。合伙人为自然人的，应当具有完全民事行为能力。

（2）有书面合伙协议。合伙协议应当载明：合伙企业的名称、性质和主要经营场所，合伙目的和合伙经营范围，合伙人的姓名或者名称、住所，合伙人的出资方式、数额和缴付期限，利润分配、亏损分担方式，合伙事务的执行，入伙与退伙，争议解决办法，合伙企业的解散与清算，违约责任。合伙协议经全体合伙人签名、盖章后生效。

（3）有合伙人认缴或者实际缴付的出资。合伙人的出资方式可以是货币、实物、知识产权、土地使用权或者其他财产权利，也可以是劳务。合伙人应当按照合伙协议约定的出资方式、数额和缴付期限，履行出资义务。合伙人按照合伙协议的约定或者经全体合伙人决定，可以增加或者减少对合伙企业的出资。

（4）有合伙企业的名称和生产经营场所。合伙企业的名称是本企业区别于其他社会组织的标记，合伙企业的名称中应当标明"普通合伙"字样。合伙企业的生产经营场所是企业经营所不可缺少的物质条件。

（5）法律、行政法规规定的其他条件。

2. 设立程序

（1）申请。申请设立合伙企业，应当向企业登记机关提交登记申请书、合伙协议书、合伙人身份证明等文件。合伙企业的经营范围中有属于法律、行政法规规定在登记前须经批准的项目的，该项经营业务应当依法经过批准，并在登记时提交批准文件。

（2）登记。申请人提交的登记申请材料齐全、符合法定形式，企业登记机关能够当场登记的，应予当场登记，发给营业执照。上述情形外，企业登记机关应当自受理申请之日起 20 日内，作出是否登记的决定。予以登记的，发给营业执照；不予登记的，应当给予书面答复并说明理由。合伙企业的营业执照签发日期，为合伙企业成立日期。合伙企业领取营业执照前，合伙人不得以合伙企业名义从事合伙业务。

（二）合伙企业的财产

合伙企业的财产，是指合伙人的出资、以合伙企业名义取得的收益和依法取得的其他财产。合伙人在合伙企业清算前，不得请求分割合伙企业的财产，《合伙企业法》

另有规定的除外。合伙人在合伙企业清算前私自转移或者处分合伙企业财产的，合伙企业不得以此对抗善意第三人。

同时，合伙企业中财产份额的转让也应严格依照法律规定进行：

（1）除合伙协议另有约定外，合伙人向合伙人以外的人转让其在合伙企业中的全部或者部分财产份额时，须经其他合伙人一致同意，在同等条件下，其他合伙人有优先购买权，合伙协议另有约定的除外。合伙人以外的人依法受让合伙人在合伙企业中的财产份额的，经修改合伙协议即成为合伙企业的合伙人，依照《合伙企业法》和修改后的合伙协议享有权利，履行义务。

（2）合伙人之间转让在合伙企业中的全部或者部分财产份额时，应当通知其他合伙人。合伙人以其在合伙企业中的财产份额出质的，须经其他合伙人一致同意；未经其他合伙人一致同意，其行为无效，由此给善意第三人造成损失的，由行为人依法承担赔偿责任。

（三）合伙事务

1. 合伙事务执行

合伙人对执行合伙事务享有同等的权利。按照合伙协议的约定或者经全体合伙人决定，可以委托一个或者数个合伙人对外代表合伙企业，执行合伙事务；委托一个或数个合伙人执行合伙企业事务的，其他合伙人不再执行合伙事务，但有权监督执行事务合伙人执行合伙事务的情况。

由一个或者数个合伙人执行合伙事务的，执行事务合伙人应当定期向其他合伙人报告事务执行情况以及合伙企业的经营和财务状况，其执行合伙事务所产生的收益归合伙企业，所产生的费用和亏损由合伙企业承担。

被聘用的合伙企业的经营管理人员应当在合伙企业授权范围内履行职务，超越合伙企业授权范围履行职务，或者在履行职务过程中因故意或者重大过失给合伙企业造成损失的，依法承担赔偿责任。

2. 合伙人的权利

合伙人为了解合伙企业的经营状况和财务状况，有权查阅合伙企业会计账簿等财务资料。合伙人分别执行合伙事务的，执行事务合伙人可以对其他合伙人执行的事务提出异议；提出异议时，应当暂停该项事务的执行。如果发生争议，依法表决决定。受委托执行合伙事务的合伙人不按照合伙协议或者全体合伙人的决定执行事务的，其他合伙人可以决定撤销该委托。

3. 合伙人的义务

合伙人不得自营或者同他人合作经营与本合伙企业相竞争的业务；除合伙协议另有约定或者经全体合伙人一致同意外，合伙人不得同本合伙企业进行交易；合伙人不得从事损害本合伙企业利益的活动。

4. 合伙事项的表决

合伙人对合伙企业有关事项作出决议，按照合伙协议约定的表决办法办理。合伙协议未约定或者约定不明确的，实行合伙人一人一票并经全体合伙人过半数通过的表决办法。

除合伙协议另有约定外，合伙企业的下列事项应当经全体合伙人一致同意：①改变合伙企业的名称；②改变合伙企业的经营范围、主要经营场所；③处分合伙企业的不动产；④转让或者处分合伙企业的知识产权和其他财产权利；⑤以合伙企业名义为他人提供担保；⑥聘任合伙人以外的人担任合伙企业的经营管理人员。

5. 合伙企业的利润分配、亏损分担

合伙企业的利润分配、亏损分担，按照合伙协议的约定办理；合伙协议未约定或者约定不明确的，由合伙人协商决定；协商不成的，由合伙人按照实缴出资比例分配、分担；无法确定出资比例的，由合伙人平均分配、分担。合伙协议不得约定将全部利润分配给部分合伙人或者由部分合伙人承担全部亏损。

（四）合伙企业与第三人的关系

合伙企业对合伙人执行合伙事务以及对外代表合伙企业权利的限制，不得对抗善意第三人。合伙企业对其债务，应以其全部财产进行清偿。合伙企业不能清偿到期债务的，由合伙人承担无限连带责任。合伙人由于承担无限连带责任，清偿数额超过其应当承担的亏损分担比例的，有权向其他合伙人追偿。合伙人发生与合伙企业无关的债务，相关债权人不得以其债权抵消其对合伙企业的债务，也不得代位行使合伙人在合伙企业中的权利。

合伙人的自有财产不足清偿其与合伙企业无关的债务的，该合伙人可以以其从合伙企业中分取的收益用于清偿；债权人也可以依法请求人民法院强制执行该合伙人在合伙企业中的财产份额用于清偿。人民法院强制执行合伙人的财产份额时，应当通知全体合伙人，其他合伙人有优先购买权；其他合伙人未购买，又不同意将该财产份额转让给他人的，依照规定为该合伙人办理退伙结算，或者办理削减该合伙人相应财产份额的结算。

（五）合伙人的变更

合伙企业存续期间，合伙人的变更主要有入伙和退伙这两种情况：

1. 入伙

入伙应当具备以下条件：①新合伙人入伙，除合伙协议另有约定外，以全体合伙人一致同意为条件；②新合伙人入伙，应当订立书面入伙协议；③新合伙人订立入伙协议时，原合伙人应当向新合伙人告知原合伙企业的经营状况和财务状况。

新合伙人入伙后，原则上应享有与原合伙人同等的地位，即享有同等权利，承担同等责任；入伙协议另有约定的，从其约定。新合伙人对入伙前合伙企业的债务承担连带责任。

2. 退伙

退伙有以下四种类型：

（1）协议退伙。合伙协议约定合伙期限的，在合伙企业存续期间，有下列情形之一的，合伙人可以退伙：①合伙协议约定的退伙事由出现；②经全体合伙人一致同意。

（2）声明退伙。①合伙协议约定合伙企业经营期限的，发生合伙人难以继续参加合伙企业的事由，或其他合伙人严重违反合伙协议约定的义务的，可以退伙。②合伙协议未约定合伙企业经营期限的，合伙人在不给合伙企业事务执行造成不利影响的情况下，可以退伙，但应当提前30日通知其他合伙人。

合伙人违反协议或退伙的有关规定，擅自退伙的，应当赔偿由此给其他合伙人造成的损失。

（3）当然退伙，又称法定退伙。合伙人有下列情形之一的，当然退伙：①作为合伙人的自然人死亡或者被依法宣告死亡；②合伙人丧失偿债能力；③作为合伙人的法人或者其他组织依法被吊销营业执照、责令关闭，或者被宣告破产；④法律规定或者合伙协议约定合伙人必须具有相关资格而丧失该资格；⑤合伙人在合伙企业中的全部财产份额被人民法院强制执行。

合伙人被依法认定为无民事行为能力人或者限制民事行为能力人的，经其他合伙人一致同意可以依法转为有限合伙人，普通合伙企业依法转为有限合伙企业。其他合伙人未能一致同意的，该无民事行为能力或者限制民事行为能力的合伙人退伙。

（4）除名退伙。合伙人有下列情形之一的，经其他合伙人一致同意，可以决议将其除名：①未履行出资义务；②因故意或者重大过失给合伙企业造成损失；③执行合伙企业事务时有不正当行为；④合伙协议约定的其他事由。

对合伙人的除名决议应当书面通知被除名人。被除名人自接到除名通知之日起，除名生效，被除名人退伙。被除名人对除名决议有异议的，可以在接到除名通知之日起30日内，向人民法院起诉。

退伙事由实际发生之日为退伙生效日。退伙人对其退伙前已发生的合伙企业债务，与其他合伙人承担连带责任。

（六）特殊的普通合伙企业

1. 特殊的普通合伙企业的适用范围

《合伙企业法》规定，以专业知识和专门技能为客户提供有偿服务的专业服务机构，可以设立为特殊的普通合伙企业，适用《合伙企业法》关于特殊的普通合伙企业的责任规定。

2. 对特殊的普通合伙企业的公示要求

特殊的普通合伙企业，其合伙人对特定合伙企业债务只承担有限责任，为保护交易相对人的利益，应当将这一情况予以公示。《合伙企业法》规定，特殊的普通合伙企业名称中应当标明"特殊普通合伙"字样。

3. 特殊的普通合伙企业合伙人的责任形式

一个合伙人或者数个合伙人在执业活动中因故意或者重大过失造成合伙企业债务的，应当承担无限责任或者无限连带责任，其他合伙人以其在合伙企业中的财产份额为限承担责任。合伙人在执业活动中非因故意或者重大过失造成的合伙企业债务以及合伙企业的其他债务，由全体合伙人承担无限连带责任。合伙人在执业活动中因故意或者重大过失造成的合伙企业债务，以合伙企业财产对外承担责任后，该合伙人应当按照合伙协议的约定对给合伙企业造成的损失承担赔偿责任。

4. 对特殊的普通合伙企业债权人的保护

特殊的普通合伙企业应当建立执业风险基金、办理职业保险。执业风险基金用于偿付合伙人执业活动造成的债务。执业风险基金应当单独立户管理。具体管理办法根据国务院的相关规定确定。

三、有限合伙企业

有限合伙企业，是由普通合伙人和有限合伙人组成，普通合伙人对合伙企业债务承担无限连带责任，有限合伙人以其认缴的出资额为限对合伙企业债务承担责任。

有限合伙是由普通合伙发展而来的一种合伙形式。两者的主要区别是，普通合伙的全体合伙人共同负责合伙企业的经营管理，并对合伙债务承担无限连带责任。而在有限合伙中，普通合伙人负责合伙企业的经营管理，并对合伙债务承担无限连带责任，有限合伙人通常不负责合伙企业的经营管理，仅以其出资额为限对合伙债务承担有限责任。

(一) 有限合伙企业的设立条件

《合伙企业法》规定，有限合伙企业由两个以上50个以下合伙人设立，但是，法律另有规定的除外。有限合伙企业至少应有一个普通合伙人。

为了保护交易相对人的利益，《合伙企业法》规定，有限合伙企业的名称中应当标明"有限合伙"字样并在有限合伙企业登记事项中载明有限合伙人的姓名或者名称及认缴的出资数额。

(二) 有限合伙企业的合伙协议

有限合伙企业的合伙协议除符合《合伙企业法》第18条的规定外，还应当载明下列事项：

(1) 普通合伙人和有限合伙人的姓名或者名称、住所；

(2) 执行事务合伙人应具备的条件和选择程序；

(3) 执行事务合伙人的权限与违约处理办法；

(4) 执行事务合伙人的除名条件和更换程序；

(5) 有限合伙人入伙、退伙的条件、程序以及相关责任；

(6) 有限合伙人和普通合伙人相互转变的程序。

(三) 有限合伙企业的出资

有限合伙人可以用货币、实物、知识产权、土地使用权或者其他财产权利作价出资，但不得以劳务出资。有限合伙人应当按照合伙协议的约定按期足额缴纳出资；未按期足额缴纳的，应当承担补缴义务，并对其他合伙人承担违约责任。

(四) 有限合伙企业的事务执行

有限合伙企业由普通合伙人执行合伙事务。执行事务合伙人可以要求在合伙协议中确定执行事务的报酬及报酬提取方式。有限合伙人不执行合伙事务，不得对外代表有限合伙企业。有限合伙人的下列行为，不视为执行合伙事务：

（1）参与决定普通合伙人入伙、退伙；

（2）对企业的经营管理提出建议；

（3）参与选择承办有限合伙企业审计业务的会计师事务所；

（4）获取经审计的有限合伙企业财务会计报告；

（5）对涉及自身利益的情况，查阅有限合伙企业财务会计账簿等财务资料；

（6）在有限合伙企业中的利益受到侵害时，向有责任的合伙人主张权利或者提起诉讼；

（7）执行事务合伙人怠于行使权利时，督促其行使权利或者为了本企业的利益以自己的名义提起诉讼；

（8）依法为本企业提供担保。

（五）有限合伙企业的利润分配

有限合伙企业不得将全部利润分配给部分合伙人，合伙协议另有约定的除外。

（六）有限合伙企业的交易行为

有限合伙人可以与本有限合伙企业进行交易，合伙协议另有约定的除外。有限合伙人可以自营或者同他人合作经营与本有限合伙企业相竞争的业务；但是，合伙协议另有约定的除外。

第三人有理由相信有限合伙人为普通合伙人并与其交易的，该有限合伙人对该笔交易承担与普通合伙人同样的责任。有限合伙人未经授权以有限合伙企业名义与他人进行交易，给有限合伙企业或者其他合伙人造成损失的，该有限合伙人应当承担赔偿责任。

（七）有限合伙企业的财产

有限合伙人可以将其在有限合伙企业中的财产份额出质，但是，合伙协议另有约定的除外。有限合伙人可以按照合伙协议的约定向合伙人以外的人转让其在有限合伙企业中的财产份额，但应当提前30日通知其他合伙人。

有限合伙人的自有财产不足清偿其与合伙企业无关的债务的，该合伙人可以以其从有限合伙企业中分取的收益用于清偿；债权人也可以依法请求人民法院强制执行该合伙人在有限合伙企业中的财产份额用于清偿。

人民法院强制执行有限合伙人的财产份额时，应当通知全体合伙人。在同等条件下，其他合伙人有优先购买权。

（八）入伙和退伙

新入伙的有限合伙人对入伙前有限合伙企业的债务，以其认缴的出资额为限承担责任。有限合伙人退伙后，对基于其退伙前的原因发生的有限合伙企业债务，以其退伙时从有限合伙企业中取回的财产承担责任。

作为有限合伙人的自然人在有限合伙企业存续期间丧失民事行为能力的，其他合伙人不得因此要求其退伙。作为有限合伙人的自然人死亡、被依法宣告死亡或者作为有限合伙人的法人及其他组织终止时，其继承人或者权利承受人可以依法取得该有限合伙人在有限合伙企业中的资格。

（九）普通合伙人和有限合伙人的转化

有限合伙企业仅剩有限合伙人的，应当解散；有限合伙企业仅剩普通合伙人的，应转为普通合伙企业。除合伙协议另有约定外，普通合伙人转变为有限合伙人，或者有限合伙人转变为普通合伙人，应当经全体合伙人一致同意。

有限合伙人转变为普通合伙人的，对其作为有限合伙人期间有限合伙企业发生的债务承担无限连带责任。普通合伙人转变为有限合伙人的，对其作为普通合伙人期间合伙企业发生的债务承担无限连带责任。

四、合伙企业的解散、清算

（一）合伙企业解散

合伙企业有下列情形之一的，应当解散：①合伙期限届满，合伙人决定不再经营；②合伙协议约定的解散事由出现；③全体合伙人决定解散；④合伙人已不具备法定人数满 30 天；⑤合伙协议约定的合伙目的已经实现或者无法实现；⑥依法被吊销营业执照、责令关闭或者被撤销；⑦法律、行政法规规定的其他原因。

（二）合伙企业清算

1. 清算人的组成

合伙企业解散，应当由清算人进行清算。清算人由全体合伙人担任；经全体合伙人过半数同意，可以自合伙企业解散事由出现后 15 日内指定一个或者数个合伙人或者委托第三人担任清算人。自合伙企业解散事由出现之日起 15 日内未确定清算人的，合伙人或者其他利益关系人可以申请人民法院指定清算人。

2. 清算事务的执行

清算人在清算期间执行下列事务：①清理合伙企业财产，分别编制资产负债表和财产清单；②处理与清算有关的合伙企业未了结事务；③清缴所欠税款；④清理债权、债务；⑤处理合伙企业清偿债务后的剩余财产；⑥代表合伙企业参加诉讼或者仲裁活动。

清算人自被确定之日起 10 日内将合伙企业解散事项通知债权人，并于 60 日内在报纸上公告。债权人应当自接到通知书之日起 30 日内，未接到通知书的自公告之日起 45 日内，向清算人申报债权。债权人申报债权，应当说明债权的有关事项，并提供证明材料。清算人应当对债权进行登记。清算期间，合伙企业存续，但不得开展与清算无关的经营活动。

合伙企业财产在支付清算费用和职工工资、社会保险费用、法定补偿金以及缴纳所欠税款、清偿债务后的剩余财产，依约定或法定进行分配。清算结束，清算人应当编制清算报告，经全体合伙人签名、盖章后，在 15 日内向企业登记机关报送清算报告，申请办理合伙企业注销登记。

3. 注销

合伙企业注销后，原普通合伙企业对合伙企业存续期间的债务仍应承担无限连带责任。合伙企业不能清偿到期债务的，债权人可以依法向人民法院提出破产清算申请，也可以要求普通合伙人清偿。合伙企业依法被宣告破产的，普通合伙人对合伙企业债务仍应承担无限连带责任。

第四节　外商投资企业法

一、外商投资企业法概述

（一）外商投资企业的概念及特征

外商投资企业是指依照中国法律，在中国境内由中国投资者和外国投资者共同投资或者仅由外国投资者投资设立的企业。外商投资企业具有如下特征：

（1）外商投资企业是具有中国国籍的企业。外商投资企业是依据中国法律在中国境内设立的企业，具有中国国籍。作为中国企业，外商投资企业受到中国法律的管辖和保护。

（2）外商投资企业有来自中国以外的投资者的投资。企业资本来源的涉外性是外商投资企业的重要特点。

（3）外商投资企业是以直接投资方式设立的企业，是以控制企业或参与企业经营为目的的投资。

在我国，符合以上特征的企业主要有中外合资经营企业、中外合作经营企业和外资企业。

（二）外商投资企业法的概念

外商投资企业法，是指调整外商投资企业在设立、管理、经营和终止等过程中产生的经济关系的法律规范的总称。我国现行的外商投资企业法主要有《中华人民共和国中外合资经营企业法》（1979 年颁布，1990 年 4 月、2001 年 3 月修订，以下简称《中外合资经营企业法》）及其实施细则、《中华人民共和国中外合作经营企业法》（1988 年颁布，2000 年 10 月修订，以下简称《中外合作经营企业法》）及其实施细则、《中华人民共和国外资企业法（1986 年颁布，2000 年 10 月修订，以下简称外资企业法》）及其实施细则、《中外合资经营企业合营期限暂行规定》（1990 年）和《外商投资企业清算办法》（1996 年）等。

二、中外合资经营企业法

（一）中外合资经营企业的概念

中外合资经营企业（简称合营企业），是指中国合营者和外国合营者依据中国法律，在中国境内共同投资、共同经营，按照投资比例分配利润和分担风险的企业。

这里的"中国合营者"必须是中国公司、企业和其他经济组织;"外国合营者"除了是外国公司、企业或其他经济组织之外,还可以是外国个人,也包括港、澳、台地区的公司、企业或其他经济组织和个人。

(二) 中外合资经营企业的性质、组织形式和法律地位

根据《中外合资经营企业法》,中外合资经营企业的组织形式为有限责任公司,合营各方对合营企业的责任以各自认缴的出资额为限,承担有限责任,合营企业以其全部资产对其债务承担责任。

中外合资经营企业是股权式企业。所谓"股权式"就是出资者按投入企业的资本额享有其权利。出资者在企业中的权利义务划分均以股权为基准,即按照出资比例分配利润和分担风险。

中外合资经营企业具有中国法人资格,有自己独立的财产,独立承担民事责任。

(三) 中外合资经营企业的设立

1. 设立的条件

(1) 申请设立的中外合资企业应当注重经济效益,符合下列一项或数项要求:①采用先进技术设备和科学管理方法,能增加产品品种,提高产品质量,节约能源和材料;②有利于企业技术改造,能做到投资少、见效快、收益大;③能扩大产品出口,增加外汇收入;④能培训技术人员和经营管理人员。

(2) 申请设立中外合资企业有下列情况之一的,不予批准:①有损中国主权的;②违反中国法律的;③不符合中国国民经济发展要求的;④造成环境污染的;⑤签订的协议、合同、章程显属不公平,损害合营一方权益的。

2. 设立的程序

(1) 申请。设立中外合资企业,应由中方合营者向企业主管部门呈报拟与外国合营者设立合营企业的项目建议书和初步可行性研究报告。上述文件经企业主管部门审查同意并转报审批机关批准。

(2) 谈判。项目建议书和初步可行性研究报告获得批准后,中外双方开始正式谈判。谈判的主要任务就是共同编制可行性研究报告,并签订合营企业的协议、合同和章程。

合营合同的法律效力高于合营协议,当协议与合同有抵触时,以合同为准。经合营各方同意,也可以不订立合营企业协议而只订立合营企业合同、章程。合营合同是合营各方内部的法律文件,对各方有约束力,但无须公布;而章程是合营企业对外的法律文件,必须公布。合营企业协议、合同和章程经审批机构批准后生效。

(3) 审批。各种法律文件编制完成后,由中外合营者共同向审批机关报送审批。审批应当报送下列文件:①设立合营企业的申请书;②合营各方共同编制的可行性研究报告;③合营各方授权代表签署的合营企业协议、合同和章程;④由合营各方委派的合营企业董事长、副董事长、董事人选名单;⑤中国合营者的企业主管部门和合营所在地的省、自治区、直辖市人民政府对设立该合营企业签署的意见;⑥审批机关规定的其他文件。

审批机关自接到申请文件之日起 3 个月内决定批准或不批准。合营企业经批准后由审批机关发给批准证书。

（4）登记。申请者应在收到批准证书后 1 个月内，向国家工商行政管理局或者国家工商行政管理局授权的地方工商行政管理局核准注册登记。登记机关应在收到登记申请后 1 个月内作出登记或不予登记的决定。合营企业经登记机关核准登记造册，领取中华人民共和国企业法人营业执照后，企业即告成立，取得中国法人资格，合营企业的营业执照签发日期，即为该合营企业的成立日期。

（四）中外合资经营企业的注册资本制度

根据《中外合资经营企业法》的规定，在合营企业的注册资本中，外国合营者的投资比例不能低于 25%，而外国投资者的投资比例上限法律未作规定。这比多数发展中国家不允许外资超过 49% 的规定更为开放，更利于吸引外资。

合营企业在合营期内不得减少其注册资本。合营企业注册资本的增加、减少应由董事会会议通过，并报原审批机关批准，在原登记管理机关办理变更登记。

（五）中外合资经营企业的出资方式及出资期限

1. 出资方式

出资方式有货币出资、实物出资、工业产权和专业技术出资、中方可以土地使用权作价出资。

2. 出资期限

合营各方应当在合营合同中约定出资期限，合营各方应按合同规定的期限缴清各自的出资。合营合同可以选择两种出资期限，合营合同中规定一次缴清出资的，合营各方应在营业执照签发之日起 6 个月内缴清；合营合同中规定分期缴付出资的，合营各方第一期出资，不得低于各自认缴出资额的 15%，并且应当从营业执照签发之日起 3 个月内缴清。一方逾期未缴或未缴清的，视同违约方放弃在合营合同中的一切权利，自动退出合营企业，并应按合同规定支付迟延利息或赔偿损失。合营各方缴付出资额后，应由在中国注册的会计师验资，出具验资报告后，由合营企业据此发给出资证明书。

（六）中外合资经营企业的组织机构

1. 权力机构

董事会是中外合资经营企业的最高权力机构，由董事长、副董事长及董事组成。董事会成员不得少于 3 人，董事长及董事名额的分配由合营各方参照出资比例协商确定。董事任期 4 年，可以连任。董事会会议由董事长召集，董事长不能召集时，可以由董事长委托副董事长或者其他董事召集。

2. 经营管理机构

中外合资经营企业的经营管理机构负责合营企业的日常经营管理工作。经营管理机构设总经理一人，副总经理若干人，其他高级管理人员若干人。

（七）中外合资经营企业的合营期限、解散与清算

1. 合营期限

关于合营期限的规定，有两种情况：

（1）开办合营企业属于下列行业或有以下情况的，合营各方应当依照有关规定，在合同中约定合营期限：①服务性行业；②从事土地开发及经营房地产的；③从事资源勘察开发的；④国家限制投资项目的；⑤法律、法规规定其他需要约定合营期限的。

（2）国家允许的投资项目，除上述行业或情况以外，合营各方可以约定合营期限，也可以不约定合营期限。约定合营期限的合营企业，合营各方同意延长合营期限的，应在距合营期满 6 个月前向审批机关提出申请。审批机关应自接到申请之日起 1 个月内决定批准或不予批准。

2. 解散

合营企业具有下列情形之一时解散：①合营期限届满；②企业发生严重亏损，无力继续经营；③合营一方不履行合营企业协议、合同、章程规定的义务，致使企业无法继续经营；④因自然灾害、战争等不可抗力遭受严重损失，无法继续经营；⑤合营企业未达到经营目的，同时又无发展前途；⑥合营企业合同、章程所规定的其他解散事由已经出现；⑦据有关企业破产法律规定，企业无力偿还到期债务的，企业债权人可以向法院要求宣告该企业破产；企业也可以自行申请破产。法院宣告破产后，企业应予终止。前六种情况，除第一种情况外，均应当经董事会批准，报审批机构批准。

3. 清算

当合营企业期限届满或者审批机关批准企业解散时，由董事会提出清算委员会人选名单，报企业主管部门审核并监督清算。清算委员会的成员一般从合营企业的董事中选任。清算委员会的主要任务是：对企业的财产、债权债务进行全面清查，编制资产负债表和财产目录；提出财产作价和计算的依据；制订清算方案，提请董事会会议通过后执行。合营企业的清算工作结束后，由清算委员会提出清算结束报告，报请董事会会议通过后，报原审批机构，并向原企业登记机关办理注销登记手续，缴销营业执照。

三、中外合作经营企业法

（一）中外合作经营企业的概念

中外合作经营企业，是指中国合作者同外国合作者依据中国法律在中国境内设立的，按照合作合同的约定分配收益或产品、分担风险和亏损的企业。

这里的"中国合作者"包括中国企业或者其他经济组织，"外国合作者"包括外国企业、其他经济组织或者外国个人，也包括我国港、澳、台地区的企业及其他经济组织和个人。

（二）中外合作经营企业的性质、组织形式与法律地位

中外合作经营企业与中外合资经营企业的重大区别在于，中外合作经营企业是契

约式企业，而中外合资经营企业是股权式企业。所谓契约式，就是出资者依据合作合同的约定确定其权利。

中外合作企业的组织形式也较灵活。凡符合中国法律关于法人条件规定的，依法取得法人资格；不符合中国法律关于法人条件规定的，不具有法人资格，是非法人企业。具有法人资格的合作企业，为有限责任公司，除合作合同另有约定外，合作各方以其投资或者提供的合作条件为限对合作企业承担责任，合作企业以其全部资产对合作企业的债务承担责任。不具有法人资格的合作企业及其合作各方依照中国民事法律的有关规定，承担民事责任。

（三）中外合作经营企业的设立

1. 设立合作企业的条件

在中国境内设立中外合作经营企业，应当符合国家的发展政策和产业政策，遵守国家关于指导外商投资方向的规定。

2. 设立合作企业的法律程序

①由中国合作者向审查批准机关报送相关文件。②审查批准机关应当自收到规定的全部文件之日起 45 日内决定批准或者不予批准。③批准设立的合作企业依法向工商行政管理机关申请登记，领取营业执照。

（四）中外合作经营企业的投资和合作条件

合作各方可以以货币、实物、工业产权、非专利技术、土地使用权等作为投资或合作条件。双方的投资或合作条件不必折算股份，不必确定出资额。各方的投资或者提供的合作条件为共有还是分别所有从其合约约定，但均由合作企业统一管理使用。合作企业积累的财产归合作各方共有。未经合作他方同意，任何一方不得擅自处理。

合作各方应当以其自有的财产或者财产权利作为投资或者合作条件，对该投资或者合作条件不得设置抵押或者其他形式的担保。

（五）中外合作经营企业的组织机构

中外合作经营企业的组织机构依其组织形式不同有三种不同的方式：

1. 董事会制

具有法人资格的合作经营企业一般采取董事会制。在董事会制下，合作经营企业设董事会，作为企业的最高权力机关，按照合作经营企业章程的规定，决定合作经营企业的重大问题。董事会成员不得少于 3 人，名额的分配由中外合作者参照投资或者提供的合作条件协商确定；董事由合作各方各自委派或者撤换。董事任期每届不得超过 3 年。任期届满，委派方继续委派的，可以连任。一般由中外合作者分任董事长和副董事长。董事会聘任总经理负责合作经营企业的日常经营工作。总经理是合作经营企业的执行机构，对董事会负责。

2. 联合管理制

不具备法人资格的合作经营企业一般采用联合管理制。在联合管理制下，由中外合作各方选派代表组成联合管理委员会，依照合作经营企业合同或者章程的规定，决定合作经营企业的重大问题。中外合作各方分任联合管理委员会主任和副主任。联合管理委员会可以决定任命或聘请总经理负责合作经营企业的日常经营管理工作。总经理对联合管理委员会负责。

3. 委托第三人经营管理制

中外合作经营企业成立之后，在组织管理方面可以改为委托中外合作者之外的第三人经营管理。委托第三人经营管理的，必须经董事会或联合管理机构一致同意，并应当与被委托人签订委托经营管理合同。合作经营企业应将上述委托决议、委托合同连同被委托人的资信证明等文件报送审批机关批准。审批机关应当自收到有关文件之日起30天内决定批准或者不批准。

（六）中外合作经营企业的合作期限和解散

1. 合作期限

合作经营企业的期限由中外合作者协商决定，并在合作经营企业合同中订明。合作期限届满，合作双方协商同意要求延长合作期限的，应当在期限届满的180天前向审查批准的机关提出申请，说明原合作经营企业合同执行情况，延长合作期限原因，同时报送合作各方就延长的期限内各方的权利、义务等事项所达成的协议。审查批准机关应当自接到申请之日起30天内决定批准或者不批准。经批准延长合作期限的，合作经营企业凭批准文件向工商行政管理机关办理变更登记手续，延长的期限从期限届满后的第一天起计算。

2. 合作经营企业的解散

合作经营企业解散的情形主要有以下几种：①合作期限届满；②合作经营企业发生严重亏损，或者因不可抗力受到严重损失，无力继续经营；③中外合作者一方或者数方不履行合作经营企业合同、章程规定的义务，致使合作经营企业无法继续经营；④合作经营企业合同、章程中规定的其他解散事由出现；⑤合作经营企业违反法律、行政法规，被责令关闭。

四、外资企业法

（一）外资企业的概念

外资企业是指依照中国法律在中国境内设立的全部资本由外国投资者投资的企业，但不包括外国企业和其他经济组织在中国境内设立的分支机构。外国投资者包括外国企业、其他经济组织和外国自然人。

（二）外资企业的组织形式和法律地位

外资企业符合中国法律关于法人条件规定的，依法取得法人资格，其组织形式为有限责任公司，外国投资者对企业的责任以其认缴的出资额为限。不具有法人资格的外资企业经批准也可以为其他责任形式，如合伙或者独资企业，外国投资者的责任适用中国法律、法规的规定。我国为保护外国投资者的合法利益，国家对外资企业不实行国有化；在特殊情况下，根据社会公共利益的需要，对外资企业可以依法征收，并给予相应的补偿。

（三）外资企业的设立

1. 设立外资企业的条件

设立外资企业必须符合以下的至少一项条件：①采用先进技术和设备，从事新产品开发，产品能节约能源和原材料、实现产品升级换代、可以替代进口的。②年出口产品的产值达到当年全部产值 50% 以上，实现外汇收支平衡或者节余的。

2. 设立外资企业的法律程序

外国投资者在提出设立外资企业申请前，应当向拟设立外资企业所在地县级或县级以上地方人民政府提交报告。报告内容应包括：设立外资企业的宗旨，经营范围、规模、生产产品，使用的技术设备，用地面积及要求，需要用水、电、煤、煤气或者其他能源的条件及数量，对公共设施的要求等。县级或县级以上地方人民政府应当在收到外国投资者提交的报告之日起 30 天内以书面形式答复外国投资者。

外国投资者设立外资企业，应当通过拟设立外资企业所在地的县级或县级以上地方人民政府向审批机关提出申请，并报送设立外资企业申请书、可行性研究报告、外国投资者的法律证明文件和资信证明文件及政府书面答复等文件。审批机关在收到申请文件之日起 90 天内决定批准或者不批准。外国投资者在收到批准证书之日起 30 日内向工商行政管理机关申请登记，领取营业执照。外资企业的营业执照签发之日为该企业成立的日期。

（四）外资企业的出资方式与期限

1. 出资方式

外国投资者可以用自由兑换的外币出资，也可以用机器设备、工业产权、专有技术等作价出资。经批准也可以用其从中国境内举办的其他外商投资企业获得的人民币利润出资。

2. 出资期限

外国投资者缴付出资的期限应当在设立外资企业申请书和外资企业章程中载明。外国投资者可以分期缴付出资，但最后一期出资应当在营业执照签发之日起 3 年内缴清。其中第一期出资不得少于外国投资者认缴出资额的 15%，并应当在营业执照签发之日起 90 日内缴清。外国投资者缴付每期出资后，外资企业应当聘请中国的注册会计师验证，并出具验资报告，报审批机关和工商行政管理机关备案。

（五）外资企业的经营期限、终止和清算

外资企业的经营期限根据不同行业和企业的具体情况，由外国投资者在设立外资企业的申请书中拟定，由审批机关批准，从其营业执照签发之日起计算。外资企业经营期限届满需要延长经营期限的，应当在距经营期满 180 天前向审批机关报送延长经营期限的申请书。审批机关应当在收到申请书之日起 30 天内决定批准或者不批准。

外资企业有下列情形之一的，应予终止：①经营期限届满；②经营不善、严重亏损，外国投资者决定解散；③因自然灾害、战争等不可抗力而遭受严重损失，无法继续经营；④破产；⑤违反中国法律、法规，危害社会公共利益被依法撤销；⑥外资企业章程规定的其他解散事由已经出现。

除企业破产或者撤销清算应当按照中国有关法律规定进行清算外，外资企业的清算应由外资企业提出清算程序、原则和清算委员会人选，报审批机关审核后进行清算。清算委员会应当由外资企业的法定代表人、债权人代表以及有关主管机关的代表组成，并聘请中国的注册会计师、律师等参加。外资企业清算结束，其资产净额和剩余财产超过注册资金的部分视同利润，应当依中国税法规定缴纳所得税。同时，应办理注销登记手续，缴销营业执照。

【案例精析】

徐某诉胡某合伙经营纠纷案

一、案情

2003 年 10 月，徐某与胡某签订合伙经营铁矿协议。协议约定：双方各出资 130 万元，各占 50% 股份共同投资经营某铁矿。其中，胡某以现金 46 万元和双方认可的预收出售铁粉定金 84 万元，合计 130 万元入股。双方出资已于 2003 年 7 月 20 日到位。

其间，双方因为日常经营产生矛盾。2003 年 11 月初，徐胡二人经他人协调，商量胡某退伙事宜。在未达成书面协议的情况下，徐某答应在不算胡某已经占有的 33 万余元货款的情况下，连本带利再退给胡某 160 万元，胡某表示同意。2003 年 12 月 20 日、2004 年 2 月 18 日、4 月 16 日徐某分三次给付胡某退伙款 100 万元。后未再给付。

同时，2004 年 2 月 2 日，徐某与某矿业公司签订承包铁矿合同，总承包费为 900 万元。按照承包合同约定，该矿业公司分别于 2003 年 12 月 12 日交 200 万元，2004 年 2 月 12 日交 500 万元，另 200 万元作为完善各项手续保证金。

胡某得知承包一事后，向徐某提出要求分得承包利润。徐某以胡某已经退出合伙为由拒绝。胡某认为，徐某是在隐瞒将铁矿私自承包出去的情况下，欺骗自己退出合伙企业。虽然该承包合同的签订时间为 2004 年 2 月 2 日，但是第一笔承包费却是在 2003 年 12 月 12 日支付给徐某的，而当时胡某并未退出合伙企业。因此，胡某向法院起诉，要求分得承包利润。

（资料来源：湖南省高级人民法院，法制网，2005）

二、法律问题

1. 案例中胡某是否退出合伙？退伙时间如何界定？
2. 胡某是否应该分得该承包利润？为什么？

三、分析

根据《合伙企业法》的规定，合伙人的退伙可分为协议退伙、声明退伙、当然退伙和除名退伙，而本案中的退伙应属于《合伙企业法》第 45 条所规定的声明退伙，具体地说，该退伙适用第 45 条第 2 款，即"经全体合伙人同意退伙"。

本案在退伙问题上的焦点是，退伙时间是在退伙协议达成之日，还是退还胡某 160

万元之日。本案中，因为徐胡的退伙协议没有明确约定退伙的时间，也没有明确约定160万元履行或履行完毕之日为退伙日，所以，本案中的退伙日应为徐胡的退伙协议达成之日，即2003年11月初。退还胡某160万元，其性质是退伙清算。退伙一般在退伙清算之前，退伙日成为其后退伙清算的基准日。

由于胡某的退伙时间是2003年11月初，而承包合同关系及其履行时间开始于2003年12月12日，是在胡某退伙之后，所以，胡某无权分得该承包利润。徐某和胡某虽未订立书面的退伙协议，但双方于2003年11月初经他人协调，协商胡某退伙事宜，双方达成了清退胡某合伙资金的口头协议。该口头协议不损害国家、集体利益和社会公共利益，也不违反法律和行政法规的强制性规定，应属有效协议。但是如果徐某在2003年11月初与胡某协商时已与矿业公司达成口头承包合同，且故意隐瞒该项事实，则可以确认徐某实施了欺诈行为，胡某可以自知道或者应当知道该事由之日起1年内向法院申请撤销口头退伙协议。本案中，如果胡某只是向徐某要求分得承包利润而未在规定的时间内行使撤销权，则法院不应支持其要求分得承包利润的主张。

【实训项目】

撰写合伙协议

一、目的

结合所学知识，通过撰写合伙协议，进一步了解合伙协议的订立、修改程序，掌握合伙协议的内容，帮助学生进一步掌握合伙企业的设立条件，合伙人的出资方式、数额及期限，合伙企业的事务执行，入伙与退伙，利润分配与亏损分担等知识，培养学生的实际操作能力。

二、组织方式

全班同学每2~3人一组，按照《合伙企业法》的要求，为申请设立一个普通合伙企业拟订合伙协议（该合伙企业的合伙人为三个自然人）。

三、具体要求

1. 拟订的合伙协议应当按照《合伙企业法》第18条的内容作出详细具体的规定；

2. 拟订的合伙协议应当就合伙协议的修改或补充、合伙人向合伙人以外的人转让其在合伙企业中的全部或者部分财产份额、增加或减少对合伙企业的出资等事项作出规定；

3. 该项目训练结束后以小组为单位提交合伙协议。

合伙协议范本

第一条 依照《中华人民共和国合伙企业法》及其他有关法律、法规，经全体合伙人协商一致，达成本协议。

第二条 全体合伙人应自觉遵守本协议，违约者应依照法律、法规和本协议的约定承担责任。

第三条 合伙目的：为了＿＿＿＿＿＿＿＿＿＿＿＿＿＿＿＿＿＿＿目的，成立本合伙企业。

第四条 合伙企业经营范围及方式：_____，_____。

第五条 合伙企业名称：_____。

第六条 合伙企业地址（主要经营场所）：_____。

第七条 合伙企业合伙人共_____人。

合伙人×××：（姓名或名称、住所、身份证号码、联系方式）

合伙人×××：（姓名或名称、住所、身份证号码、联系方式）

合伙人×××：（姓名或名称、住所、身份证号码、联系方式）

第八条 合伙人出资的方式、数额如下：

合伙人	出资方式	数额	评估方式	出资权属证明	占出资总额比例

第九条 全体合伙人应在_____年___月___日前交付出资。

第十条 合伙企业存续期间，合伙人可以增加对合伙企业的出资，用于扩大经营规模或者弥补亏损，增加出资的比例为_____。

第十一条 合伙企业进行清算前，合伙人不得请求分割合伙企业的财产，但法律、法规另有规定的除外。

第十二条 合伙企业存续期间，合伙人向合伙人以外的人转让其在合伙企业中的全部或部分财产份额时，须经其他合伙人一致同意。

合伙人之间转让在合伙企业中的全部或者部分财产时，应当通知其他合伙人。

第十三条 经全体合伙人同意，合伙人以外的人依法受让合伙企业财产份额的，经修改合伙协议即成为合伙企业的合伙人，依照修改后的合伙协议享有权利、承担责任。

第十四条 合伙人以其在合伙企业中的财产份额出质的，须经其他合伙人一致同意；未经其他合伙人一致同意，其行为无效，由此给善意第三人造成损失的，由行为人依法承担赔偿责任。

第十五条 合伙人对合伙企业有关事项的表决方式为一人一票。

第十六条 经全体合伙人协商确定，由下列合伙人执行合伙企业事务：

……

第十七条 执行合伙事务的合伙人应当每月向其他不参加执行事务的合伙人报告一次，报告内容包括事务执行情况以及合伙企业的经营状况和财务状况。

第十八条 合伙人为了了解合伙企业的经营状况和财务状况，有权查阅账簿。

第十九条 合伙人可以对其他合伙人执行的事务提出异议。提出异议时，应暂停该项事务的执行，如果发生争议，由全体合伙人共同决定。

被委托执行合伙企业事务的合伙人不按照合伙协议或者全体合伙人的决定执行事

务的，其他合伙人可以决定撤销该委托。

第二十条 合伙企业利润按如下分配比例进行分配：＿＿＿＿＿＿＿＿＿＿＿＿。

第二十一条 合伙企业亏损按如下比例分担：＿＿＿＿＿＿＿＿＿＿＿＿。

第二十二条 合伙企业每月结算一次，对前一时期的利润分配或者亏损分担的具体方案由全体合伙人根据第二十条和第二十一条协商确定并记录在案。

第二十三条 以合伙企业全部财产清偿合伙企业债务时，其不足部分，由合伙人按照本协议第二十一条约定的比例用其在合伙企业出资以外的自有财产承担清偿责任。

第二十四条 合伙人个人财产不足清偿其个人所负债务的，该合伙人只能以其从合伙企业中分取的收益用于清偿；债权人也可以依法请求人民法院强制执行该合伙人在合伙企业中的财产份额用于清偿。

对该合伙人的财产份额，其他合伙人有优先受让的权利。

第二十五条 新合伙人入伙时，应当经全体合伙人同意，并订立书面入伙协议。

订立入伙协议时，原合伙人应当向新合伙人告知原合伙企业的经营状况和财务状况。

第二十六条 入伙的新合伙人与原合伙人享有同等的权利，承担同等责任。

入伙的新合伙人对入伙前合伙企业的债务承担连带责任。

第二十七条 合伙协议约定合伙企业的经营期限的，有下列情形之下时，合伙人可以退伙：

（一）合伙协议约定的退伙事由出现；

（二）经全体合伙人同意退伙；

（三）发生合伙人难以继续参加合伙企业的事由；

（四）合伙人严重违反合伙协议的约定。

第二十八条 合伙协议未约定合伙企业的经营期限的，合伙人在不给合伙企业事务执行造成不利影响的情况下，可以退伙，但应当提前30日通知其他合伙人。

第二十九条 合伙人违反第二十七条、第二十八条规定的，即丧失该合伙企业的合伙人资格。

合法继承人不愿意成为该合伙企业的合伙人的，合伙企业应退还其依法继承的财产份额。

合伙继承人为未成年人的，经其他合伙人一致同意，可以在其未成年时由监护人代行其权利。

第三十条 合伙人退伙的，其他合伙人应当与该退伙人按照退伙时的合伙财产状况进行结算，退还退伙人的财产份额。

退伙时有未了结的合伙事务的，待了结后进行结算。

第三十一条 退伙人在合伙企业中财产份额的退还办法由全体合伙人协商决定。

第三十二条 退伙人对其退伙前已发生的合伙企业债务，与其他合伙人承担连带责任。

第三十三条 合伙人退伙时，合伙企业财产少于合伙企业债务的，退伙人应当按照本协议第二十一条的约定分担亏损。

第三十四条 合伙企业经营期限_____年。

第三十五条 合伙企业有下列情形之一时，应当解散（约定的解散事由）：

（一）_____；

（二）_____。

（三）全体合伙人决定解散。

第三十六条 合伙企业解散应当进行清算，清算人由全体合伙人担任；未能由全体合伙人担任清算人的，经全体合伙人过半数同意，可以自合伙企业解散后15日内指定一名或数名合伙人或者委托第三人，担任清算人。

15日内未确定清算人的，合伙人或者其他利害关系人可以申请人民法院指定清算人。

第三十七条 清算人在清算期间执行下列事务：

（一）清理合伙企业财产，分别编制资产负债表和财产清单；

（二）处理与清算有关的合伙企业未了结的事务；

（三）清缴所欠税款；

（四）清理债权、债务；

（五）处理合伙企业清偿债务后的剩余财产；

（六）代表合伙企业参与民事诉讼。

第三十八条 合伙企业财产在支付清算费用后，按下列顺序清偿：

（一）合伙企业所欠招用的职工工资和劳动保险费用；

（二）合伙企业所欠税款。

第三十九条 本合伙协议的修改须经全体合伙人一致同意。

本协议于_____年___月___日在_____签署，自签署之日起生效。

合伙人甲：（签名）　　　　合伙人乙：（签名）　　　　合伙人丙：（签名）

【自测题】

一、判断题

1. 合伙企业的债权人可以根据自己的清偿利益，请求全体合伙人中的一人或数人承担全部的清偿责任，也可以按照自己确定的比例向各合伙人分别追索。（　　）

2. 甲向乙借款5万元作为出资与其他两人共同设立了一合伙企业。合伙企业经营期间，乙欠合伙企业货款5万元，乙可以将其对甲的债权抵消对合伙企业的债务。

（　　）

3. 个人独资企业不具有法人资格，也无独立承担民事责任的能力。（　　）

4. 合伙人死亡的，其在合伙企业中的财产份额由其合法继承人继承，并取得合伙人资格。

（　　）

5. 特殊的普通合伙企业中，一个合伙人或者数个合伙人在执业活动中因故意或者重大过失造成合伙企业债务的，应当承担无限责任或者无限连带责任，其他合伙人以其在合伙企业中的财产份额为限承担责任。 （ ）

6. 我国的外商投资企业是以直接投资方式设立的企业。 （ ）

7. 中外合资经营企业是契约式企业，中外合作经营企业是股权式企业。 （ ）

8. 外资企业就是外商投资企业。 （ ）

9. 我国法律规定，对中外合资企业和外资企业绝对不实行国有化，相对不实行征收。 （ ）

10. 合伙人办理退伙后，对其退伙前的合伙企业债务不再承担责任。 （ ）

二、单项选择题

1. 我国立法所指的个人独资企业仅指（ ）。
    A. 自然人单独投资设立的企业
    B. 法人单独投资设立的企业
    C. 物质生产部门单独投资设立的企业
    D. 行政事业部门单独投资设立的企业

2. 《个人独资企业法》实施的时间是（ ）。
    A. 1999 年 1 月 1 日　　　　　B. 2000 年 1 月 1 日
    C. 2001 年 1 月 1 日　　　　　D. 2002 年 1 月 1 日

3. 个人独资企业（ ）。
    A. 不可以申请贷款　　　　　B. 可以依法申请贷款
    C. 可以申请拨款　　　　　　D. 可以申请财政补贴

4. 个人独资企业成立的日期为（ ）。
    A. 个人独资企业收到设立申请文件之日起
    B. 个人独资企业提交申请书的日期
    C. 个人独资企业的营业执照的签发日期
    D. 个人独资企业依法申请贷款起

5. 个人独资企业投资人甲聘用乙管理企业事务，同时对乙的职权予以限制，凡乙对外签订标的额超过 1 万元的合同，须经甲同意。某日，乙未经甲同意与善意第三人丙签订了一份标的额为 2 万元的买卖合同。下列关于该合同效力的表述中，正确的是（ ）。
    A. 该合同为可撤销合同，可请求人民法院予以撤销
    B. 该合同无效，如果给甲造成损害，由乙承担民事赔偿责任
    C. 该合同有效，但如果给甲造成损害，由乙承担民事赔偿责任
    D. 该合同经甲追认后有效

6. 根据合伙企业法律制度的规定，合伙协议未约定合伙人之间利润分配和亏损分担比例的，其利润分配和亏损分担的原则是（ ）。
    A. 由合伙人协商决定，协商不成的，按各合伙人实际出资比例分配利润和分担亏损，无法决定出资比例的，由各合伙人平均分配利润和分担亏损
    B. 按各合伙人实际出资比例分配利润和分担亏损

C. 根据各合伙人对合伙企业的贡献大小分配利润和分担亏损

D. 申请人民法院裁定利润分配和亏损分担比例

7. 关于普通合伙人对合伙企业的出资，下列说法错误的是（　　）。

A. 合伙人缴付出资的期限可以由合伙协议规定

B. 合伙人只能以货币出资

C. 合伙人以劳务出资的，其评估办法由全体合伙人协商确定

D. 合伙人可以用土地使用权出资

8. 中外合资经营企业的组织形式为（　　）。

A. 有限责任公司　　　　　　　B. 股份有限责任公司

C. 无限公司　　　　　　　　　D. 两合公司

9. 法人型的中外合作经营企业，采用（　　）的经营管理方式。

A. 委托管理制　　　　　　　　B. 联合管理制

C. 分开管理制　　　　　　　　D. 董事会制

10. 设立外资企业的申请经批准后，外国投资者应当在接到批准证书之日起（　　）内向工商行政管理机关申请登记，领取营业执照。

A. 10 天　　　　B. 15 天　　　　C. 20 天　　　　D. 30 天

三、多项选择题

1. 根据《合伙企业法》的规定，在有限合伙企业中，下列表述正确的是（　　）。

A. 除合伙协议另有约定外，普通合伙人转变为有限合伙人，应当经全体合伙人一致同意

B. 除合伙协议另有约定外，有限合伙人转变为普通合伙人，应当经全体合伙人一致同意

C. 有限合伙人转变为普通合伙人的，对其作为有限合伙人期间合伙企业发生的债务不承担无限连带责任

D. 普通合伙人转变为有限合伙人的，对其作为普通合伙人期间合伙企业发生的债务应承担无限连带责任

2. 根据《合伙企业法》的规定，在普通合伙企业中，当合伙企业的财产不足以清偿其债务时，下列人员中应对合伙企业的债务承担连带责任的有（　　）。

A. 合伙企业债务发生后新入伙的新合伙人

B. 合伙企业债务发生后自愿退伙的合伙人

C. 合伙企业债务发生后被除名的合伙人

D. 不参加执行合伙企业事务的合伙人

3. 甲是普通合伙企业的合伙人，因病身亡，其继承人只有乙（具备完全民事行为能力）。下列关于乙继承甲的合伙企业财产份额的表述中，符合《合伙企业法》规定的有（　　）。

A. 乙可以要求退还甲在合伙企业的财产份额

B. 乙只能要求退还甲在合伙企业中的财产份额

  C. 乙因继承而当然成为合伙企业的合伙人

  D. 经其他合伙人同意，乙因继承而成为合伙企业的合伙人

 4. 甲、乙、丙共同出资设立一个普通合伙企业，在合伙企业存续期间，甲拟以其在合伙企业中的财产份额出质借款。根据《合伙企业法》的规定，下列表述中正确的有（ ）。

  A. 甲可以出质，且无须经乙、丙同意

  B. 经乙、丙同意，甲可以出质

  C. 未经乙、丙同意，甲私自出质的，其行为无效

  D. 未经乙、丙同意，甲私自出质给善意第三人造成损失的，由甲承担赔偿责任

 5. 根据《个人独资企业法》的规定，下列各项中，属于个人独资企业应当解散的情形有（ ）。

  A. 投资人死亡，继承人决定继承

  B. 投资人决定解散

  C. 投资人被宣告死亡，无继承人

  D. 被依法吊销营业执照

四、案例分析题

 1. 一个中国个体户和一个日本企业经平等协商，拟建立一家合资企业。双方在合同中约定，企业名称为某某服装公司，组织形式为有限责任公司。公司投资总额为400万美元，中方出资160万美元，其中50%为工业产权出资，日方已经出资20万美元，三个月后将再出资20万元，其中50%为土地使用权出资。公司设股东会为最高权力机构，董事会为执行机构。董事会由9名董事组成，中方派出7名，日方派出2名。由中方担任董事长，外方担任副董事长和总经理，并由总经理担任法定代表人。中日双方按照合同约定分配利润和承担风险，前3年利润全部归外方所有，作为外方的投资回收，企业解散时全部财产归中方所有。双方在必要时可以增加或者减少注册资本，增减注册资本决议经董事会讨论通过即生效。本合同如发生争议，适用中国的或者日本的法律。

 问：本合同有哪些违法之处？为什么？

 2. 甲国有企业、乙个人独资企业、丙有限责任公司、退休人员丁欲共同设立一家合伙企业，以下是部分设想：①合伙企业为普通合伙企业形式；②甲用房产作价出资，乙用货币出资，丙以商标权作价出资，丁以劳务出资；③由丁执行合伙事务，其他合伙人不得干预事务执行，对合伙企业的亏损也不承担责任。

 问：以上设想是否合法？为什么？

第三章 公司法

第一节 公司与公司法概述

一、公司的概念和法律特征

（一）公司的概念

公司是依照法定的条件与程序设立的、以营利为目的的社团法人。我国《公司法》规定，我国的公司包括有限责任公司和股份有限公司。

（二）公司的特征

1. 法定性

公司必须依照法定条件和法定程序设立。一方面要求公司的章程、资本、组织机构、活动原则等必须合法；另一方面，公司设立要经过法定程序，进行工商登记。通常，公司依公司法设立，但有时还必须遵循其他的法律法规，如企业法、商业银行法、保险法、证券法等行业管理法律，有时公司还可能是依据特别法或者是行政命令而设立。

2. 法人性

就我国现阶段的法律而言，公司作为法人，必然具备《民法通则》第37条规定的条件，其中最重要的是具有独立的财产并且能够以自己的名义享有民事权利并独立承担民事责任。公司的股东一旦把自己的投资财产投入并转移给公司，就丧失了对该财产的所有权或使用权，并相应取得股权；而公司则对股东投入的财产享有完全的、独立的法人财产权。公司独立承担责任是公司法人资格的最终体现，具体包含三点：公司应以它的全部财产对其债务承担责任；公司股东不对公司债务直接承担责任；当公司资产不足以抵偿其债务时，就依法宣告破产，清算结束后未受清偿的债务不再清偿。

3. 营利性

所谓营利性，是指公司必须从事经营活动，其经营活动的目的在于获取超出资本的利润并将其分配给投资者。公司所从事的以营利为目的的经营活动，具有连续性和固定性，即具有营利性的特点。营利性是公司区别于非营利性法人组织的重要特征。

4. 公司是股东资本的集合，决策遵循资本至上原则

为鼓励股东出资，各国公司法一般都根据资本至上的原则，规定公司股东会或股东大会按照股东出资比例或所持有的股份行使表决权。这种规定在大小股东利益一致

的情况下，并不会导致不公平。但在实践中，大小股东的利益可能存在冲突，大股东直接或间接通过公司负责人滥用权利，很容易损害中小股东的利益。为解决这一问题，我国《公司法》坚持资本至上原则的同时，也作出了例外规定：

（1）公司为公司股东或者实际控制人提供担保的，必须经股东会或者股东大会决议。前述股东或者受实际控制人支配的股东不得参加该事项的表决。该项表决由出席会议的其他股东所持表决权的过半数通过。所谓实际控制人，是指虽不是公司的股东，但通过投资关系、协议或者其他安排，能够实际控制公司行为的人。

（2）有限责任公司股东可以在章程中约定股东会会议由股东按照出资比例以外的方式行使表决权。

（3）公司的控股股东、实际控制人、董事、监事、高级管理人员不得利用其关联性关系损害公司利益；否则，给公司造成损失的，应当承担赔偿责任。所谓控股股东，是指其出资额占有限责任公司资本总额 50% 以上或者其持有的股份占股份有限公司股本总额 50% 以上的股东；出资额或者持有股份的比例虽然不足 50%，但依其出资额或者持有的股份所享有的表决权已足以对股东会、股东大会的决议产生重大影响的股东。所谓高级管理人员，是指公司经理、副经理、财务负责人，以及上市公司董事会秘书和公司章程规定的其他人员。

二、公司的分类

从国际上看，公司制度经过长期的发展已形成了多种形态的公司。各种公司在具备一般公司的基本特征的同时，又有着各自不同的特点。在法律上或学理上对公司一般可以作如下分类：

1. 无限公司、有限责任公司、两合公司、股份有限公司及股份两合公司

这是大陆法系国家的公司法主要根据股东对公司承担责任的不同，对公司所作的法定分类。无限公司，在日本称为合名公司，是指全体股东对公司债务承担无限连带清偿责任的公司。有限责任公司，是指全体股东对公司债务仅以各自的出资额为限承担责任的公司。两合公司，在日本称为合资公司，是指公司的一部分股东对公司债务承担无限连带责任，另一部分股东对公司债务仅以出资额为限承担责任的公司。股份有限公司，是指公司资本划分为等额股份，全体股东仅以各自持有的股份额为限对公司债务承担责任的公司。股份两合公司，是指公司资本划分为等额股份，一部分股东对公司债务承担无限连带责任，另一部分股东对公司债务仅以其持有的股份额为限承担责任的公司。

我国《公司法》只规定了两种公司形式，即有限责任公司和股份有限公司。

2. 封闭式公司和开放式公司

这是英美法系根据公司股权掌握的对象及股权转让方式的不同，对公司所作的法定分类。封闭式公司，是指股东人数较少，股权转让受较多限制，不得向社会公众募股，实行封闭式经营的公司。开放式公司，是指可以公开募股并由社会公众持股，股权可以自由转让的公司。

3. 人合公司、资合公司和人合兼资合公司

这是大陆法系学者根据公司信用基础的不同，对公司所作的学理分类。人合公司的信用基础侧重于股东个人信用而不在于公司资本。无限公司就是典型的人合公司。资合公司的信用基础侧重于公司的资本额而不在于股东的个人信用。股份有限公司是典型的资合公司。人合兼资合公司的信用基础兼具股东个人信用和公司资本额两方面，两合公司是其典型。

4. 母公司和子公司

这是根据公司间的控制或支配关系所作的分类。母公司，也称为控股公司，是指掌握其他公司多数股份，从而能实际控制其他公司经营决策的公司。子公司，是指其半数以上的股份受母公司控制，经营决策受母公司影响的公司。母公司与子公司在法律上均具有独立的法人资格。

5. 总公司和分公司

总公司和分公司是同一公司在内部组织系统上的划分，并不是各具法人资格、互相独立的两个公司。总公司是指领导管理整个公司事务的总机构，分公司为受总公司管理的分支机构。分公司无法人资格，仅为法人的一部分。法人的住所为总公司所在地，公司的财产包括总公司与分公司的全部财产。

6. 中国公司、外国公司和跨国公司

中国公司是指依照中国法律在中国境内设立的公司。外国公司是指依照外国法律在中国境外设立的公司。外国公司在中国境内设立分支机构，采用行政许可设立原则，即依法必须向中国主管机关提出申请，并提交其公司章程、所属国的公司登记证书等有关文件，经批准后，向公司登记机关依法办理登记，领取营业执照。外国公司在中国境内设立的分支机构不具有中国法人资格。外国公司对其分支机构在中国境内进行经营活动承担民事责任。经批准设立的外国公司分支机构，在中国境内从事业务活动，必须遵守中国的法律，不得损害中国的社会公共利益，其合法权益受中国法律保护。跨国公司是以本国为基地，通过对外直接投资，在他国或者地区拥有众多分公司、子公司和参股公司的公司集合，其本身不是一种独立的公司形态。

二、公司法的概念与特征

（一）公司法的概念和调整对象

1. 公司法的概念

公司法是规定各种公司的定义、种类、设立、公司内部组织管理机制，公司的合并、变更、解散、清算等一系列问题的法律规范的总称。狭义的公司法，仅指作为公司法的主要存在形式，如公司法典、商法典。广义的公司法，包括证券法、外商投资企业法、公司管理条例等。

2. 公司法的调整对象

（1）公司的全部组织关系。公司法主要是规定公司的组织及其地位的法律，因而是侧重调整公司组织关系的法。公司组织关系表现在下列四方面：①发起人之间或股

东之间的关系；②股东与公司之间的关系；③公司组织机构之间的关系；④公司与国家经济行政机关之间发生的社会关系。

（2）公司的部分经营关系。公司的经营活动是丰富多彩、纷繁复杂的，公司在经营活动中所发生的经济关系也是多种多样的。各国公司法虽对公司经营活动的调整范围宽狭不一，但所有的公司法都不调整公司的全部经营活动，一般只调整那些与公司组织关系有密切联系的经营关系。至于那些与公司组织关系无关的经营活动，如买卖合同关系，则不由公司法调整。

与公司组织特点有联系的活动，主要是股票的发行、交易，债券的发行、转让，以及资本的增加、减少和出资转让等。我国公司法虽对股票发行作出了规定，但对股票交易问题则基本上不涉及，由证券法来加以调整。

总之，公司法对公司关系的调整侧重于组织关系、内部关系，而对于公司经营关系、外部关系的调整是次要的、辅助的。因此，公司法基本上是组织法或主体法。

（二）公司法的特征

公司法在内容、体例等方面，都有着与其他法律不同的特点，具体表现在以下几方面：

（1）公司法是一种人格法、组织法和交易活动法相结合的法律。人格法是指公司法确认公司的法律地位，规定公司的名称、住所、公司行为能力和权利能力、设立条件和程序。组织法是指公司法设置公司的内部组织管理体系，对公司的合并、设立、变更、解散、清算等公司组织活动作出了规定。另外，公司法还调整股份有限公司股票的招股、公告、发布、发行等交易活动。

（2）公司法是一种任意法和强行法相结合的法律。公司法作为一种组织法，具有鲜明的国家干预性，因此以强制性规范为主。公司法多为强制性规范，目的是为了保证主体适格，以维护社会交易的安全和经济秩序的稳定。同时，公司法也有一定的任意性规范，以体现股东和公司的意愿。

（3）公司法是一种程序法与实体法相结合的法律。公司法侧重于对股东及公司相关权利义务的规定，以及股东与公司财产责任的划分，因此主要是实体法。在侧重实体规定的同时，公司法还对取得实体权利所必须履行的程序作出了规定，因而又具有程序法的因素。公司法将实体法与程序法有机结合在一起，利于实施和操作。

（4）从公司法所确认的各种规则来看，公司法是具有一定国际性的国内法。尽管各国的政治经济情况千差万别，公司法在本质上也属于国内法，但由于经济活动对主体具有共性的、规律性的普遍要求，加之国际商业交往的客观需要，各国公司法在保留其个性特色的同时，还必须概括出公司共同的组织原则和活动准则。因此，公司法就必然具有一定的国际性。各国在制定本国的公司法时，必须注意借鉴和吸收各国通行的公司规则，以利于国际经济交往。

第二节　公司法的基本制度

一、公司设立

公司设立，是指为创设公司并使之取得公司主体资格，依照法定条件和程序所进行的一系列法律行为的总称。

(一) 公司设立的要件

设立行为的内容，因公司种类不同而有差异，但都要具备三个要件，即发起人、资本和章程。

1. 发起人

发起人是指为了成立公司而筹划设立事务，从事设立行为，并在公司章程中签名盖章的出资人。发起人是公司成立后的首批股东。

发起人应具备法定的资格。在我国，发起人既可以是具有完全民事行为能力的自然人，也可以是法人，但法律、行政法规禁止从事营利性活动的人除外。发起人的人数应符合法律规定。从各国的规定来看，有限责任公司一般既有最低人数的规定，也有最高人数的限制。股份有限公司只有最低人数的规定，没有最高人数的限制。

为规范发起人的行为，各国公司法一般都规定了发起人的法律责任。综合我国公司法的规定，发起人的责任主要有：①在公司筹备期间，发起人之间的关系具有合伙性质。当公司不能成立时，发起人应当对设立行为所产生的债务和费用负连带责任。为明确发起人在公司筹备期间各自的权利和义务，发起人应当签订一份公司发起协议。②公司成立后，发起人之间的关系转变为股东间的合作关系，发起人仅以其出资额为限对公司债务承担责任。③有限责任公司成立后，发现作为设立公司出资的非货币财产的实际价额显著低于公司章程所定价额的，交付该出资的股东应当补足其差额，公司设立时的其他股东承担连带责任。④股份有限公司的发起人，在公司不能成立时，对认股人已缴纳的股款，负返还股款并加算银行同期存款利息的连带责任。在公司设立过程中，由于发起人的过失致使公司利益受到损害的，应当对公司承担赔偿责任。股份有限公司成立后，发起人未按照公司章程的规定缴足出资的，应当补缴，其他发起人承担连带责任。发现作为设立公司出资的非货币财产的实际价额显著低于公司章程所定价额的，应当由交付该出资的发起人补足其差额，其他发起人承担连带责任。

公司的发起人、股东虚假出资，未交付或者未按期交付作为出资的货币或者非货币财产的，由公司登记机关责令改正，处以虚假出资金额 5% 以上 15% 以下的罚款。公司的发起人、股东在公司成立后，抽逃其出资的，由公司登记机关责令改正，处以所抽逃出资金额 5% 以上 15% 以下的罚款。

2. 资本

资本是公司存在的物质基础。长期以来，西方各国的公司法关于公司资本的规定虽然有所不同，但归纳起来，主要有法定资本制、授权资本制和认可资本制三种不同模式的资本制度。

所谓法定资本制，是指公司在成立时，注册资本是全体股东认缴出资的总额。股东的出资可以在公司成立前或成立后的一定期限内一次或分期缴付的公司资本制度。根据法定资本制的要求，首先，公司章程必须记载不低于法定最低资本限额的注册资本。其次，公司章程所确定的资本总额必须在公司成立之前全部认足。最后，发起人的股款可以按规定或约定在公司成立前或成立后的一定期限内一次性缴纳或分期缴纳。大陆法系国家为了确保债权人的利益和公司的对外信用基础，更多地体现"社会本位"的价值观念，在传统的公司法中，关于公司资本的规定大都采用了"法定资本制"，并形成了"资本三原则"，即资本确定原则、资本维持原则和资本不变原则。资本确定原则，是指公司在设立时，必须在章程中对公司的资本总额作出明确规定，并必须由股东全部认足，否则公司不能成立。资本维持原则，又称资本充实原则，是指公司在存续期，应经常保持与其资本额相当的财产，以维持公司的资信。资本不变原则，是指公司的资本一经确定，在存续期间不得随意更改，如需增减，必须履行法定的程序。

法定资本制的主要优点在于：①有利于确保公司资本的真实、可靠；②有利于防止公司设立中的欺诈、投机等不法行为，避免出现公司注册资本和实缴资本的不同而给社会公众及投资者造成的混乱局面；③有利于维护债权人的合法权益和社会交易的安全。其不足在于：①短期筹资量大，不利于公司的尽快成立；②在公司成立之初容易造成公司资本的闲置、浪费；③公司变更资本的程序较复杂，耗时较长。

所谓授权资本制，是指公司设立时，虽然要在公司章程中确定注册资本总额，但发起人只需认足或缴足部分股份，公司就可正式成立，其余的股份，授权董事会根据公司生产经营情况和证券市场行情再随时发行的公司资本制度。根据授权资本制的要求，首先，公司章程既要载明公司的注册资本，又要载明公司成立之前第一次发行的资本数额。其次，在授权资本制下，注册资本、发行资本、实缴资本、授权资本同时存在，但各不相同。最后，发起人只需认购并足额缴纳章程所规定的第一次应发行的股份数，公司即可正式成立。英美法系的公司法为了刺激人们的投资热情和简化公司的设立程序，更多地体现"个人本位"的价值观念，关于公司资本的规定大都采用了授权资本制。

授权资本制的主要优点在于：①便于公司的尽快成立；②不易造成公司资本的闲置和浪费；③免除了变更注册资本的繁琐程序，使公司资本变更的操作成本大幅度降低。其不足主要在于：①容易引起公司设立中欺诈和投机等非法行为的滋生。因为授权资本制既未规定公司首次发行股份的最低限额，也未规定公司实收资本应与公司的生产经营规模相适应。②不利于保护债权人的利益。因为在授权资本制下，公司章程中规定的公司资本仅仅是一种名义资本，公司的实收资本可能微乎其微，这就缩小了公司的信用担保范围，从而不利于维护交易的安全。

认可资本制，也称为"折中授权资本制"，是指在公司设立时，对公司章程中所确定的注册资本，发起人可以只认购一部分，未认购的部分授权董事会根据需要随时发行，但首次发行的股份不得少于法定比例，发行股份的授权也须在一定期限内行使的公司资本制度。认可资本制融合了法定资本制与授权资本制的优点，兼顾了公平、安全与效率。目前采用认可资本制的国家主要有德国、法国和日本。

我国 1993 年通过的《公司法》，采用的是严格的法定资本制。其严格性主要表现在：①公司的注册资本必须在公司成立前全部发行，不允许分期缴纳，否则公司不得成立。②法定资本最低限额较高。比如，股份有限公司的最低注册资本额为人民币1 000 万元。③资本变更制度刚性强，程序复杂，耗时较长。④出资标的范围较窄，智力成果出资比例偏低。股东只可以用货币出资，以实物、工业产权、非专利技术、土地使用权作价出资，并且智力成果出资在注册资本的比例中一般不得超过 20%，其他财产权公司法都未予承认。

这一制度的主要优点在于：①切实贯彻了公司资本三原则。严格的资本制度有利于公司资本结构、财务会计结构的稳定，有效地保证公司资本的真实、可靠，防止公司设立中的欺诈、投机行为。②保障公司资本稳健运行。严格的资本制度能够有效地遏制出资不实等严重不良现象的发生，使公司的经营活动有坚实的资本保证。③债权人利益和社会交易安全获得最大限度的保障，有利于维护良好的市场经济秩序。

这一制度的不足主要在于：①公司设立门槛较高，容易挫伤投资者设立公司的积极性。②容易造成公司资本的闲置和浪费。③公司变更注册资本操作成本较高。④不利于内资公司的发展。内资公司的注册资本必须在公司成立前足额缴付，外商投资企业根据有关外商投资企业法的规定可以在公司成立后分次缴付。内外资企业的差别待遇，削弱了内资企业的竞争优势，导致内外资企业间的不公平竞争，不利于我国良好经济秩序的形成。

我国 2005 年通过的《公司法》，虽然继续采用法定资本制，要求股东或发起人在公司成立前一次认足注册资本，但在其他方面放宽了对公司资本的要求。主要表现在：①大幅度降低了公司注册资本的最低限额。将有限责任公司和股份有限公司的注册资本的最低限额分别降低为人民币 3 万元和人民币 500 万元。②取消了智力成果出资在注册资本的比例中一般不得超过 20% 的规定，增加了股东出资的方式。将工业产权扩大为知识产权，并且对其他可以用货币作价并可以独立转让的财产出资的合法性给予明确肯定，从而使股权、债权出资的合法性得以确立。③允许股东或发起人分期缴纳股款。规定有限责任公司全体股东和采用发起方式设立的股份有限公司全体发起人的首次出资额不得低于注册资本的 20%，也不得低于法定的注册资本最低限额，其余部分由股东或发起人自公司成立之日起两年内缴足；其中，投资公司可以在 5 年内缴足。④取消了一般公司向其他企业转投资不得超过本公司净资产的 50% 的限制性规定，有利于增强公司信用。

3. 章程

章程是由发起人或公司最初的全体股东依法制定的，规定公司设立的宗旨与经营范围、公司组织和活动基本规则等问题的法律文件。公司章程作为充分体现公司自治的法律文件，堪称"公司小宪法"，是公司法的重要渊源。

章程必须采用书面形式，其内容可以分为依法应当记载的事项和任意记载的事项两种。2005 年修订的《公司法》对章程中应当记载的内容作了调整，并扩大了股东的自主权。比如，有限责任公司中有关股东权利与义务、股东转让股权的条件、公司的解散事由与清算办法，原来规定属于章程中应当记载的事项，现在转为任意记载事项。此外，《公司法》中的强制性规定减少了，股东可以在章程中对股东表决权的行使、议事方式和表决程序、股东分红和认缴出资的比例、公司向其他企业投资或者为他人提供担保事项具体由董事会还是由股东会或者股东大会决议决定、自然人股权继承等许多重要事项自主作出规定。

章程内容应尽可能全面、具体，文字力求准确、通俗易懂。公司章程自公司成立之日起生效，对公司、股东、董事、监事、高级管理人员具有约束力。

（二）公司设立的方式

公司设立的方式一般有两种，即发起设立与募集设立。

1. 发起设立

发起设立又称单纯设立，是指由发起人认足公司全部股本而设立公司。其特点是，公司不向发起人以外的任何人募集股金，公司资本由发起人全额认购。发起设立方式适用面较广，各种公司形式都可采用。

2. 募集设立

募集设立又称渐次设立，是指由发起人认购公司应发行股份的一部分，其余股份向社会公开募集或者向特定对象募集而设立公司。其特点是，公司可以向发起人以外的人募集股份。募集方式包括向社会公开募集和向特定对象募集两种。募集设立方式在我国只适用于股份有限公司。

（三）公司设立的立法原则

公司设立的立法原则决定了公司设立的程序。综合各国的规定，从历史上看，国际上对公司的设立先后实行过四种设立原则。

1. 自由主义

自由主义又称放任主义，是指公司设立完全由当事人自行决定，无需任何条件，国家也不加任何干涉。这一原则在公司制度处于萌芽时期的罗马曾经采用过。根据罗马法的规定，一切社团基于自由设立原则而成为事实上的存在，并因此而有法律上的人格。这一原则难以保证交易安全，近代以后各国已很少采用。

2. 特许主义

特许主义即设立公司须经国家元首颁发特许状或依国会特别法令许可。这一原则在17、18世纪的英国、荷兰等国十分盛行，如1600年，经英国国王批准设立了东印度公司。这一原则是与国家元首和政府保持对公司的垄断和特权相适应，不适合一般公司的设立，目前只在很小的范围内使用。

3. 行政许可主义

行政许可主义又称核准主义，即设立公司除了要符合法律规定的条件外，还须经行政主管机关审核批准。这一原则首次出现于1673年法国路易十四颁布的《商事敕令》，其优点是便于国家对公司的设立进行统筹安排和管理，保证已成立的公司具备法定的条件并符合社会的需要。但这一原则也存在着手续繁琐、重复，容易引起行政机关滥用职权等弊端。近代以来，西方国家已很少采用这一原则。

4. 准则主义

准则主义又称登记主义，即设立公司只要符合法律规定的条件，无需经过行政机关的审批，即可登记成立。首先采用这一原则的是英国 1862 年颁布的公司法，到 20 世纪时已被西方各国普遍采用。

我国企业的设立过去长期采取行政许可主义，1993 年《公司法》对公司的设立采取的是准则主义与许可主义相结合的原则，即对一般有限责任公司的设立，采取准则主义，对股份有限公司和特殊有限责任公司的设立，采取行政许可主义。为进一步减少政府对公司设立的干预，2005 年《公司法》废除了原《公司法》关于"股份有限公司的设立，必须经过国务院授权的部门或者省级人民政府批准"的规定，实行以"准则主义"为主，以"行政许可主义"为辅的设立原则，即除了法律、行政法规有特别规定的之外，一般公司的设立可以直接向公司登记机关申请注册登记。

二、公司负责人的任职资格和义务

公司负责人，是指公司的董事、监事和高级管理人员。公司负责人在公司的职权行为直接关系到公司、股东及债权人的利益。我国《公司法》从保障公司合法经营，维护公司正常经营秩序出发，借鉴国际上通行的做法和规则，对我国公司负责人的任职资格和义务作出了明确规定。

1. 公司负责人的任职资格

公司负责人的任职资格一般分为积极资格和消极资格。积极资格是指任职应具备的条件，消极资格是指任职的限制性条件。公司负责人的积极资格因其职务和公司特点不同而有所不同，一般应由公司自行确定，法律不作规定。对消极资格，法律一般有明确的规定。根据我国《公司法》第 147 条的规定，有下列情形之一的人，不得担任公司的负责人：①无民事行为能力或者限制民事行为能力；②因贪污、贿赂、侵占财产、挪用财产或者破坏社会经济秩序，被判处刑罚，执行期满未逾 5 年，或者因犯罪被剥夺政治权利，执行期满未逾 5 年；③担任破产清算的公司、企业的董事或者厂长、经理，并对该公司、企业的破产负有个人责任的，自该公司、企业破产清算完结之日起未逾 3 年；④担任因违法被吊销营业执照、责令关闭的公司、企业的法定代表人，并负有个人责任的，自该公司、企业被吊销营业执照之日起未逾 3 年；⑤个人所负数额较大的债务到期未清偿。

公司违反法律规定选举、委派董事、监事或者聘任高级管理人员的，该选举、委派或者聘任无效。董事、监事、高级管理人员在任职期间变成无民事行为能力或者限制民事行为能力人时，公司应当解除其职务。

2. 公司负责人的义务

公司经营离不开负责人，为维护公司利益，我国《公司法》要求公司负责人对公司履行忠实和勤勉义务。所谓忠实义务，是指负责人在履行职务时始终将公司利益置于首位。所谓勤勉义务，是指负责人在管理公司事务时应认真、尽力。忠实义务是所有负责人都应对公司承担的一种义务。它是一种严格责任，不以负责人有过失为必要。勤勉义务是一种管理性义务，一般以负责人有过失为承担责任的必要条件，主要由具体负责公司日常经营的负责人承担。

为落实公司负责人的上述义务，我国《公司法》规定，公司负责人不得利用职权收受贿赂或者其他非法收入，不得侵占公司的财产。董事、高级管理人员不得有下列行为：①挪用公司资金；②将公司资金以其个人名义或者以其他个人名义开立账户存储；③违反公司章程的规定，未经股东会、股东大会或者董事会同意，将公司资金借贷给他人或者以公司财产为他人提供担保；④违反公司章程的规定或者未经股东会、股东大会同意，与本公司订立合同或者进行交易；⑤未经股东会或者股东大会同意，利用职务便利为自己或者他人谋取属于公司的商业机会，自营或者为他人经营与所任职公司同类的业务；⑥接受他人与公司交易的佣金归为己有；⑦擅自披露公司秘密；⑧违反对公司忠实义务的其他行为。

董事、高级管理人员违反前述规定所得的收入应当归公司所有。董事、高级管理人员执行公司职务时违反法律、行政法规或者公司章程的规定，给公司造成损失的，应当承担赔偿责任。股东就此可以书面请求监事会或者不设监事会的监事向人民法院提起诉讼；损害股东利益的，股东可以直接向人民法院提起诉讼。监事执行公司职务时违反法律、行政法规或者公司章程的规定，给公司造成损失的，也应当承担赔偿责任。股东可以就此书面请求董事会或者执行董事向人民法院提起诉讼。

监事会、不设监事会的有限责任公司的监事，或者董事会、执行董事收到股东前述书面请求后拒绝提起诉讼，或者自收到请求之日起 30 日内未提起诉讼，或者情况紧急、不立即提起诉讼会使公司利益受到难以弥补的损害的，股东有权为了公司的利益以自己的名义直接向人民法院提起诉讼。

他人侵犯公司合法权益，给公司造成损失的，股东可以依照前述程序向人民法院提起诉讼。

三、公司债券

（一）公司债券的含义和特征

公司债券，是指公司依照法定程序发行，约定在一定期限还本付息的有价证券。在我国，公司发行债券应当符合《中华人民共和国证券法》的相关规定。公司债券是公司为了向社会筹集资金而发行的一种有价证券。其主要特征是：

1. 公司债券是要式证券

所谓要式证券，是指必须依法定的方式制作和发行才能成立的证券。公司债券是可以依法流通的有价证券，为保证交易安全，债券的制作、记载事项和签发必须符合法律规定，否则不具有法律效力。

2. 公司债券是设权证券

所谓设权证券，是指权利的发生以证券的制作和存在为条件的证券。债权与债券同时发生，债权不能脱离债券独立存在。

3. 公司债券利率固定，逾期部分不计算利息

不论公司盈亏，债券持有人都有权要求公司按期支付约定的利息，因此收益比较

可靠。

4. 公司债券到期，公司应当返还全部本金

债券是有固定期限的，债券到期时，公司应还本付息。公司解散，公司债券先于股票得到清偿，风险较小。

（二）公司债券的种类

1. 记名公司债券与不记名公司债券

记名公司债券，是指公司发行的将债权人的姓名或者名称记载于公司债券票面及公司债券存根簿上的债券。发行记名公司债券的，应当在公司债券存根簿上载明下列事项：①债券持有人的姓名或者名称及住所；②债券持有人取得债券的日期及债券的编号；③债券总额，债券的票面金额、利率、还本付息的期限和方式；④债券的发行日期。

不记名公司债券，是指公司发行的不将债权人的姓名或者名称记载于公司债券票面及公司债券存根簿上的债券。发行不记名公司债券的，应当在公司债券存根簿上载明债券总额、利率、偿还期限和方式、发行日期及债券的编号。

2. 可转换公司债券与不可转换公司债券

可转换公司债券，是指依照法定程序发行，在一定期间内依据约定的条件可以转换成股票的公司债券。可转换公司债券的发行主体为上市公司，其直接后果是影响债券发行人的负债结构和资产负债率，但转换期到来时，可能会影响债券发行人的股本结构和总额。

可转换公司债券具有债券和股票的双重属性。在转换成股票前，其持有人处于公司债权人地位，没有股东的权利和义务，持有人将债券转换成股票后就成为公司的股东。债券持有人有权选择是否将债券转换成股票。

对投资者来说，可转换公司债券最大的优点在于它将公司债券的安全稳定性与股票的投机性有机结合，使认购人有了更多的选择权。投资者既可以选择在可转换公司债券到期时领取稳定的利息收益，也可以在二级市场上卖出债券，获取价差，还可以根据公司股价走势换成公司股票，分享公司成长收益。对发行公司来说，公司债券约定的票面利率一般低于银行贷款利率和普通公司债券利率，有利于降低融资成本。

不可转换公司债券，是指不能转换为股票的普通公司债券。普通公司债券发行主体包括股份有限公司和有限责任公司。债券发行人承担到期还本付息的义务，其直接后果是改变债券发行人的负债结构和资产负债率，但不影响债券发行人的股本总额和股本结构。

四、公司的财务、会计制度

公司资本在经营期间一般是变动的，为加强对公司资本流动情况的监督，《公司法》要求公司依法建立财务、会计制度，对公司资产，不得以任何个人名义开立账户存储。

公司应当在每一会计年度终了时编制财务会计报告，并依法经会计师事务所审计。

公司聘用、解聘承办公司审计业务的会计师事务所，依照公司章程的规定，由股东会、股东大会或者董事会决定。为保证股东知情权的实现，有限责任公司应当按照公司章程规定的期限将财务会计报告送交各股东。股份有限公司的财务会计报告应当在召开股东大会年会的 20 日前置备于本公司，供股东查阅；公开发行股票的股份有限公司，由于涉及公众投资者的利益，所以其财务会计报告依法必须公告。

为保持公司资本真实，公司经营所得利润应首先用于弥补亏损和提取法定公积金。公司在弥补亏损和提取法定公积金之前向股东分配利润的，股东必须将违反规定分配的利润退还公司。我国《公司法》规定的公积金分为法定公积金和任意公积金两种。法定公积金的提取比例为公司当年税后利润的 10% 。公司法定公积金累计额为公司注册资本的 50% 以上的，可以不再提取。公司的法定公积金不足以弥补以前年度亏损的，在提取法定公积金之前，依法应当先用当年利润弥补亏损。任意公积金是在依法提取法定公积金后，从税后利润中再提取的。任意公积金的提取比例由股东会或者股东大会决议确定。公司从利润中提取的公积金可以用于弥补公司的亏损、扩大公司生产经营或者转为增加公司资本。但法定公积金转为资本时，所留存的该项公积金不得少于转增前公司注册资本的 25% 。

资本公积金是在公司的生产经营之外，由资本、资产本身及其他原因形成的股东权益收入。资本公积金不得用于弥补公司的亏损。

五、公司的合并、分立与资本增减

(一) 公司合并

公司合并，是指两个或两个以上的公司在订立合并合同的基础上，依法定程序组成为一个公司的法律行为。公司合并的方式有两种。一种是吸收合并，也称为兼并，即一个公司被另一个公司吸收，被吸收公司解散，吸收公司存续并扩大。此种方式主要适用于强弱联合。另一种是新设合并，即两个以上的公司合并设立一个新公司，原有公司均解散。此种方式主要适用于强强联合。

公司合并是具有法律意义的行为，它不仅会对合并公司的股东、内部经营管理人员产生影响，而且会对公司债权人的利益产生重要影响。因此，各国法律一般对公司合并的原则与程序都有严格规定。根据我国《公司法》，公司合并必须坚持自愿的原则，其法定程序主要是：①合并各方内部应充分协商，并由股东会或股东大会作出同意的书面决议。依法应报主管部门审批的，还应报批。②合并双方自愿签订书面合并协议，并编制资产负债表和财产清单。合并协议须报合并各方股东会或股东大会批准。③通知或公告债权人。这是对债权人的特殊保护程序。根据我国《公司法》的规定，公司应当自作出合并决议之日起10日内通知债权人，并于30日内在报纸上公告。债权人自接到通知书之日起30日内，未接到通知书的自公告之日起45日内，可以要求公司清偿债务或者提供相应的担保。④合并股本或股份，移交财产。合并后存续的公司召开股东会或股东大会，公司负责人报告合并经过，修改公司章程。采用新设合并方式的，应召开创立大会，由各公司推举的设立委员报告合并经过，制定公司章程。⑤履行审批登记手续。

公司合并时，合并各方的债权、债务，应当由合并后存续的公司或者新设的公司承继。

（二）公司分立

公司分立，是指一个公司在订立分立合同的基础上，依法定程序分解为两个或两个以上公司的法律行为。公司分立一般有两种方式：一种是原公司仍保留，其中某些部分分离出去组成一个或几个新公司；另一种是原公司解散，分解为几个新公司。

公司分立需要对财产进行分割，可能会影响债权人利益，因此，我国《公司法》规定，公司应当自作出分立决议之日起10日内通知债权人，并于30日内在报纸上公告。公司分立前的债务由分立后的公司承担连带责任。但是，公司在分立前与债权人就债务清偿达成的书面协议另有约定的除外。

（三）公司资本的增加

由于公司增加资本会使公司债权人的利益有更多的保障，因此，公司增加资本不需要通知或公告债权人，公司股东依法认缴新增资本或认购新股即可。

（四）公司资本的减少

公司减少资本有可能损害债权人的利益，因此，公司需要减少注册资本时，一方面必须编制资产负债表及财产清单；另一方面，公司应当自作出减少注册资本决议之日起10日内通知债权人，并于30日内在报纸上公告。债权人自接到通知书之日起30日内，未接到通知书的自公告之日起45日内，有权要求公司清偿债务或者提供相应的担保。公司减资后的注册资本不得低于法定的最低限额。

公司在合并、分立、减少注册资本时，不依法通知或者公告债权人的，由公司登记机关责令改正，对公司处以1万元以上10万元以下的罚款。

六、公司的解散与清算

（一）公司解散

公司解散，是指消灭公司法人资格的法律行为。公司解散必须基于法定的事由或者法律事实的出现。根据我国《公司法》的规定，公司解散的原因主要包括六种情形：①公司章程规定的营业期限届满或者公司章程规定的其他解散事由出现。此种情形出现时，股东会或股东大会可以通过修改公司章程而使公司存续。②股东会决议或者股东大会决议解散。③因公司合并或者分立需要解散。④依法被吊销营业执照、责令关闭或者被撤销。⑤公司经营管理发生严重困难，继续存续会使股东利益受到重大损失，通过其他途径不能解决的，持有公司全部股东表决权10%以上的股东，可以请求人民法院解散公司。⑥公司被依法宣告破产。

（二）公司清算

公司清算，是指公司于解散时，清理其财产与债权、债务，进行公平分配，以结束公司所有法律关系的法律行为。由于公司的清算涉及众多股东及债权人的利益，为规范公司清算行为，各国公司法对公司清算都规定了严格的程序。根据我国《公司法》，公司清算的基本程序是：

1. 组成清算组

公司应当在解散事由出现之日起 15 日内成立清算组，开始清算。有限责任公司的清算组由股东组成，股份有限公司的清算组由董事或者股东大会确定的人员组成。逾期不成立清算组进行清算的，债权人可以申请人民法院指定有关人员组成清算组进行清算。人民法院应当受理该申请，并及时组织清算组进行清算。

清算组在清算期间行使的职权主要包括：①清理公司财产，分别编制资产负债表和财产清单；②通知、公告债权人；③处理与清算有关的公司未了结的业务；④清缴所欠税款以及清算过程中产生的税款；⑤清理债权、债务；⑥处理公司清偿债务后的剩余财产；⑦代表公司参与民事诉讼活动。清算组成员应当忠于职守，依法履行清算义务，因故意或者重大过失给公司或者债权人造成损失的，应当承担赔偿责任。

2. 通知、公告债权人

为保护债权人的合法权益，清算组应当自成立之日起 10 日内通知债权人，并于 60 日内在报纸上公告。债权人应当自接到通知书之日起 30 日内，未接到通知书的自公告之日起 45 日内，向清算组申报其债权。

3. 债权人申报其债权，应当说明债权的有关事项，并提供证明材料

清算组应当对债权进行登记。如果债权人在法定期限内未申报债权，一般应视为债权人弃权。但在公司财产能够全面清偿所有债务，并且公司剩余财产尚未分配给股东的情况下，逾期申报债权的债权人可以请求从剩余财产中得到清偿。在申报债权期间，清算组不得对债权人进行清偿。

4. 调查和清理公司财产，编制资产负债表和财产清单

公司财产能够清偿公司债务的，则制订清算方案，报股东会、股东大会或者人民法院确认后实施。如果公司财产不足以清偿公司债务，清算组应当向人民法院申请破产。清算期间，公司存续，但不得开展与清算无关的经营活动。

5. 收取公司债权，清偿公司债务

公司清算组在清偿债务前应先支付清算费用、职工的工资、社会保险费用和法定补偿金，缴纳所欠税款。

6. 分配公司剩余财产

公司对外清偿债务后，如果还有剩余财产，有限责任公司按照股东的出资比例分配，股份有限公司按照股东持有的股份比例分配。公司财产在未支付清算费用、职工的工资、社会保险费用和法定补偿金，缴纳所欠税款前，不得分配给股东。清算组发现公司财产不足清偿债务的，应当依法向人民法院申请宣告破产，并将清算事务移交给人民法院。

7. 制作清算报告，申请注销公司登记

公司清算结束后，清算组应当制作清算报告，报股东会、股东大会或者人民法院确认，并报送公司登记机关，申请注销公司登记，公告公司终止。

公司在进行清算时，隐匿财产，对资产负债表或者财产清单作虚假记载或者在未清偿债务前分配公司财产的，由公司登记机关责令改正，对公司处以隐匿财产或者未清偿债务前分配公司财产金额5%以上10%以下的罚款；对直接负责的主管人员和其他直接责任人员处以1万元以上10万元以下的罚款。公司被依法宣告破产的，依照有关企业破产的法律实施破产清算。

第三节　有限责任公司

一、有限责任公司概述

(一) 有限责任公司的含义和特征

有限责任公司，是指根据公司法设立的，公司以其全部财产对公司的债务承担责任，股东以其认缴的出资额为限对公司承担责任的企业法人。有限责任公司起源于19世纪后半期的德国。它吸收了无限公司与股份有限公司的优点，与其他公司形式相比较，具有以下法律特征：

(1) 全体股东仅以其认缴的出资额为限对公司债务负有限责任。股东之间一般也无连带责任关系。

(2) 股东的人数一般有法定最高人数的限制。比如日本、英国和我国的公司法都规定有限责任公司的股东总数不能超过50人，因为有限责任公司股东一般要参与公司管理，股东之间的合作很重要，人数过多不利于内部关系的协调。

(3) 公司注册资本只能由发起人认购，不能通过对外发行股份筹集资金。有限责任公司成立后向股东签发的出资证明书，只是一种权利凭证，不是有价证券，不得上市流通。

(4) 设立程序比较简单，内部机构比较精干。

(5) 股东向股东以外的人转让股权有严格的限制。

总之，有限责任公司是一种资本的联合，同时它在组织和经营上的封闭性以及股东相互之间的信任性，又使之具有一定的人合性。

(二) 有限责任公司的优缺点

1. 有限责任公司的优点

①设立条件低，设立简便；②股东变动小，内部凝聚力强；③公司营业及财务状况无须公开，机构精干，经营效率高；④股东风险小，仅负有限责任。

2. 有限责任公司的缺点

①发展规模受限制。因为有限责任公司具有非公众性特点，不便于广泛筹集社会资金。②股权转让不易。股东向股东以外的人转让股权必须征求其他股东的意见，股东依法转让股权后，公司还要注销原股东的出资证明书，向新股东签发出资证明书，并相应修改公司章程和股东名册中有关股东及其出资额的记载，办理变更登记。③对

债权人利益保护较差，因为有限责任公司一般自有资本较少，抗风险能力较差，且全体股东均负有限责任，当严重亏损，不能还债时破产的可能性较大。此外，有限责任公司的非公开性，也使债权人平时难以了解公司营业及财务的真实情况，所以对债权人来说风险较大。

通过以上分析可以看出，有限责任公司这一形式比较适合中小企业采用。

二、有限责任公司的设立

（一）有限责任公司设立的条件

根据我国《公司法》第 23 条的规定，设立有限责任公司，应当具备五个基本条件：

1. 股东符合法定人数

有限责任公司依法由 50 个以下股东出资设立。

2. 股东出资达到法定资本最低限额

在我国，有限责任公司的注册资本是在公司登记机关登记的全体股东认缴的出资额，其法定最低限额为人民币 3 万元。法律、行政法规对有限责任公司注册资本的最低限额有较高规定的，从其规定。此外，有限责任公司全体股东的首次出资额依法不得低于注册资本的 20%，也不得低于法定的注册资本最低限额，其余部分由股东自公司成立之日起两年内缴足；其中，投资公司可以在五年内缴足。

股东可以用货币出资，也可以用实物、知识产权、土地使用权等可以用货币估价并可以依法转让的非货币财产作价出资；但是，法律、行政法规规定不得作为出资的财产除外。对作为出资的非货币财产应当依法评估作价，核实财产，不得高估或者低估作价。承担资产评估、验资或者验证的机构因其出具的评估结果、验资或者验证证明不实，给公司债权人造成损失的，除能够证明自己没有过错的外，在其评估或者证明不实的金额范围内承担赔偿责任。

为保证公司正常生产经营的需要，全体股东的货币出资金额依法不得低于有限责任公司注册资本的 30%。

3. 股东共同制定公司章程

根据我国《公司法》第 25 条的规定，章程应当记载的事项有：①公司名称和住所；②公司经营范围；③公司注册资本；④股东的姓名或者名称；⑤股东的出资方式、出资额和出资时间；⑥公司的机构及其产生办法、职权、议事规则；⑦公司法定代表人；⑧股东会会议认为需要规定的其他事项，如股东的权利和义务、股东转让股权的条件等。全体股东就章程事项达成一致意见后，应当在公司章程上签名、盖章。

4. 有公司名称

公司名称是公司在生产经营活动中区别于其他民事主体的人格特定化的标记，是公司章程的必要记载事项之一，也是公司设立的必要条件。公司名称具有唯一性，一个公司只能有一个名称。公司的命名受到公司法等相关法律法规的限制。

一个标准的公司名称中应当包括四方面的内容：①公司类型。有限责任公司名称中须含有"有限责任公司"的字样；股份有限公司的名称中则必须包含"股份有限公司"的字样。②公司注册机关的行政级别。根据我国的现行规定，在同一登记机关的辖区内，同行业的企业不允许有相同和类似的名字，因此一般要求公司名称中必须冠以公司登记地的地名。但是外商投资企业以及历史悠久、字号驰名的企业不受该条限制。另外，冠以"中国"、"中华"、"全国"、"国际"等字样的公司，须经国家工商行政管理总局的核准。③公司的行业和经营特点。④商号，即公司名称的核心内容，是公司名称中当事人唯一可以自由选择的部分。

公司名称中禁止出现的内容有：①有损国家、社会公众利益的内容。②可能对公众造成欺骗和误解的内容。③外国国家（地区）的名称、国际组织的名称。④政党、党政军机关、群众组织、社会团体等的名称和部队番号。⑤汉语拼音字母（外文名称中使用的除外）、数字。

5. 有公司住所

公司住所也是公司章程的必要记载事项之一，是公司设立登记的必备条件。公司以其主要办事机构所在地为住所。所谓主要办事机构，是指管辖全部组织的中枢机构，如公司总部等。根据《公司登记管理条例》的规定，在申请公司成立登记时，申请人必须向登记机关出具"住所证明"。公司住所具备以下几点法律意义：确定诉讼管辖地和诉讼文书送达地；履行地不明确时，住所是确认合同履行地的唯一标准；据以确认公司登记机关；在涉外法律关系中，作为确定准据法之连接点。

（二）有限责任公司设立的程序

（1）由全体股东指定或委托的代理人向公司登记机关申请公司名称预先核准。公司登记机关应当自收到申请所需文件之日起10日内作出核准或者驳回的决定。公司登记机关决定核准的，发给"企业名称预先核准通知书"。预先核准的公司名称保留期为6个月。预先核准的公司名称在保留期内，依法不得用于从事经营活动，不得转让。

（2）全体股东共同制定公司章程，缴付出资。股东应当按期足额缴纳公司章程中规定的各自所认缴的出资额。股东以货币出资的，应当将货币出资足额存入有限责任公司在银行开设的账户；以非货币财产出资的，应当依法办理其财产权的转移手续。股东不按照前款规定缴纳出资的，除应当向公司足额缴纳外，还应当向已按期足额缴纳出资的股东承担违约责任。

（3）股东的首次出资经法定的验资机构验资后，由全体股东指定的代表或者共同委托的代理人向公司登记机关申请设立登记。

（4）公司登记机关对申请登记的事项及文件进行审核，对符合法定条件的，予以登记，发给公司营业执照。公司营业执照签发日期，为有限责任公司成立日期。

为防止公司在设立登记时弄虚作假，我国公司法还规定了严格的设立责任，即公司登记时虚报注册资本、提交虚假证明文件或者采取其他欺诈手段隐瞒重要事实取得公司登记的，责令改正，对虚报注册资本的公司，处以虚报注册资本金额5%以上15%以下的罚款；对提交虚假证明文件或者采取其他欺诈手段隐瞒重要事实的公司，处以1万元以上10万元以下的罚款；情节严重的，撤销公司登记；构成犯罪的，依法追究刑事责任。

三、有限责任公司的法人治理

现代企业组织制度的基本特征是所有者与经营者、生产者之间，通过公司的决策机构、执行机构、监督机构，形成各自独立、权责分明、相互制约的法人治理结构关系，并通过法律和公司章程加以确立和实现。根据我国公司法的规定，有限责任公司的法人治理结构主要由股东会、董事会（或执行董事）、经理、监事会（或监事）等构成。

（一）有限责任公司股东的权利与义务

公司股东对公司享有的权利，也称为股东权或股权，它是股东以其出资组成公司，形成公司法人财产后，再依照法律和章程的规定对公司享有的一种权利。根据我国《公司法》第4条的规定，公司股东依法享有资产收益、参与重大决策和选择管理者等权利。具体来说，有限责任公司股东依法享有的权利主要有：

（1）参加或推举代表参加股东会并依法行使表决权、质询权。

（2）获取红利和优先认购公司新增资本的权利。股东依法有权按照实缴的出资比例分取红利。公司新增资本时，股东有权优先按照实缴的出资比例认缴出资。但是，全体股东约定不按照出资比例分取红利或者不按照出资比例优先认缴出资的除外。

（3）转让股权和优先购买其他股东转让的股权的权利。股东之间依法可以相互转让其全部或者部分股权。股东向股东以外的人转让股权，依法应当经其他股东过半数同意。股东应就其股权转让事项书面通知其他股东征求同意，其他股东自接到书面通知之日起满30日未答复的，视为同意转让。其他股东半数以上不同意转让的，不同意的股东应当购买该转让的股权；不购买的，视为同意转让。经股东同意转让的股权，在同等条件下，其他股东有优先购买权。两个以上股东主张行使优先购买权的，协商确定各自的购买比例；协商不成的，按照转让时各自的出资比例行使优先购买权。为保障公司股东的自主权，公司法在作出上述规定的同时，也允许股东在公司章程中对股权转让作出其他规定。

人民法院依照法律规定的强制执行程序转让股东的股权时，应当通知公司及全体股东，其他股东在同等条件下有优先购买权。其他股东自人民法院通知之日起满20日不行使优先购买权的，视为放弃优先购买权。

（4）知情权。股东有权查阅、复制公司章程、股东会会议记录、董事会会议决议、监事会会议决议和财务会计报告。股东如果要求查阅公司会计账簿，应当向公司提出书面请求，说明目的。公司有合理根据认为股东查阅会计账簿有不正当目的，可能损害公司合法利益的，可以拒绝提供查阅，并应当自股东提出书面请求之日起15日内书面答复股东并说明理由。公司拒绝提供查阅的，股东可以请求人民法院要求公司提供查阅。

（5）提议、召集和主持临时股东会。

（6）异议股东股权收购请求权。公司按股权表决有可能损害中小股东的利益，为使中小股东能够有退出渠道，《公司法》第 75 条规定，有下列情形之一的，对股东会该项决议投反对票的股东可以请求公司按照合理的价格收购其股权：①公司连续 5 年不向股东分配利润，而公司该 5 年连续盈利，并且符合本法规定的分配利润条件的；②公司合并、分立、转让主要财产的；③公司章程规定的营业期限届满或者章程规定的其他解散事由出现，股东会会议通过决议修改章程使公司存续的。自股东会会议决议通过之日起 60 日内，股东与公司不能达成股权收购协议的，股东可以自股东会会议决议通过之日起 90 日内向人民法院提起诉讼。

（7）参与剩余财产的分配。公司终止后，依法分得公司的剩余财产。

（8）继承权。自然人股东死亡后，其合法继承人可以继承股东资格；但是，公司章程另有规定的除外。

（9）请求司法救济权。为维护股东权益，我国 2005 年修订的《公司法》赋予了股东请求司法救济的权利。比如董事、高级管理人员违反法律、行政法规或者公司章程的规定，损害股东利益的，股东可以向人民法院提起诉讼。股东会、董事会的会议召集程序、表决方式违反法律、行政法规或者公司章程，或者决议内容违反公司章程的，股东可以自决议作出之日起 60 日内，请求人民法院撤销。

股东的义务主要有：①按期足额缴纳应缴付的出资额；②公司成立后，不得抽回出资，对公司债务仅以其认缴的出资额为限承担责任；③公司章程规定的其他义务。

（二）股东会

股东会是由全体股东组成的公司的权力机构，它不是常设机关，对外并不代表公司，对内也不执行业务。

1. 股东会的职权

为维护股东利益，各国公司法对股东会的职权都有明确规定。根据我国公司法，股东会行使下列职权：①决定公司的经营方针和投资计划；②选举和更换非由职工代表担任的董事、监事，决定有关董事、监事的报酬事项；③审议批准董事会的报告；④审议批准监事会或者监事的报告；⑤审议批准公司的年度财务预算方案、决算方案；⑥审议批准公司的利润分配方案和弥补亏损方案；⑦对公司增加或者减少注册资本作出决议；⑧对发行公司债券作出决议；⑨对公司合并、分立、变更公司形式、解散和清算等事项作出决议；⑩修改公司章程；⑪公司章程规定的其他职权。

2. 股东会的议事规则

股东会会议分为定期会议和临时会议。定期会议应当按照公司章程的规定按时召开。一般情况下，每个营业年度终结后，应召开股东年会，听取上一年经营情况的汇报，决定收益分配方案，决定下一年生产经营中的重大问题。临时会议可以由代表 1/10 以上表决权的股东，1/3 以上的董事，监事会或者不设监事会的公司的监事提议召开。

股东会的首次会议由出资最多的股东召集和主持。公司设立董事会的，以后的股东会会议由董事会召集，董事长主持，董事长不能履行职务或者不履行职务的，由副董事长主持；副董事长不能履行职务或者不履行职务的，由半数以上董事共同推举一名董事主持。公司不设董事会的，股东会会议由执行董事召集和主持。董事会或者执行董事不能履行或者不履行召集股东会会议职责的，由监事会或者不设监事会的公司的监事召集和主持；监事会或者监事不召集和主持的，代表 1/10 以上表决权的股东可以自行召集和主持。召开股东会会议，一般应当于会议召开 15 日以前通知全体股东。

股东对需要决议的事项以书面形式一致表示同意的，可以不召开股东会会议，直接作出决定，并由全体股东在决定文件上签名、盖章。股东会会议股东表决权的确定方式可以由公司章程规定，章程未规定的由股东按照出资比例行使表决权。股东会会议对一般事项作出决议，只需要半数以上表决权的股东通过即可，但作出修改公司章程、增加或者减少注册资本的决议，以及公司合并、分立、解散或者变更公司形式的决议，依法必须经代表 2/3 以上表决权的股东通过。

股东会应当将所议事项的决定做成会议记录，出席会议的股东应当在会议记录上签名。

（三）董事会、执行董事

有限责任公司应当设立董事会或执行董事。董事会是公司的常设领导机构，对外代表公司，对内负责执行股东会的决议，对公司日常重大事务进行决策，监督公司日常经营。

1. 董事会的组建

董事会是由所有董事组成的一个领导集体，董事由股东会在股东或股东委派的代表中选举产生。两个以上国有企业或者其他两个以上国有投资主体投资设立的有限责任公司的董事会中应有公司职工代表。其他有限责任公司董事会成员中也可以有公司职工代表。董事会中的职工代表由公司职工通过职工代表大会、职工大会或者其他形式民主选举产生。董事会设董事长和副董事长。董事长、副董事长的产生办法由公司章程规定。

董事的人数，对公司经营管理影响很大。人数太少，容易造成独裁，危害股东利益；人数太多，机构臃肿，形成决议比较困难，办事效率较低。我国公司法规定，有限责任公司董事会的成员应为 3 人至 13 人。公司在规定具体人数时，一般应规定董事的人数为奇数，以免董事会表决出现僵局。股东人数较少和规模较小的，可以设 1 名执行董事，不设立董事会。执行董事可以兼任公司经理，其职权由公司章程规定。

董事的任期由公司章程规定，每届任期不得超过 3 年。董事任期届满，可以连选连任。董事任期届满未及时改选，或者董事在任期内辞职导致董事会成员低于法定人数的，在改选出的董事就任前，原董事仍应当依照法律、行政法规和公司章程的规定，履行董事职责。

2. 董事会的职权和议事规则

董事会对股东会负责，根据我国《公司法》第 47 条的规定，董事会的职权主要有：①召集股东会，并向股东会报告工作；②执行股东会的决议；③决定公司的经营计划和投资方案；④制订公司的年度财务预算方案、决算方案；⑤制订公司的利润分配方案和弥补亏损方案；⑥制订公司增加或者减少注册资本以及发行公司债券的方案；

⑦拟订公司合并、分立、变更公司形式、解散的方案；⑧决定公司内部管理机构的设置；⑨决定聘任或者解聘公司经理及其报酬事项，并根据经理的提名决定聘任或者解聘公司副经理、财务负责人及其报酬事项；⑩制定公司的基本管理制度；⑪公司章程规定的其他职权。

董事会的职权是通过董事会集体行使的。董事会会议由董事长召集和主持；董事长不能履行职务或者不履行职务的，由副董事长召集和主持；副董事长不能履行职务或者不履行职务的，由半数以上董事共同推举一名董事召集和主持。

董事会决议的表决，实行一人一票。董事会应当将所议事项的决定做成会议记录，出席会议的董事应当在会议记录上签名。董事会的其他议事方式和表决程序，由公司章程规定。

（四）经理

有限责任公司可以设经理，经理是由董事会聘请的负责公司日常经营活动的高级管理人员。经理对董事会负责，并有权列席董事会会议。

经理的职权可以由公司章程规定。公司章程未规定的适用法律的规定。根据我国《公司法》第50条的规定，经理应行使下列职权：①主持公司的生产经营管理工作，组织实施董事会决议；②组织实施公司年度经营计划和投资方案；③拟订公司内部管理机构设置方案；④拟订公司的基本管理制度；⑤制定公司的具体规章；⑥提请聘任或者解聘公司副经理、财务负责人；⑦决定聘任或者解聘除应由董事会决定聘任或者解聘以外的管理人员；⑧董事会授予的其他职权。

（五）监事会、监事

有限责任公司依法应设立监事会或监事作为公司日常监督机构，对股东会和全体职工负责。其中，公司经营规模较大的，设立监事会，其成员不得少于3人。公司股东人数较少或者规模较小的，可以只设一两名监事，不设监事会。

1. 监事会的组建

监事会由股东代表和适当比例的公司职工代表组成，其中职工代表的比例不得低于1/3，具体比例由公司章程规定。监事会中的职工代表由公司职工通过职工代表大会、职工大会或者其他形式民主选举产生。监事会设主席一人，由全体监事过半数选举产生。董事、高级管理人员不得兼任监事。

监事的任期每届为3年。监事任期届满，可以连选连任。监事任期届满未及时改选，或者监事在任期内辞职导致监事会成员低于法定人数的，在改选出的监事就任前，原监事仍应当依照法律、行政法规和公司章程的规定，履行监事职责。

2. 监事会、不设监事会的公司的监事的职权

根据我国《公司法》第54条的规定，其职权主要包括：①检查公司财务。比如对董事会编报的公司每一会计年度财务会计报告进行稽查，签署审查意见等。②对董事、高级管理人员执行公司职务的行为进行监督，对违反法律、行政法规、公司章程或者股东会决议的董事、高级管理人员提出罢免的建议。③当董事、高级管理人员的行为损害公司的利益时，要求董事、高级管理人员予以纠正。④提议召开临时股东会会议，

在董事会不依法召集和主持股东会会议时召集和主持股东会会议。⑤向股东会会议提出提案。⑥依法代表公司对董事、高级管理人员提起诉讼。⑦公司章程规定的其他职权。

监事有权列席董事会会议，并对董事会决议事项提出质询或者建议。监事会、不设监事会的公司的监事发现公司经营情况异常，可以进行调查，必要时，可以聘请会计师事务所等协助其工作。监事会、不设监事会的公司的监事行使职权所必需的费用，以及依法聘请外部人员的费用，由公司承担。

3. 监事会的议事规则

监事会每年度至少召开一次会议，监事可以提议召开临时监事会会议。由监事会主席召集和主持监事会会议。监事会主席不能履行职务或者不履行职务的，由半数以上监事共同推举一名监事召集和主持监事会会议。监事会决议应当经半数以上监事通过。监事会应当将所议事项的决定做成会议记录，出席会议的监事应当在会议记录上签名。监事会的其他议事方式和表决程序，由公司章程规定。

（六）工会

有限责任公司的职工有权依法组建工会，开展工会活动，维护职工合法权益。公司工会有权代表职工就职工的劳动报酬、工作时间、福利、保险和劳动安全卫生等事项依法与公司签订集体合同。公司应当为本公司工会提供必要的活动条件，并依法通过职工代表大会或者其他形式实行民主管理。公司研究决定改制以及经营方面的重大问题、制定重要的规章制度时，应当听取公司工会的意见，并通过职工代表大会或者其他形式听取职工的意见和建议。

四、一人有限责任公司的特别规定

一人有限责任公司，是指只有一个自然人股东或者一个法人股东的有限责任公司。它是有限责任公司的一种特殊形式。

由于有限责任公司在经营期间内部信息一般不公开，因此，当公司只有一个股东时，股东之间的相互制衡不复存在，股东很容易将公司财产与本人财产混同，这就使公司债权人或相对人承担了过大的风险。为降低交易风险，我国公司法对一人有限责任公司在资本、对外公示等方面作出了特别规定。与一般有限责任公司相比，其特殊性主要表现在以下几个方面：

（一）资本制度更严格

一人有限责任公司的注册资本最低限额为人民币 10 万元，高于一般有限责任公司。股东注册资本实行实缴制，股东应当在公司成立前足额缴纳公司章程规定的出资额。一个自然人只能投资设立一个一人有限责任公司，该一人有限责任公司不能投资设立新的一人有限责任公司。

（二）信息公开

一人有限责任公司应当在公司登记中注明自然人独资或者法人独资，并在公司营业执照中载明。公司应当在每一会计年度终了时编制财务会计报告，并经会计师事务所审计。

（三）法人治理结构和决策程序简化

一人有限责任公司章程由股东制定，不设股东会。股东只需要在决定公司的经营方针和投资计划时采用书面形式，并由股东签字后置备于公司即可。

（四）股东对公司财产的独立性负举证责任

针对一人有限责任公司股东很容易将公司财产与本人财产混同的问题，法律规定，一人有限责任公司的股东不能证明公司财产独立于股东自己财产的，应当对公司债务承担连带责任。

五、国有独资公司的特别规定

国有独资公司，是指国家单独出资，由国务院或者地方人民政府委托本级人民政府国有资产监督管理机构履行出资人职责的有限责任公司。它与一人有限责任公司的区别主要在于投资主体身份不同。根据国有资产管理的特点，为既维护国家利益又保证公司经营自主权，我国公司法对国有独资公司在法人治理结构和公司负责人对外兼职等方面作出了特别规定。与一般有限责任公司相比，其特殊性主要表现在以下几个方面：

（一）公司法人治理结构及职权划分有自己的特点

1. 国有独资公司不设股东会

一般有限责任公司股东会的职权由国有资产监督管理机构行使。国有资产监督管理机构可以授权公司董事会行使股东会的部分职权，决定公司的重大事项，但公司的合并、分立、解散、增减注册资本和发行公司债券，必须由国有资产监督管理机构决定。其中，按照国务院的规定确定重要的国有独资公司合并、分立、解散、申请破产的，应当由国有资产监督管理机构审核后，报本级人民政府批准。公司章程由国有资产监督管理机构制定，或者由董事会制定报国有资产监督管理机构批准。

2. 国有独资公司董事会的法定职权大于一般有限责任公司

董事会除享有一般有限责任公司董事会的法定职权外，还享有国有资产监督管理机构授予的股东会的部分职权。公司董事会成员由股东代表和职工代表组成，其中，股东代表由国有资产监督管理机构委派，职工代表由公司职工代表大会选举产生。董事会设董事长1人，可以设副董事长。董事长、副董事长由国有资产监督管理机构从董事会成员中指定。

3. 国有独资公司经理由董事会聘任或者解聘

经理的法定职权与一般有限公司相同。董事会成员兼任经理的，应取得国有资产监督管理机构的同意。

4. 国有独资公司监事会成员

国有独资公司监事会成员不得少于5人，其中，职工代表的比例不得低于1/3，具体比例由公司章程规定。监事会成员中的股东代表由国有资产监督管理机构委派，职工代表由公司职工代表大会选举产生。监事会主席由国有资产监督管理机构从监事会成员中指定。监事会的法定职权少于一般有限责任公司，只享有一般有限责任公司监事会法定职权中的前三项，但国务院另有规定的除外。

（二）公司负责人兼职有更多的限制

为保证公司负责人更好地履行职责，我国《公司法》第70条规定，国有独资公司的董事长、副董事长、董事、高级管理人员，未经国有资产监督管理机构同意，不得在其他有限责任公司、股份有限公司或者其他经济组织兼职。

第四节　股份有限公司

一、股份有限公司概述

（一）股份有限公司的含义和特征

股份有限公司，是指依照公司法设立的，全部资本分为等额股份，公司以其全部财产对公司的债务承担责任，股东以其认购的股份为限对公司承担责任的企业法人。近代意义上的股份有限公司是随着资本主义经济的发展而在17世纪诞生并成长起来的。荷兰1602年成立的东印度公司被学者们认为是近代股份有限公司最早的典型代表。现代意义上的股份有限公司在19世纪得到很快发展和普及。1807年，法国商法典首次对股份有限公司作了规定。在现代，股份有限公司已成为资本主义国家占统治地位的公司形式。股份有限公司与有限责任公司形式相比较，具有以下法律特征：

（1）全部资本分为等额股份，并可依法向社会公众募集资金。这是它与有限责任公司在资本计算方式上的重要区别。公司资本的股份化不仅便于公司公开募集资本，而且也便于公司资本数额的计算和股东权利的确定及转让。

（2）公司股东有最低人数的限制，没有最高人数的限制。股份有限公司制度主要是为面向社会广泛筹集资本而设计的，如果股东人数太少，则不利于资金的筹集，因此，多数国家的公司法对股东人数的上限未作出限制性规定。

（3）股份有限公司是典型的资合公司。公司的信用基础主要在于公司的资本，而不在于公司股东。因此，公司法对股份有限公司股东的资格及股权转让一般不作限制。

（4）全体股东均以其认购的股份为限对公司负责。

（二）股份有限公司的优缺点

1. 股份有限公司的优点

（1）可以广泛筹集资金。这不仅是由于它可以对外公开发行股份和债券，而且由于每股股份金额很小，即使只拥有少量资金的人也可以参与投资，所以，能广泛吸收社会上的闲散资金。

（2）适应了所有权与经营权相互分离的现代生产方式的需要。现代企业制度要求企业由具有专门经营管理才能的人员来进行经营管理。股份有限公司的股东只通过股东大会参与公司的重大决策，大部分股东不参与公司的日常决策与管理，经营者有较大的经营自主权。

（3）公司股票上市后可以自由转让。股东遇有急需或者对公司的经营发展不看好，可以将持有的股份转让出去，收回投资。此外，开办股票交易市场，既可以增加国家的税收，又可在客观上起到自发调节生产结构、平衡各行业投资比例的作用，有利于国家从中掌握有关信息，自觉地采取相应的宏观调控措施。

（4）股东投资风险较小。股份有限公司总股本一般较大，一方面抗经营风险的能力相对较强，另一方面，有可能获得规模经营所带来的高收益。因此，单个股东有可能以较小的投入分享规模经营所带来的高收益。

2. 股份有限公司的缺点

（1）公司设立条件、程序比较严格、复杂，发起人设立责任比较重，审批环节多。

（2）公司易被少数大股东操纵和控制。为避免大股东的操纵和控制，使小股东也有反映他们利益的董事或监事，我国公司法规定，股东大会选举董事、监事，可以根据公司章程的规定或者股东大会的决议，实行累积投票制。所谓累积投票制，是指股东大会选举董事或者监事时，每一股份拥有与应选董事或者监事人数相同的表决权，股东拥有的表决权既可以集中使用，也可以分散使用。

（3）中小股东对公司缺乏责任感。公司股东流动性较强，不容易控制。公司经营状况好，投资者就多；公司经营状况不佳，股东便抛售股票，转移风险。这使有可能扭亏为盈的公司因股票价格暴跌而一蹶不振。

（4）公司经营和财务信息不能严格保密。这是因为公司上市后依法应定期向公众公开其经营和财务状况，并及时、全面地提供可能对公司证券的买卖活动及价格有重大影响的任何信息。

通过以上分析可以看出，股份有限公司形式比较适合需要资金比较多、成长性好的大型企业采用。

二、股份有限公司的设立

（一）股份有限公司设立的条件

根据我国《公司法》第 77 条的规定，设立股份有限公司，应当具备六个基本条件：

（1）发起人符合法定人数。设立股份有限公司，应当有 2 人以上 200 人以下为发起人。对发起人的资格，多数国家没有限制。有些国家规定发起人必须是本国人。我国公司法规定，发起人中须有过半数在中国境内有住所。

（2）发起人认购和募集的股本达到法定资本最低限额。除法律、行政法规有特别规定外，我国股份有限公司注册资本的法定最低限额为人民币 500 万元。采取发起方式设立的，注册资本为在公司登记机关登记的全体发起人认购的股本总额。公司全体发起人的首次出资额不得低于注册资本的 20%，其余部分由发起人自公司成立之日起两年内缴足；其中，投资公司可以在五年内缴足。在缴足前，不得向他人募集股份。采取募集方式设立的，注册资本为在公司登记机关登记的实收股本总额。

（3）股份发行、筹办事项符合法律规定。

（4）发起人制定公司章程。以发起方式设立公司的，公司章程由发起人制定；以募集方式设立公司的，公司章程先由发起人拟定，募集成功后，公司召开全体股东参加的创立大会，经创立大会决议通过章程，作为公司的正式章程。根据我国《公司法》第82条的规定，股份有限公司章程应当载明下列事项：公司名称和住所；公司经营范围；公司设立方式；公司股份总数、每股金额和注册资本；发起人的姓名或者名称、认购的股份数、出资方式和出资时间；董事会的组成、职权、任期和议事规则；公司法定代表人；监事会的组成、职权、任期和议事规则；公司利润分配办法；公司的解散事由与清算办法；公司的通知和公告办法；股东大会会议认为需要规定的其他事项。

（5）有公司名称，建立符合股份有限公司要求的组织机构。股份有限公司依法必须在公司名称中标明股份有限公司或者股份公司字样，以表明公司的性质。股份有限公司的组织机构主要包括股东大会、董事会、经理机构、监事会等。

（6）有公司住所。

（二）股份有限公司设立的程序

股份有限公司的设立，可以采取发起设立或者募集设立的方式。

1. 发起设立的主要程序

（1）发起人签订发起人协议，明确各自在公司设立过程中的权利和义务。

（2）由全体发起人指定的代表或者共同委托的代理人向公司登记机关申请名称预先核准。在公司筹备期间以该预先核准的名称从事设立活动。

（3）发起人制定公司章程。

（4）发起人书面认足公司章程规定其认购的股份。一次缴纳的，应立即缴纳全部出资；分期缴纳的，应立即缴纳首期出资。以非货币财产出资的，应当依法办理其财产权的转移手续。发起人不按照前述规定缴纳出资的，应当按照发起人协议的约定承担违约责任。

（5）发起人首次缴纳出资后，应当选举董事会和监事会，由董事会向公司登记机关报送公司章程，由依法设定的验资机构出具验资证明以及法律、行政法规规定的其他文件，申请设立登记。

（6）公司登记机关自接到股份有限公司设立登记申请之日起30日内作出是否予以登记的决定。对符合公司法规定条件的，予以登记，发给公司营业执照。公司营业执照签发日期，为公司成立日期。

2. 募集设立的主要程序

根据我国公司法的规定，发起人可以通过向社会公开募集或者向特定对象募集而设立股份有限公司。募集设立与发起设立在程序上的区别主要表现在以下几个方面：①发起人认购的股份一般不得少于公司股份总数的35%。②发起人应向国务院证券监督管理机构提出股票发行申请。③向社会公开募集股份的，发起人必须公告招股说明书、制作认股书，并与依法设立的证券经营机构签订承销协议，与银行签订代收股款协议。④认股人填写认股书并签名、盖章。认股人按照所认购股数缴纳股款。发行的股份款缴足后经法定验资机构验资并开具验资证明。⑤发行股份的股款缴足后，发起人在30日内主持召开由认股人组成的创立大会，审议发起人关于公司筹办情况的报告、讨论通过发起人拟定的公司章程、选举董事会和监事会成员、审核公司的设立费用和发起人用于抵作股款的财产的作价。发生不可抗力或者经营条件发生重大变化直接影响公司设立的，可以作出不设立公司的决议。发起人应当在创立大会召开15日前将会议日期通知各认股人或者予以公告。创立大会应有代表股份总数过半数以上的认股人出席，方可举行。创立大会作出决议，必须经出席会议的认股人所持表决权过半数通过。发行的股份超过招股说明书规定的截止期限尚未募足的，或者发行股份的股款缴足后，发起人在30日内未召开创立大会的，认股人可以按照所缴股款并加算银行同期存款利息，要求发起人返还。⑥董事会应于创立大会结束后30日内，向公司登记机关申请设立登记。

三、股份有限公司的法人治理

（一）股份有限公司股东的权利与义务

股份有限公司的股东权在性质上与有限责任公司是相同的，因此公司法在股东的权利与义务的规定上有许多方面是相同的。此外，结合股份有限公司的特点，公司法在个别权利的行使上也有一些特别规定，主要表现在：①股份转让、收购条件不同。股份有限公司股东可以依法自由转让股份，不需要征得其他股东的同意。对其他股东转让的股份一般没有优先购买权。②查阅项目不同。股份有限公司的股东依法有权查阅公司章程、股东名册、公司债券存根、股东大会会议记录、董事会会议决议、监事会会议决议、财务会计报告，但不能要求查阅公司会计账簿。③多数股东不直接参与公司管理，为更好地维护股东的合法权益，股份有限公司股东除有质询权外，还有权对公司经营提出建议。

股东的义务主要有：①在公司申请设立登记前，足额缴纳应缴付的股款。②公司成立后，不得抽回其股本，对公司债务仅以其认购的股份为限承担责任。③公司章程规定的其他义务。

（二）股东大会

股东大会是由公司全体股东所组成的公司权力机构。它不是常设机关，对外并不代表公司，对内也不执行业务。

1. 股东大会的职权

股东大会属于法定机构，其职权由公司法规定。股东大会的法定职权与有限责任公司股东会的职权相同。

2. 股东大会的议事规则

股东大会会议分为定期会议和临时会议。股东大会应当每年召开一次年会。有下列情形之一的，应当在两个月内召开临时股东大会：①董事人数不足公司法规定的人数或者公司章程所定人数的 2/3 时；②公司未弥补的亏损达实收股本总额 1/3 时；③单独或者合计持有公司 10% 以上股份的股东请求时；④董事会认为必要时；⑤监事会提议召开时。此外，公司法和公司章程规定公司转让、受让重大资产或者对外提供担保等事项必须经股东大会作出决议的，董事会应当及时召集股东大会会议，由股东大会就上述事项进行表决。

股东大会会议由董事会召集，董事长主持；董事长不能履行职务或者不履行职务的，由副董事长主持；副董事长不能履行职务或者不履行职务的，由半数以上董事共同推举一名董事主持。董事会不能履行或者不履行召集股东大会会议职责的，监事会应当及时召集和主持；监事会不召集和主持的，连续 90 日以上单独或者合计持有公司10% 以上股份的股东可以自行召集和主持。

召开股东大会会议，应当将会议召开的时间、地点和审议的事项于会议召开 20 日前通知各股东；临时股东大会应当于会议召开 15 日前通知各股东。发行无记名股票的，应当于会议召开 30 日前公告会议召开的时间、地点和审议事项。

单独或者合计持有公司 3% 以上股份的股东，可以在股东大会召开 10 日前提出临时提案并书面提交董事会；董事会应当在收到提案后两日内通知其他股东，并将该临时提案提交股东大会审议。临时提案的内容应当属于股东大会职权范围，并有明确议题和具体决议事项。股东大会不得对前两款通知中未列明的事项作出决议。无记名股票持有人出席股东大会会议的，应当于会议召开 5 日前至股东大会闭会时将股票交存于公司。

股东出席股东大会会议，所持每一股份有一表决权。但是，公司持有的本公司股份没有表决权。此外，股东可以委托代理人出席股东大会会议。股东大会作出决议，必须经出席会议的股东所持表决权过半数通过。但是，股东大会作出修改公司章程、增加或者减少注册资本的决议，以及公司合并、分立、解散或者变更公司形式的决议，必须经出席会议的股东所持表决权的 2/3 以上通过。

股东大会应当将所议事项的决定做成会议记录，主持人、出席会议的董事应当在会议记录上签名。会议记录应当与出席股东的签名册及代理出席的委托书一并保存。

（三）董事会

股份有限公司董事会是公司常设业务决策机构。

1. 董事会的组建

董事会一般由股东大会选举的董事组成，董事会成员中可以有公司职工代表。董事的人数为 5 至 19 人。董事会设董事长 1 人，可以设副董事长一至两人。董事长和副董事长由董事会以全体董事的过半数选举产生。董事长召集和主持董事会会议，检查董事会决议的实施情况。副董事长协助董事长工作，董事长不能履行职务或者不履行职务的，由副董事长履行职务，副董事长不能履行职务或者不履行职务的，由半数以上董事共同推举一名董事履行职务。关于董事任期的规定与有限责任公司的规定相同。

2. 董事会的职权和议事规则

董事会对股东大会负责，其法定职权与有限责任公司的规定相同。

董事会每年度至少召开两次会议，每次会议应当于会议召开 10 日前通知全体董事和监事。代表 1/10 以上表决权的股东、1/3 以上董事或者监事，可以提议召开董事会临时会议。董事长应当自接到提议后 10 日内，召集和主持董事会会议。董事会召开临时会议，可以另定召集董事会的通知方式和通知时限。为保证董事会的决议真正体现多数董事的意见，法律特别规定董事会会议应有过半数的董事出席方可举行。董事会会议，应由董事本人出席，董事因故不能出席，可以书面委托其他董事代为出席。董事会作出决议，必须经全体董事的过半数通过。董事会决议的表决，实行一人一票制。

董事会应当将会议所议事项的决定做成会议记录，出席会议的董事应当在会议记录上签名。为防止董事滥用权利，法律规定，董事应当对董事会的决议承担责任。董事会的决议违反法律、行政法规或者公司章程、股东大会决议，致使公司遭受严重损失的，参与决议的董事对公司负赔偿责任。但经证明在表决时曾表明异议并记载于会议记录的，该董事可以免除责任。

（四）经理机构

经理机构是董事会领导下的常设业务执行机关。股份有限公司的经理，由董事会决定聘任或者解聘。经理对董事会负责，其法定职权与有限责任公司的规定相同。

公司董事会可以决定由董事会成员兼任经理。公司应当定期向股东披露董事、监事、高级管理人员从公司获得报酬的情况，不得直接或者通过子公司向董事、监事、高级管理人员提供借款。

（五）监事会

股份有限公司经营规模较大，依法必须设立监事会。

1. 监事会的组建

监事会由股东代表和适当比例的公司职工代表组成，其中职工代表的比例不得低于 1/3，具体比例由公司章程规定。监事会中的职工代表由公司职工通过职工代表大会、职工大会或者其他形式民主选举产生。董事、高级管理人员不得兼任监事。有限责任公司监事任期的规定，也适用于股份有限公司。

监事会设主席 1 人，可以设副主席。监事会主席和副主席由全体监事过半数选举产生。监事会主席召集和主持监事会会议；监事会主席不能履行职务或者不履行职务的，由监事会副主席召集和主持监事会会议；监事会副主席不能履行职务或者不履行职务的，由半数以上监事共同推举一名监事召集和主持监事会会议。

2. 监事会的职权和议事规则

股份有限公司监事会的法定职权及行使职权所必需的费用的承担与有限责任公司的规定相同。

监事会每 6 个月至少召开一次会议。监事可以提议召开临时监事会会议。监事会的议事方式和表决程序，除公司法有规定的外，由公司章程规定。监事会应当将所议事项的决定做成会议记录，出席会议的监事应当在会议记录上签名。

（六）工会

公司应依法组建工会。我国公司法对股份有限公司工会的规定与有限责任公司相同。

（七）上市公司法人治理的特别规定

上市公司，是指其股票在证券交易所上市交易的股份有限公司。股份有限公司申请其股票上市必须具备证券法规定的条件。上市公司有较多的社会公众持股人，为更好地保护中小投资者的利益，公司法对上市公司法人治理作出了特别规定。

1. 上市公司应设立董事会秘书和独立董事

董事会秘书负责公司股东大会和董事会会议的筹备、文件保管以及公司股权管理，办理信息披露等事宜。独立董事是指不在公司担任除董事外的其他职务，并与其所受聘的上市公司及其主要股东不存在可能妨碍其进行独立客观判断的关系的董事。独立董事的具体办法由国务院另外规定。

2. 一些重大事项的表决比例提高

上市公司在一年内购买、出售重大资产或者担保金额超过公司资产总额30%的，应当由股东大会作出决议，并经出席会议的股东所持表决权的2/3以上通过。

3. 对关联关系的交易采用特别的表决规则

所谓关联关系，是指公司控股股东、实际控制人、董事、监事、高级管理人员与其直接或者间接控制的企业之间的关系，以及可能导致公司利益转移的其他关系。但是，国家控股的企业之间不仅仅因为同受国家控股而具有关联关系。为防止上市公司的控股股东、董事、监事、高级管理人员和其他实际控制公司的人利用关联交易"掏空"公司，侵害公司、中小股东和银行等债权人的利益，我国公司法规定，上市公司董事与董事会会议决议事项所涉及的企业有关联关系的，不得对该项决议行使表决权，也不得代理其他董事行使表决权。该董事会会议由过半数的无关联关系董事出席即可举行，董事会会议所作决议须经无关联关系董事过半数通过。出席董事会的无关联关系董事人数不足3人的，应将该事项提交上市公司股东大会审议。

4. 信息公开规则

上市公司必须依照法律、行政法规的规定，公开其财务状况、经营情况及重大诉讼，在每会计年度内半年公布一次财务会计报告。

四、股份有限公司的股份

（一）股份的含义和特征

股份有限公司的资本应分为等额股份。股份是股份有限公司资本的基本构成单位，也是计算股东权利和义务的基本计量单位。股份代表了股东的出资，在这一点上与其他类型公司的股东出资并无区别。但与其他出资相比，它也有自己的显著特征：

1. 每一股的金额相等，即每股所代表的资本额一律相等

同种类的每一股份应当具有同等权利。同次发行的同种类股票，每股的发行条件和价格应当相同。任何单位或者个人所认购的股份，每股应当支付相同价额。这样规定既有利于公司计算股东的权利和义务，也有利于股份交易。

2. 股东持有的股份可以依法转让

股份有限公司是典型的资合公司，股东的信用不受重视。因此，除法律有特别规定外，公司一般不得以章程或其他方式对股份的转让进行限制。公司法对股份转让的限制主要有：①发起人持有的本公司股份，自公司成立之日起一年内不得转让。公司公开发行股份前已发行的股份，自公司股票在证券交易所上市交易之日起一年内不得转让。②公司董事、监事、高级管理人员应当向公司申报所持有的本公司的股份及其变动情况，在任职期间年转让的股份不得超过其所持有本公司股份总数的25%，所持本公司股份自公司股票上市交易之日起一年内不得转让。上述人员离职后半年内，不得转让其所持有的本公司股份。公司章程可以对公司董事、监事、高级管理人员转让其所持有的本公司股份作出其他限制性规定。③股东转让其股份，应当在依法设立的证券交易场所进行或者按照国务院规定的其他方式进行。

3. 股份表现为有价证券——股票

股份是股票的实质内容，股票是股份的证券化形式，主要用于证明股东持有公司股份和便于股份的转让。

（二）股票的含义和特征

股票是股份有限公司签发的证明股东持有公司股份的凭证，是股东借以取得股利的一种有价证券。它与其他有价证券相比，具有以下特征：

1. 股票是股份有限公司成立后以公司名义签发的

虽然在新设公司时，股份是在公司成立前发行并认购的，但股票只能在公司依法成立后才能发行。

2. 股票是证权证券

所谓证权证券，是指证券是权利的一种物化的外在形式，它是权利的载体，权利是已经存在的。股东所享有权利并非由股票单独创设，而是因股份的认缴而发生。股票是专为股东转让股份的方便而创设的证权证券，只起证明作用。股权可以脱离股票单独存在。

3. 股票是一种可转让但不能退还的证券

股票一经发行，概不退还。如果持票人想抽回本金，只能依法将股票转让给他人。

4. 股票是非固定收益证券

股票的收益与公司的经营状况紧密联系，既可能具有较高收益，也可能有较高风险。

5. 股票是要式证券

股票是可依法流通的有价证券，为保证交易安全，股票的制作、记载事项和签发必须符合法律规定，否则不发生法律效力。股票依法应由法定代表人签名，公司盖章。

（三）股份的种类

股份有限公司的股份依据不同标准，可以分为不同种类。根据我国股份有限公司股份发行的情况，股份可以分为以下几种：

1. 普通股与优先股

普通股是公司发行的对股东权利和义务没有特别约定的股份。它具有股份的基本特征，是构成公司资本的基本股份。股东享有公司法规定的一般股东权。

优先股是指少数股东持有，在财产权利方面享有优先于普通股权利的股份。发行优先股主要是为了吸引保守的投资者。因为优先股有固定的分红股息，而且其股息率一般高于公司债券的利率，有高收益、低风险的特征；同时，优先股在利润和剩余财产分配的顺序上先于普通股，进一步降低了投资风险，使投资具有较强的安全性特征。但优先股的优先权是以放弃其他权利为代价的，其不足主要表现在四个方面：①优先股不能参与股息以外的红利分配，当公司利润较高时，其实际获利可能低于普通股；②优先股缺乏投资上的投机性，在股票市场上的流动性较小；③在通常情况下，优先股的投票表决权和参与决策权会受到较多限制；④在公司增资扩股时，普通股股东享有优先认股权，而优先股股东则不具有这种权利。

2. 记名股与不记名股

记名股，是指将股东姓名或名称记载在股票和公司股东名册的股票。记名股的权利只能由股东本人行使。记名股票转让时，由股东以背书方式或者法律、行政法规规定的其他方式转让，并由公司将受让人的姓名或者名称及住所记载于股东名册。股东大会召开前20日内或者公司决定分配股利的基准日前5日内，不得进行股东名册的变更登记。但是，法律对上市公司股东名册变更登记另有规定的，从其规定。不记名股，是指不将股东姓名或名称记载在股票和公司股东名册的股票。股东行使权利只需出示股票，无需证明自己的身份。股东只需要将股票交付给受让人后即发生转让的效力。

记名股与不记名股各有利弊。记名股便于公司掌握股份流通的情况和股东状况，但转让手续复杂，股东流动性小。无记名股转让方便，但股东流动性过大，发行公司不易控制。我国公司法规定，公司向发起人、法人发行的股票，应当为记名股票，并应当记载该发起人、法人的名称或者姓名，不得另立户名或者以代表人姓名记名。对社会公众发行的股票，可以为记名股票，也可以为无记名股票。

3. 额面股与无额面股

额面股，是指股票票面上标明一定金额的股份。额面每股金额必须相等，一般为每股一元。股票发行价格可以按票面金额，也可以超过票面金额，但不得低于票面金额。以超过票面金额为股票发行价格的，发行价由发行公司与证券商协商确定。以超过票面金额发行股票所得溢价款列入公司资本公积金。

无额面股又称比例股，是指股票票面上不标明一定金额，只标明该股份占公司资本总额的比例的股份。我国公司法对无额面股的发行未作规定，不能发行。目前在国外只有美国、加拿大等少数国家公司法允许发行无额面股。

4. 国家股、法人股、社会公众股

国家股，是指有权代表国家投资的部门或机构以国有资产向股份有限公司投资形成的股份。法人股，是指法人以其依法可以支配的财产向股份有限公司投资形成的股份。社会公众股，是指我国境内个人和机构以其合法财产向股份有限公司投资形成的股份。社会公众股包括一般社会公众股和公司内部职工股。

5. A股、B股、H股、N股、S股、T股

A股与B股均为我国境内的股份有限公司发行、在上海或深圳证券交易所上市交

易的，以人民币标明股票面值的股份。其中，A 股也称人民币普通股票，是供我国境内机构、组织或个人（不含我国台、港、澳地区投资者）以人民币认购和交易的普通股股票。B 股又称人民币特种股票，原来主要是供外国和我国香港、澳门、台湾地区的自然人、法人和其他组织，以及定居在国外的中国公民用外币认购和交易的一种股票。2001 年 2 月 19 日，中国证券监督管理委员会发布《境内居民可投资 B 股市场的决定》，境内居民个人也可以依法从事 B 股投资。

H 股是指我国内地的股份有限公司在香港发行、上市的，以人民币标明股票面值，以外币认购的股份。

N 股、S 股、T 股均为境外上市外资股，即我国股份有限公司向我国境外投资者发行、境外上市交易，以人民币标明股票面值，以外币认购的股份。其中，N 股是指在美国纽约上市的境外外资股，S 股是指在新加坡上市的境外外资股，T 股是指在日本东京上市的境外外资股。

（四）股票的发行与转让

1. 股票的发行

股票发行是指符合条件的发行人按照法定的程序，向投资人出售股份、募集资金的过程。股票发行制度有：

（1）发行注册制，也称发行登记制，是指证券发行人在公开募集和发行证券之前，需要向证券监管部门按照法定程序申请注册登记，同时依法提供与发行证券有关的一切资料，并对所提供资料的真实性、可靠性承担法律责任。

（2）核准制，是指证券发行者不仅必须公开有关所发行证券的真实情况，而且所发行的证券还必须遵守公司法和证券法中规定的若干实质性条件，证券监管机关有权否决不符合实质条件证券的发行申请。

（3）股票发行方式。股票在上市发行前，上市公司与股票的代理发行证券商签订代理发行合同，确定股票发行的方式，明确各方面的责任。股票代理发行的方式按发行承担的风险不同，一般分为包销发行方式和代销发行方式两种。

包销发行方式是由代理股票发行的证券商一次性将上市公司所新发行的全部或部分股票承购下来，并垫支相当股票发行价格的全部资本。

由于金融机构一般都有较雄厚的资金，可以预先垫支，以满足上市公司急需大量资金的需要，所以上市公司一般都愿意将其新发行的股票一次性转让给证券商包销。如果上市公司股票发行的数量太大，一家证券公司包销有困难，还可以由几家证券公司联合起来包销。

代销发行方式是由上市公司自己发行，中间只委托证券公司代为推销，证券公司代销证券只向上市公司收取一定的代理手续费。

采用包销发行方式，虽然上市公司能够在短期内筹集到大量资金，以应付资金方面的急需，但一般包销出去的证券，证券承销商都只按股票的一级发行价或更低的价格收购，从而不免使上市公司丧失了部分应得以收益。对上市公司来说，代销发行方式虽然相对于包销发行方式能获得更多的资金，但整个过程耗时较长，从而不能使上市公司及时得到自己所需的资金。

2. 股票的转让

股票的转让包括记名股票转让和无记名股票转让。

根据公司法的规定，记名股票，由股东以背书方式或者法律、行政法规规定的其他方式转让。背书转让是指公司的股份持有人在所持股票上签字而转让给他人的行为，法律、行政法规规定的其他方式则是指公司法和有关法律及国务院颁布的行政法规规定的方式。其次，在公司股份转让后必须由公司将受让人的姓名或名称及住所记载于股东名册，否则，该记名股份的转让对公司不发生效力。

无记名股票转让是比较简单的。大多数国家的法律规定，无记名股票的转让，其方式依一般无记名有价证券转让的规则，只要股份持有人将股票交付给受付人后，这个行为就发生了法律效力，受让人即成为合法的股份持有人。

（五）股份的回购

为保证公司注册资本的真实性，法律规定公司成立后一般不得收购本公司股份，也不得接受本公司的股票作为质押权的标的。但公司有下列情形之一的依法可收购公司股份：①减少公司注册资本；②与持有本公司股份的其他公司合并；③将股份奖励给本公司职工；④股东因对股东大会作出的公司合并、分立决议持异议，要求公司收购其股份的。

公司因前三种原因收购本公司股份的，应当经股东大会决议。公司依法收购本公司股份后，属于第一种情形的，应当自收购之日起 10 日内注销；属于第二、第四种情形的，应当在 6 个月内转让或者注销。公司因第三种原因收购的本公司股份，不得超过本公司已发行股份总额的 5%；用于收购的资金应当从公司的税后利润中支出；所收购的股份应当在 1 年内转让给职工。

【案例精析】

王炼强诉姜卫庆、王黎敏股权转让侵权纠纷案

一、案情

原告王炼强、被告王黎敏是父女关系，王黎敏与被告姜卫庆是夫妻关系。2000 年 9 月 25 日，姜卫庆缴款 50 万元至江苏省丹阳市京杭大饭店有限公司在中国银行吕城分理处开设的账户。当日，姜卫庆以所缴款项作为与王炼强、王黎敏设立丹阳市京杭大饭店有限公司的出资，并通过会计师事务所的验资。9 月 28 日，丹阳市京杭大饭店有限公司领取了营业执照，王炼强为公司执行董事，公司的经营场所系姜卫庆于 2000 年 9 月上旬租赁的中国建设银行丹阳支行的职工培训中心楼。公司章程加载：公司注册资本为 50 万元，其中王炼强以货币出资 30 万元，占公司注册资本总额的 60%，姜卫庆、王黎敏各以货币出资 10 万元，各占公司注册资本总额的 20%。公司章程中应由王炼强签名处由被告王黎敏代签。公司聘任姜卫庆为经理，任期 3 年，聘书上应由王炼强签名处亦由被告王黎敏代签。2004 年 11 月 30 日，股东会形成决议，变更经营范围，取

消茶座服务。决议中，姜卫庆代王炼强、王黎敏签名，王炼强、王黎敏对此并无异议。

2005 年 12 月 16 日，姜卫庆、王黎敏协商后签订了股东会决议：第一，公司名称变更为丹阳市特丽雅城市酒店有限公司，公司经营范围变更为餐饮、住宿服务。第二，王炼强所持有的占公司注册资本总额 40% 的股权转让给姜卫庆，转让价格为 20 万元，王炼强所持有的占公司注册资本总额 20% 的股权转让给王黎敏，转让价格为 10 万元，王炼强退出股东会。第三，免去王炼强执行董事的职务，推选姜卫庆为执行董事。王黎敏代理王炼强签名。丹阳市京杭大饭店有限公司的名称变更为丹阳市特丽雅城市酒店有限公司，广告牌也更换为"特丽雅"。12 月 29 日，王黎敏按上述股东会决议以王炼强名义分别与其本人、姜卫庆签订股权转让协议，并约定"此协议自签订之日起 20 日内由受让人以货币形式，一次性支付给转让人，转让人不再享有和承担公司的任何权利和义务"。

王炼强未书面授权王黎敏签订上述股东会议决议、股权转让协议，姜卫庆、王黎敏也未向王炼强支付股权转让款。王炼强于 2007 年 9 月 26 日向江苏省丹阳市人民法院提起诉讼，请求法院判决两被告转让原告股权的行为无效，并确认王炼强享有丹阳市特丽雅酒店有限公司 60% 的股权。

二、审判

丹阳市人民法院经审理认为：第一，王炼强已履行出资义务，应认定原告王炼强具有股东资格。第二，王黎敏在股东会议决议、股权转让协议上代理王炼强签名，将王炼强的股权转让给其本人，违反了禁止双方代理的代理原则，该部分内容应属无效。第三，王黎敏代理王炼强将股权转让给姜卫庆，虽未得到王炼强的书面授权，但是，在公司的设立登记和经营过程中，王黎敏多次代理其签名，王炼强未表示过任何异议。况且，2005 年 12 月 16 日的股东会议决议形成以后，公司实际按此决议将名称、广告牌进行了更换，原告知晓后也未提出异议，因此姜卫庆有理由相信王黎敏在股东会议决议上签名得到了王炼强的许可，故王黎敏代理王炼强将其股权转让给姜卫庆的代理行为有效。

据此，丹阳市人民法院判决：（一）原丹阳市京杭大饭店有限公司 2005 年 12 月 16 日的股东会议决议中关于原告王炼强所持有的占公司注册资本总额 40% 的股权转让给被告姜卫庆的内容及被告王黎敏代理原告王炼强与被告姜卫庆于 2005 年 12 月 29 日签订的股权转让协议有效；（二）股东会议决议中关于原告王炼强所持有的占公司注册资本总额 20% 的股权转让给被告王黎敏的内容及被告王黎敏代理原告王炼强与其本人于 2005 年 12 月 29 日签订的股权转让协议无效；（三）原告王炼强享有丹阳市特丽雅城市酒店有限公司 20% 的股权。

一审宣判后，王炼强不服原审判决，提起上诉。

镇江市中级人民法院经审理认为：（一）王炼强已履行了出资义务，依法享有股东资格。（二）由于自公司设立时起，公司章程、股东会决议等文件中王炼强的签名均由王黎敏代签，王炼强从未就此提出异议，因此，王黎敏构成表见代理。

镇江市中级人民法院于 2008 年 12 月 2 日作出判决：驳回上诉，维持原判。

三、法律问题

1. 王炼强是否具有股东资格？

2. 王黎敏代理王炼强签名的股东会议决议、股权转让协议是否有效？

四、评析

1. 王炼强具有股东资格。根据公司法有关股东权利的规定，股东是指向公司投资或者基于其他合法原因而持有公司资本的一定份额，并凭所持份额行使股东权利并承担义务的主体。根据公司法的规定，股权的取得应当签署公司章程、认缴出资、取得出资证明书、记载于股东名册和进行工商登记。故认定股东资格，应当符合两个要件，即实质要件和形式要件。实质要件即以出资为取得股东资格的必要条件。形式要件即以符合法律规定的外观形式作为取得股东资格的要件，因为即使行为人没有出资，只要符合法律规定的外观形式，就可认定其具备股东资格。这种外在形式即为公司章程记载、股东名册记载和工商部门登记。

在司法实践中，确认股东资格的上述要件相关的证据相互之间发生矛盾和冲突时，应当分析争议的法律关系是属于公司内部法律关系而产生的争议还是基于公司外部法律关系而产生的争议。在公司外部之间就股东资格发生争议的，应当优先考虑形式要件。而当公司内部之间就股东资格发生争议的，则以实质要件为主。本案中王炼强已被公司章程、股东名册记载和工商部门登记为股东，符合了股东的形式要件，其所出资的 30 万元，虽由姜卫庆缴纳，但其注明所缴纳的 50 万元中包含有王炼强的出资 30 万元，因此可以认为王炼强已履行了出资义务，亦符合股东的实质要件，故应当认定王炼强的股东资格。

2. 王黎敏构成表见代理。王炼强虽为公司股东，但其自公司设立后从未签署过任何相关文件，其签名均由王黎敏代签，王炼强从未对此表示过异议，因此可以认定王炼强的股东权利一直由王黎敏代为行使，姜卫庆有理由相信王黎敏有权代理王炼强处分其股权。姜卫庆与王黎敏虽是夫妻关系，但作为公司股东，两人各自独立地享有股东权利和承担股东义务，王炼强并无证据证明姜卫庆与王黎敏在股权转让过程中有恶意串通的行为，故王黎敏代理王炼强向姜卫庆转让股权的行为有效。①

（案例来源：人民法院报 http://rmfyb.chinacourt.org，案例指导）

【实训项目】

模拟设立有限责任公司

一、目的

通过模拟有限责任公司设立登记的过程，使学生进一步掌握有限责任公司设立的条件、设立登记相关事项、公司章程的订立程序和基本内容、应提交的资料等知识，培养学生的实际操作能力。

---

① 案例编写人：江苏省丹阳市人民法院周强。

二、组织形式

将学生分为4~5人一组，其中一组作为登记机关人员，其余小组按照我国《公司法》及《公司登记管理条例》的要求，申请设立一有限责任公司，准备设立登记时应提交的文件。

三、具体要求

1. 作为登记机关的小组从网上下载企业名称预先核准申请书、公司设立登记申请书、企业名称预先核准通知书等材料，其他各组准备设立登记应提交的相关文件、证件，确定负责人。

2. 各小组领取并填写企业名称预先核准申请书，递交名称登记材料，领取名称登记受理通知书。企业登记小组审查后，符合要求的小组领取企业名称预先核准通知书和公司设立登记申请书。对不符合要求的小组，要向他们说明理由并做记录。

3. 各小组填写公司设立登记申请书、企业名称预先核准通知书，准备指定代表或者共同委托代理人的证明，公司章程，财产转移证明，验资证明，董事、监事和经理的任职文件及身份证明复印件，法定代表人任职文件及身份证明复印件，住所使用证明等文件。

4. 登记机关小组对各设立登记小组提交的相关材料进行审查，符合要求的准予登记并做记录；不符合要求的，向他们说明理由并做记录。

5. 该项目训练结束后，登记机关小组提交其审查依据及各小组设立登记情况记录，其余各小组提交设立登记过程中准备的全部文件、证明材料。

【自测题】

一、判断题

1. 设立公司应当申请名称预先核准。预先核准的公司名称在保留期内，不得用于从事经营活动，不得转让。（　　）

2. 甲和乙是亲兄弟，他们共同投资设立 A 有限责任公司和 B 有限责任公司，并分别担任两个公司的董事长。在日常经营中，他们主要以 A 公司的名义对外从事经营活动，接到预付款后又通过 A 公司和 B 公司签订合同的方式，将 A 公司的资金转移到 B 公司的账户上，当 A 公司被债权人追讨时，发现 A 公司账户上根本没有钱。甲应对 A 公司的债务承担连带责任。（　　）

3. 甲、乙、丙三人设立以商品批发为主兼营商业零售的有限责任公司，该公司的法定资本最低限额为 10 万元。（　　）

4. 有限责任公司股东会会议由董事会召集，董事长主持。董事长不履行职责的，由副董事长主持，副董事长不履行职责的，由半数以上董事共同推举一名董事主持。（　　）

5. 有限责任公司监事会设主席 1 人，由全体监事过半数选举产生。（　　）

6. 国有独资公司监事会成员不得少于 5 人，其中职工代表的比例不得低于 1/3，具体比例由公司章程规定。（　　）

7. 股东对外转让出资，其他股东在同等条件下有优先购买权，其他股东自人民法院通知之日起 30 日不行使优先购买权的，视为放弃优先购买权。　　（　　）

8. 根据我国公司法的规定，股份有限公司创立大会作出的决议必须经出席会议的认股人所持表决权的过半数通过。　　（　　）

9. 股东大会应当将所议事项的决定做成会议记录，主持人、出席会议的股东应当在会议记录上签名。　　（　　）

10. 股份有限公司的董事会开会时，董事因故不能出席的，可以书面委托他人代为出席。　　（　　）

二、单项选择题

1. 根据公司法律制度的规定，有限责任公司为实际控制人提供担保的，应当由（　　）作出决议。

　　A. 总经理　　　　B. 董事会　　　　C. 监事会　　　　D. 股东会

2. 甲、乙两公司与郑某、张某欲共同设立一有限公司，并在拟订公司章程时约定了各自的出资方式。

　　下列有关各股东的部分出资方式中，符合公司法律制度规定的是（　　）。

　　A. 甲公司以其获得的某知名品牌特许经营权评估作价 20 万元出资

　　B. 乙公司以其企业商誉评估作价 30 万元出资

　　C. 郑某以其享有的某项专利权评估作价 40 万元出资

　　D. 张某以其设定了抵押权的某房产作价 50 万元出资

3. 根据公司法律制度的规定，一般公司设立分公司，申请登记的期限是（　　）。

　　A. 自决定作出之日起 10 日内　　　　B. 自决定作出之日起 30 日内

　　C. 自决定作出之日起 45 日内　　　　D. 自决定作出之日起 60 日内

4. 某公司的注册资本为 50 万元，根据公司法的规定，该公司的股东法定人数应为（　　）。

　　A. 2 人以上　　　　　　　　　　B. 50 人以下

　　C. 5 人以上 50 人以下　　　　　　D. 2 人以上 50 人以下

5. 五位发起人以发起方式设立有限责任公司，公司总股本 10 000 万元。前四位发起人分别以专利技术、原材料、固定资产评估作价出资，第五位发起人以货币出资。第五位发起人的出资额不低于（　　）万元。

　　A. 3 000 万元　　B. 1 600 万元　　C. 2 600 万元　　D. 6 600 万元

6. 甲、乙、丙于 2009 年 2 月分别出资 50 万元、30 万元、20 万元设立一家有限责任公司，2008 年 6 月查实甲的机器设备 50 万元在出资时仅值 20 万元。下列说法错误的是（　　）。

　　A. 甲的行为属于出资不实

　　B. 甲应补交其差额 30 万元

　　C. 如果甲的财产不足补交差额的，必须退出有限责任公司

　　D. 如果甲的财产不足补交差额的，由乙和丙承担连带责任

7. 下列关于一人有限责任公司的表述中，不符合公司法对其所作特别规定的是

(   )。

    A. 一人有限责任公司的注册资本最低限额为人民币 10 万元

    B. 一人有限责任公司的股东可以分期缴纳公司章程规定的出资额

    C. 一个自然人只能投资设立一个一人有限责任公司

    D. 一人有限责任公司的股东不能证明公司财产独立于股东自己财产的，应当对公司债务承担连带责任

8. 甲、乙、丙三位发起人共同发起设立股份有限公司，成立董事会，则董事会成员应为（   ）人。

    A. 3 ~ 9　　　　　B. 5 ~ 19　　　　　C. 3 ~ 13　　　　　D. 5 ~ 15

9. 乙属于中原股份有限公司的发起人之一，中原股份有限公司于 2008 年 9 月 1 日正式成立，则乙持有的该公司股票在（   ）之前不得转让。

    A. 2011 年 9 月 1 日　　　　　　　　B. 2011 年 6 月 1 日

    C. 2009 年 9 月 1 日　　　　　　　　D. 2010 年 9 月 1 日

10. 国务院证券监督管理机构应当自受理公司债券发行申请文件之日起（   ）内，依法作出予以核准或者不予核准的决定。

    A. 1 个月　　　　　B. 3 个月　　　　　C. 6 个月　　　　　D. 2 个月

三、多项选择题

1. 甲、乙、丙于 2005 年 2 月分别出资 50 万元、30 万元、20 万元设立一家有限责任公司，2009 年 6 月查实甲的机器设备 50 万元在出资时将仅值 20 万元，下列说法正确的是（   ）。

    A. 甲的行为属于出资不实

    B. 甲应补交其差额 30 万元

    C. 如果甲的财产不足补交差额的，必须退出有限责任公司

    D. 如果甲的财产不足补交差额的，由乙和丙承担对公司外债的连带责任

2. 兴盛公司成立两年后，经营效益不错，为扩大经营规模，于是决定投资设立一家一人公司，下列说法正确的是（   ）。

    A. 兴盛公司不能投资设立新的一人公司

    B. 兴盛公司可以设立新的一人公司

    C. 甲公司若原来为上市公司，则被人收购为全资子公司后，应当退市

    D. 甲公司不得再投资设立新的一人公司

3. 关于母子公司的关系的正确表述为（   ）。

    A. 母公司是子公司的股东

    B. 母公司为子公司担保，只能由股东会决议

    C. 子公司为母公司担保，只能由股东会决议

    D. 全资子公司不得为母公司担保

4. 甲、乙、丙共同出资设立了一有限责任公司，一年后，甲拟将其在公司的全部出资转让给丁，乙、丙不同意。

下列解决方案中，符合公司法规定的有（   ）。

A. 由乙或丙购买甲拟转让给丁的出资

B. 乙和丙共同购买甲拟转让给丁的出资

C. 公司章程规定股权只能内部转让，则不得向外转让

D. 乙和丙均不愿意购买，甲有权将出资转让给丁

5. 根据公司法的规定，下列人员中，不得担任公司董事的有（　　　　）。

A. 国家公务员　　　　　　　　B. 本公司监事

C. 本公司财务　　　　　　　　D. 本公司经理

四、案例分析题

1. 中国证监会在对 A 上市公司（以下简称 A 公司）进行例行检查中，发现以下事实：

（1）A 公司于 2007 年 5 月 6 日由 B 企业、C 企业等 6 家企业作为发起人共同以发起设立方式成立，2008 年 8 月 9 日，A 公司获准发行社会公众股，并于同年 10 月 10 日在证券交易所上市。

（2）2010 年 3 月 5 日，B 企业将所持有的 A 公司的部分股份转让给了 D 公司，此项转让未征得其他股东的同意。

（3）2010 年 4 月 6 日，A 公司董事会召开会议，通过了拟发行公司债券的方案和提议召开临时股东大会审议该发行公司债券方案的决议。

（4）2010 年 4 月 25 日，在临时股东大会上，除审议通过了发行公司债券的决议外，还根据 C 企业的提议，临时增加了一项增选一名公司董事的议案，以上两项经出席会议的股东所持表决权的过半数通过。

要求：根据以上材料结合法律规定，请分析

（1）B 企业转让 A 公司股份的行为是否符合法律规定？

（2）A 公司董事会决议是否符合法律规定？

（3）A 公司临时股东大会通过发行公司债券的决议和增选一名公司董事的决议是否符合法律规定？

2. 甲、乙、丙、丁四个国有企业和戊有限责任公司投资设立股份有限公司，注册资本为 8 000 万元。2010 年 8 月 1 日，该股份有限公司召开的董事会会议情形如下：

（1）该公司共有董事 7 人，有 5 人亲自出席。列席本次董事会的监事 A 向会议提交另一名因故不能到会的董事出具的代为行使表决权的委托书，该委托书委托 A 代为行使本次董事会的表决权。

（2）董事会会议结束后，所有决议事项均载入会议记录，并由出席董事会会议的全体董事和列席会议的监事签名后存档。

2010 年 9 月 1 日，公司召开的股东大会作出更换监事的决议，由公司职工代表曹某代替公司职工代表赵某。

要求：根据上述情况和公司法律制度的相关规定，请分析

（1）在董事会会议中 A 能否接受委托代为行使表决权？为什么？

（2）董事会会议记录是否存在不妥之处？为什么？

（3）股东大会会议决定更换职工监事是否合法？为什么？

第四章　破产法

第一节　破产及破产法概述

一、破产的概念及特征

破产是指企业法人不能清偿到期债务，并且资产不足以清偿全部债务或者明显缺乏清偿能力的，依法定程序宣告企业终止，将企业法人的全部财产用于还债的法律制度。

破产具有以下特征：

（1）破产是一种特殊的偿债手段，它以债务人主体资格消亡为后果，全部财产用于还债后，债务人便丧失主体资格。

（2）破产是在特殊情况下适用的偿债程序，一般是债务人对所有债权人的已到期的金钱债务不能清偿时，可提起破产程序。

（2）破产是对所有债权人最为公平的一种偿债手段，破产还债一般情况下债务人的财产都不足以清偿所有债权，破产还债则依照债权性质的不同以公平清偿为原则。

（4）破产是依司法程序进行的偿债手段，破产程序自始至终都在人民法院的主持下进行。

二、破产法的概念及特征

破产法是为了规范企业破产程序，公平地清理债权债务，保护债权人和债务人的合法权益，维护社会主义市场经济秩序而规定的。在债务人不能清偿到期债务，并且资产不足以清偿全部债务或者明显缺乏清偿能力时，法院强制对其全部财产进行清算分配，公平清偿债权人，或通过和解、重整清偿债务的法律规范的总称。

破产法具有以下特征：

（1）破产法的调整范围仅限于债务人丧失清偿能力，不能清偿到期债务的特别情况，解决的是如何公平清偿债权的问题，对于债务纠纷以及债务人有清偿能力而不还债等问题，则在破产程序之外通过民事诉讼与执行制度解决。

（2）破产法是实体与程序两者合一的综合性法律。

（3）破产法是一部社会涉及面甚广的法律，与其他一些法律部门具有密切的联系，其正确实施要靠相关法律、制度来保障。

（4）金融机构实施破产法的，由国务院金融监管机构向人民法院提出对该金融机构进行重整或者破产清算的申请。

（5）其他法律规定企业法人以外的组织的清算，属于破产清算的，适用破产法规定的程序。

三、破产程序的适用范围

（一）适用程序

破产案件是指通过司法程序处理的无力偿债事件。这里的司法程序包括三种：和解、重整和破产清算。破产清算是公平清偿债务的一种方法，但不是唯一方法。我国企业破产法鼓励当事人积极寻求以避免企业倒闭清算的方式来公平清偿债务。和解、重整和破产清算三种程序之间存在一定的可转换性，当事人有一定程度的选择自由。债务人在提出破产申请时可以选择适用重整程序、和解程序或者清算程序，债权人在提出破产申请时可以选择适用重整程序或者清算程序。债权人申请债务人破产清算的案件，在破产宣告前，债务人可以申请和解，债务人或者其出资人可以申请重整。债务人进入重整程序或者和解程序后，可以在破产法规定事由出现时，经破产宣告转入清算程序。债务人一旦经破产宣告进入破产清算程序，则不得转入重整或者和解。

（二）适用范围

破产法的适用范围为企业法人，不仅包括国有企业法人，还包括承担有限责任的其他所有制的企业法人。此外，破产法附则中对于国有企业破产、金融机构破产和非法人组织破产还有特别规定。

四、破产原因

破产原因是适用破产程序所依据的特定法律事实，是法院据以宣告债务人破产的法律标准，又称破产界限。它是人民法院进行破产宣告所依据的特定事实状态，也是破产案件受理的实质条件。

根据《中华人民共和国企业破产法》（以下简称《破产法》）的规定，企业因经营管理不善造成严重亏损，不能清偿到期债务，并且资产不足以清偿全部债务或者明显缺乏清偿能力时，依照破产法规定宣告破产。

破产界限的实质是不能清偿到期债务，即无力偿债，其含义是"债务人已全面停止偿付到期债务，并且没有充足的现金流量偿付正常营业过程中到期的现有债务"。无力偿债的认定，不以债权人已经提出清偿要求为必要条件。"资产不足以清偿全部债务"又称资不抵债，主要是指企业法人的资产负债表上，全部资产之和小于其对外的全部债务。由于这一标准依赖于受债务人控制的资料，因此，采用资产负债表标准有一定的局限性。

我国破产法规定，能够证明企业同时存在"不能清偿到期债务"和"资产不足以清偿全部债务"的情况时，企业有充分理由适用破产程序。此时，如果企业管理层既不申请破产，又不采取积极措施对企业实施拯救，造成企业财产流失，甚至实施导致企业财产减少的资产处分或个别清偿行为，致使债权人利益受损，相关责任人员应承担法律责任。

"企业法人不能清偿到期债务，并且明显缺乏清偿能力"这一条件表明，一时不能支付但仍有偿付能力的企业不适用破产程序。这是破产法起草的一个指导思想，即鼓励适用破产程序，特别是再建型的破产程序（重整、和解），以积极清理债务，避免社会中大量的债务沉淀和资产闲置，并减少企业在长期困境下的道德风险以及由此造成的经济损失。

第二节 申请与受理

一、破产申请

（一）破产申请的含义

破产申请是破产申请人请求法院受理破产案件的意思表示。在我国，破产程序的开始不以申请为准而是以受理为准。破产申请不是破产程序开始的标志，而是破产程序开始的条件。

（二）破产申请人

我国《破产法》规定，企业法人不能清偿到期债务，并且资产不足以清偿全部债务或者明显缺乏清偿能力时，债务人可以向人民法院提出重整、和解或者破产清算申请；债务人不能清偿到期债务，债权人可以向人民法院提出对债务人进行重整或者破产清算的申请。

破产申请人是与破产案件有利害关系、依法具有破产申请资格的民事主体。但是，并非所有与破产案件有利害关系的人都具有破产申请资格。例如，公司的股东、董事，不得以股东或董事名义申请公司破产。

根据我国法律的规定，只有债权人和债务人才是合格的破产申请人。因此，破产案件的申请为两类：债权人申请和债务人申请。

（三）破产申请的形式

我国《破产法》第八条规定，提出破产申请，应当采用书面形式，即"提交破产申请书和有关证据"。破产申请书采用法院规定的统一格式。有关证据，是指破产申请书所列事项的真实性证明。

破产申请书应载明如下事项：

（1）申请人、被申请人的基本情况；

（2）申请目的；

（3）申请的事实和理由；

（4）人民法院认为应当载明的其他事项。

（四）债权人申请

在破产法上，债权人申请不具有集体诉讼的性质，提出破产申请的债权人只能行使自己的请求权。因此，按照破产法的规定精神，提出破产申请的债权人的请求权必须具备以下条件：须为具有给付内容的请求权；须为法律上可强制执行的请求权；须为已到期的请求权。

债权人提出申请的，人民法院应当自裁定作出之日起 5 日内送达债务人。债务人应当自裁定送达之日起 15 日内，向人民法院提交财产状况说明、债务清册、债权册、有关财务会计报告以及职工工资的支付和社会保险费用的缴纳情况。

（五）债务人申请

我国《破产法》第 7 条第 1 款规定：债务人有破产法第 2 条规定的破产原因的，可以向人民法院提出重整、和解或者破产清算申请。第八条规定：债务人申请时，应当提交破产申请书和有关证据，还应当向人民法院提交财产状况说明、债务清册、债权清册、有关财务会计报告、职工安置预案以及职工工资的支付和社会保险费用的缴纳情况。

（六）清算责任人申请

企业法人已解散但未清算或者未清算完毕的，属于清算法人，即为清算目的而存在。企业法人解散是指企业因发生章程规定或者法律规定的除破产以外的事由而停止业务活动，进入待清算状态或者实施清算的过程。《破产法》第 7 条第 3 款规定，企业法人已解散但未清算或者清算完毕，资产不足以清偿债务的，依法负有清算责任的人应当向人民法院申请破产清算。这是依法负有清算责任的人在破产法上的一项特别申请义务。

其特点是：

（1）清算义务人无权选择不提出破产申请，也不得无故拖延申请；

（2）在提出破产申请时，破产清算程序是唯一选择，而不得选择重整或和解的程序；

（3）清算义务人提出破产申请后，人民法院应当受理并于受理时宣告债务人破产。清算义务人违反此项义务不及时申请，导致债务人财产减少，给债权人造成损失的，应当承担赔偿责任。

（七）破产申请的撤回

《破产法》第 9 条规定，人民法院受理破产申请前，申请人可以请求撤回申请。除清算责任人外，申请人向人民法院提出破产申请是行使法律赋予的权利，其撤回申请也是行使权利。但是，申请人的撤回权是有时间限制的，即请求撤回申请只能在人民法院受理破产申请之前。在人民法院受理破产案件后，申请人请求撤回破产申请的，应予以驳回。

人民法院准许申请人撤回破产申请的，在撤回之前已经支出的费用由破产申请人承担。

二、破产案件的受理

(一) 受理的意义

破产案件的受理，又称立案，是指人民法院收到申请人提出的破产申请后，认为申请符合法定条件而予以接受，并由此开始破产程序的司法行为。法院裁定受理破产申请，是破产程序开始的标志。人民法院收到破产申请后，应当在法定时限内对破产申请进行审查，包括形式审查和实质审查。

(二) 破产申请的受理时限和受理裁定的送达

人民法院收到申请人提出的破产申请后，应当依照破产法的有关规定进行审查，并应自收到破产申请之日起 15 日内裁定是否受理，有特殊情况的，经上一级人民法院批准，可以延长 15 日。但对由债权人提出破产申请的，人民法院应当自收到申请之日起 5 日内通知债务人。债务人对申请有异议的，应当自收到人民法院的通知之日起 7 日内向人民法院提出。人民法院应当自异议期满之日起 10 日内裁定是否受理。

人民法院决定受理破产申请的，应当自裁定作出之日起 5 日内送达申请人。对由债权人提出申请的，人民法院应当自裁定之日起 5 日内送达债务人。债务人应当自裁定作出之日起 15 日内，向人民法院提交财产状况说明、债务清册、债权清册、有关财务会计报告以及职工工资的支付和社会保险费用的缴纳情况。

人民法院裁定不受理破产申请的，应当自裁定作出之日起 5 日内送达申请人并说明理由。

人民法院决定受理破产申请至破产宣告前，经审查发现债务人不符合破产法律规定的，可以裁定驳回申请。申请人对裁定不服时，可以自裁定送达之日起 10 日内向上一级人民法院提出上诉。

(三) 公告、通知债权人

为了使破产企业的各种利害关系人能够及时参加破产程序行使权利或者按照破产程序的要求履行义务，人民法院应该自受理破产申请的裁定作出后尽快通知债权人并以公告形式通知所有的利害关系人。

人民法院自裁定受理破产申请之日起 25 日内通知已知债权人，并予以公告。通知和公告应当载明下列事项：

(1) 申请人、被申请人的名称或者姓名；

(2) 人民法院受理破产申请的时间；

(3) 申报债权的期限、地点和注意事项；

(4) 管理人的名称或者姓名及其处理事务的地址；

(5) 债务人的债务人或者财产持有人应当向管理人清偿债务或者交付财产的要求；

(6) 第一次债权人会议召开的时间和地点；

(7) 人民法院认为应当通知和公告的其他事项。

三、债务人有关人员的义务

破产程序开始后，管理人将接管破产企业，开展包括接管债务人财产、调查债务人财产状况、管理和处分债务人财产等一系列工作。这些工作必须得到债务人有关人员的配合。为了保证破产程序有序高效地进行，《破产法》第 15 条规定了债务人有关人员在破产程序中应承担的义务。

自人民法院受理破产申请的裁定送达债务人之日起至破产程序终结之日，债务人有关人员应承担下列义务：

（1）妥善保管其占有和管理的财产、印章和账簿、文书等资料；

（2）根据人民法院、管理人的要求进行工作，并如实回答询问；

（3）列席债权人会议并如实回答债权人的询问；

（4）未经人民法院许可，不得离开住所地；

（5）不得新任其他企业的董事、监事、高级管理人员。

上述所称的有关人员包括两类人员：一类是由法律直接规定的人员，即企业的法定代表人；另一类是由人民法院确定的人员，其范围包括企业的财务管理人员和其他经营管理人员，如企业的董事、监事、经理、财务总监等。

第三节　管理人

一、管理人的概念

破产程序开始后，无论是进行重整、清算还是和解，都需要对企业法人进行持续的管理。比如必要的财产清理、营业维持、权利行使和财产处分。由于在破产清算的预期下，债务人及其管理层存在着较高的道德风险，各种当事人之间也存在着较尖锐的利益冲突，有必要设立中立的专门机构来执行破产程序管理特别是破产财产和事务的管理。这种专门机构就是国际上普遍设立的破产管理人。

二、管理人的任命和资格

人民法院裁定受理破产申请时，应同时指定管理人。这对实现债务人财产的及时保全是十分必要的。

管理人由人民法院根据债务人实际情况，指定有关部门、机构具备相关专业知识并取得执业资格的人员组成的清算组或者依法设立的律师事务所、会计师事务所、破产清算事务所等社会中介机构担任。

对于一些规模较小、债权债务关系比较清楚的破产案件，人民法院可以根据债务人的实际情况，在征询有关社会中介机构的意见后，指定该机构具备相关专业知识并取得职业资格的人员担任管理人。为了降低管理人的职业风险，破产法规定，个人担任管理人的应当参加职业责任保险。

债权人认为管理人不能依法、公正执行职务或者有其他不能胜任职务情形的，可以申请人民法院予以更换。有下列情形之一的，不得担任管理人：

（1）因故意犯罪受过刑事处罚；

（2）曾被吊销相关专业执业资格证书；

（3）与本案有利害关系；

（4）人民法院认为不宜担任管理人的其他情形，如存在重大债务纠纷或因违法行为正被相关部门调查。

管理人聘用必要的工作人员和辞去职务应当经人民法院许可。管理人的报酬由人民法院确定。债权人会议对管理人的报酬有异议的，有权向人民法院提出。管理人执行职务的费用、报酬和聘用工作人员的费用，作为破产费用由债务人财产随时清偿。关于指定管理人和确定管理人报酬的具体办法，由最高人民法院规定。

三、管理人的职责和义务

管理人执行职务，向人民法院报告工作，列席债权人会议，向债权人会议报告职务执行情况，回答询问；接受债权人会议和债权人委员会的监督并具体履行下列职责：

（1）接管债务人的财产、印章和账簿、文书等资料；

（2）调查债务人财产状况，制作财产状况报告；

（3）决定债务人的内部管理事务；

（4）决定债务人的日常开支和其他必要开支；

（5）在第一次债权人会议召开之前，决定继续或者停止债务人的营业；

（6）管理和处分债务人财产；

（7）代表债务人参加诉讼、仲裁或者其他法律程序；

（8）提议召开债权人会议；

（9）人民法院认为管理人应当履行的其他职责。

此外，管理人的职责还包括：决定待履行合同的解除或者继续履行；对债务人在破产程序前的不正当财务处分行使撤销权和追回权；接受债权申报、调查职工债权和编制债权表；重整期间主持债务人营业或者对债务人自行营业进行监督；制订重整计划草案；申请人民法院批准重整计划草案；监督重整计划的执行；在破产宣告后，拟订破产变价方案；拟订和执行破产分配方案；破产程序终结时，办理破产人的注销登记。

管理人有以下义务：

1. 忠实义务和勤勉义务

忠实义务，指管理人在执行职务时，应当最大限度地维护债务人财产和全体债权人的利益，不欺瞒，不谋私利。勤勉义务，指管理人在履行职务的过程中，应当以善良管理人的注意、认真、谨慎、合理、高效地处理事务，不疏忽，不懈怠。

2. 报告义务

管理人有向人民法院报告工作的义务和列席债权人会议并报告情况和回答询问的义务。此外，破产法规定了十种重大的财务处分行为应当及时报告债权人委员会。第一次债权人会议尚未召开，或者债权人会议未设立债权人委员会的，应当报告人民法院。

3. 不辞任义务

为了保证破产管理的稳定性和连续性，我国《破产法》第29条规定，管理人没有正当理由不得辞去职务。管理人辞去职务应当经人民法院许可。

第四节　债务人财产

一、债务人财产的概念

债务人财产，是指在破产程序中被纳入破产管理的为债务人所拥有的财产。债务人财产和破产财产概念不同，后者指在破产过程中扣押的、由管理人依照破产程序分配给债权人的全部财产。只有在破产宣告以后，债务人财产才成为以清算分配为目的的破产财产。

我国《破产法》第30条规定，破产申请受理时属于债务人的全部财产，以及破产申请至破产程序终结前债务人取得的财产，为债务人财产。

二、撤销权和追回权

根据破产法的规定，涉及债务人财产的下列行为，管理人有权请求人民法院予以撤销和追回：

（1）人民法院受理破产申请前一年内，涉及债务人财产的下列行为：

①无偿转让财产的；

②以明显不合理的价格进行交易的；

③对没有财产担保的债务提供财产担保的；

④对未到期的债务提前清偿的；

⑤放弃债权的。

（2）为逃避债务而隐匿、转移财产的；虚构债务或者承认不真实的债务的。

（3）人民法院受理破产申请前六个月内，债务人仍对个别债权人进行清偿的。但是，个别清偿使债务人财产受益的除外。

（4）债务人的出资人尚未完全履行缴纳所认缴的出资；债务人的董事、监事和高级管理人员利用职权从企业获取的非正常收入和侵占的企业财产，管理人应当追回。

三、破产抵消权

破产抵消权，是指破产债权人在破产宣告前对破产人负有债务的人，不论债的种类和到期时间，得于清算分配前以破产债权抵消其所负债务的权利。

我国《破产法》第40条规定，债权人在破产申请受理前对债务人负有债务的，可以向管理人主张抵消。

由于破产抵消权具有优先权的性质，能够使债权人得到优先于清算分配的清偿结果，不加以限制，则可能被滥用，从而损害破产清算的秩序和多数债权人的正当权益。因此，破产法律规定了不适用破产抵消的三种情形：

（1）债务人的债务人在破产申请受理后取得他人对债务人的债权的。

（2）债权人已知债务人有不能清偿到期债务或者破产申请的事实，对债务人负担债务的；但是债权人因为法律规定或者有破产申请一年前所发生的原因而负担债务的除外。

（3）债务人的债务人已知债务人有不能清偿到期债务或者破产申请的事实，对债务人取得债权的；但是，债务人的债务因为法律规定或者有破产申请一年前所发生的原因而取得的债权的除外。

根据法律规定，人民法院受理破产案件后，对债务人财产的其他民事执行程序，包括已经审结但尚未执行的，已采取冻结、扣留、查封、扣押措施的，或已开始执行但尚未执行完毕等情况，都应中止。

人民法院受理破产案件后，涉及债务人财产的其他一些行为由管理人按有关法律规定处置。

第五节　破产费用与共益债务

一、破产费用和共益债务的含义

（一）破产费用

破产费用，是指破产程序开始后，为破产程序的进行以及为全体债权人的共同利益而从债务人财产中优先支付的费用。包括以下三项：①破产财产的管理、变价和分配所需要的费用；②破产案件的诉讼费用；③为债权人的共同利益而在破产程序中支付的其他费用。由于这些费用是为破产债权人的共同利益而支付的，所以应当从破产财产中优先拨付。

（二）共益债务

共益债务，又称财团债务，是指破产程序中为全体债权人的共同利益而管理、变价和分配破产财产而负担的债务，与之相对应的权利为共同债权。包括：①因管理人或者债务人请求对方当事人履行双方均未履行完毕的合同所产生的债务；②债务人财产受无因管理所产生的债务；③因债务人不当得利所产生的债务；④为债务人继续营业而应支付的劳动报酬和社会保险费用以及由此产生的其他债务；⑤管理人或者相关人员执行职务致人损害所产生的债务；⑥债务人财产致人损害所产生的债务。

二、破产费用和共益债务的清偿

根据我国《破产法》第43条的规定，破产费用和共益债务的清偿，采用下列原则：破产费用和共益债务的清偿由债务人财产随时清偿。

当不足以同时清偿破产费用和共益债务时，有三个清偿原则：

（1）先清偿破产费用，有剩的再清偿共益债务；

（2）当破产费用都清偿不足时，就在破产费用的各项中按比值清偿；

（3）足够清偿破产费用，但剩下的不足清偿全部的共益债务时，按比例清偿。

三、破产费用和共益债务的联系和区别

（一）两种费用的联系

（1）两种费用产生的时间都是人民法院受理破产申请后。

（2）两种费用产生的目的是为了破产程序的顺利进行，为了更好地管理债务人财产，为了保护债权人或者有利害关系第三人的利益。

（3）两种费用的支付来源都是债务人的财产，支付方式都是随时支付（当管理人发现企业的财产不足以支付破产费用的时候，管理人应当申请人民法院终结破产程序）。

（二）两种费用的区别

（1）两者所指的范围有区别。破产费用是在破产程序进行和债务人财产管理过程中支出的常规性、程序性费用。而共益债务是在破产程序中为了债权人的共同利益而支出的不确定费用。

（2）清偿顺序不同。当债务人的财产能够完全支付这两种费用的时候，不存在支付顺序问题；当债务人的财产不能完全支付所有的破产费用和共益债务的时候应当先清偿破产费用；当债务人的全部财产不足以支付破产费用的时候，各破产费用按照比例清偿；当债务人的财产只够清偿破产费用的，共益债务将不予清偿；当债务人的财产清偿完破产费用后所剩财产不足以清偿全部共益债务时，各共益债务按比例清偿。

破产费用是在破产程序进行和债务人财产管理过程中产生的常规性和程序性支出，这些费用不支出的话，破产程序就无法正常进行；而共益债务是为了债权人共同利益而产生的费用，不是常规性的支出。因此，在破产实务操作中，应严格把关，防止一些不必要的开支混同了破产费用或共益债务，以它们的名义进行开支，从而损害了债权人等利害关系人的利益。

第六节　债权申报

一、债权申报期限

债权申报期限是允许债权人向人民法院申报其债权的固定期限。限定债权申报期间，对于破产程序及时、顺利地进行是非常必要的。因为只有在债权人人数和债权数额比例业已确定的情况下，才能召开债权人会议和进行清算分配。

对债务人享有债权的债权人应当在人民法院确定的债权申报期限内向管理人申报债权。债权申报期限自人民法院发布受理破产申请公告之日起计算，最短不得少于30日，最长不得超过三个月。在人民法院确定的债权申报期限内，债权人未申报的，在破产财产最后分配前补充申报；但是，此前已进行的分配，不再对其补充分配。为审查和确认补充申报债权而支出的费用，由补充申报人承担。

二、债权申报要求

债权人申报债权时，应当书面说明债权的数额和有无财产担保，并提交有关证据。申报的债权是连带债权的，应当说明。债务人的保证人或者其他连带债务人已经代替债务人清偿债务的，以其对债务人的求偿权申报债权。连带债权人可以由其中一人代表全体连带债权人申报债权，也可以共同申报债权。

按有关规定应当支付给职工的费用和补偿金，不必申报，由管理人调查后列出清单并予以公示。

三、债权的确认

管理人收到债权申报材料后，应当登记造册，对申报的债权进行审查，并编制债权表。债权表和债权申报材料由管理人保存，供有关人员查阅。债权表应当提交给第一次债权人会议核查。债务人、债权人对债权表记载的债权有异议的，可以向受理破产案件的人民法院提起诉讼。

第七节　债权人会议

一、债权人会议的性质和召开时间

债权人会议是由全体债权人组成，并代表全体债权人的利益，对债务人的破产事项进行决议的机构。从性质上讲，债权人会议是债权人团体在破产程序中的意思发表机关。债权人会议是一个组织体，而不是临时的集会活动。实行债权人自治，是破产法的一项重要原则。即全体债权人通过债权人会议，对破产程序进行中涉及债权人利益的各重大事项作出决定，并监督破产财产管理和分配的一系列权利。

所有申报债权的债权人均为债权人会议成员，有权参加债权人会议并享有表决权，但是有财产担保的债权人未放弃优先受偿权利的除外。债务人的保证人在代替债务人清偿债务后，可以作为债权人，享有表决权。债权人可以委托代理人出席会议并行使表决权。债权人会议设主席一人，由人民法院从有表决权的债权人中指定。

债权人会议应当有债务人的职工代表和工会的代表参加，对有关事项发表意见。

债权人会议是依靠召集方式活动的。第一次债权人会议由人民法院召集，应在债权申报期限届满后15日内召开。以后的债权人会议在人民法院或者债权人会议主席认为必要时或者管理人、债权人委员会、占债权总额1/4以上的债权人向债权人会议主席提议时召开，并提前 15 日由管理人通知已知的债权人。债权人会议由债权人会议主席主持。

二、债权人会议的职权与决议

债权人会议行使下列职权：核查债权；申请人民法院更换管理人，审查管理人的费用和报酬；监督管理人；选任和更换债权人委员会成员；决定继续或者停止债务人的营业；通过重整计划；通过和解协议；通过债务人财产的管理方案；通过破产财产的变价方案；通过破产财产的分配方案；人民法院认为应当由债权人会议行使的其他职权。

债权人会议应当将所议事项的决议做成会议记录。

债权人会议的职权是以表决通过决议的方式行使的。债权人会议的决议由出席会议的有表决权的债权人过半数通过，并且其所代表的债权额必须占无财产担保债权总额的半数以上。债权人会议的决议，对全体债权人均有法律约束力。但是，有财产担保的债权人享有的优先受偿权，不受债权人会议决议的约束。债权人认为债权人会议决议违反法律规定的，可以在债权人会议作出决议之日起 15 日内提请人民法院裁定。

三、债权人委员会

债权人会议不是一个常设机构，不能经常性地召集和作出决定。为了保证债权人充分地行使权利，特别是行使对债务人财产的管理、处分和破产财产变价、分配过程的监督权，有必要将债权人的集体决定权授予他们的代表机构。这种代表债权人会议行使监督权利的机构，就是债权人委员会。

债权人委员会由债权人会议决定设立。债权人委员会由债权人会议选任的债权人代表和一名债务人的职工代表或工会代表组成。债权人委员会成员不得超过 9 人。债权人委员会成员应当经人民法院书面决定认可。

债权人委员会行使下列职权：监督债务人财产的管理和处分；监督破产财产分配；提议召开债权人会议；债权人会议委托的其他职权。

债权人委员会执行职务时，有权要求管理人、债务人的有关人员对其职权范围内的事务作出说明或者提供有关文件。

管理人、债务人的有关人员违反破产法规定拒绝接受监督的，债权人委员会有权将监督事项请求人民法院作出决定，人民法院应当在 5 天内作出决定。

管理人实施的下列行为，属于对债权人利益关系重大的处分行为，应当及时报告债权人委员会或人民法院：

（1）涉及土地、房屋等不动产权益的转让；

（2）探矿权、采矿权、知识产权等财产的转让；

（3）全部库存或者营业的转让；

（4）借款；

（5）设定财产担保；

（6）债权和有价证券的转让；

（7）履行债务人和对方当事人均未履行完毕的合同；

（8）放弃权利；

（9）担保物的取回；

（10）对债权人的利益有重大影响的其他财产处分行为。

未设立债权人委员会的，管理人实施以上行为应当及时报告人民法院。

第八节　重整与和解

一、重整申请和重整期间

为减少企业破产造成的社会损失，挽救尚有可能自行解决债务清偿的企业，破产法专门设置了重整制度。

债务人或者债权人在人民法院受理破产申请后，宣告债务人破产前，均可直接向人民法院申请对债务人进行重整。人民法院经审查认为重整申请符合法律规定的，应当裁定债务重整，并予以公告。

重整期间为人民法院裁定债务人重整之日起至重整程序终止。

在重整期间，经债务人申请，人民法院批准，债务人可以在管理人的监督下自行管理财产和营业事务。

在重整期间，债务人的出资人不得请求分配投资收益；债务人的董事、监事、高级管理人员不得向第三人转让其持有的债务人的股权（经人民法院同意的除外）。

在重整期间，有下列情形之一的，经管理人或者利害关系人请求，人民法院应当裁定终止重整程序，并宣告债务人破产：

（1）债务人的经营状况和财产状况继续恶化，缺乏挽救的可能性；

（2）债务人有欺诈、恶意减少债务人财产或者其他显著不利于债权人的行为；

（3）由于债务人的行为致使管理人无法执行职务。

二、重整计划的制订和批准

重整计划是重整程序中最重要的法定文件，它是债务人、债权人和其他利害关系人在协商基础上就债务清偿和企业拯救作出的安排。重整计划既是当事人彼此让步寻求债务解决的和解协议，也是他们同舟共济争取企业复兴的行动纲领。

1. 重整计划的制订

债务人或者管理人应当自人民法院裁定债务人重整之日起 6 个月内（有正当理由的，人民法院可以裁定延期 3 个月），同时向人民法院和债权人会议提交重整计划草案。债务人自行管理财产和营业事务的，由债务人制订重整计划草案；管理人负责管理财产和营业事务的，由管理人制订重整计划草案。重整计划草案应当包括下列内容：

（1）债务人的经营方案；

（2）债权分类；

（3）债权调整方案；

（4）债权受偿方案；

（5）重整计划的执行期限；

（6）重整计划执行的监督期限；

（7）有利于债务人重整的其他方案。

2. 重整计划的批准

人民法院应当自收到重整计划草案之日起 30 日内召开债权人会议，依照下列债权分类，各类债权的债权人参加讨论重整计划草案，并分组对重整计划草案进行表决：

（1）对债务人的特定财产享有担保权的债权；

（2）债务人所欠职工的工资和医疗费、伤残补助、抚恤费用，所欠的应当划入职工个人账户的基本养老保险、基本医疗保险费用，以及法律、行政法规规定应当支付给职工的补偿金；

（3）债务人所欠税款；

（4）普通债权。

人民法院在必要时可以决定在普通债权组中设小额债权组对重整草案进行表决。

出席会议的同一表决组的债权人过半数同意重整计划草案，并且其所代表的债权数额占该组债权总额的 2/3 以上的，即为该组通过重整计划草案。各表决组均通过重整计划草案时，重整计划即为通过。自重整计划通过之日起 10 日内，债务人或者管理人应当向人民法院提出批准重整计划的申请。人民法院经审查认为符合规定的，应当自收到申请之日起 30 日内裁定批准，终止重整程序并予以公告。

部分未通过重整计划草案的表决组拒绝再次表决或者再次表决仍未通过，但重整计划符合下列条件的，债务人或者管理人可以申请人民法院批准重整计划草案：

（1）按照重整计划草案，对债务人的特定财产享有担保权的债权就该特定财产将获得全额清偿，其因延期清偿所受的损失将得到公平补偿，并且其担保权未受到实质性损害，或者该表决组已经通过重整计划草案；

（2）按照重整计划草案，债务人所欠职工的各项费用和补偿金、债务人所欠税款将获得全额清偿，或者相应表决组已经通过重整计划草案；

（3）按照重整计划草案，普通债权所获得的清偿比例，不低于其在重整计划草案被提请批准时依照破产清算程序所能获得的清偿比例，或者该表决组已经通过重整计划草案；

（4）重整计划草案对出资人权益的调整公平、公正，或者出资人组已经通过重整计划草案；

（5）重整计划草案公平对待同意表决组的成员，不违反所规定的债权清偿顺序；

（6）债务人的经营方案具有可行性。

重整计划未获批准的，人民法院应当裁定终止重整程序，并宣告债务人破产。

三、重整计划的执行

重整计划由债务人负责执行。人民法院裁定批准重整计划后，已接管财产和营业事务的管理人应当向债务人移交财产和营业事务。在重整计划规定的监督期内，由管理人监督重整计划的执行。

债务人不能执行或者不执行重整计划的，人民法院经管理人或者利害关系人请求，应当裁定终止重整计划的执行，并宣告债务人破产。人民法院裁定终止重整计划执行，债权人在重整计划中作出的债权调整的承诺失去效力。债权人因执行重整计划所受的清偿仍然有效，债权未受清偿的部分作为破产债权。

重整计划执行完毕，债务人应当及时向人民法院提交执行报告。人民法院审查确认后，裁定终结破产案件。自法院裁定终结破产案件时确认的重整计划执行完毕之日起，债务人对于依照重整计划减免的债务免除清偿责任。

四、和解的申请与裁定

根据我国破产法的规定，和解程序的申请，必须符合以下条件：

（1）和解的申请人必须是已经具备破产原因的债务人。实践中，债权人希望和解的，可与债务人协商，由债务人提出和解申请。

（2）申请和解的债务人应当遵守有关破产申请的一般规定，向人民法院提交相关文件。

（3）债务人在申请和解时必须提交和解协议草案。人民法院经审查认为和解申请符合破产法规定的，应当裁定和解，予以公告，并召集债权人会议讨论和解协议草案。

五、和解协议的成立和生效

和解协议成立的方式，实质上是一种合同订立的方式，即债务人以提出和解协议草案的形式向债权人团体发出要约，债权人会议以通过和解协议草案的决议形式作出承诺。债权人会议通过和解协议的决议，符合"由出席会议的有表决权的债权人过半数同意，并且其所代表的债权额占无财产担保债权总额的2/3以上"的条件时，即达成和解协议。

债权人会议通过和解协议的决议，由人民法院裁定认可方能有效。这样有利于保护债权人合法权益和维护程序公正。人民法院认可和解协议的，应当发布公告，终止破产程序。和解协议自公告之日起具有法律效力。和解协议生效后，管理人应当向债务人移交财产和营业事务，并向人民法院提交执行职务的报告。

六、和解失败的法律后果

和解协议草案经债权人会议表决未获通过，或者已经债权人会议通过但未获得人民法院认可的，或者债务人不能执行或不执行和解协议的，人民法院应当裁定终止和解程序，并宣告债务人破产。

第九节　破产清算

一、破产宣告

1. 破产宣告的含义

破产宣告是人民法院对债务人具备破产原因的事实作出具有法律效力的认定。破产宣告是一种司法行为，它会产生一系列法律效果。它标志着破产案件无可逆转地进入清算程序，债务人无可挽回地陷入破产倒闭。根据破产法的规定，在以下三种情况下，人民法院应当以书面裁定宣告债务人企业破产：

（1）企业不能清偿到期债务，又不具备法律规定的不予宣告破产条件的；

（2）企业被依法终结重整、和解的；

（3）重整期满，不能按照和解协议清偿债务的。

人民法院宣告企业破产，应自裁定作出之日起 5 日内通知债务人和管理人，自裁定作出之日起 10 日内通知债权人，并予以公告。

债务人具备破产原因，但有法律规定的特定事由的，不予宣告破产。我国《破产法》第 108 条规定，破产宣告前，有下列情形之一的，人民法院应当裁定终结破产程序，并予以公告：第三人为债务人提供足额担保或者为债务人清偿全部到期债务的；债务人已清偿全部到期债务的。

2. 破产宣告的效力

人民法院宣告企业破产的裁定自宣告之日起发生法律效力，破产企业自即日起应当停止生产经营活动，但人民法院或清算组认为确有必要继续生产经营的除外。

二、别除权

别除权是大陆法系破产法上的概念，指债权人不依破产程序，而由破产财产中的特定财产单独优先受偿的权利。我国《破产法》第 109 条规定，对破产人的特定财产享有担保权的权利人，对该特定财产享有优先受偿的权利。这里所说的财产担保，包括三种形式：抵押、质押、留置。依据《民法通则》和《担保法》成立的抵押权、质权和留置权是别除权的基础权利。

别除权标的物不计入破产财产。别除权人就别除权标的物优先受偿，则其他破产债权人不能对别除权标的物提出清偿请求，管理人也不得擅自将别除权标的物纳入破产分配。只有当别除权人放弃优先权而自愿加入集体清偿时，其别除权标的物才转变为破产财产。

如果别除权标的物对于破产企业的继续营业或者破产财产的整体变价具有重要意义因而需要收回和列入破产财产，则管理人可以在被担保债权由该标的物所能实现的清偿范围内，提供相同数额的清偿或者替代担保，从而收回该标的物。我国《破产法》第 110 条规定，有财产担保的债权人放弃优先受偿的权利的，其债权作为普通债权，依破产程序行使权利。《破产法》第37条规定，管理人可以通过清偿债务或者提供为债权人担保，收回质物、留置物。

三、破产财产的变价和分配

1. 破产财产的变价

破产财产的变价，是指管理人将非金钱的破产财产，通过合法方式加以出让，使之转化为金钱形态，以便于清算分配的过程。破产宣告后，管理人在接管破产财产以后，即应迅速着手进行破产财产变价的工作。破产清算以金钱分配为原则，实物分配为例外，此为各国之通例。我国破产法也贯彻这一原则。

债务人被宣告破产后，管理人应当及时拟订破产财产变价方案，提交债权人会议讨论。根据债权人会议通过或者人民法院裁定的变价方案，管理人应当适时变价出售破产财产。变价出售破产财产应通过拍卖进行。

2. 破产财产的分配

破产财产的分配应当以货币分配方式进行。管理人应及时拟订破产财产分配方案，提交债权人会议讨论。破产财产分配方案应当载明下列事项：参加破产财产分配的债权人名称或者姓名、住所；参加破产财产分配的债权额；可供分配的破产财产数额；破产财产分配的顺序、比例及数额；实施破产财产分配的方法。

债权人会议通过破产财产分配方案后，由管理人将该方案提请人民法院裁定认可。破产财产分配方案经人民法院裁定认可后，由管理人执行。

我国《破产法》第113条规定，破产财产在优先清偿破产费用和共益债务后，依照下列顺序清偿：

（1）破产人所欠职工的工资和医疗费、伤残补助、抚恤费用，所欠的应当划入职工个人账户的基本养老保险、基本医疗保险费用，以及法律、行政法规规定应当支付给职工的补偿金（第一顺序）；

（2）破产人欠缴的除前项规定以外的社会保险费用和破产人所欠税款（第二顺序）；

（3）普通破产债权（第三顺序）。

破产企业的董事、监事和高级管理人员的工资按照该企业职工的平均工资计算。破产财产不足以清偿同一顺序的清偿要求的，按照比例分配。

破产法规定了破产分配额的提存制度。即管理人在执行破产分配时因为存在某种法律上或事实上的障碍，依法将给付标的物交给提存机关或者人民法院指定的机构，以留待进一步处理的制度。破产法规定，对债权人未受领的破产财产分配额，管理人应当提存。债权人自最后分配公告之日起满两个月仍不领取的，视为放弃受领分配的权利，管理人或者人民法院应当将提存的分配额分配给其他债权人。破产财产分配时，对于诉讼或者仲裁未决的债权，管理人应当将其分配额提存。自破产程序终结之日起满两年仍不能受领分配的，人民法院应当将提存的分配额分配给其他债权人。

四、破产程序的终结

破产程序的终结，是指破产程序不可逆转地归于结束。破产程序的终结，可能意味着破产程序预期目标的实现，也可能意味着预期目标不能实现。根据破产法的直接规定或条文本意，破产程序的终结事由有：

（1）重整计划执行完毕；

（2）人民法院裁定认可和解协议；

（3）债务人有不予宣告破产的法定事由；

（4）债务人财产不足以清偿破产费用；

（5）破产人无财产可供分配；

（6）破产财产分配完毕。

我国破产法规定，破产财产分配完毕，由管理人提请人民法院终结破产程序。人民法院应在接到申请后 15 日内作出是否终结破产程序的裁定。裁定终结的，管理人应当自破产程序终结之日起 10 内向破产企业原登记机关办理破产企业注销登记，并将办理情况及时通告人民法院。破产企业注销登记完毕的次日，管理人终止执行任务。但是存在诉讼或者仲裁等未决情况的除外。

第十节　法律责任

对造成企业破产以及违反破产法律的行为，要追究相应的法律责任。我国破产法规定：企业董事、监事或者高级管理人员违反忠实义务、勤勉义务，致使所在企业破产的，依法承担民事责任，并自破产程序终结之日起 3 年内不得担任任何企业的董事、监事、高级管理人员。

对债务人、管理人违反破产法的行为，人民法院可以对直接责任人员依法进行处罚，构成犯罪的，依法追究刑事责任。

【案例精析】

北京仙琚生殖健康专科医院破产重整案

一、案情

北京仙琚生殖健康专科医院有限责任公司（以下简称仙琚医院）成立于 2004 年 8 月 26 日，注册资本 1 000 万元，其中北京仙琚兴业医院有限公司（以下简称兴业公司）出资 950 万元，占注册资本的 95%，浙江仙琚置业有限公司（以下简称置业公司）出资 50 万元，占注册资本的 5%。置业公司是兴业公司的大股东，占其 89% 的股份。仙琚医院经营范围包括内科、内分泌科、外科、泌尿外科、妇产科、计划生育专科、优生学专科等。

中鹏会计师事务所的审计报告显示，2006 年 9 月 30 日仙琚医院资产总额 992.68 万元，负债总额 2 151 万余元，净资产为 －1 159 万余元。2006 年 10 月，仙琚医院以无力清偿到期债务，且资产不足以清偿全部债务为由向海淀区人民法院提出破产偿债申请，海淀区人民法院于 2006 年 12 月 22 日裁定仙琚医院进入破产还债程序，并予以公告。经债权申报，仙琚医院破产案申报债权人人数为 45 人，申报债权总额为 2 200 万余元。

仙琚医院虽进入破产程序，但由于其当初资产、设备及装修的投入和医院的经营许可牌照难以取得，所以多方都有意收购，只是因为交易价格及对员工安置的问题无法取得共识。在后来的收购谈判中，仙琚医院大股东置业公司对维多利亚医疗设备有限公司（以下简称维多利亚公司）在员工安置方面作了让步，使得收购谈判得以进行，仙琚医院与维多利亚公司制订了详细的重整计划方案。2007 年 4 月 10 日，第一次债权人会议召开，仙琚医院向债权人通报了清算工作情况和债务重组的有关情况，并与收购方维多利亚公司对债权人关心和提出的问题进行解答。2007 年 4 月 20 日，仙琚医院向海淀区人民法院递交了重整申请。重整计划包括：仙琚医院股东兴业公司与置业公司将全部股权以零对价转让给维多利亚公司，维多利亚公司通过与各债权人签订和解协议的方式，确定债务偿还主体、偿还比例，并在仙琚医院重新营业后，于约定期间内逐步偿还，而原股东兴业公司和置业公司安置员工，清偿拖欠工资，从而实现仙琚医院的重整。截至 2007 年 5 月 25 日，与维多利亚公司就债务清偿达成和解协议的债权人 39 人，在已申报债权的债权人中仅有北京医院股份有限公司等 4 家未能与维多利亚公司达成和解协议。2007 年 5 月 25 日，仙琚医院第二次债权人会议在海淀区人民法院召开，到会债权人人数为 34 人，占已申报债权人人数的 75.56%，到会债权人债权总额占全部申报债权比例的 98%。经债权人会议表决，除 4 家公司对重整计划方案投反对票外，其余债权人均投赞成票，投赞成票的债权人债权比例占全部申报债权比例的 97%。

2007 年 6 月 1 日，海淀区人民法院批准该重整计划方案，裁定仙琚医院终止破产程序。

（案例来源：法制日报，2007 -08 -12，第 10 版）

二、法律问题

本案适用重整程序还是和解程序？

三、分析

本案审理法官认为，审理本案过程中难以把握的法律问题是辨识仙琚医院提出的重整计划究竟是真正意义上的重整计划，还是仅仅由多方协议构成的和解方案。合议庭最终确定该计划方案属于重整计划方案，其认定的理由在于：仙琚医院通过维多利亚公司资金的注入，得以存续，且仙琚医院在资本层面发生变化是和解不可能出现的情况。因此，仙琚医院提出以自身股东变更为前提，以重新开业运营为条件，实质是通过调整投资人的方式消除破产原因以挽救自身的方案，符合重整制度的特点，应属于重整意义上的计划方案。

破产程序的选择，属于当事人的权利，当事人可以选择是否使用破产程序以及以何种破产程序解决其债权债务关系。法院仅需认定其是否符合该程序的要求，而非干预当事人的程序决定权和选择权。如债务人提出重整申请，则仅需审理该申请是否符合重整申请的要求，其提出重整计划的内容是否符合法律对重整计划内容的要求，其重整计划表决程序有无违反法律规定等等。

破产法对重整计划内容的要求包括：债务人的经营方案；债权分类；债权调整方案；债权受偿方案；重整计划的执行期限；重整计划执行的监督期限；有利于债务人重整的其他方案。本案仙琚医院所提出的重整计划仅是将来的经营方案，即通过企业并购方式继续经营以及债权的受偿方案，其他事项，如债权分类、债权调整方案、重整计划的执行期限和重整计划执行的监督期限均未见说明，使得债权人无法得知债权如何调整以及重整计划的执行期限与监督期为多长，但法院无须审理该重整计划是否符合公平原则及可行性原则。

【实训项目】

撰写破产申请书

一、目的

通过该实训项目使学生掌握破产法的适用范围，破产申请的效力等内容，熟悉破产申请书的格式、基本内容，提高学生运用企业破产法的能力。

二、组织形式

由指导老师设计案情，学生分成两大组，一组作为债务人，一组作为债权人分别撰写破产申请书。

三、要求

1. 参考范本，分别撰写债权人破产申请书和债务人破产申请书；

2. 每大组再分为4～5人的小组，每小组提交一份破产申请书；

3. 一周内完成并提交。

范本：

破产申请书（债务人申请）

申请人：（基本情况）

地　　址：×××市××路××号

法定代理人：姓名、职务

申请事项：申请××××××公司破产

事实与理由：

申请人因经营管理不善，目前已资不抵债，为此，特提出破产申请。（此部分需要写明企业亏损情况并提交有关财务会计报表、债权清册和债务清册等。）

附件：

1. 商业登记簿抄本，不动产登记表抄本；

2. 资产负债表；

3. 财产目录；

4. 债权与债务清册；

5. 同意破产证明书；

6. 本公司工会及职工代表大会申请破产意见书。

此致

××人民法院

申 请 人：

法定代表人：

年　月　日

破产申请书（债权人申请）

申 请 人：（基本情况）

地　　址：×××市××路××号

法定代理人：姓名、职务

被申请人：××××××公司

地　　址：×××市××路××号

法定代理人：姓名、职务

申请事项：申请×××××公司破产

事实与理由：

（写明事情的经过，证明债权金额，有无财产担保，以及债务人不能清偿到期债务的有关证据。）

此致

××人民法院

申 请 人：

法定代表人：

年　月　日

【自测题】

一、判断题

1. 破产法是实体与程序两者合一的综合性法律。　　　　　　　　（　　）

2. 破产法的适用范围为企业法人。　　　　　　　　　　　　　　（　　）

3. 破产案件是指通过司法程序处理的无力偿债事件。　　　　　　（　　）

4. 破产清算是公平清偿债务的唯一方法。　　　　　　　　　　　（　　）

5. 债务人在提出破产申请时可以选择适用重整程序、和解程序或者清算程序。

（　　）

6. 破产申请是破产申请人请求法院受理破产案件的意思表示。 （ ）

7. 在我国，破产程序的开始是以申请为准。 （ ）

8. 破产申请不是破产程序开始的标志，而是破产程序开始的条件。 （ ）

9. 破产申请人是与破产案件有利害关系、依法具有破产申请资格的民事主体。
（ ）

10. 公司的股东、董事可以以股东或董事名义申请公司破产。 （ ）

二、单项选择题

1. 根据企业破产法律制度的规定，下列各项中，对企业破产有管辖权的是
（ ）。

A. 债务人住所地人民法院 B. 债权人所在地人民法院

C. 破产财产所在地人民法院 D. 债务合同履行地人民法院

2. 人民法院应当自裁定受理破产申请之日起（ ）内通知已知债权人，并予以公告。

A. 30 日 B. 25 日 C. 20 日 D. 15 日

3. 根据企业破产法律制度的规定，人民法院受理破产申请后，管理人对破产申请受理前成立而债务人和对方当事人均未履行完毕的合同，有权决定解除或者继续履行，并通知对方当事人。管理人自破产申请受理之日起（ ）内未通知对方当事人，或者自收到对方当事人催告之日起（ ）内未答复的，视为解除合同。

A. 30 日 30 日 B. 30 日 2 个月

C. 2 个月 30 日 D. 2 个月 2 个月

4. 根据企业破产法律制度的规定，在人民法院受理破产申请后，下列有关破产申请受理的效力的表述中，不正确的有（ ）。

A. 债务人不得对个别债权人的债务进行清偿

B. 债务人的债务人应当向破产管理人清偿债务

C. 有关债务人财产的执行措施应当终止

D. 有关债务人的民事诉讼只能向受理破产申请的法院提起

5. 根据企业破产法律制度的规定，管理人的报酬由（ ）确定。

A. 债权人会议 B. 人民法院 C. 债权人委员会 D. 债权人会议主席

6. 根据企业破产法律制度的规定，下列各项中，不属于破产管理人的职责的是
（ ）。

A. 接管债务人的账簿等资料

B. 决定债务人的日常开支

C. 代表债务人参加诉讼

D. 在第一次债权人会议召开后，决定继续债务人的营业

7. 根据企业破产法律制度的规定，债权申报期限自人民法院发布受理破产申请公告之日起计算，（ ）。

A. 最短不得少于 10 日，最长不得超过 1 个月

B. 最短不得少于 15 日，最长不得超过 3 个月

C. 最短不得少于 30 日，最长不得超过 3 个月

D. 最短不得少于 30 日，最长不得超过 6 个月

8. 根据企业破产法律制度的规定，下列有关债权申报的表述中，正确的是
（　　）。

A. 债权人对附条件的债权可以申报

B. 连带债权人的债权必须共同申报

C. 债权人在法院确定的债权申报期限内未申报债权的，不得补充申报

D. 债权人对诉讼未决的债权不得申报

9. 甲公司向乙银行贷款 100 万元，贷款 2009 年 1 月 1 日到期，约定了利息。甲公司 2008 年 8 月 20 日向法院申请破产，法院 2008 年 9 月 1 日受理了甲公司的破产申请，乙银行可以申报的债权数额是（　　）。

A. 100 万元本金

B. 100 万元本金加 2008 年 8 月 20 日前发生的利息

C. 100 万元本金加 2008 年 9 月 1 日前发生的利息

D. 100 万元本金加 2009 年 1 月 1 日前发生的利息

10. 根据企业破产法律制度的规定，下列各项中，属于共益债务的是（　　）。

A. 因债务人不当得利所产生的债务

B. 管理人管理财产所支出的仓储费

C. 管理人聘用工作人员发生的费用

D. 管理人非执行职务时致人损害所产生的债务

三、多项选择题

1. 甲企业因经营管理不善，长期无法清偿到期债务。甲企业的债权人乙公司向法院申请宣告甲企业破产。乙公司提出破产申请时，应提交的材料有（　　）。

A. 甲企业和乙公司的基本情况　　B. 申请目的

C. 债务人财产状况说明　　D. 申请事实和理由

2. 根据企业破产法律制度的规定，在法院受理破产申请后，下列有关破产申请受理的效力的表述中，正确的有（　　）。

A. 债务人不得对个别债权人的债务进行清偿

B. 债务人的债务人应当向破产管理人清偿债务

C. 有关债务人财产的执行措施应当终止

D. 有关债务人的民事诉讼只能向受理破产申请的法院提起

3. 根据企业破产法律制度的规定，法院作出的下列裁定中，当事人可以提出上诉的有（　　）。

A. 不予受理破产申请的裁定　　B. 驳回破产申请的裁定

C. 破产宣告的裁定　　D. 破产程序终结的裁定

4. 根据我国破产法的规定，人民法院裁定受理破产申请的，应当同时指定管理人，有下列情形之一的，不得担任管理人（　　）。

A. 因故意犯罪受过刑事处罚　　B. 曾被吊销相关专业执业证书

C. 与本案有利害关系　　　　　　D. 会计师事务所的注册会计师

5. 人民法院于 2007 年 9 月 10 日受理债务人甲企业的破产申请，甲企业的下列行为中，管理人有权请求人民法院予以撤销的有（　　　）。

A. 甲企业于 2007 年 3 月 1 日对应于 2007 年 10 月 1 日到期的债务提前予以清偿

B. 甲企业于 2007 年 2 月 1 日向乙企业无偿转让 10 万元的机器设备

C. 甲企业于 2006 年 9 月 1 日与其债务人丙企业签订协议，放弃其 15 万元债权

D. 甲企业于 2007 年 2 月 10 日将价值 25 万元的车辆作价 8 万元转让给丁企业

四、案例分析题

1. 2007 年 7 月 1 日，人民法院裁定受理债务人甲公司的破产申请，并指定某律师事务所担任破产管理人，管理人接管甲公司后，发生以下事实：

(1) 甲公司欠 A 企业 100 万元的货款。2006 年 6 月 1 日，应债权人 A 企业的要求，甲公司以 100 万元的设备设定抵押。

(2) 2006 年 12 月 1 日，甲公司主动放弃对 B 企业 200 万元的债权。

(3) 2007 年 4 月 1 日，甲公司已经不能清偿数个债权人的到期债权，并且其财产不足以清偿全部债务，但甲公司仍向债权人 C 企业清偿了 300 万元的货款。

(4) 2006 年 3 月 1 日，甲公司为逃避债务在 D 企业隐匿了 120 万元的财产，被管理人发现。

(5) 甲公司一直拖欠 E 企业 250 万元的货款。2007 年 6 月 20 日，E 企业得知甲公司已经申请破产的事实后，迅速与甲公司签订了 200 万元的买卖合同。甲公司发货后，E 企业未按照合同约定支付货款。

(6) 甲公司的股东 F 企业未按照公司章程的规定足额缴纳出资，对其出资不足的 60 万元，管理人要求 F 企业补足时，F 企业以超过了出资期限为由表示拒绝。

(7) 2003 年 4 月 1 日，甲公司的董事王某将甲公司 20 万元的财产据为己有，被管理人发现。

要求：

根据破产法律制度的规定，分别回答下列问题：

(1) 根据本题要点 (1) 所提示的内容，管理人能否申请人民法院撤销该抵押？说明理由。

(2) 根据本题要点 (2) 所提示的内容，对甲公司主动放弃债权的行为，管理人能否申请人民法院予以撤销？说明理由。

(3) 根据本题要点 (3) 所提示的内容，对甲公司向债权人 C 企业的清偿行为，管理人能否申请人民法院予以撤销？说明理由。

(4) 根据本题要点 (4) 所提示的内容，对甲公司隐匿财产的行为，管理人是否有权予以追回？说明理由。

(5) 根据本题要点 (5) 所提示的内容，E 企业能否向管理人主张抵消权？说明理由。

(6) 根据本题要点 (6) 所提示的内容，F 企业的主张是否符合法律规定？说明

理由。

（7）根据本题要点（7）所提示的内容，对王某的行为，管理人应如何处理？说明理由。

2. 2007 年 7 月 1 日，人民法院裁定受理债务人甲公司的破产申请，并指定乙律师事务所担任管理人。在 10 月 10 日召开的第一次债权人会议上，管理人将甲公司的有关情况汇报如下：

全部财产的变现价值为 2 000 万元，其中包括：

（1）已作为丁银行贷款等值担保物的财产价值为 250 万元；

（2）管理人发现甲公司于 2006 年 11 月 1 日无偿转让 140 万元的财产，遂向人民法院申请予以撤销、追回财产，并于 2007 年 10 月 1 日将该财产全部追回；

（3）甲公司综合办公楼价值 800 万元，已用于对所欠乙企业 500 万元贷款的抵押担保，该抵押已经办理了抵押登记，贷款尚未支付。

甲公司欠发职工工资 200 万元、欠交税款 100 万元；管理人于 2007 年 7 月 15 日解除了甲公司与丙公司所签的一份买卖合同，给丙公司造成了 120 万元的经济损失。

人民法院的诉讼费用 30 万元，管理人报酬 20 万元，为继续营业而支付的职工工资及社会保险 40 万元。

要求：

根据破产法律制度的规定，分别回答以下问题：

（1）哪些属于破产费用？哪些属于共益债务？

（2）对甲公司无偿转让财产的行为，管理人是否有权请求人民法院予以撤销？说明理由。

（3）丙公司是否可以就其 120 万元的经济损失申报债权？说明理由。

（4）如果有财产担保的债权人丁银行、乙企业均不放弃优先受偿权，在债权人会议上就破产财产分配方案的表决中是否享有表决权？说明理由。

（5）根据本题的具体数字，简述破产财产的清偿顺序。

（6）如果丙公司自最后分配公告之日起满两个月仍不领取其破产财产分配额，其分配额应如何处理？说明理由。

第五章 合同法

第一节 合同法概述

一、合同法的概念

合同法的概念有广义和狭义之分。狭义的合同法仅指 1999 年 3 月 15 日第九届全国人民代表大会第二次会议通过，自 1999 年 10 月 1 日起施行的《中华人民共和国合同法》（以下简称《合同法》）。广义的合同法除《合同法》外，还包括 1999 年 12 月 29 日施行的最高人民法院通过的《关于适用〈中华人民共和国合同法〉若干问题的解释（一）》（以下称《合同法解释》）、《中华人民共和国担保法》（以下简称《担保法》）等调整平等主体之间商品交换关系的法律规范的总称。

二、合同的概念及合同法的适用范围

（一）合同的概念

合同又称契约，是当事人之间设立、变更、终止某种权利义务关系的协议。它可以容纳财产、身份、行政、劳动等不同性质的多种法律关系。合同法所称合同是指平等主体的自然人、法人、其他组织之间设立、变更、终止民事权利义务关系的协议，但不包括婚姻、收养、监护等有关身份关系的协议。

（二）合同法的适用范围

（1）合同法适用于平等主体之间订立的合同。具体包括：①《合同法》规定的 15 类有名合同。②《担保法》、《土地管理法》、《城市房地产法》、《著作权法》等法律所确认的担保合同、土地使用权出让和转让合同、房地产开发合同、专利权或商标权许可使用和转让合同、著作权许可使用和转让合同、出版合同、政府采购合同等，但特别法（如《土地管理法》等）有规定的，应优先适用特别法的规定。③虽未由民事法律规范所确认但由平等的民事主体所订立的民事合同。法人、其他组织内部的管理关系，如企业内部实行生产责任制，由企业及企业的车间与工人之间订立的合同，由于当事人之间是管理和被管理关系，不属于平等主体之间的合同关系，因此，不适用合同法，而应适用公司、企业法律。

（2）合同法适用于民事合同。

（3）合同法只适用于财产关系合同，不适用于有关身份关系的合同。身份关系是

指与民事主体的身份不可分离、不具有直接物质利益的民事法律关系。因此，离婚协议、收养协议、监护协议等不适用合同法，而遗赠抚养协议、夫妻财产约定等都属财产权利义务的范畴，理应受合同法的调整，适用合同法的一般规则，但特别法（如婚姻法、继承法等）有规定的，应优先适用特别法的规定。

应特别指出的是，关于政府机关参与的合同，应当区别不同情况分别处理：政府机关作为平等的主体与对方签订合同的，如购买办公用品，属于一般的合同关系，适用合同法；属于行政管理关系的协议，如有关综合治理、计划生育、环境保护等协议，这些是行政管理关系，不是民事合同，不适用合同法；政府的采购活动中，政府与对方之间订立的合同要适用合同法，而政府采购行为本身，受政府采购法的制约。

三、合同法的基本原则

（一）合同法基本原则的作用

合同法基本原则，是指对合同关系的本质和规律进行集中抽象和反映的、其效力贯穿于合同法始终并具有克服合同法的局限性的根本原则。其价值不仅在于通过其能够准确地理解和适用合同法，而且在合同法没有具体规定时还可以直接作为判案的依据。

（二）合同法的基本原则

1. 平等原则

我国《合同法》第3条规定："合同当事人的法律地位平等，一方不得将自己的意志强加给另一方。"

2. 自愿原则

我国《合同法》第4条规定："当事人依法享有自愿订立合同的权利，任何单位和个人不得非法干预。"

3. 公平原则

我国《合同法》第5条规定："当事人应当遵循公平原则确定各方的权利和义务。"

4. 诚实信用原则

我国《合同法》第6条规定："当事人行使权利、履行义务应当遵循诚实信用原则。"

5. 守法、不损害社会公共利益原则

我国《合同法》第7条规定："当事人订立、履行合同，应当遵守法律、行政法规，尊重社会公德，不得扰乱社会经济秩序，损害社会公共利益。"

四、合同的分类

（一）有名合同与无名合同

以法律上有无规定一定的名称为标准，可分为有名合同和无名合同。有名合同是指法律上已确定了一定名称的合同，我国《合同法》分则中规定的合同都是有名合同。无名合同是指有名合同以外的、尚未由立法统一确定一定名称的合同。无名合同如经法律确认或在形成统一的交易习惯后，可转化为有名合同。这种分类的意义在于两种合同的法律适用不同。对有名合同可直接适用《合同法》分则中关于该种合同的具体规定。对无名合同，《合同法》第124条规定："本法分则或者其他法律没有明文规定的合同，适用本法总则的规定，并可以参照本法分则或者其他法律最相类似的规定。"

（二）单务合同与双务合同

根据合同当事人权利义务分担方式的不同，可分为单务合同和双务合同。双务合同是指合同当事人双方相互享有权利、相互负有义务的合同。单务合同是指合同当事人一方只负担义务而不享有权利，另一方只享受权利而不负担义务的合同，例如赠与合同。

（三）有偿合同与无偿合同

根据当事人取得权利有无代价，可分为有偿合同和无偿合同。有偿合同是指双方当事人一方须给予他方相应的利益才能取得自己利益的合同，例如买卖合同。无偿合同指一方给予他方利益而自己并不取得相应的利益的合同。

（四）诺成合同与实践合同

以合同的成立是否需支付标的物为标准，可分为诺成合同和实践合同。诺成合同指当事人意思表示一致即可成立的合同，例如买卖合同。实践合同指除当事人意思表示一致外，还须实际交付标的物才能成立的合同，例如保管合同。

（五）要式合同与不要式合同

根据合同的成立是否需要特定的形式，可分为要式合同和不要式合同。要式合同是指法律要求必须具备一定的形式和手续的合同。不要式合同是指法律不要求必须具备一定形式和手续的合同。

（六）主合同与从合同

根据合同间是否有主从关系，可分为主合同和从合同。主合同是指不依赖其他合同而能够独立存在的合同，如借款合同。从合同是指须以其他合同的存在为前提而存在的合同，如担保合同。区分主、从合同的意义在于：从合同以主合同的有效存在为前提，主合同无效，从合同也无效；但是，从合同无效，原则上不影响主合同的效力，除非主合同将从合同有效约定为主合同的有效条件，则从合同无效时，主合同也无效。

（七）《合同法》分则中规定的合同

按合同所反映的财产关系的性质，《合同法》分则规定了买卖合同，供电、水、气、热力合同，赠与合同，借款合同，租赁合同，融资租赁合同，承揽合同，建设工程合同，运输合同，技术合同，保管合同，仓储合同，委托合同，行纪合同和居间合同。

第二节 合同的订立

一、合同的内容与形式

（一）合同的内容

合同的内容，即合同当事人订立合同的各项具体意思表示，具体体现为合同的各项条款。根据《合同法》第12条的规定，合同一般应具备以下内容：①当事人的名称或者姓名和住所；②标的；③质量和数量；④价款或酬金；⑤履行期限、地点和方式；⑥违约责任；⑦解决争议的方法。

（二）合同的形式

合同的形式，是指合同当事人意思表示一致的外在表现形式。当事人订立合同，可以约定采用书面形式、口头形式和其他形式。法律、行政法规规定采用书面形式的，应当采用书面形式。

1. 口头形式

口头形式，是指当事人只用语言为意思表示订立合同，而不用文字表达合同内容的形式。口头形式简便易行，但发生合同纠纷时难以取证，不易分清责任。所以，对于不能即时清结的合同和标的数额较大的合同，不宜采用这种形式。

2. 书面形式

书面形式，是指以文字表现当事人所订合同的形式。《合同法》第11条规定，书面形式是指合同书、信件以及数据电文（包括电报、电传、传真、电子数据交换和电子邮件）等可以有形地表现所载内容的形式。书面合同的表现形式，常见的有如下几类：

（1）合同书。合同书是指记载合同内容的文书，包括标准合同书、非标准合同书和示范合同。标准合同书，也称格式合同书、附和合同，是指未经协商，由一方预先拟订，在交易中反复使用，在订立合同时，另一方不能变更其内容，没有协商变更的余地的合同。我国《合同法》第39条规定："采用格式条款订立合同的，提供格式条款的一方应当遵循公平原则确定当事人之间的权利和义务，并采取合理的方式提请对方注意免除或者限制其责任的条款，按照对方的要求，对该条款予以说明"。第41条规定："对格式条款的理解发生争议的，应当按照通常理解予以解释。对格式条款有两种以上解释的，应当作出不利于提供格式条款一方的解释。格式条款和非格式条款不一致的，应当采用非格式条款。"非标准合同书，又称非附和合同，是指合同条款完全由当事人双方协商，达成合意的合同书。合同确认书就是一种非标准合同书。示范合同是指由一定机关（如国家工商行政管理局）事先拟订的，对当事人订立合同起示范作用的合同文本，不要求当事人必须采用。

（2）信件。双方当事人来往的记载合同要约与承诺内容的信件也是合同的组成部分。

（3）数据电文。数据电文，是指运用电子、光学等高科技手段、方式生成、储存或传递信息的有形载体，包括电报、电传、传真、电子数据交换、电子邮件等。这类合同的特点是通过电讯信号表示，没有书面原件，因此，又被称为电子合同，但它们传递的最终结果可以被设计成书面材料。《合同法》第 11 条确认了电子合同的效力。特别是2004 年 8 月 28 日第十届全国人民代表大会常务委员会第十一次会议通过的《中华人民共和国电子签名法》，大大增强了我国电子合同的可操作性。

书面形式的最大优点是合同有据可查，发生纠纷时容易举证，便于分清责任。因此，对于重要的合同最好采取书面形式。

3. 推定形式

当事人未用语言、文字表达其意思表示，仅用行为向对方发出要约，对方接受该要约，以作出一定或指定的行为作承诺，合同成立。例如商店安装自动售货机，顾客将规定的货币投入机器内，买卖合同即成立。

二、合同的订立程序

（一）合同成立的概念和要件

合同的成立，是指订约当事人就合同的主要条款达成合意。具体来说，合同的成立必须具备如下条件：

（1）存在双方或多方具有相应民事行为能力的订约当事人。所谓订约当事人，是指实际订立合同的人。在合同成立以后，这些主体将成为合同的主体。公民、法人和其他组织（如合伙等）都可以成为订约当事人。

（2）订约当事人对主要条款达成合意。合同成立的根本标志在于，合同当事人就合同的主要条款达成合意。应指出的是，合同的主要条款不一定都规定在合同中，即使合同缺乏对履行期限、地点等条款的规定，也可以根据《合同法》第 61 条和第 62 条的规定加以解释或填补。需要特别指出的是，达成一致的协议意味着当事人意思表示一致，至于当事人的意思表示是否真实，则是考虑合同效力的主要因素。

（3）合同的成立应具备要约和承诺阶段。合同的成立应经过要约、承诺阶段。

以上只是合同的一般成立要件。实际上由于合同的性质和内容不同，许多合同还可能具有其特定的成立要件。例如，对实践合同来说，应以实际交付物作为其成立要件；而对于要式合同来说，则应履行一定的方式才能成立。

（二）要约

1. 要约的概念和要件

要约又称发盘、出盘、发价或报价，是希望和他人订立合同的意思表示。发出要约的人称为要约人，接受要约的人称为受要约人。根据《合同法》第 14 条的规定，要约应具备如下要件：

（1）要约的内容必须具体确定。所谓具体，是指要约的内容必须具有足以使合同成立的主要条款。所谓确定，是指要约的内容必须明确，不能含糊不清。

（2）要约必须表明经受要约人承诺，要约人即受该意思表示约束。

2．要约邀请

要约邀请又称为引诱要约，根据《合同法》第15条，是指希望他人向自己发出要约的意思表示。在发出要约邀请时，当事人处于订约的准备阶段。它不能因相对人的承诺而成立合同。在发出要约邀请以后，要约邀请人撤回其邀请，只要没有给善意相对人造成信赖利益的损失，要约邀请人一般不承担法律责任。寄送的价目表、拍卖公告、招标公告、招股说明书、商业广告等为要约邀请，但是商业广告的内容符合要约规定的，视为要约。例如广告中声称"我公司现有某型号的水泥1 000吨，每吨价格200元，先来先买，欲购从速"，或者在广告中声称保证有现货供应，都可以依具体情况将该商业广告视为要约。

3．要约的法律效力

（1）要约的生效时间。我国《合同法》第16条规定："要约到达受要约人时生效。"对要约的生效时间应注意以下三个问题：①送达并不一定实际送达受要约人及其代理人手中，只要要约送达受要约人所能够控制的地方（如受要约人的信箱等）即为到达。②在要约人发出要约但未到达受要约人之前，要约人可以撤回或修改要约的内容。③采用数据电文形式订立合同，收件人指定特定系统接收数据电文的，该数据电文进入该特定系统的时间，视为到达时间；未指定特定系统的，该数据电文进入收件人的任何系统的首次时间，视为到达时间。

（2）要约的撤回和撤销。所谓要约的撤回，是指要约人在发出要约以后，未到达受要约人之前，宣告取消要约。我国《合同法》第17条规定："要约可以撤回。撤回要约的通知应当在要约到达受要约人之前或者与要约同时到达受要约人"。所谓要约的撤销，是指要约人在要约到达受要约人以后，将该项要约取消，从而使要约的效力归于消灭。我国《合同法》第18条规定："要约可以撤销。撤销要约的通知应当在受要约人发出承诺通知之前到达受要约人。"但是，我国《合同法》第19条规定，如果要约中规定了承诺期限或者以其他形式明示要约是不可撤销的，或者尽管没有明示要约不可撤销，但受要约人有理由信赖要约是不可撤销的，并且已经为履行合同做了准备工作，则不可撤销要约。如果受要约人在收到要约以后，基于对要约的信赖，已为准备承诺支付了一定的费用，在要约撤销以后应有权要求要约人给予适当补偿。

（3）要约失效。要约失效，是指要约丧失了法律拘束力，即不再对要约人和受要约人产生拘束。要约失效以后，受要约人也丧失了其承诺的能力，即使其向要约人表示了承诺，也不能导致合同的成立。根据《合同法》第20条，有下列情形之一的，要约失效：拒绝要约的通知到达要约人；要约人依法撤销要约；承诺期限届满，受要约人未作出承诺；受要约人对要约的内容作出实质性变更。

（三）承诺

1．承诺的概念和要件

所谓承诺，是指受要约人同意要约的意思表示。承诺的法律效力在于一经承诺并送达要约人，合同便成立了。如果对要约人提出的主要条件并没有表示接受，就意味着拒绝了要约人的要约，并形成了一项反要约或新的要约。在法律上，承诺必须具备如下条件，才能产生法律效力：

（1）承诺必须由受要约人向要约人作出。

（2）承诺必须在要约规定的承诺期限内到达要约人。要约以信件或者电报作出的，承诺期限自信件载明的日期或者电报交发之日开始计算。信件未载明日期的，自投寄该信件的邮戳日期开始计算。要约以电话、传真等快速通信方式作出的，承诺期限自要约到达受要约人时开始计算。只有在规定的期限内到达的承诺才是有效的。在要约没有规定承诺期限时，根据《合同法》第23条的规定，如果要约是以对话方式作出的，承诺人应当即时作出承诺；如果要约是以非对话方式作出的，应当在合理的期限内作出并到达要约人。合理的期限应当根据具体情况来确定，一般应当包括：要约到达受要约人的期间、受要约人合理的考虑期以及发出承诺并到达要约人的期间。未能在合理期限内作出承诺并到达要约人，则视为承诺迟到，或称为逾期承诺。一般而言，逾期的承诺被视为一项新的要约，而不是承诺。

（3）承诺的内容必须与要约的内容一致。但这并不是说承诺对要约的内容不得作丝毫的更改。基于鼓励交易的目的，两大法系都允许承诺可以更改要约的非实质性内容。我国合同法也借鉴了这一立法经验，认为承诺的内容与要约的内容一致是指受要约人必须同意要约的实质性内容。所谓实质性内容实际上是指未来合同的主要条款，如果缺少这些条款则未来的合同便不能成立或者存在着重大缺陷。《合同法》第30条规定，有关合同的标的、数量、质量、价款或者报酬、履行期限、履行地点和方式、违约责任和解决争议的方法等条款属于实质性内容。如果承诺对要约中的实质性内容作出了改变，则该承诺无效，视为反要约。而承诺对要约的非实质性内容作出变更的，除要约人及时表示反对或者要约表明承诺不得对要约的内容作出任何变更的以外，该承诺有效，合同的内容以承诺的内容为准。

2. 承诺的方式

《合同法》第22条规定，承诺原则上应采取通知方式，但根据交易习惯或者要约表明可以通过行为作出承诺的除外。这就是说，如果根据交易习惯或者要约的内容并不禁止以行为承诺，则受要约人可通过一定的行为作出承诺。缄默或不行为不能视为承诺。

3. 承诺的生效时间

承诺从何时开始生效，两大法系有截然不同的规定。大陆法系采纳了到达主义，英美法采纳了投邮主义。我国现行立法采纳了到达主义。《合同法》第26条规定，承诺通知到达要约人时生效。承诺不需要通知的，根据交易习惯或者要约的要求作出承诺的行为时生效。

4. 承诺的撤回

承诺的撤回，是指受要约人在发出承诺通知以后，在承诺正式生效之前撤回其承诺。《合同法》第27条规定，"承诺可以撤回。撤回承诺的通知应当在承诺通知到达要约人之前或者与承诺通知同时到达要约人。"承诺不可以撤销。

5. 逾期承诺的效力

逾期承诺，是指超过承诺期送达要约人的承诺。包括：①因受要约人未在承诺期限内发出承诺而导致逾期的承诺。《合同法》第 28 条规定："受要约人超过承诺期限发出承诺的，除要约人及时通知受要约人该承诺有效的以外，为新要约。"②因其他原因导致逾期的承诺。《合同法》第 29 条规定："受要约人在承诺期限内发出承诺，按照通常情形能够及时到达要约人，但因其他原因承诺到达要约人时超过承诺期限的，除要约人及时通知受要约人因承诺超过期限不接受该承诺的以外，该承诺有效。"

（四）合同成立的时间与地点

1. 合同成立的时间

一般情况下，承诺生效时，合同成立。但是，要式合同则应以完成法定或约定形式的时间为合同成立的时间。根据我国《合同法》第 32 条、第 33 条的规定，当事人采用合同书形式订立合同的，自双方当事人签字或者盖章时合同成立。如双方当事人未同时在合同书上签字或盖章，则以当事人中最后一方签字或盖章的时间为合同成立的时间。当事人采用信件、数据电文等形式订立合同的，可以在合同成立之前要求签订确认书，签订确认书时合同成立。对于要式合同，必须履行特定的形式，合同才能成立。然而，在实践中，当事人虽未履行特定的形式，但已经实际履行了合同，那么可以从当事人实际履行合同义务的行为中，推定当事人已经形成了合意和合同关系。因此，《合同法》第 36 条规定："法律、行政法规规定或者当事人约定采用书面形式订立合同，当事人未采用书面形式但一方已经履行主要义务，对方接受的，该合同成立。"同时，《合同法》第 37 条规定："采用合同书形式订立合同，在签字或者盖章之前，当事人一方已经履行主要义务，对方接受的，该合同成立。"

2. 合同成立的地点

合同的成立地有可能成为确定法院管辖权及选择适用法律等问题的重要因素。从原则上说，承诺生效的地点就是合同成立的地点，但要式合同则应以完成法定或约定形式的地点为合同成立地点。我国《合同法》第 34 条、第 35 条的规定，当事人采用合同书形式订立合同的，双方当事人签字或者盖章的地点为合同成立的地点。如双方当事人未同时在合同书上签字或盖章，则以当事人中最后一方签字或盖章的地点为合同成立的地点。而采用数据电文形式订立合同的，收件人的主营业地为合同成立的地点；没有主营业地的，其经常居住地为合同成立的地点。当事人另有约定的，按照其约定。

三、缔约过失责任

缔约过失责任，是指在合同订立过程中，合同一方因违背其依据诚实信用原则所应负的义务，致使另一方的利益受损，而应承担的民事责任。缔约过失责任与违约责任的根本区别在于，缔约过失责任发生在缔约过程中而不是发生在合同成立以后。只有在合同尚未成立或合同虽已成立但因不符合法定生效要件或有效要件而被确认为未生效、无效或被撤销时，缔约人才可能承担缔约过失责任。简言之，缔约过失责任所违背的义务是一种"先合同义务"，而非合同义务。《合同法》第42条规定："当事人在订立合同过程中有下列情形之一，给对方造成损失的，应当承担损害赔偿责任：（一）假借订立合同，恶意进行磋商；（二）故意隐瞒与订立合同有关的重要事实或者提供虚假情况；（三）有其他违背诚实信用原则的行为。"第43条规定："当事人在订立合同过程中知悉的商业秘密，无论合同是否成立，不得泄露或者不正当地使用。泄露或者不正当地使用该商业秘密给对方造成损失的，应当承担损害赔偿责任。"

第三节 合同的效力

我国合同法规定的合同的效力有合同的生效、无效、效力待定和可撤销四个层次。

一、合同的生效

（一）合同生效、合同成立的概念

这两个概念既有联系又有区别。合同成立是指当事人经过要约和承诺，意思表示一致而达成协议。合同生效，是指已经成立的合同符合法律所规定的效力要件从而在当事人之间产生法律效力。因而，生效的合同应是有效的合同。

（二）合同生效的时间

（1）依法成立的合同，原则上自合同成立时生效。

（2）法律、行政法规规定应当办理批准、登记等手续生效的，依照其规定办理批准、登记等手续后生效。同时，最高人民法院《合同法解释》第9条规定："依照合同法第四十四条第二款的规定，法律、行政法规规定合同应当办理批准手续，或者办理批准、登记等手续才生效，在一审法庭辩论终结前当事人仍未办理批准手续的，或者仍未办理批准、登记等手续的，人民法院应当认定该合同未生效；法律、行政法规规定合同应当办理登记手续，但未规定登记后生效的，当事人未办理登记手续不影响合同的效力，合同标的物所有权及其他物权不能转移。"应注意的是，如果法律、行政法规仅规定合同应当办理批准手续，或者办理批准、登记等手续，但并未规定应当办理批准手续，或者办理批准、登记等手续才生效的，合同应自依法成立时生效，而批准、登记等手续应作为合同的成立要件。

（3）当事人对合同的效力可以约定附条件。附生效条件的合同，自条件成就时生效；附解除条件的合同，自条件成就时失效。但是，当事人为自己的利益不正当地阻止条件成就的，视为条件已成就；不正当地促成条件成就的，视为条件不成就。

（4）当事人对合同的效力可以约定附期限。附生效期限的合同，自期限届至时生效；附终止期限的合同，自期限届满时失效。

二、合同的无效

合同的无效分为全部无效和部分无效。

（一）全部无效合同

全部无效合同即"合同无效"，是指已经成立，但因违反了法律、行政法规规定的效力要件从而不能在当事人之间产生预期的法律效力，不具有法律约束力的合同。《合同法》第52条规定，"有下列情形之一的，合同无效：（一）一方以欺诈、胁迫的手段订立合同，损害国家利益；（二）恶意串通，损害国家、集体或者第三人利益；（三）以合法形式掩盖非法目的；（四）损害社会公共利益；（五）违反法律、行政法规的强制性规定。"应注意的是，《合同法解释》第4条规定："合同法实施以后，人民法院确认合同无效，应当以全国人大及其常委会制定的法律和国务院制定的行政法规为依据，不得以地方性法规、行政规章为依据。"

此外，《合同法》第57条规定："合同无效、被撤销或者终止的，不影响合同中独立存在的有关解决争议方法的条款的效力。"

（二）部分无效合同

部分无效合同即"条款无效"。这类合同中，某些条款无效，但并不导致合同全部无效。《合同法》第53条规定，"合同中的下列免责条款无效：（一）造成对方人身伤害的；（二）因故意或者重大过失造成对方财产损失的。"

三、可撤销或可变更的合同

可撤销或可变更的合同，是指因存在法定事由，合同一方当事人可请求人民法院或者仲裁机构变更或者撤销的合同。

（一）可撤销合同的类型

下列合同，当事人一方有权请求人民法院或者仲裁机构变更或者撤销：

1. 因重大误解订立的合同

所谓重大误解，是指当事人对合同的性质，对方当事人，标的物的种类、质量、数量等涉及合同后果的重要事项存在错误认识，违背其真实意思表示订立的合同，并因此受到较大损失的行为。

2. 订立合同时显失公平的合同

一方当事人利用优势或者利用对方没有经验，致使双方的权利义务明显违反公平、等价有偿原则的，可以认定为显失公平。

3. 一方以欺诈、胁迫的手段或者乘人之危订立的合同

一方以欺诈、胁迫的手段或者乘人之危，使对方在违背真实意思的情况下订立的损害非国家利益的合同。

（二）撤销权的行使

《合同法》第55条规定，"有下列情形之一的，撤销权消灭：（一）具有撤销权的当事人自知道或者应当知道撤销事由之日起一年内没有行使撤销权；（二）具有撤销权的当事人知道撤销事由后明确表示或者以自己的行为放弃撤销权。"当事人请求变更的，人民法院或者仲裁机构不得撤销。对可撤销的合同，在其未被撤销以前，合同是

有效的，被撤销后，合同自始无效。

四、效力待定的合同

效力待定的合同，是指已成立的合同，因不符合有关生效要件的规定，其效力是否发生尚未确定，还有待于其他行为使之确定的合同。我国合同法规定的效力待定合同包括以下三类：

（一）限制民事行为能力人订立的合同

《合同法》第47条规定："限制民事行为能力人订立的合同，经法定代理人追认后，该合同有效，但纯获利益的合同或者与其年龄、智力、精神健康状况相适应而订立的合同，不必经法定代理人追认。相对人可以催告法定代理人在一个月内予以追认。法定代理人未作表示的，视为拒绝追认。合同被追认之前，善意相对人有撤销的权利。撤销应当以通知的方式作出。"

（二）无权代理人以本人的名义订立的合同

《合同法》第48条规定："行为人没有代理权、超越代理权或者代理权终止后以被代理人名义订立的合同，未经被代理人追认，对被代理人不发生效力，由行为人承担责任。相对人可以催告被代理人在一个月内予以追认。被代理人未作表示的，视为拒绝追认。合同被追认之前，善意相对人有撤销的权利。撤销应当以通知的方式作出。"但是应注意，表见代理行为所订立的是有效合同，不是效力待定合同。这体现在《合同法》第49条："行为人没有代理权、超越代理权或者代理权终止后以被代理人名义订立合同，相对人有理由相信行为人有代理权的，该代理行为有效。"

（三）无处分权人订立的处分他人财产的合同

《合同法》第51条规定："无处分权的人处分他人财产，经权利人追认或者无处分权的人订立合同后取得处分权的，该合同有效。"

五、法人或其他组织超越经营范围订立的合同的效力

法人或其他组织超越经营范围的行为是越权行为。对于这种越权行为，早期法律赋予其绝对无效的法律后果，即越权行为无效原则。然而，随着社会经济的发展，这种规定的弊端日益明显。于是，越权行为无效原则已有被淘汰的趋势。我国也顺应国际潮流，作出了相应的规定，最高人民法院《合同法解释》第10条规定："当事人超越经营范围订立合同，人民法院不因此认定合同无效。但违反国家限制经营、特许经营以及法律、行政法规禁止经营规定的除外。"

六、法人或其他组织的法定代表人、负责人超越权限订立的合同的效力

"超越权限"中的"权限"是指法人或者其他组织的法定代表人、负责人的职权。例如，公司章程规定，法定代表人的重大行为应当通过董事会决定，否则不得实施这样的行为，这就是对法定代表人权限的限制。法定代表人在事前未经董事会授权，就

进行这样的活动，就是超越权限的行为。关于法人或者其他组织的法定代表人、负责人超越权限订立的合同的效力，我国《合同法》第 50 条规定，"法人或者其他组织的法定代表人、负责人超越权限订立的合同，除相对人知道或者应当知道其超越权限的以外，该代表行为有效"。

七、合同被确认无效或被撤销后的财产后果

无效的合同或者被撤销的合同自始没有法律约束力。被确认无效或被撤销的合同，没有履行的，不得履行，正在履行的，应终止履行，并对已经履行的部分作如下处理：

（一）追缴财产

当事人恶意串通，损害国家、集体或者第三人利益的，因此取得的财产收归国家所有或者返还集体、第三人。属于损害国家利益而取得的财产，应当收归国家所有；属于损害集体利益而取得的财产，应当返还集体；属于损害第三人利益的，应当返还第三人。

（二）返还财产

如果双方均从对方取得了财产，合同无效或被撤销后，双方应返还已经得到的财产；如果仅仅一方取得了财产，则应当将取得的财产返还另一方。

（三）折价补偿

如果不能返还或者没有必要返还从另一方取得的财产，就应当折价补偿。这一规定对双方当事人都是适用的。

（四）赔偿损失

合同无效或者被撤销后，谁有过错并给对方造成损失的，谁就承担因过错并给对方造成损失的责任。双方均有过错的，应当根据各自的过错程度，承担和自己的过错相当或者相适应的责任。

第四节　合同的履行

一、合同履行的概念和原则

合同的履行，是指合同当事人执行合同义务的行为。合同的履行遵循如下原则：

1. 全面履行原则

全面履行原则，是指合同当事人应按照合同的规定不折不扣地履行合同义务。

2. 诚实信用原则

诚实信用原则，是指在合同的履行中，当事人应当根据合同的性质、目的和交易习惯履行通知、协助、保密等义务。这些义务是合同的附随义务，这些义务在法律上虽有规定但不具体，当事人之间也没有明确约定，但为维护对方当事人的利益，依照

诚实信用原则和社会的一般交易观念，当事人应负担的义务。

二、合同条款约定不明的履行规则

合同生效后，当事人就质量、价款或者报酬、履行地点等内容没有约定或者约定不明确的，可以协议补充；不能达成补充协议的，按照合同有关条款或者交易习惯确定；仍不能确定的，适用下列规定：

（1）质量要求不明确的，按照国家标准、行业标准履行；没有国家标准、行业标准的，按照通常标准或者符合合同目的的特定标准履行。

（2）价款或者报酬不明确的，按照订立合同时履行地的市场价格履行；依法应当执行政府定价或者政府指导价的，按照规定履行。执行政府定价或者政府指导价的，在合同约定的交付期限内政府价格调整时，按照交付时的价格计价。逾期交付标的物的，遇价格上涨时，按照原价格执行；价格下降时，按照新价格执行。逾期提取标的物或者逾期付款的，遇价格上涨时，按照新价格执行；价格下降时，按照原价格执行。

（3）履行地点不明确，给付货币的，在接受货币一方所在地履行；交付不动产的，在不动产所在地履行；其他标的，在履行义务一方所在地履行。

（4）履行期限不明确的，债务人可以随时履行，债权人也可以随时要求履行，但应当给对方必要的准备时间。

（5）履行方式不明确的，按照有利于实现合同目的的方式履行。履行方式是指当事人完成合同义务的方法。如标的物的交付方法、运输方法以及价款或报酬的支付方法等。"有利于实现合同目的的方式履行"，是指当事人应当遵循经济合理的原则来履行合同，尽量为对方、为国家节省开支和避免浪费，以取得最大的效益。

（6）履行费用的负担不明确的，由履行义务一方负担。

三、涉他合同的履行

涉他合同，简言之，就是双方当事人之间的合同涉及第三人的合同。它分为两类：向第三人给付的利他合同和由第三人给付的负担合同。

（一）利他合同

我国《合同法》第64条规定："当事人约定由债务人向第三人履行债务的，债务人未向第三人履行债务或者履行债务不符合约定，应当向债权人承担违约责任。"利他合同具有如下法律特征：

（1）利他合同无须征得第三人的同意，由双方当事人在合同中约定即可。

（2）第三人有接受合同利益的自由，但不能部分接受部分拒绝；一旦接受，就取得相当于债权人的地位，对债务人有直接请求权（包括损害赔偿请求权），但无撤销、变更、解除合同的权利；如拒绝接受，则视为自始未取得该权利。应当指出的是，我国合同法没有规定第三人对债务人的直接请求权，按通说，第三人有对债务人的直接请求权。实践中，为避免纠纷，当事人应在合同中明确约定第三人是否享有对债务人的直接请求权。

（3）债权人为合同当事人，但不得请求债务人向自己给付，而只可请求向第三人给付。

（4）债权人享有合同的撤销、变更、解除权，但第三人表示接受给付时，债权人不得再变更或撤销合同。

（5）债务人对债权人的一切抗辩都可对抗第三人。

（二）负担合同

我国《合同法》第65条规定："当事人约定由第三人向债权人履行债务的，第三人不履行债务或者履行债务不符合约定，债务人应当向债权人承担违约责任"。负担合同具有如下法律特征：

（1）未经第三人同意，该合同对第三人不产生任何法律效力。

（2）债权人有权向债务人请求对己给付，但无权向第三人请求，因为合同的效力仅限于当事人之间。

（3）负担合同本质上是一种担保合同，如果第三人不给付，无论是否可归责于债务人，债务人都应向债权人承担违约责任，所谓违约，违的是当事人约定的担保内容——担保第三人给付，而不是第三人违背了给付义务。

四、合同的提前履行和部分履行规则

（1）债权人可以拒绝债务人提前履行债务，但提前履行不损害债权人利益的除外。债务人提前履行债务给债权人增加的费用，由债务人负担。

（2）债权人可以拒绝债务人部分履行债务，但部分履行不损害债权人利益的除外。债务人部分履行债务给债权人增加的费用，由债务人负担。

五、合同履行中的抗辩权

合同履行中的抗辩权，是指当事人一方在对方提出实现其合同权利的要求时，以法律规定和必要的事实条件妨碍对方权利实现的对抗权。我国合同法在履行中规定了以下几种抗辩权：

（一）同时履行抗辩权

我国《合同法》第66条规定："当事人互负债务，没有先后履行顺序的，应当同时履行。一方在对方履行之前有权拒绝其履行要求。一方在对方履行债务不符合约定时，有权拒绝其相应的履行要求。"所谓"当事人互负债务"，是指基于同一个双务合同而互负债务。

（二）后履行抗辩权

我国《合同法》第67条规定："当事人互负债务，有先后履行顺序，先履行一方未履行的，后履行一方有权拒绝其履行要求。先履行一方履行债务不符合约定的，后履行一方有权拒绝其相应的履行要求。"

（三）不安抗辩权

不安抗辩权，是指双务合同中应先履行义务的一方当事人，有证据证明对方当事人将不能履行合同义务时，在对方当事人未履行合同或提供担保之前，有暂时中止履行合同的权利。应当先履行债务的当事人，有确切证据证明对方有下列情形之一的，可以中止履行：①经营状况严重恶化；②转移财产、抽逃资金，以逃避债务；③丧失商业信誉；④有丧失或者可能丧失履行债务能力的其他情形。当事人中止履行的，应当及时通知对方。对方提供适当担保时，应当恢复履行。中止履行后，对方在合理期限内未恢复履行能力并且未提供适当担保的，中止履行的一方可以解除合同。同时，当事人没有确切证据中止履行的，应当承担违约责任。

六、合同的保全制度

合同保全，是债权人为防止债务人的财产不当减少而危害其债权，对合同关系以外的第三人所采取的保护债权的法律措施。目的是保持债务人的偿债能力，维护债权人的利益。合同的保全包括代位权和撤销权。

（一）代位权

1. 代位权的概念及特征

有关代位权的规定体现在《合同法》第73条："因债务人怠于行使其到期债权，对债权人造成损害的，债权人可以向人民法院请求以自己的名义代位行使债务人的债权，但该债权专属于债务人自身的除外。"可见，代位权具有如下法律特征：

（1）代位权是债权人代替债务人向债务人的债务人主张权利。

（2）代位权是一种法定债权，不需当事人特别约定。

（3）代位权是债权人以自己的名义行使债务人的权利。

（4）代位权在内容上并不是对债务人和第三人的请求权，而是保全权能。因此，在履行期到来之前，债权人为了保持债务人的财产也可以行使代位权。

2. 行使代位权的条件

根据我国合同法的规定，行使代位权必须具备如下条件：

（1）债权人对债务人的债权合法。

（2）债务人怠于行使其到期债权，对债权人造成损害。这是指债务人不履行其对债权人的到期债务，又不以诉讼方式或者仲裁方式向其债务人主张其享有的具有金钱给付内容的到期债权，致使债权人的到期债权未能实现。此外，次债务人（即债务人的债务人）不认为债务人有怠于行使其到期债权情况的，应当承担举证责任。

（3）债务人的债权已到期。

（4）债务人的债权不是专属于债务人自身的债权。并非债务人对第三人享有的一切权利都是代位权行使的对象，专属于债务人自身的债权应除外。根据《合同法解释》第12条的规定，专属于债务人自身的债权，是指基于扶养关系、抚养关系、赡养关系、继承关系产生的给付请求权和劳动报酬、退休金、养老金、抚恤金、安置费、人寿保险、人身伤害赔偿请求权等权利。

3. 行使代位权的法律结果

（1）在代位权诉讼中，债权人胜诉的，诉讼费由次债务人负担，从实现的债权中优先支付。

（2）债权人向次债务人提起代位权诉讼经人民法院审理后认定代位权成立的，由次债务人向债权人履行清偿义务，债权人与债务人、债务人与次债务人之间相应的债权债务关系即予消灭。

（3）在代位权诉讼中，债权人行使代位权的请求数额超过债务人所负债务额或者超过次债务人对债务人所负债务额的，对超出部分人民法院不予支持。

（4）债务人在代位权诉讼中，对超过债权人代位请求数额的债权部分起诉次债务人的，人民法院应当告之其向有管辖权的人民法院起诉；债务人的起诉符合法定条件的，人民法院应当受理，受理债务人起诉的人民法院在代位权诉讼裁决发生法律效力以前，应当依法中止。

（二）撤销权

1. 撤销权的概念

撤销权是指债权人对债务人滥用其财产处分权而损害债权人的债权的行为，请求法院予以撤销的权利。这体现在《合同法》第74条："因债务人放弃其到期债权或者无偿转让财产，对债权人造成损害的，债权人可以请求人民法院撤销债务人的行为。债务人以明显不合理的低价转让财产，对债权人造成损害，并且受让人知道该情形的，债权人也可以请求人民法院撤销债务人的行为。"

2. 行使撤销权的条件

（1）应具有法定撤销事由。具体有三个法定撤销事由：债务人放弃到期债务；债务人无偿转让财产；债务人以明显不合理的低价转让财产。债务人的这些处分行为使债务人的财产减少。

（2）债务人的处分行为对债权人造成损害。即债务人的处分行为足以导致债务人对其债务的履行不能或履行困难。

（3）在债务人以明显不合理的低价转让财产的处分行为中，第三人主观上有恶意。即第三人明知该转让行为有害于债权人而仍然受让有关财产。应指出的是，在债务人放弃到期债务或无偿转让财产的行为中，第三人无论是善意还是恶意，债权人都享有撤销权。

（4）必须在法定期间内行使撤销权。《合同法》第75条规定："撤销权自债权人知道或者应当知道撤销事由之日起一年内行使。自债务人的行为发生之日起五年内没有行使撤销权的，该撤销权消灭。"

3. 行使撤销权的法律后果

（1）债权人行使撤销权所支付的律师代理费、差旅费等必要费用，由债务人负担；第三人有过错的，应当适当分担。

（2）债务人的行为一旦被撤销，该行为则自始无效，并在债务人和第三人之间产生无效行为的法律后果。

第五节　合同的变更和转让

一、合同的变更

(一) 合同变更的概念

合同变更，是指合同成立后双方当事人根据主客观情况的变化，经过协商一致，对原合同的内容进行修改、减少或增加。合同的变更是指合同内容的变更，而不包括主体的变更，主体的变更是合同的转让。合同变更后，当事人应当按照变更后的合同内容履行合同。合同的变更，仅对变更后未履行的部分有效，对已履行的部分无溯及力。

(二) 合同变更的程序

《合同法》第 77 条规定："当事人协商一致，可以变更合同。法律、行政法规规定变更合同应当办理批准、登记等手续的，依照其规定。"第 78 条规定："当事人对合同变更的内容约定不明确的，推定为未变更。"

二、合同的转让

合同的转让，即合同主体的变更，指当事人将合同的权利和义务全部或者部分转让给第三人。合同的转让，分为债权转让、债务转移和概括转移。

(一) 债权转让

合同债权转让，即合同权利的转让，是指合同的债权人将其在合同中享有的权利全部或部分转让给第三人的行为。债权转让必须满足以下条件：

(1) 须存在有效的合同债权且债权转让不改变债权的内容。

(2) 转让的债权必须具有可转让性。根据《合同法》第 79 条的规定，下列合同权利不允许转让：一是根据合同性质不得转让的权利。这类权利只能在特定当事人之间生效，如果转让给第三人，将违反当事人订立合同的目的，如基于特殊的信任关系而产生的雇佣人对受雇人的债权。二是按照当事人约定不得转让的权利。三是依照法律规定不得转让的权利。

(3) 债权人必须履行通知程序。《合同法》第 80 条规定："债权人转让权利的，应当通知债务人。未经通知，该转让对债务人不发生效力。债权人转让权利的通知不得撤销，但经受让人同意的除外。"同时，根据《合同法》第 87 条的规定，法律、行政法规规定转让权利应当办理批准、登记等手续的，依照其规定。

债权转让的效力：债权人转让权利的，受让人取得与债权有关的从权利，但该从权利专属于债权人自身的除外；债务人接到债权转让通知后，债务人对让与人（即原债权人）的抗辩，可以向受让人（即新债权人）主张；债务人接到债权转让通知时，债务人对让与人享有债权，并且债务人的债权先于转让的债权到期或者同时到期的，债务人可以向受让人主张抵消。

（二）债务转移

债务转移，即合同义务的转让或债务承担，是指合同的债务人将其在合同中承担的义务全部或部分转移给第三人的行为。债务转移必须经债权人同意，否则，债务转移不能生效。同时，法律、行政法规规定转移义务应当办理批准、登记等手续的，依照其规定。债务人转移义务的，新债务人可以主张原债务人对债权人的抗辩；债务人转移义务的，新债务人应当承担与主债务有关的从债务，但该从债务专属于原债务人自身的除外。

（三）概括转移

概括转移，即合同权利义务的概括转移，又称合同承受，是指由原合同当事人一方将其债权债务一并移转给第三人，由第三人概括地继受这些债权债务的法律现象。概括转移分为意定概括转移和法定概括转移。前者基于当事人的合意而产生，体现在《合同法》第88条："当事人一方经对方同意，可以将自己在合同中的权利和义务一并转让给第三人"。后者基于法律的规定而产生，体现在《合同法》第90条："当事人订立合同后合并的，由合并后的法人或者其他组织行使合同权利，履行合同义务。当事人订立合同后分立的，除债权人和债务人另有约定的以外，由分立的法人或者其他组织对合同的权利和义务享有连带债权，承担连带债务"。

第六节　合同的权利义务终止

合同的权利义务终止，是指合同依法成立后，由于一定法律事实的出现，使合同所确定的权利义务关系归于消灭，合同不再具有法律效力。合同终止后，当事人并不是不承担任何义务了。根据《合同法》第92条的规定，当事人应承担后合同义务。所谓后合同义务，是指合同终止后，当事人依照法律的规定，遵循诚实信用原则，根据交易习惯应履行的义务。根据《合同法》第92条的规定，后合同义务包括通知、协助、保密等义务。

根据《合同法》第91条的规定，引起合同的权利义务终止的法律事实有：债务已经按照约定履行；合同解除；债务相互抵消；债务人依法将标的物提存；债权人免除债务；债权债务同归于一人（债务的混同）；法律规定或者当事人约定终止的其他情形。下面就其中几种重要的法律事实进行介绍。

一、合同解除

（一）合同解除的概念

合同解除，是指在合同依法成立后，尚未全部履行前，当事人基于协商、法律规定或者当事人约定而使合同关系归于消灭的一种法律行为，包括协议解除和解除权解

除两种情形。

1. 协议解除

协议解除又称双方解除，它是指当事人通过事后订立一个新合同而解除原来合同的合同解除方式。双方当事人就解除合同协商一致时，合同解除。

2. 解除权解除

解除权解除又称单方解除，是指享有合同解除权的当事人通过行使合同解除权而解除原来合同的合同解除方式。合同解除权是一种形成权，即只需解除权人单方的意思表示就可以把合同解除，无须获得对方同意。合同解除权包括约定解除权和法定解除权，与此相对应，产生了约定解除和法定解除两种方式。

（1）约定解除。约定解除是指当事人事先在合同中就有权解除合同的条件作出约定，在合同尚未履行完毕之前，一旦出现合同所约定的条件，当事人通过行使约定解除权来解除合同的合同解除方式。应注意的是，约定的解除合同的条件发生时，并不导致合同的自动解除，只有享有解除权的一方当事人根据自己的情况，作出解除合同的意思表示，合同的权利义务才得以终止。《合同法》第93条第2款："当事人可以约定一方解除合同的条件。解除合同的条件成立时，解除权人可以解除合同。"这里的"可以解除"说明，当解除条件成立时，合同不能自动解除。

（2）法定解除。法定解除是指法律赋予当事人在一定情况下解除合同的权利（法定解除权），在合同尚未履行完毕前，发生了法律所规定的事由，当事人依法行使法定解除权以解除合同的合同解除方式。根据《合同法》第94条的规定，当事人可以行使法定解除权的情形有五种：

第一，因不可抗力致使不能实现合同目的。要注意的是，并非一旦出现不可抗力均可解除合同，如果不可抗力只是导致合同部分不能履行的，一般情况下另一方当事人只能主张合同部分权利义务的变更，但如果部分履行严重影响当事人订立合同所欲实现的缔约目的时，应承认其享有解除合同的权利。

第二，预期违约。预期违约是指在履行期限届满之前，当事人一方明确表示或者以自己的行为表明不履行主要债务。主要债务的履行，关系到订立合同最主要目的的实现，当事人一方无正当理由表明不履行主要债务，另一方债权的实现就得不到保障。在这种情况下，另一方有权在解除合同或要求另一方继续履行之间作出选择，以保障自己的合法权益。

第三，当事人一方迟延履行主要债务，经催告后在合理期限内仍未履行。在此规定下要行使合同解除权必须具备两个条件：①当事人一方迟延履行的是主要债务。②债务人经催告后在合理期限内仍未履行主要债务。"催告"是债权人向债务人请求给付的意思表示。履行迟延以后，债权人不能马上行使解除权解除合同，还要给债务人一个催告，给债务人一个合理的宽限期要求其履行合同。在合理的宽限期到来时，债务人仍不履行合同，债权人才有权解除合同。合同中无确定履行期限的，债权人要解除合同须经两次催告。第一次是履行合同的催告，债务人不满足催告的要求将负迟延履行责任；第二次才是解除合同的催告，债务人不满足催告的要求将导致债权人解除合同，两个条件缺一不可。

第四，根本违约。即当事人一方迟延履行债务或者有其他违约行为致使不能实现合同目的。违约的形式有很多，当事人一方有违约行为并不必然导致另一方享有解除权，只有在一方违约致使合同目的不能实现即根本违约时，另一方才享有解除权。区分根本违约与非根本违约，一般情况下可以从以下几个层次考虑：一是从违约后果整体考虑，是否使对方当事人根据合同期待的利益丧失或失去了合同的目的，致使合同履行成为不必要，例如顾客从糕点公司订购一个生日蛋糕，但因糕点公司迟延履行，过了生日才交付，而使合同履行成为不必要，糕点公司的行为就属根本违约；二是从违约事实的情节予以考虑，违约方不履行合同义务即构成根本违约，违约方不完全履行合同义务则不能当然认定根本违约，而应视具体情况而定。

第五，法律规定的其他情形。

（二）合同解除权的行使与消灭

1. 合同解除权行使的方法

合同解除权是一种形成权，即只需解除权人单方的意思表示就可以把合同解除，无须获得对方同意。根据《合同法》第 96 条的规定，当事人一方行使约定或法定解除权解除合同的，应当通知对方。合同自通知到达对方时解除。对方有异议的，可以请求人民法院或者仲裁机构确认解除合同的效力。法律、行政法规规定解除合同应当办理批准、登记等手续的，依照其规定。

2. 合同解除权的消灭

如果有权解除合同的一方，长期享有解除权，而不行使，会使当事人双方因合同产生的权利义务关系长期处于不确定状态，从而损害交易秩序，也损害权利相对人的利益。这就需要对该权利加以控制或限制。我国合同法规定了合同解除权的消灭制度。《合同法》第 95 条规定："法律规定或者当事人约定解除权行使期限，期限届满当事人不行使的，该权利消灭。法律没有规定或者当事人没有约定解除权行使期限，经对方催告后在合理期限内不行使的，该权利消灭。"

（三）合同解除的法律后果

《合同法》第 97 条规定："合同解除后，尚未履行的，终止履行；已经履行的，根据履行情况和合同性质，当事人可以要求恢复原状、采取其他补救措施，并有权要求赔偿损失。"可见，合同解除后，产生如下法律后果：

（1）消灭合同关系。因此，合同解除后，尚未履行的，终止履行。

（2）合同解除的效力对已经履行的合同权利义务关系具有溯及力。即已经履行的，根据履行情况和合同性质，当事人可以要求恢复原状、采取其他补救措施，并有权要求赔偿损失。应注意的是，并不是所有合同都能恢复原状，如在技术开发合同中，由于开发活动是一种智力劳动，是无法恢复原状的，因此，应根据合同性质采取其他补救措施。此外，解除合同可能对非违约方造成损失，因此，非违约方还有权要求违约方赔偿损失。

（3）根据《合同法》第 98 条的规定，合同的权利义务终止，不影响合同中结算和清理条款的效力。结算条款，是指当事人双方关于各项经济往来收支的结算办法的约定。清理条款，是指当事人双方关于彻底解决或处理他们之间债权债务关系的约定。合同中的结算和清理条款与合同中的解决争议的方法的条款一样，在合同中是相对独立的部分。它们不会因合同的解除而失去效力。

二、债务抵消

债务抵消是指合同当事人互负债务时，各以债权充抵债务，而使各自的债务在对等额内相互消灭。抵消产生使合同终止的效力。抵消分为法定抵消与协议抵消。

（一）法定抵消

法定抵消指依法定的抵消条件进行的抵消。《合同法》第99条规定："当事人互负到期债务；该债务的标的物种类、品质相同的，任何一方可以将自己的债务与对方的债务抵消，但依照法律规定或者按照合同性质不得抵消的除外。当事人主张抵消的，应当通知对方。通知自到达对方时生效。抵消不得附条件或者附期限。"可见，法定抵消的条件是：①必须是当事人互负债务。②必须是到期债务。③必须是标的物的种类、品质相同的债务。④必须是可以用作抵消的债务。依照法律规定或者按照合同性质不得抵消的，不能抵消。如扶养费、退休金、生活补助费等与人身不可分离的债务，不得抵消。⑤主张抵消的，必须通知对方。

（二）协议抵消

协议抵消指由依当事人自行约定的抵消条件进行的抵消。《合同法》第100条规定："当事人互负债务，标的物种类、品质不相同的，经双方协商一致，也可以抵消。"应注意的是，协议抵消，双方达成抵消协议时，发生抵消的法律效力，不必履行通知义务。

三、提存

（一）提存的概念

提存是指由于合同债权人的原因使义务人无法向其交付合同标的物时，义务人将标的物提交给提存机关而使合同终止的一种法律制度。

（二）提存的原因

1. 债权人无正当理由拒绝受领

债权人无正当理由拒绝受领是指债权人应当并且能够受领，却无正当理由不予受领。所谓拒绝受领的正当理由，通常是指债务人履行不适当，如债务人的履行标的、履行地点、履行时间、履行方式等不符合合同的约定，则债权人通过行使抗辩权拒绝受领。是否有正当理由，应当根据客观情况和诚实信用原则来认定。

2. 债权人下落不明

所谓债权人下落不明，是指债权人离开自己的住所、不知去向，或因为债权人地址不清等无法查找。需要指出的是，如果受领代理人也下落不明，债务人才可以提存，因为如果债务人可以向债权人的代理人交付标的物，则不得将标的物提存。如果债权人已经被宣告失踪,人民法院已为债权人指定了财产代管人,则债务人应当向债权人的财产代管人履行债务,而不得将标的物提存。

3. 债权人死亡未确定继承人或者丧失民事行为能力未确定监护人

如果债权人死亡时,没有确定继承人的,此时是否可以提存?这个问题可以探讨。事实上,被继承人的财产一般都先由财产管理人管理,财产管理人此时有权受领给付,因此,债务人可以向财产管理人履行。因此,我们认为,应当规定,只有债权人死亡时未确定继承人且没有财产管理人的,才可以提存。

4. 法律规定的其他情形

我国《担保法》第49条规定:"抵押人转让抵押物所得的价款,应当向抵押权人提前清偿所担保的债权或者向与抵押权人约定的第三人提存。"《合同法》第70条规定:"债权人分立、合并或者变更住所没有通知债务人,致使债务履行发生困难的,债务人可以中止履行或者将标的物提存。"

(三)提存方法

虽然提存原则上应当提存债的标的物,但是,如果标的物不适于提存或者提存费用过高,债务人依法可以拍卖或者变卖标的物,提存所得的价款。例如,生猛海鲜等,就应当提存拍卖、变卖所得的价款。需要指出的是,我国合同法对提存标的物的范围没有作出规定。司法部发布的《提存公证规则》第7条规定:"下列标的物可以提存:①货币;②有价证券、票据、提单、权利证书;③贵重物品;④担保物(金)或者替代物;⑤其他适宜提存的标的物。"

(四)提存机关

我国合同法对提存机关未作规定。根据1995年6月2日司法部发布的《提存公证规则》,公证机关是我国的提存机关。提存公证由债务履行地的公证处管辖。

(五)提存的法律后果

1. 提存视为标的物的交付,所有权也就转移到债权人

自提存之日起,债务人对债权人的义务及其附随义务如担保、利息等义务均消灭。同时,标的物提存后,毁损、灭失的风险由债权人承担。提存期间,标的物的孳息归债权人所有。提存费用由债权人负担。

2. 法定期间内,债权人不领取提存物,该物将收归国有

《合同法》第104条规定:"债权人可以随时领取提存物,但债权人对债务人负有到期债务的,在债权人未履行债务或者提供担保之前,提存部门根据债务人的要求应当拒绝其领取提存物。债权人领取提存物的权利,自提存之日起五年内不行使而消灭,提存物扣除提存费用后归国家所有。"

3. 提存后债务人的通知义务

为了保护债权人的利益,法律要求债务人必须在提存以后及时通知债权人,以便债权人知悉标的物被提存的事实从而早日领取提存物。《合同法》第102条规定:"标的物提存后,除债权人下落不明的以外,债务人应当及时通知债权人或者债权人的继

承人、监护人。"通知有困难的，公证处应履行通知义务，无法送达通知的，公证处应以公告的方式通知。

第七节　违约责任

一、违约责任的概念和特征

违约责任，是指合同当事人因违反合同约定的义务而应承担的法律后果。违约责任具有以下法律特征：

（一）违约责任是民事责任的一种形式

民事责任是指民事主体在民事活动中，因违反法律规定的义务或者合同约定的义务应承担的民事法律后果。我国《民法通则》第六章"民事责任"中提到了两种责任，即违约责任和侵权责任。可见，违约责任是民事责任制度中不可缺少的组成部分。

（二）违约责任是违反合同义务产生的责任

违约责任的产生以合同义务的存在为前提。因为一个无效的合同不会在当事人之间产生权利和义务关系，所以，当事人承担违约责任的前提条件是合同有效。

（三）违约责任具有相对性

违约责任只能在特定的当事人之间产生，合同关系以外的人不负违约责任，因第三人造成违约的，仍应由债务人而不是由第三人向债权人承担违约责任，债务人承担违约责任后，有权向第三人追偿。因此，《合同法》第121条规定："当事人一方因第三人的原因造成违约的，应当向对方承担违约责任。当事人一方和第三人之间的纠纷，依照法律规定或者按照约定解决。"这里的第三人包括当事人的上级机关及其他当事人以外的人。此外，《合同法》第64条、第65条（涉他合同）也体现了违约责任的相对性。

（四）违约责任可以由合同当事人约定

按照私法自治的基本原则，合同当事人在合同中可以约定违约责任的方式、违约金的数额幅度、损害赔偿的计算方法、免责条件等等。在合同法这类典型的任意性的法律中，尊重当事人自己的选择是立法者、司法者都很强调的。必须注意的是，这种约定决不意味着法律对当事人毫无限制。为保证公平合理，法律对当事人约定的过高或过低违约金或者赔偿金，都要进行干预或法律授权法官根据具体情况降低或提高。

二、违约责任的归责原则

违约责任的一般归责原则是无过错责任原则。在无过错责任原则下，只要不存在免责事由，违约行为本身就可以使违约方承担责任。因此，严格责任更有利于保护守约方的利益，维护合同的严肃性，克服信用危机。《合同法》第107条、第120条确立了严格责任原则。

严格责任原则作为我国合同法中违约责任的一项总的归责原则，也不是绝对的，针对某些合同违约的特殊情况，《合同法》分则中也采用了过错责任原则作为例外，如第189条和第191条第2款的赠与合同、第303条的客运合同、第320条的多式联运合同、第374条的保管合同、第406条的委托合同、第222条的租赁合同、第257条和第265条的承揽合同、第394条第1款的仓储合同、第405条的委托合同等。但这些只是一般原则的例外，并不能改变严格责任原则在合同法中的主导地位。在过错责任原则下，只有在不能证明其对违约行为无过错的情况下，才承担违约责任。

三、违约行为的形式

我国合同法从两个角度规定了违约行为的形式。一是根据违约的时间，将违约分为实际违约和预期违约。实际违约是指事实上已经发生了的不履行合同或不适当履行合同的情形。《合同法》第107条规定，当事人一方不履行合同义务或者履行合同义务不符合约定的，应当承担继续履行、采取补救措施或者赔偿损失等违约责任。预期违约是指合同还未到履行期，但合同一方当事人用语言或者行为表示将不履行合同的情形。《合同法》第108条规定，当事人一方明确表示或者以自己的行为表明不履行合同义务的，对方可以在履行期限届满之前要求其承担违约责任。二是根据违约程度，将违约分为不履行和不适当履行。不履行是指当事人不履行合同义务的情形，包括预期违约行为和实际违约中的不履行。不适当履行是指当事人履行合同不符合合同约定义务的情形，包括迟延履行和其他不适当履行。

四、承担违约责任的方式

（一）实际履行

1. 实际履行的概念

所谓实际履行，就是指一方违反合同时，另一方有权要求违约方依据合同的规定继续履行。通过要求对方继续履行合同，使非违约方能够完全达到订立合同的目的。继续履行的表现形态主要有：限期履行应履行的债务；修理、重做和更换；支付价款或者报酬。《合同法》第109条规定："当事人一方未支付价款或者报酬的，对方可以要求其支付价款或者报酬。"可见，关于金钱债务，必须实际履行。《合同法》第110条规定，当事人一方不履行非金钱债务或者履行非金钱债务不符合约定的，对方可以要求履行，但有下列情形之一的除外：①法律上或者事实上不能履行；②债务的标的不适于强制履行或者履行费用过高；③债权人在合理期限内未要求履行。可见，关于非金钱债务，在特殊情况下，可以不适用实际履行。

2. 非金钱债务不适用实际履行的特殊情况

（1）法律上不能继续履行，即实际履行不能违反法律的规定。例如提供个人服务的合同，在法律上不能采取实际履行。如果采取实际履行措施，则将对个人实施某种人身强制行为，这与我国宪法和法律关于公民的人身自由不受侵害的规定是相违背的。

而且，法律从保护债权人的利益和交易秩序考虑，也不允许在某些情况下强制实施实际履行。例如在债务人破产时，如果允许强制实际履行与某个债权人所订立的合同，这实际上就赋予了该债权人某种优先权，使其优于违约方的其他债权人而受偿，这与破产法的有关规定是相违背的。

（2）事实上不能履行。比如标的物毁损灭失了，且标的物为特定物。

（3）债务的标的不适于强制履行，即依据合同的性质不能继续履行。对一些基于人身依赖关系而产生的合同，例如委托合同、信托合同、合伙合同等，往往是因信任对方的特殊技能、业务水平、忠诚等产生的，因此具有严格的人身性质，如果强制债务人履行义务，则与合同的根本性质相违背。

（4）履行费用过高，是指实际履行在实施上是可能的，但在经济上是不合理的。

（5）债权人在合理期限内未按要求履行。

（二）支付违约金

1. 违约金的概念和性质

根据《合同法》第114条的规定，违约金是当事人事先约定的，在一方违约时，应当向对方支付一定数额的金钱。我国合同法规定违约金必须是约定的，不承认法定的违约金。

学界一般认为，我国合同法规定的违约金以补偿性违约金为主，惩罚性违约金为辅。应当说明的是，违约金条款体现了当事人充分的意思自治原则，因此当事人可以在合同中明确约定违约金的性质；没有约定的，应按《合同法》第114条的规定处理。《合同法》第114条规定："当事人可以约定一方违约时应当根据违约情况向对方支付一定数额的违约金，也可以约定因违约产生的损失赔偿额的计算方法。约定的违约金低于造成的损失的，当事人可以请求人民法院或者仲裁机构予以增加；约定的违约金过分高于造成的损失的，当事人可以请求人民法院或者仲裁机构予以适当减少。当事人就迟延履行约定违约金的，违约方支付违约金后，还应当履行债务。"应指出的是，任何违约金一经约定，都是有效的，法官、仲裁庭无权宣告违约金条款无效，否则就是对当事人自由意志的侵犯，不符合合同自由原则。但对违约金进行国家干预是必要的，其干预必须要符合一定的条件，根据《合同法》第114条第2款的规定，条件有二：一是约定的违约金低于或过分高于造成的损失的；二是必须要当事人请求，法院或仲裁庭无权径自作出调整。

当违约金是补偿性违约金时，如果当事人事先有约定，那么首先按当事人约定的违约金条款实行；若当事人没有确定违约金条款，适用法律的损害赔偿责任，同时在当事人约定的违约金不足以补偿非违约方损失的时候，可以继续适用损害赔偿责任。所以，违约金优先于损害赔偿适用。

（三）赔偿损失

《合同法》第112条规定："当事人一方不履行合同义务或者履行合同义务不符合约定的，在履行义务或者采取补救措施后，对方还有其他损失的，应当赔偿损失。"第113条规定："当事人一方不履行合同义务或者履行合同义务不符合约定，给对方造成损失的，损失赔偿额应当相当于因违约所造成的损失，包括合同履行后可以获得的利益，但不得超过违反合同一方订立合同时预见到或者应当预见到的因违反合同可能造成的损失。经营者对消费者提供商品或者服务有欺诈行为的，依照《中华人民共和国消费者权益保护法》的规定承担损害赔偿责任。"可见，赔偿损失应遵循如下几个原则：

1. 完全赔偿原则

所谓完全赔偿原则，是指因违约方的违约行为使受害人所遭受的全部损失（包括直接损失和间接损失），都应由违约方负赔偿责任。《合同法》第113条规定，损失赔偿额应当相当于因违约所造成的损失，包括合同履行后可以获得的利益。根据完全赔偿原则，违约方不仅应赔偿受害人遭受的全部损失（直接损失），还应赔偿可得利益损失（间接损失）。直接损失为现存的损失，可以说是"看得见，摸得着"的损失。可得利益是合同履行后债权人可以实现的利润。

2. 合理预见原则

完全赔偿原则是对非违约方的有力保护，但从民法之基本原则出发，应将这种损害赔偿限制在合理的范围之内。我国《合同法》第113条规定，赔偿损失不得超过违反合同一方订立合同时预见到或者应当预见到的因违反合同可能造成的损失。从该条规定来看，我国合同法采取了合理预见原则。

3. 减轻损害原则

减轻损害原则，亦称之为采取适当措施避免损失扩大原则，是指在一方违约并造成损害以后，受害人必须采取合理措施以防止损害的扩大，否则，受害人应对扩大部分的损害负责，违约方此时也有权请求从损害赔偿金额中扣除本可以避免的损害部分。我国《合同法》第119条对此作出了明确规定，即"当事人一方违约后，对方应采取适当措施防止损失的扩大；没有采取适当措施致使损失扩大的，不得就扩大的损失要求赔偿。当事人因防止损失扩大支出的合理费用，由违约方承担。"

4. 损益相抵原则

损益相抵原则，是指受害人基于损害发生的同一原因而获得利益时，应将所受利益从所受损害中扣除，以确定损害赔偿范围。即当违约既使受害人遭受了损害，又使受害人获得了利益时，法院应责令违约方赔偿受害人全部损害与受害人所得利益的差额。因此，损益相抵是确定受害人因对方违约而遭受的净损失的规则，是计算受害人所受真实损失的规则，而不是减轻违约方本应承担的责任的规则。虽然我国《民法通则》和《合同法》都没有规定损益相抵规则，但是，基于民法和合同法的诚实信用原则和公平原则，应该承认该原则。具体来说，违约损害赔偿的目的是补偿受害方所遭受的损失，并非使受害方反而因此受益，如不将利益扣除，就等于让受害方因违约行为而受益，这是违反违约损害赔偿的本意和目的的。因此，必须采取损益相抵原则。

5. 责任相抵原则

责任相抵原则，是指按照债权人与债务人各自应负的责任确定赔偿范围的制度。我国《合同法》第120条规定，"当事人双方都违反合同的，应当各自承担相应的责任"，即体现了责任相抵原则。

6. 经营欺诈惩罚性赔偿原则

针对交易中各种严重的欺诈行为，特别是出售假冒伪劣产品的欺诈行为的严重存在，我国《消费者权益保护法》第49条明确规定："经营者提供商品或者服务有欺诈行为的，应当按照消费者的要求增加赔偿其受到的损失，增加赔偿的数额为消费者购买商品的价款或接受服务的费用的一倍。"这就在法律上确立了经营欺诈惩罚性损害赔偿制度。

上述2、3、4、5、6项原则是对完全赔偿原则的限制。

此外，承担违约责任的方式还有中止履行合同、解除合同、执行定金罚则、通过提存履行债务等。

五、违约责任的免除

违约责任的免除，是指违约的当事人，在法律规定或双方约定的情况（免责条件）出现时，不承担违约责任。

（一）法定免责条件

法定免责条件，即法律明文规定的当事人对其违约行为不承担违约责任的条件。我国法律规定的免责条件主要有：

1. 不可抗力

我国《合同法》第117条规定："因不可抗力不能履行合同的，根据不可抗力的影响，部分或者全部免除责任，但法律另有规定的除外。当事人迟延履行后发生不可抗力的，不能免除责任。本法所称不可抗力，是指不能预见、不能避免并不能克服的客观情况。"同时，《合同法》第118条规定："当事人一方因不可抗力不能履行合同的，应当及时通知对方，以减轻可能给对方造成的损失，并应当在合理期限内提供证明。"应注意的是，不可抗力是法定的免责条件，当事人不能约定排除其适用。

2. 法律规定的其他免责条件

如《合同法》第311条规定："承运人对运输过程中货物的毁损、灭失承担损害赔偿责任，但承运人证明货物的毁损、灭失是因不可抗力、货物本身的自然性质或者合理损耗以及托运人、收货人的过错造成的，不承担损害赔偿责任。"

（二）约定免责条款

约定免责条款就是当事人以协议排除或限制其违约责任的合同条款。应注意的是，当事人的约定不能违反法律的强制性规定；否则，约定无效。

六、责任竞合

（一）责任竞合的概念

从民法角度看，竞合是指由于某种法律事实的出现而导致两种或两种以上的权利产生，并使这些权利之间发生冲突的现象。责任竞合是指某种行为同时具备两种或两种以上的法律责任构成要件，从而使该行为人有可能承担两种以上的法律责任的现象。

（二）侵权责任与违约责任的竞合

1. 侵权行为与违约行为的根本区别

这两种不法行为的根本区别在于不法行为人与受害人之间是否存在合同关系；不法行为违反的是约定义务还是法定义务；侵害的是相对权（债权）还是绝对权（物权和人身权）。

2. 侵权责任与违约责任的区别

（1）归责原则不同。合同责任奉行无过错责任；侵权责任以过错责任为原则，在法律有明文规定的情况奉行无过错责任或者公平责任。

（2）举证责任不同。在合同之诉中，非违约方不负举证责任，而违约方必须证明自己的违约是因为存在不可抗力或出现了合同中约定的免责事由；而在侵权之诉中，侵权行为人通常不负举证责任，受害人必须就其主张举证，在有些情况下，实行举证责任倒置，但这毕竟是特殊现象。

（3）责任构成不同。在违约责任中，只要存在违约行为，不管违约人主观上有无过错、不管违约行为是否造成损失，都不影响违约责任的构成；在侵权责任中，损害事实是侵权损害赔偿责任成立的前提条件，无损害事实，便无侵权责任。

（4）免责条件不同。在违约责任中，除了法定的免责事由即不可抗力以外，合同当事人还可以事先约定不承担责任的情况（故意或重大过失的责任除外）；在侵权责任中，免责条件或原因只能是法定的，当事人不能事先约定免责条件，也不能对不可抗力的范围事先约定。

（5）责任范围不同。合同责任主要是财产损失的赔偿，一般不包括对人身伤害的赔偿和精神损害赔偿，但包括可得利益的丧失，只是法律常常采取"合理预见规则"限制之；侵权责任不仅包括财产损失的赔偿，也包括人身伤害和精神损害的赔偿，但通常不包括可得利益的丧失。

3. 侵权责任与违约责任竞合的处理

《合同法》第 122 条规定，"因当事人一方的违约行为，侵害对方人身、财产权益的，受损害方有权选择依照本法要求其承担违约责任或者依照其他法律要求其承担侵权责任"，即由当事人选择提起合同之诉或侵权之诉。

【案例精析】

岳群益诉郑州交通运输集团公司客运合同纠纷案

一、案情

2005 年 12 月 18 日 18 时许，岳群益乘坐郑州交通运输集团公司（以下简称郑交公司）司机刘国权驾驶的豪华大巴客车，自郑州前往登封。岳群益在郑州站上车时，把一黑色塑料袋放在车下边的行李仓内，但装的是什么物品并没有告知司乘人员。到达登封西客车站后，岳群益取货时发现该塑料袋不见了，以其中有 17 部手机及配件丢失为由让司乘人员赔偿，遂发生纠纷，后拨打 110，登封市公安局嵩阳派出所民警赶到现场询问了双方情况，双方协商无果，岳群益诉至法院。

二、审判

河南省登封市人民法院经审理认为，岳群益交付客票乘坐郑交公司的客车，双方的客运合同关系成立。岳群益自称黑色塑料袋中装的是 17 部手机及电池配件，按有关规定，岳群益携带的物品属贵重物品，应当由自己保存。岳群益上车时郑交公司的司机让其把行李放到行李仓，岳群益未告知自己的行李里装的是手机及配件，也未让司乘人员对自己携带的行李进行检验，岳群益提交的购 17 部手机及电池配件的发票是补开的，在公安局调查时，岳群益自称发票丢失，补开的发票真实性偏低。岳群益没有证据证实进站后放在郑交公司车上的行李里有 17 部手机及配件。综上所述，郑交公司在运输过程中没有过错，故岳群益主张郑交公司赔偿 1.8 万元的诉讼请求，法院不予支持。依照《中华人民共和国民事诉讼法》第 64 条的规定，判决驳回岳群益的诉讼请求。

一审宣判后，岳群益不服，以郑交公司对丢失物品存在过错为由，向河南省郑州市中级人民法院提起上诉。

郑州市中级人民法院经审理认为，岳群益从购买郑交公司的车票登上郑交公司的承运车辆时起，旅客运输合同已经成立。郑交公司作为承运人，依照合同有将旅客及其随身携带的行李物品安全运送到目的地的义务。本案中，岳群益按照郑交公司司乘人员的要求将行李存放到车下的行李仓中，使乘客失去了对物品的控制权，直到客车到站下车时才能恢复，在此期间，乘客对物品的保管义务转移给了承运人，应由承运人尽到安全保管行李的义务，并且在运输过程中该车的行李仓也未上锁。同时，当郑交公司司乘人员明确要求乘客把所带的行李放在行李仓时，应按照货运合同的有关规定与乘客办理有关的手续，或者履行告知义务，而郑交公司并未履行好保管义务及告知义务，造成岳群益行李的丢失，存在过错行为。据此，对岳群益所称郑交公司存在过错行为的上诉理由，本院予以支持。对于本案的行李中是否有 17 部手机及配件问题，岳群益在发现行李丢失后，在当时报案的陈述及出示的购货清单和相关证人的证言等均证明其行李中存在 17 部手机及配件的事实。根据诚实信用原则及岳群益实际所处环境，其举证能力已穷尽，郑交公司对岳群益携带的行李未检查，也没有出示相反证据予以否定，岳群益出示证据显示行李内有手机的事实成立。对岳群益的此项上诉主张，本院予以采信。但岳群益在携带有贵重物品上车的情况下并没有将其贵重物品进行登记申报或将行李内的财物状况告知郑交公司的司乘人员，以此督促其尽到足够的注意义务来减少不必要的损失，对此岳群益也有一定的过错。故依据《中华人民共和国合同法》中的公平原则及诚实信用原则，郑交公司在本次事件中应承担主要赔偿责任，岳群益应承担次要责任。对于岳群益所提出的要求郑交公司承担诉讼发生的合理开支问题，岳群益所提供的打印费的票据和本案具有关联性，系本案因诉讼而产生的合理开支，故对岳群益的该项请求，本院予以采信。对于岳群益的其他诉讼请求，本院不予支持。综上，原审判决查明事实基本清楚，但对案件定性不准，适用法律不当。依照《中华人民共和国合同法》第 5 条、第 6 条、第 290 条、第 293 条、第 303 条第 1 款，《中华人民共和国民事诉讼法》第 153 条第 1 款第（二）项之规定，判决如下：

1. 撤销河南省登封市人民法院（2006）登民二初字第167号民事判决；

2. 郑交公司于判决生效后十日内偿还岳群益经济损失人民币1.06万元。

如果未按本判决指定的期间履行给付金钱义务，应当依照《中华人民共和国民事诉讼法》第232条之规定，加倍支付迟延履行期间的债务利息。

三、法律问题

1. 本案被告郑交公司在此事件中是否存在过错？

2. 本案原告岳群益所主张的行李包中存在17部手机及配件的依据是否成立？

四、评析

本案是一起典型的客运合同纠纷案。本案所围绕的焦点主要有两个：一是本案被告郑交公司在此事件中是否存在过错；二是本案原告岳群益所主张的行李包中存在17部手机及配件的依据是否成立。这就涉及了在旅客运输过程中作为承运人的过错应当如何认定以及旅客物品丢失举证责任的问题。

我国《合同法》第303条规定："在运输过程中旅客自带物品毁损、灭失，承运人有过错的，应当承担损害赔偿责任。旅客托运的行李毁损、灭失的，适用货物运输的有关规定。"由此可见，对于在运输过程中承运人是否承担责任的问题取决于旅客携带物品的方式以及承运人在运输过程中是否存在过错。对于旅客自身携带的物品发生毁损、丢失等情况时，一般来说承运人对其损失是不承担赔偿责任的。但同时，法律也作出了承运人有过错时则需承担责任的明确规定，即在旅客自身所携带物品（未办理托运手续）毁损或丢失且承运人在运输过程中有过错的情况下，承运人所承担的是过错责任，对于旅客托运的物品，承运人在运输过程中造成物品的毁损、灭失等情况是要承担赔偿责任的。除非承运人可以证明物品的毁损、灭失是由不可抗力、物品本身自然性质或者合理损耗以及托运人本身过错所造成的，则无需承担赔偿责任。在这里，承运人所承担的是无过错责任。本案中，岳群益所携带的物品并没有办理托运手续，应视为旅客自身携带的物品，在此种情况下作为承运人在运输过程中是否存在过错就起着关键性的作用。我国《合同法》第290条规定："承运人应当在约定期间或者合理期间内将旅客、货物安全运输到约定地点。"据此，对运输对象负有保护、保管责任是承运人的基本义务之一。岳群益在登上郑交公司所营运的客车时，按照对方公司司乘人员的要求将所携带的物品存放到客车的行李仓内，自该时刻起岳群益对自己物品的控制权已经移交至郑交公司。郑交公司应对岳群益的物品起到暂时的保管义务。在运输过程中该车的行李仓并没有上锁，即承运人并没有履行好保管义务而致使岳群益的物品丢失。《合同法》第298条规定："承运人应当向旅客及时告知有关不能正常运输的重要事由和安全运输应当注意的事项。"该条款既是法律对承运人在安全运输中是否履行好告知义务所规定的基本要求之一，也是衡量承运人是否在运输中存在过错的关键。本案中，作为承运人的郑交公司根据自身的行业准则，有能力也有义务规范自己在运输过程中的行为以避免在发生财产损害结果时难以对其进行确定。司乘人员要求岳群益把物品存放到车下行李仓内，其应当按照货物合同的有关规定与旅客办理相关的手续或者履行告知义务。在未履行义务的情况下对乘客造成的损失，郑交公司应承担过错责任。

在客运合同中，如果涉及旅客行李物品的丢失，一般来说要求旅客对于自己行李中是否存在该物品以及该物品的价值是多少进行举证是比较困难的。笔者认为，旅客应该且有必要将其自身所携带的贵重物品进行主动的登记申报或告知司乘人员，以便该物品被妥善保管，也有利于之后在丢失的情况下作为证据并确定索赔金额，对其今后的举证提供有利的条件和基础。但结合该案以及社会实际情况，单方面要求旅客提供运输合同中的托运凭证和司乘人员的证词是不现实的。所以，针对此类典型案件，应该根据公平及诚实信用原则和案件的具体其他佐证，适当引入举证能力穷尽的概念。本案中，对于岳群益携带的17部手机及配件是否存在的问题，双方争议比较大。但根据岳群益向法庭提供的大量证据来看，是可以依据举证能力穷尽的概念，对其行李中存在手机及配件的事实进行认定的。加之郑交公司对岳群益携带的行李没有进行检查，也未出示相反的证据予以否定，故对岳群益行李中存在手机及配件的事实，法院的认定是正确的。

此类案件的特点在于涉案当事人在目前的社会运输行业的状况下，无论原告、被告，均难以提供相关的直接证据。在无直接证据的情况下，如何根据其他佐证认定事实，并对当事人的叙述真实性作出判断，就成了案件审理的关键。法院可以在充分调查之后，依据证据及公平原则作出判决。[①]

（案例来源：人民法院报　http：//rmfyb.chinacourt.org，案例指导）

【实训项目】

模拟订立合同

一、目的

使学生熟悉订立合同的程序，培养学生依法订立合同的能力；掌握合同的主要条款与合同履行的基本知识和实践技能。

二、组织方式

每名学生模拟订立一份买卖合同。

三、具体要求

1. 提交的合同应具备与该合同性质相适应的主要条款，双方的权利义务明确、具体；

2. 如合同中不完全具备《合同法》第12条所列条款，请说明理由；

3. 说明选择交易相对人的条件及理由；

4. 说明合同的订立过程。

---

① 案例编写人：河南省郑州市中级人民法院龚磊。

范本：

买 卖 合 同

买方：＿＿＿＿＿＿＿＿＿＿＿＿＿＿＿（下称甲方）

地址：＿＿＿＿＿＿＿＿＿＿＿　法定代表人：＿＿＿＿＿

邮编：＿＿＿＿＿　电话：＿＿＿＿　传真：＿＿＿＿＿电子邮箱：＿＿＿＿＿

卖方：＿＿＿＿＿＿＿＿＿＿＿＿＿＿＿（下称乙方）

地址：＿＿＿＿＿＿＿＿＿＿＿　法定代表人：＿＿＿＿＿

邮编：＿＿＿＿＿　电话：＿＿＿＿　传真：＿＿＿＿＿电子邮箱：＿＿＿＿＿

甲乙双方经充分协商，本着自愿及平等互利的原则，订立本合同。

第一条　名称、品种、规格和质量

1. 名称、品种、规格：

＿＿＿＿＿＿＿＿＿＿＿＿＿＿＿（应注明产品的牌号或商标）。

2. 质量：

按照＿＿＿＿＿＿＿（须注明按国家标准或部门或企业具体标准，如标准代号、编号和标准名称等）标准执行。

第二条　数量和计量单位、计量方法

1. 数量：＿＿＿＿＿＿＿。

2. 计量单位和方法：＿＿＿＿＿＿＿＿＿。

3. 交货数量的正负尾差、合理磅差和在途自然增（减）量规定及计算方法：＿＿＿＿＿＿＿＿＿。

第三条　交货方式

1. 交货时间：＿＿＿＿＿＿＿＿＿＿＿＿＿＿＿＿。

2. 交货地点：＿＿＿＿＿＿＿＿＿＿＿＿＿＿＿＿。

3. 运输方式：＿＿＿＿＿＿＿＿＿＿＿＿＿（注明由谁负责代办运输）。

4. 保险：＿＿＿＿＿＿（按情况约定由谁负责投保并具体规定投保金额和投保险种）。

5. 与买卖相关的单证的转移：＿＿＿＿＿＿＿＿＿。

第四条　验收

1. 验收时间：＿＿＿＿＿＿＿。

2. 验收方式：＿＿＿＿＿＿（如采用抽样检验，应注明抽样标准或方法和比例）。

3. 验收如发生争议，由＿＿＿＿检验机构按＿＿＿＿检验标准和方法，对产品进行检验。

第五条　价格与货款支付

1. 单价：＿＿＿＿＿＿；总价：＿＿＿＿＿＿（明确币种及大写）。

2. 货款支付：＿＿＿＿＿＿＿＿＿＿；

货款的支付时间：＿＿＿＿＿＿＿；

货款的支付方式：＿＿＿＿＿＿＿；

运杂费和其他费用的支付时间及方式：＿＿＿＿＿＿＿＿＿。

3. 预付货款：_____（根据需要决定是否需要预付货款及金额、预付时间）。

第六条　甲方违约责任

1. 甲方中途退货的，应向乙方赔偿退货部分货款_____%的违约金。

2. 甲方未按合同约定的时间和要求提供有关技术资料、包装物的，除交货日期得以顺延外，应按顺延交货部分货款金额每日万分之_____计算，向乙方支付违约金；如_____日内仍不能提供的，按中途退货处理。

3. 甲方自提产品未按乙方通知的日期或合同约定日期提货的，应按逾期提货部分货款金额每日万分之_____计算，向乙方支付逾期提货的违约金，并承担乙方实际支付的代为保管、保养的费用。

4. 甲方逾期付款的，应按逾期货款金额每日万分之_____计算，向乙方支付逾期付款的违约金。

5. 甲方违反合同规定拒绝接受货物的，应承担因此给乙方造成的损失。

第七条　乙方的违约责任

1. 乙方不能交货的，向甲方偿付不能交货部分货款_____%的违约金。

2. 乙方所交货物品种、型号、规格、花色、质量不符合合同规定的，如甲方同意利用，应按质论价；甲方不能利用的，应根据具体情况，由乙方负责包换或包修，并承担修理、调换或退货而支付的实际费用。

3. 乙方因货物包装不符合合同规定，须返修或重新包装的，乙方负责返修或重新包装，并承担因此支出的费用。甲方不要求返修或重新包装而要求赔偿损失的，乙方应赔偿甲方该不合格包装物低于合格物的差价部分。因包装不当造成货物损坏或灭失的，由乙方负责赔偿。

4. 乙方逾期交货的，应按照逾期交货金额每日万分之_____计算，向甲方支付逾期交货的违约金，并赔偿甲方因此所遭受的损失。如逾期超过_____日，甲方有权终止合同并就遭受的损失向乙方索赔。

5. 乙方提前交货的，甲方接到货物后，仍可按合同约定的付款时间付款。乙方逾期交货的，乙方应在发货前与甲方协商，甲方仍需要货物的，乙方应按数补交，并承担逾期交货责任；甲方不再需要货物的，应在接到乙方通知后_____日内通知乙方，办理解除合同手续，逾期不答复的，视为同意乙方发货。

第八条　不可抗力

任何一方由于不可抗力原因不能履行合同时，应在不可抗力事件结束后_____日内向对方通报，以减轻可能给对方造成的损失，在取得有关机构的不可抗力证明后，允许延期履行、部分履行或者不履行合同，并根据情况可部分或全部免予承担违约责任。

第九条　争议解决

凡因本合同引起的或与本合同有关的任何争议，如双方不能通过友好协商解决，均应提交中国国际经济贸易仲裁委员会××分会，按照申请仲裁时该会实行的仲裁规则进行仲裁。

第十条 其他事项

1. 按本合同规定应付的违约金、赔偿金、保管保养费和各种经济损失，应当在明确责任后_____日内，按银行规定的结算办法付清，否则按逾期付款处理。

2. 约定的违约金，视为违约的损失赔偿。双方没有约定违约金和赔偿额的计算方法的，损失赔偿额应当相当于违约所造成的损失，包括合同履行后可获得的利益，但不得超过违反合同一方订立合同时应当预见到的因违反合同可能造成的损失。

3. 本合同自_____年____月____日起生效，合同有效期内，除非经过对方同意，或者另有法定理由，任何一方不得变更或解除合同。

4. 合同如有未尽事宜，须经双方共同协商，作出补充规定，补充规定与本合同具有同等效力。

5. 本合同正本一式____份，双方各执____份，具有相同的法律效力。

甲方：_____　　　　　乙方：_____

受权代表：（签字）_____　　　受权代表：（签字）_____

委托代表人：（签字）_____　　委托代表人：（签字）_____

　　　　×××× 年 × 月 × 日　　　　　　　　　×××× 年 × 月 × 日

【自测题】

一、判断题

1. 当事人采用合同书形式订立合同的，双方当事人签字或者盖章的地点为合同成立的地点，如双方当事人未在同一地点签字或盖章，则以当事人中先签字或者盖章一方的地点为合同成立的地点。　　　　　　　　　　　　　　　　　　　　　（　　）

2. 凡法律、法规规定应当办理登记手续的，未办理登记手续时，合同不生效。
　　　　　　　　　　　　　　　　　　　　　　　　　　　　　　　　　　（　　）

3. 当合同当事人对格式条款的理解发生争议时，应当按照通常理解予以解释；对格式条款有两种以上解释的，应当作出有利于提供格式条款一方的解释。　（　　）

4. 要约可以撤回和撤销，承诺只能撤回，不能撤销。　　　　　　　　　（　　）

5. 合同约定的价款或报酬不明确，又无法达成补充协议，也无法按照合同有关条款或交易惯例确定的，按合同履行时订立地的市场价格执行。　　　　　　　（　　）

6. 债权人甲与债务人乙约定由乙向丙履行债务，乙未履行，则乙应向丙承担违约责任。　　　　　　　　　　　　　　　　　　　　　　　　　　　　　　　　（　　）

7. 合同债权人行使撤销权的期限为知道或者应当知道撤销事由之日起 1 年以内；债权人在债务人的行为发生之日起 5 年内没有行使撤销权的，该撤销权消灭。（　　）

8. 因债务人怠于行使其到期债权，对债权人造成损害的，债权人可以请求代位行使债权。　　　　　　　　　　　　　　　　　　　　　　　　　　　　　　　（　　）

9. 法律、行政法规规定或者当事人约定采用合同书形式订立合同，在签字或者盖

章之前，当事人一方已经履行主要义务，对方接受的，该合同成立。（　　）

10. 根据我国合同法的规定，债权人转让权利的，无须征得债务人的同意；债务人将合同的义务全部或者部分转移给第三人时，也无须征得债权人的同意。（　　）

二、单项选择题

1. 下列关系中，属于我国合同法调整的是（　　）。

A. 婚姻关系　　B. 收养关系　　C. 监护关系　　D. 财产关系

2. 合同是平等主体的自然人、法人、其他组织之间设立、变更、终止（　　）关系的协议。

A. 行政权利义务　　　　　　　　B. 经济权利义务

C. 刑事权利义务　　　　　　　　D. 民事权利义务

3. 下列合同中，属于单务合同的是（　　）。

A. 赠与合同　　B. 买卖合同　　C. 租赁合同　　D. 承揽合同

4. 合同的订立必须要经过（　　）两个法定阶段。

A. 起草和抄写　　B. 意思和表示　　C. 要约和承诺　　D. 协商和谈判

5. 按照我国《合同法》第33条的规定，当事人采用信件、数据电文等形式订立合同的，（　　）。

A. 可以在合同成立之后要求签订确认书，签订确认书时合同成立

B. 可以在合同成立同时要求签订确认书，签订确认书时合同成立

C. 可以在合同成立之前要求签订确认书，签订确认书时合同成立

D. 必须签订确认书，否则合同不成立

6. 孙某13岁，是个业余小提琴手，想在音乐厅举办个人音乐会，音乐厅与其达成协议有偿演出，该协议（　　）。

A. 有效　　　　B. 无效　　　　C. 可变更可撤销　　D. 效力未定

7. 法律规定应当采用书面形式的合同，当事人未采用书面形式，但已履行主要义务的，该合同（　　）。

A. 成立　　　　B. 可变更可解除　　C. 无效　　　　D. 可撤销

8. 合同的变更，仅仅涉及（　　）。

A. 合同的标的变更　　　　　　　B. 内容的变更

C. 合同权利义务所指向的对象变更　　D. 当事人的变更

9. 违约责任的一般归责原则是（　　）。

A. 公平责任原则　　　　　　　　B. 违约责任原则

C. 过错责任原则　　　　　　　　D. 严格责任原则

10. 当事人如果认为约定的违约金过高或者过低的，可以（　　）。

A. 单方面调整违约金的数额

B. 单方面向仲裁机构或者人民法院请求调整违约金数额

C. 双方向仲裁机构或者人民法院请求调整违约金数额

D. 由第三方调整违约金的数额

三、多项选择题

1. 要约可以撤回的条件是，撤回要约的通知应当在（　　　　）。

   A. 要约到达受要约人之前到达

   B. 与要约同时到达受要约人处

   C. 要约已到达受要约人处

   D. 承诺已发出时

2. 下列合同中，可撤销的情形是（　　　　）。

   A. 因重大误解订立的

   B. 在订立合同时显失公平的

   C. 受欺诈的损害国家利益的行为

   D. 恶意串通损害第三人利益的

3. 提供格式条款一方在合同条款中设定的下列条款无效（　　　　）。

   A. 免除自己的责任　　　　　　　　B. 加重对方责任

   C. 排除对方主要权利　　　　　　　D. 有利于自己的解释

4. 无名合同的法律适用规则按顺序为（　　　　）。

   A. 适用合同法总则中的规定

   B. 直接适用合同法中有名合同的规定

   C. 无名合同无法可依

   D. 应该参照合同法分则中最相类似的规定

5. 根据我国合同法的规定，下列（　　　　）情形的要约不得撤销。

   A. 受要约人有理由认为要约是不可撤销的，并已经为履行合同做了准备工作

   B. 要约人明示要约不可撤销

   C. 要约内容明确、肯定

   D. 要约人确定了承诺期限

四、案例分析题

1. 公司 A 为谋取利益，将盖有公司公章的空白合同书出租给某乡镇企业。该乡镇企业利用该空白合同书，从公司 B 处购得钢材若干吨。后该乡镇企业亏损，拖欠公司 B 货款 20 万元。公司 B 向公司 A 要求其偿还 20 万元债务。公司 A 拒绝，公司 B 起诉。

   （1）该案如何处理？

   （2）若该乡镇企业与公司 A 有隶属关系，该案如何处理？

2. 2002 年 5 月 12 日，甲、乙两厂签订购销合同。双方约定：乙厂供应甲厂洗衣机零配件 5 万套，每套价格 10 元；乙厂于同年 6 月 10 日，每月交货 1 万套；甲厂于签约后 10 天内付乙厂定金 5 万元；乙厂每月月底交货，甲厂收货后 10 天内验货付款；违约责任为未履行货物价款的 5%。甲厂依约付给乙厂定金。在乙厂履行了第一、二批交货义务后，适逢一外商紧急求购这种洗衣机零配件，出价远远高于甲厂在合同中约定的价格。于是乙厂就另和外商签订了以这种洗衣机零配件为标的的购销合同。由于生产能力有限，乙厂遂不再履行其与甲厂签订的购销合同，要求解除第三、四、五批的合同。甲厂不同意解除合同，并要求乙厂支付违约金并双倍返还定金。乙厂认为，甲

付给其的5万元定金根本没有投入使用，况且合同才签订3个月，也没有给甲厂造成实际经济损失，双倍返还定金并支付违约金显失公平。因此，乙厂只同意返还甲厂的5万元定金。于是甲、乙两厂发生纷争，甲厂起诉到法院。问：

(1) 甲厂要求乙厂双倍返还定金是否于法有据？为什么？

(2) 甲厂要求乙厂支付违约金是否于法有据？为什么？

(3) 乙厂应如何承担违约责任？

(4) 若甲厂同意解除合同，但要求解除全部合同，能否得到支持？为什么？

(5) 若甲厂不同意解除合同，则甲厂能否要求乙厂继续履行余下的合同义务？

(6) 设甲厂举证证明因乙厂违约致其不能如期履行与丙厂签订的洗衣机供销合同，丧失利润3万元。据查，甲、乙订立合同时乙厂知道甲、丙之间的合同。那么，甲厂能否要求乙厂承担这3万元的损失？为什么？

(7) 设甲厂举证证明乙厂供应的零配件存在严重的质量隐患，致甲厂与之配套的其他洗衣机零配件损坏，总计经济损失5 000多元，则甲厂请求乙厂承担什么责任？

第六章　担保法律制度

担保是指以当事人的一定财产为基础的、能够用以督促债务人履行债务、保障债权实现的方法。广义的担保法是调整担保关系的法律规范的总称。狭义的担保法主要是指 1995 年 10 月 1 日施行的《中华人民共和国担保法》（以下简称《担保法》）、2000 年 9 月 29 日通过的《最高人民法院关于适用〈中华人民共和国担保法〉若干问题的解释》（以下简称《担保法解释》）。

第一节　担保合同

一、担保合同概述

担保合同，是指债权人（担保权人）与债务人或第三人（担保人）为设立、变更或终止担保法律关系而订立的协议。我国《担保法》规定了保证、抵押、质押、留置和定金五种担保方式，因而对应着五种担保合同：保证合同、抵押合同、质押合同、留置合同和定金合同。

担保合同既可以是主合同之外单独订立的书面担保合同，也可以是主合同中的担保条款。

二、担保合同的效力

担保合同是合同的一种，《担保法》是《合同法》的特别法。因此，除《担保法》有特别规定者外，担保合同的效力应适用《合同法》关于合同效力的规定。但应注意以下特别规定：

（1）《担保法解释》第 3 条规定："国家机关和以公益为目的的事业单位、社会团体违反法律规定提供担保的，担保合同无效。"

（2）《担保法解释》第 4 条规定："董事、经理违反《中华人民共和国公司法》第 60 条的规定，以公司资产为本公司的股东或者其他个人债务提供担保的，担保合同无效。"

（3）《担保法解释》第 5 条规定："以法律、法规禁止流通的财产或者不可转让的财产设定担保的，担保合同无效；以法律、法规限制流通的财产设定担保的，在实现债权时，人民法院应当按照有关法律、法规的规定对该财产进行处理。"

（4）《担保法解释》第 6 条规定，有下列情形之一的，对外担保合同无效：

①未经国家有关主管部门批准或者登记对外担保的；

②未经国家有关主管部门批准或者登记，为境外机构向境内债权人提供担保的；

③为外商投资企业注册资本、外商投资企业中的外方投资部分的对外债务提供担保的；

④无权经营外汇担保业务的金融机构、无外汇收入的非金融性质的企业法人提供外汇担保的；

⑤主合同变更或者债权人将对外担保合同项下的权利转让，未经担保人同意和国家有关主管部门批准的，担保人不再承担担保责任，但法律、法规另有规定的除外。

（5）《担保法》第5条："担保合同是主合同的从合同，主合同无效，担保合同无效。担保合同另有约定的，按照约定。"可见，担保合同具有从属性。所谓"另有约定的，按照约定"，是指当事人可依其明示的意思表示排除担保合同从属性的适用。

（6）担保合同无效后的法律后果。《担保法》第5条第2款："担保合同被确认无效后，债务人、担保人、债权人有过错的，应当根据其过错各自承担相应的民事责任。"所以，担保合同无效，担保人不承担担保责任，但并不意味着不承担民事责任。

引起担保合同无效的原因有两种：担保合同本身无效和主合同无效。不同的情况，债务人、担保人、债权人的过错程度不同，各自承担的民事责任也不同。

担保合同本身无效的情况。《担保法解释》第7条："主合同有效而担保合同无效，债权人无过错的，担保人与债务人对主合同债权人的经济损失，承担连带赔偿责任；债权人、担保人有过错的，担保人承担民事责任的部分，不应超过债务人不能清偿部分的二分之一。"不能清偿部分，是指债务人的财产已经被执行仍不能偿付的部分。

担保合同因主合同无效而无效的情况。《担保法解释》第8条："主合同无效而导致担保合同无效，担保人无过错的，担保人不承担民事责任；担保人有过错的，担保人承担民事责任的部分，不应超过债务人不能清偿部分的三分之一。"

此外，《担保法解释》第9条规定："担保人因无效担保合同向债权人承担赔偿责任后，可以向债务人追偿，或者在承担赔偿责任的范围内，要求有过错的反担保人承担赔偿责任。"反担保，是指第三人为债务人向债权人提供担保时，由债务人或债务人之外的其他人（即反担保人）向第三人提供担保，以确保第三人追偿权实现的担保制度。反担保合同是担保合同的从合同。

第二节　保证

保证，是指保证人和债权人约定，当债务人不履行债务时，保证人按照约定履行债务或者承担责任的行为。

一、保证人资格

《担保法》第7条规定："具有代为清偿债务能力的法人、其他组织或者公民，可以作保证人。"那么，不具有代为清偿能力的人签订的保证合同是否就是无效的呢？

《担保法解释》第14条规定："不具有完全代偿能力的法人、其他组织或者自然人，以保证人身份订立保证合同后，又以自己没有代偿能力要求免除保证责任的，人民法院不予支持。"

根据《担保法》的规定，以下这些人不能充当保证人：国家机关不得为保证人，但经国务院批准为使用外国政府或者国际经济组织贷款进行转贷的除外；学校、幼儿园、医院等以公益为目的的事业单位、社会团体不得为保证人；企业法人的分支机构、职能部门不得为保证人，但企业法人的分支机构有法人书面授权的，可以在授权范围内提供保证。这些人订立的保证合同无效。

二、保证方式

保证方式是指保证人承担保证责任的方式。保证方式包括一般保证方式和连带责任保证方式两种。

（一）一般保证方式

《担保法》第17条规定："当事人在保证合同中约定，债务人不能履行债务时，由保证人承担保证责任的，为一般保证。一般保证的保证人在主合同纠纷未经审判或者仲裁，并就债务人财产依法强制执行仍不能履行债务前，对债权人可以拒绝承担保证责任。"法律赋予一般保证人的这种权利在法学理论上称为"先诉抗辩权"。应注意的是，有下列情形之一的，一般保证人不享有先诉抗辩权：①债务人住所变更，致使债权人要求其履行债务发生重大困难的。该情形具体包括债务人下落不明、移居境外，且无财产可供执行；②人民法院受理债务人破产案件，中止执行程序的；③保证人以书面形式放弃先诉抗辩权的。

（二）连带责任保证方式

《担保法》第18条规定："当事人在保证合同中约定保证人与债务人对债务承担连带责任的，为连带责任保证。连带责任保证的债务人在主合同规定的债务履行期届满没有履行债务的，债权人可以要求债务人履行债务，也可以要求保证人在其保证范围内承担保证责任。"

应指出的是，当事人对保证方式没有约定或者约定不明确的，按照连带责任保证承担保证责任。

三、保证责任

（一）保证担保的范围

保证担保的范围，又称保证责任的范围，是指依照法律规定或当事人的约定，保证人在多大限度内承担保证责任。《担保法》第21条规定："保证担保的范围包括主债权及利息、违约金、损害赔偿金和实现债权的费用。保证合同另有约定的，按照约定。当事人对保证担保的范围没有约定或者约定不明确的，保证人应当对全部债务承担责任。"由此可见，保证担保的范围有法定保证范围和约定保证范围两种。前者是指债务人的全部债务，包括主债权及利息、违约金、损害赔偿金和实现债权的费用。所谓实现债权的费用，是指主债务人不履行债务时，债权人请求主债务人履行债务和请求保证人承担保证责任支出的一切必要费用，包括诉讼费用、通知费用、催告费用、债权保全费用，以及防止损害扩大的费用等等。后者是指当事人在不超过主债务范围（即法定保证范围）的限度内，自由约定的保证范围。约定保证范围的效力优于法定保证范围。

（二）保证期间

保证期间，又称保证责任的期限，是指依照法律或当事人的约定，保证人承担保证责任的期限。在保证期间内，债权人未要求保证人承担保证责任的，保证人免除保证责任。保证期间由保证人和债权人自行约定，未约定的，无论是一般保证还是连带责任保证，保证期间为主债务履行期届满之日起六个月。应当注意的是：①保证期间的约定应符合法律规定。《担保法解释》第 32 条规定："保证合同约定的保证期间早于或者等于主债务履行期限的，视为没有约定，保证期间为主债务履行期届满之日起六个月。保证合同约定保证人承担保证责任直至主债务本息还清时为止等类似内容的，视为约定不明，保证期间为主债务履行期届满之日起两年。"②保证期间的性质。《担保法解释》第 31 条规定："保证期间不因任何事由发生中断、中止、延长的法律后果。"可见，保证期间是除斥期间。但是，根据《担保法》第 25 条第 2 款的规定，一般保证中，在保证期间内，债权人未对债务人提起诉讼或者申请仲裁的，保证人免除保证责任；债权人已提起诉讼或者申请仲裁的，保证期间适用诉讼时效中断的规定。因此，一般保证的保证期间并非除斥期间，它可因债权人对债务人提起诉讼或者申请仲裁而中断。即一般保证中，债权人在保证期间内虽然没有要求保证人承担保证责任，但对债务人提起过诉讼或者申请过仲裁，则一般保证人的保证责任不能免除。法律之所以规定一般保证的保证期间可以中断，是因为在一般保证中，债权人只有在债务人不能履行债务时，才能请求保证人承担保证责任。而在经过较长的诉讼或仲裁程序及执行程序后，保证期间可能早已超过，如不允许保证期间中断，对债权人显然不公平。③保证期间与保证合同诉讼时效的关系。如前所述，保证期间一般是不变的，但诉讼时效则有中止、中断和延长的规定。《担保法解释》第 34 条规定："一般保证的债权人在保证期间届满前对债务人提起诉讼或者申请仲裁的，从判决或者仲裁裁决生效之日起，开始计算保证合同的诉讼时效。连带责任保证的债权人在保证期间届满前要求保证人承担保证责任的，从债权人要求保证人承担保证责任之日起，开始计算保证合同的诉讼时效。"可见，保证合同的诉讼时效的起算日即是债权人请求保证人承担保证责任之日。一旦保证合同的诉讼时效开始计算，则保证期间丧失意义。此后，只有保证合同的诉讼时效期间届满，保证责任才会免除。此外，保证债务的诉讼时效与主债务的诉讼时效是两个不同的概念，虽然它们的起算点不一样，但是两者之间有一定的联系。具体表现为：一般保证中，主债务诉讼时效中断，保证债务诉讼时效中断，连带责任保证中，主债务诉讼时效中断，保证债务诉讼时效不中断；一般保证和连带责任保证中，主债务诉讼时效中止的，保证债务的诉讼时效同时中止；保证人对已经超过诉讼时效期间的债务承担保证责任或者提供保证的，又以超过诉讼时效为由抗辩的，人民法院不予支持。例如，在借款合同诉讼时效期间届满后，保证人一旦在催款通知单上签字或盖章，保证人就必须承担保证责任。

（三）保证期间内，主合同变更或转让对保证责任的影响

（1）债权人依法将主债权转让给第三人的，保证人在原保证担保的范围内继续承担保证责任。保证合同另有约定的，按照约定。

（2）债权人许可债务人转让债务的，应当取得保证人书面同意，保证人对未经其同意转让的债务，不再承担保证责任。如未经保证人同意转让的是全部债务，则免除全部保证责任；如未经保证人同意转让的是部分债务，则免除部分保证责任，对未转让部分的债务保证人仍应当承担保证责任。

（3）债权人与债务人协议变更主合同的，应当取得保证人书面同意，未经保证人书面同意的，保证人不再承担保证责任。保证合同另有约定的，按照约定。但是，《担保法解释》第30条规定："保证期间，债权人与债务人对主合同数量、价款、币种、利率等内容作了变动，未经保证人同意的，如果减轻债务人的债务的，保证人仍应当对变更后的合同承担保证责任；如果加重债务人的债务的，保证人对加重的部分不承担保证责任。债权人与债务人对主合同履行期限作了变动，未经保证人书面同意的，保证期间为原合同约定的或者法律规定的期间；债权人与债务人协议变动主合同内容，但并未实际履行的，保证人仍应当承担保证责任。"

（四）保证担保与物的担保并存时的保证责任

保证担保又称人保，是指自然人、法人或者其他经济组织以其自身的一般财产为他人的债务提供担保，债权到期未能清偿时，由保证人代为履行，以保证债权得以顺利实现。物的担保又称物保，是指自然人、法人或者其他经济组织以其所有或者享有处分权的财物为自己或者他人的债务提供担保，若债务不履行，债权人可以通过处分作为担保物的财产优先受清偿，如抵押、质押、留置等。

《担保法》第28条第1款规定："同一债权既有保证又有物的担保的，保证人对物的担保以外的债权承担保证责任。"它确立了物保优于人保的规则。但是考察国外立法和担保法理，物保优于人保规则并不是绝对的。一般而言，应该将物保分为债务人提供的物保和第三人提供的物保，物保优于人保是在债务人提供物保的情况下产生。所以，《担保法》第28条的规定应是债务人提供物保的情况。《担保法解释》第38条第1款规定："同一债权既有保证又有第三人提供物的担保的，债权人可以请求保证人或者物的担保人承担担保责任。当事人对保证担保的范围或者物的担保的范围没有约定或者约定不明的，承担了担保责任的担保人，可以向债务人追偿，也可以要求其他担保人清偿其应当分担的份额。"据此，关于人保和物保的关系总结起来就是：①在债务人提供物保的情况下，物保优于人保，在实现上有位序之分，即债权人应先行使该担保物权。②在第三人提供物保的情况下，物保和人保是平等的，在实现上没有位序之分，即债权人拥有选择权，可以自由地选择保证人或物保人承担担保责任，不存在物保优于人保的问题。③在同一债权受到数个人保、物保的共同担保时，如果没有约定

各个担保人的担保份额，各个担保人就债权人的担保债权负连带责任。④物保和人保并存时担保责任的减免。应看到，债权人抛弃其担保物权的行为造成了某一或部分担保人从担保债权债务关系中退出，也就是说减少了债务的承担者，势必加重其他承担者的责任。虽然就债权人和共同担保人的关系来看，任何一个共同担保人都有在主债务人到期未为清偿的情况下代为清偿全部债务的义务，但因共同担保人内部实质上一般应平均分担该义务，并相互间还存在追偿的可能，因此如果任凭债权人处分其担保权利并在处分后还享有全部债权之担保，则实际上会损害其他共同担保人的利益。所以，法律将债权人抛弃物的担保权规定为担保责任减免的法定事由。这体现在《担保法》第28条第2款，"债权人放弃物的担保的，保证人在债权人放弃权利的范围内免除保证责任"；《担保法解释》第38条第3款，"债权人在主合同履行期届满后怠于行使担保物权，致使担保物的价值减少或者毁损、灭失的，视为债权人放弃部分或者全部物的担保。保证人在债权人放弃权利的范围内减轻或者免除保证责任"；《担保法解释》第123条，"同一债权上数个担保物权并存时，债权人放弃债务人提供的物的担保的，其他担保人在其放弃权利的范围内减轻或者免除担保责任"。应注意的是，如果不是因为债权人放弃担保物权导致担保物权消灭的，并不能减轻或者免除保证人的担保责任。这体现在《担保法解释》第38条第2款："同一债权既有保证又有物的担保的，物的担保合同被确认无效或者被撤销，或者担保物因不可抗力的原因灭失而没有代位物的，保证人仍应当按合同的约定或者法律的规定承担保证责任。"

（五）保证责任的免除

根据《担保法》第30条的规定，有下列情形之一的，保证人不承担民事责任：

（1）主合同当事人双方串通，骗取保证人提供保证的；

（2）主合同债权人采取欺诈、胁迫等手段，使保证人在违背真实意思的情况下提供保证的。

同时，《担保法解释》第40条规定："主合同债务人采取欺诈、胁迫等手段，使保证人在违背真实意思的情况下提供保证的，债权人知道或者应当知道欺诈、胁迫事实的，按照担保法第三十条的规定处理。"

（六）保证人追偿权的行使

保证人的追偿权是指保证人履行保证责任后，向主债务人请求偿还的权利。保证人行使追偿权的前提是保证人已经向债权人承担了保证责任。但是，在特殊情况下，保证人未向债权人承担保证责任，也可以就自己将要承担的保证责任向主债务人求偿，即保证人可以预先行使追偿权。这体现在《担保法》第32条："人民法院受理债务人破产案件后，债权人未申报债权的，保证人可以参加破产财产分配，预先行使追偿权。"此外，应注意的是，按照法律规定，保证人只要承担了保证责任就可行使追偿权。在限额保证中，保证人只承担了部分债权，保证人行使追偿权会减少债务人的财产，从而影响债权人其他部分债权的实现，因此，在担保合同中，债权人往往要求在所有债权得到清偿后，保证人才能行使追偿权。

第三节 抵押

抵押是指债务人或者第三人不转移对法定财产的占有，将该财产作为债权的担保。债务人不履行债务时，债权人有权依法以该财产折价或者以拍卖、变卖该财产的价款优先受偿。债务人或第三人为抵押人，债权人为抵押权人，提供担保的财产为抵押物。

一、抵押物的范围

根据《担保法》第34条的规定，下列财产可以抵押：抵押人所有的房屋和其他地上定着物；抵押人所有的机器、交通运输工具和其他财产；抵押人依法有权处分的国有的土地使用权、房屋和其他地上定着物；抵押人依法有权处分的国有的机器、交通运输工具和其他财产；抵押人依法承包并经发包方同意抵押的荒山、荒沟、荒丘、荒滩等荒地的土地使用权；依法可以抵押的其他财产。

对房地产的抵押，实行房与地同时抵押的原则。这体现在《担保法》第36条："以依法取得的国有土地上的房屋抵押的，该房屋占用范围内的国有土地使用权同时抵押；以出让方式取得的国有土地使用权抵押的，应当将抵押时该国有土地上的房屋同时抵押；乡（镇）、村企业的土地使用权不得单独抵押。以乡（镇）、村企业的厂房等建筑物抵押的，其占用范围内的土地使用权同时抵押。"

根据《担保法》第37条的规定，下列财产不得抵押：土地所有权；耕地、宅基地、自留地、自留山等集体所有的土地使用权，但本法第三十四条第（五）项、第三十六条第三款规定的除外（也就是说抵押人依法承包并经发包方同意抵押的荒山、荒沟、荒丘、荒滩等荒地的土地使用权和设置抵押的乡（镇）、村企业的厂房等建筑物占用范围内的土地使用权，虽是集体土地，但可以抵押）；学校、幼儿园、医院等以公益为目的的事业单位、社会团体的教育设施、医疗卫生设施和其他社会公益设施；所有权、使用权不明或者有争议的财产；依法被查封、扣押、监管的财产；依法不得抵押的其他财产。

二、抵押合同的生效

（一）抵押合同自办理抵押物登记之日起生效

根据《担保法》第41条的规定，当事人以特定财产抵押的，应当办理抵押物登记，抵押合同自登记之日起生效。这些特定财产及其抵押物的登记部门分别是：以无地上定着物的土地使用权抵押的，为核发土地使用权证书的土地管理部门；以城市房地产或者乡（镇）、村企业的厂房等建筑物抵押的，为县级以上地方人民政府规定的部门；以林木抵押的，为县级以上林木主管部门；以航空器、船舶、车辆抵押的，为运输工具的登记部门；以企业的设备和其他动产抵押的，为财产所在地的工商行政管理部门。此外，《担保法解释》第47条、第49条分别规定："以依法获准尚未建造的或者正在建造中的房屋或者其他建筑物抵押的，当事人办理了抵押物登记，人民法院可以认定抵押有效。""以尚未办理权属证书的财产抵押的，在第一审法庭辩论终结前能够提供权利证书或者补办登记手续的，可以认定抵押有效。"

（二）抵押合同自其签订之日起生效

当事人以上述特定财产以外的财产抵押的，可以自愿办理抵押物登记，抵押合同自签订之日起生效。当事人未办理抵押物登记的，抵押合同仍然自其签订之日起生效，但不得对抗第三人；当事人办理抵押物登记的，抵押合同自其签订之日起生效，并且可以对抗第三人，登记部门为抵押人所在地的公证部门。

三、抵押的效力

（一）抵押权对标的物的效力范围

1. 抵押物发生附合、混合或者加工时

《担保法解释》第62条规定："抵押物因附合、混合或者加工使抵押物的所有权为第三人所有的，抵押权的效力及于补偿金；抵押物所有人为附合物、混合物或者加工物的所有人的，抵押权的效力及于附合物、混合物或者加工物；第三人与抵押物所有人为附合物、混合物或者加工物的共有人的，抵押权的效力及于抵押人对共有物享有的份额。"

2. 对抵押物的从物的效力

《担保法解释》第63条规定："抵押权设定前为抵押物的从物的，抵押权的效力及于抵押物的从物。但是，抵押物与其从物为两个以上的人分别所有时，抵押权的效力不及于抵押物的从物。"

3. 对抵押物的从权利的效力

依据民法的传统理论，抵押权之效力及于主权利的同时，及于从权利。比如，以依法有权处分的国有的土地使用权抵押的，主权利为土地使用权，则从权利如地役权等也成为抵押权效力所及的范围。

4. 抵押权对抵押物所生孳息的效力

《担保法》第47条规定："债务履行期届满，债务人不履行债务致使抵押物被人民法院依法扣押的，自扣押之日起抵押权人有权收取由抵押物分离的天然孳息以及抵押人就抵押物可以收取的法定孳息。抵押权人未将扣押抵押物的事实通知应当清偿法定孳息的义务人的，抵押权的效力不及于该孳息。"同时，根据《担保法解释》第64条的规定，因此而收取的由抵押物分离的天然孳息和法定孳息，按照下列顺序清偿：①收取孳息的费用；②主债权的利息；③主债权。

（二）同一物上设立的抵押权与租赁权的效力

1. 先设立抵押权，后设立租赁权时

当先设立抵押权，之后抵押人又将其出租于他人使用时，后设立的租赁权的效力劣于先设立的抵押权。因此，如后设立的租赁权有碍先设立的抵押权实现时，抵押权人有权要求消灭租赁权。《担保法解释》第 66 条规定："抵押人将已抵押的财产出租的，抵押权实现后，租赁合同对受让人不具有约束力；抵押人将已抵押的财产出租时，如果抵押人未书面告知承租人该财产已抵押的，抵押人对出租抵押物造成承租人的损失承担赔偿责任；如果抵押人已书面告知承租人该财产已抵押的，抵押权实现造成承租人的损失，由承租人自己承担。"

2. 先设立租赁权，后设立抵押权时

根据"买卖不破租赁"的规则，买受人取得的标的物所有权不得对抗标的物的租赁权，因此，后设立的抵押权应劣于先设立的租赁权。《担保法》第 48 条规定："抵押人将已出租的财产抵押的，应当书面告知承租人，原租赁合同继续有效。"《担保法解释》第 65 条规定："抵押人将已出租的财产抵押的，抵押权实现后，租赁合同在有效期内对抵押物的受让人继续有效。"

（三）同一物上抵押权和质权并存的效力

1. 先设定抵押，后设定质权

对于已设定抵押之动产，其抵押人是否可再以其设定质权呢？根据《担保法解释》第 79 条第 1 款的规定，同一财产法定登记的抵押权与质权并存时，抵押权人优先于质权人受偿；而未经登记的抵押权则不能对抗质权。

2. 先设定质权，后设定抵押

目前，法律对此并无规定。一般认为，先设定的质权效力优于后设定的抵押权。

（四）同一物上抵押权和留置权并存的效力

根据《担保法解释》第 79 条第 2 款的规定，同一财产抵押权与留置权并存时，留置权人优先于抵押权人受偿。但从实务上看，一概否认抵押权的效力，偏重于留置权的效力，大大降低了公示登记所具有的公信力。

（五）在同一建设工程上的建设工程价款优先受偿权和抵押权的效力

关于建设工程价款优先受偿权，体现在《合同法》第 286 条："发包人未按照约定支付价款的，承包人可以催告发包人在合理期限内支付价款。发包人逾期不支付的，除按照建设工程的性质不宜折价、拍卖的以外，承包人可以与发包人协议将该工程折价，也可以申请人民法院将该工程依法拍卖。建设工程的价款就该工程折价或者拍卖的价款优先受偿"。那么，当该建设工程上存在抵押权时，该价款优先受偿权能否优于抵押权呢？2002 年 6 月 27 日起施行的《最高人民法院关于建设工程价款优先受偿权问题的批复》中指出：①人民法院在审理房地产纠纷案件和办理执行案件中，应当依照《中华人民共和国合同法》第二百八十六条的规定，认定建筑工程的承包人的优先受偿权优于抵押权和其他债权；②消费者交付购买商品房的全部或者大部分款项后，承包人就该商品房享有的工程价款优先受偿权不得对抗买受人；③建筑工程价款包括承包人为建设工程应当支付的工作人员报酬、材料款等实际支出的费用，不包括承包人因发包人违约所造成的损失；④建设工程承包人行使优先权的期限为六个月，自建设工程竣工之日或者建设工程合同约定的竣工之日起计算。

（六）抵押人对抵押物的处分权

抵押人在抵押期间可以处分抵押物，但根据《担保法》第49条的规定：

（1）抵押期间，抵押人转让已办理登记的抵押物的，应当通知抵押权人并告知受让人转让物已经抵押的情况；抵押人未通知抵押权人或者未告知受让人的，转让行为无效。但是，根据《担保法解释》第67条的规定，抵押权存续期间，抵押人转让抵押物未通知抵押权人或者未告知受让人的，如果抵押权已经登记的，抵押权人仍可以行使抵押权；取得抵押物所有权的受让人，可以代替债务人清偿其全部债务，使抵押权消灭。受让人清偿债务后可以向抵押人追偿。

（2）如果抵押物未经登记的，抵押权不得对抗受让人，因此抵押物给抵押权人造成损失的，由抵押人承担赔偿责任。

（3）转让抵押物的价款明显低于其价值的，抵押权人可以要求抵押人提供相应的担保；抵押人不提供的，不得转让抵押物。

（4）抵押人转让抵押物所得的价款，应当向抵押权人提前清偿所担保的债权或者向与抵押权人约定的第三人提存。超过债权数额的部分，归抵押人所有，不足部分由债务人清偿。

（七）抵押权的实现

债务履行期届满抵押权人未受清偿的，可以与抵押人协议以抵押物折价或者以拍卖、变卖该抵押物所得的价款受偿；协议不成的，抵押权人可以向人民法院提起诉讼。抵押物折价或者拍卖、变卖后，其价款超过债权数额的部分归抵押人所有，不足部分由债务人清偿。抵押物折价或者拍卖、变卖该抵押物的价款低于抵押权设定时约定价值的，应当按照抵押物实现的价值进行清偿，不足清偿的剩余部分，由债务人清偿。抵押物折价或者拍卖、变卖所得的价款，当事人没有约定的，按下列顺序清偿：①实现抵押权的费用；②主债权的利息；③主债权。

根据《担保法》第54条的规定，同一财产向两个以上债权人抵押的，拍卖、变卖抵押物所得的价款按照以下规定清偿：①抵押合同以登记生效的，按照抵押物登记的先后顺序清偿；顺序相同的，按照债权比例清偿。②抵押合同自签订之日起生效的，该抵押物已登记的，按照本条第①项规定清偿；未登记的，按照合同生效时间的先后顺序清偿，顺序相同的，按照债权比例清偿。抵押物已登记的先于未登记的受偿。但是，《担保法解释》第76条规定："同一动产向两个以上债权人抵押的，当事人未办理抵押物登记，实现抵押权时，各抵押权人按照债权比例受偿。"可见，担保法的规定不同于司法解释。

城市房地产抵押合同签订后，土地上新增的房屋不属于抵押物。需要拍卖该抵押的房地产时，可以依法将该土地上新增的房屋与抵押物一同拍卖，但对拍卖新增房屋所得，抵押权人无权优先受偿。

依照担保法规定以承包的荒地的土地使用权抵押的，或者以乡（镇）、村企业的厂房等建筑物占用范围内的土地使用权抵押的，在实现抵押权后，未经法定程序不得改变土地集体所有和土地用途。

拍卖划拨的国有土地使用权所得的价款，在依法缴纳相当于应缴纳的土地使用权出让金的款额后，抵押权人有优先受偿权。

四、最高额抵押

根据《担保法》第 59 条的规定，最高额抵押是指抵押人与抵押权人协议，在最高债权额限度内，以抵押物对一定期间内连续发生的债权作担保。最高债权额限度，是抵押人最终承担担保责任的最高上限额，它由双方当事人事先在合同中约定。一定期间，即决算期，是最高额抵押合同双方当事人约定的确定所担保债权实际数额的期日。如果在决算期发生的实际的债权余额超过最高债权额限度，超过部分，抵押人不承担担保责任。这体现在《担保法解释》第 83 条第 2 款："抵押权人实现最高额抵押权时，如果实际发生的债权余额高于最高限额的，以最高限额为限，超过部分不具有优先受偿的效力；如果实际发生的债权余额低于最高限额的，以实际发生的债权余额为限对抵押物优先受偿。"例如，最高债权额限度为 500 万元，而在决算期发生的实际的债权余额为 600 万元，则抵押权人只有 500 万元的债权可以优先受偿，而 100 万元则只能按一般债权受偿。

最高额抵押权人行使抵押权必须具备以下条件：①决算期发生的实际的担保债权额已确定；②主债权已届清偿期，而主债务人没有履行债务。清偿期不同于决算期，清偿期是指主债务人履行债务的期限。清偿期由当事人自行约定。

根据《担保法》第 60 条的规定，最高额抵押适用于两种情形：①借款合同。例如，某百货公司与其往来银行签订了一个长期连续借款合同，同时附最高额抵押合同。其中约定以百货公司的营业大楼的所有权为抵押物，抵押最高限额为 1 亿元，其担保的债权为银行对该百货公司的商业流动资金贷款，约定 3 年为一决算期。在这 3 年内，百货公司可以不断地从银行取得贷款以供分批进货之用，而伴随着商品的销售，可以不断地清偿以前的借款。只要银行把其流动资金贷款余额控制在最高限额 1 亿元以内，便可放心地任其随借随还。②债权人与债务人就某项商品在一定期间内连续发生交易而签订的合同。如生产者与批发者、批发者与零售者、生产者与原料提供者之间连续发生交易的买卖合同，如果附了最高额抵押合同，债权人和债务人就没有必要频繁地订立抵押合同，以担保债权的实现。

第四节　质押

质押包括动产质押和权利质押。

一、动产质押

（一）动产质押的概念及法律特征

动产质押，是指债务人或者第三人将其动产移交债权人占有，将该动产作为债权的担保，债务人不履行债务时，债权人有权以该动产折价或者以拍卖、变卖该动产的价款优先受偿。债务人或者第三人为出质人，债权人为质权人，移交的动产为质物。可见，动产质押主要具有如下法律特征：

（1）质物必须是动产。我国担保法所称动产是指不动产以外的物，而不动产是指土地以及房屋、林木等地上定着物。作为质物的动产包括两类，一类是非金钱动产（又称一般动产），另一类是金钱动产（特殊动产）。《担保法解释》第85条规定："债务人或者第三人将其金钱以特户、封金、保证金等形式特定化后，移交债权人占有作为债权的担保，债务人不履行债务时，债权人可以以该金钱优先受偿。"可见，金钱在被特定化的情形下可以充当质物。金钱特定化的形式有特户、封金和保证金。特户和保证金是金融机构为出质金钱所开的专用账户，该账户必须特定化区别于普通存款户。封金就是对金钱包封。

（2）出质人必须是质物的所有权人。但是，《担保法解释》第84条规定："出质人以其不具有所有权但合法占有的动产出质的，不知出质人无处分权的质权人行使质权后，因此给动产所有人造成损失的，由出质人承担赔偿责任。"可见，动产质权也可以适用善意取得制度。

（3）质物必须移交给质权人占有。质押合同自质物移交于质权人占有时生效。出质人将标的物移交质权人占有的行为，也就是交付行为。在交付制度上，历来就承认现实交付和观念交付的分类。现实交付是使买受人取得直接占有的一种交付方式。而观念交付又称拟制交付，乃动产在观念上之移交，此为法律顾及在特殊情形下交易之便捷而采取的变通方法，以代替"现实交付"，故称之为"交付之替代"。其在实际交易中表现为三种形态：其一为简单交付，是指买受人在合同成立前已占有动产，合同成立时即为交付之时；其二是占有改定，指出卖人继续占有动产，双方当事人以合同约定，使买受人取得对动产的间接占有并取得动产所有权；其三是指示交付，又称返还请求权让与，指动产由第三人占有的情况下，出卖人将其对第三人的返还请求权让与买受人，以代替现实交付。此三种交付形态不是交付之常态。《担保法解释》第87条规定："出质人代质权人占有质物的，质押合同不生效；质权人将质物返还于出质人后，以其质权对抗第三人的，人民法院不予支持。"第88条规定："出质人以间接占有的财产出质的，质押合同自书面通知送达占有人时视为移交。占有人收到出质通知后，仍接受出质人的指示处分出质财产的，该行为无效。不能由出质人代替质权人占有。否则，质押合同不生效。"可见，出质人只能采用现实交付、简单交付和指示交付的方式移交质物，而不能采用占有改定的方式。

（4）债务人不履行债务时，债权人有权以该动产折价或者以拍卖、变卖该动产的价款优先受偿。

（二）转质

转质，是指质权人为担保自己的债务将质物再行设定质权的行为。根据转质是否经过出质人的同意，转质可以分为承诺转质和责任转质。经出质人同意的是承诺转质，未经出质人同意的是责任转质。《担保法解释》第94条规定："质权人在质权存续期间，为担保自己的债务，经出质人同意，以其所占有的质物为第三人设定质权的，应当在原质权所担保的债权范围之内，超过的部分不具有优先受偿的效力。转质权的效力优于原质权。质权人在质权存续期间，未经出质人同意，为担保自己的债务，在其所占有的质物上为第三人设定质权的无效。质权人对因转质而发生的损害承担赔偿责任。"可见，我国法律只允许承诺转质。应当注意的是，"转质权的效力优于原质权"这表现在：①转质权人对于质权人的债权若已届清偿期，则无论债权人的债权是否届期，转质权人均可直接行使质权，从质物中优先受偿；②质权人的质权因债权届期而行使时，必须从质物中扣除对转质权人的担保债权额，仅就其剩余额来实现自己的债权，此时，如果出质人想要取回质物，出质人必须向转质权人清偿原质权人的债务。

（三）动产质权人的权利和义务

（1）孳息收取权。质权人有权收取质物所生的孳息，质押合同另有约定的，按照约定。

（2）优先受偿权。债务履行期届满质权人未受清偿的，可以与出质人协议以质物折价，也可以依法拍卖、变卖质物。质物折价或者拍卖、变卖后，其价款超过债权数额的部分归出质人所有，不足部分由债务人清偿。质权的实现与抵押的规定相同。

质物有损坏或者价值明显减少的可能，足以危害质权人权利的，质权人可以要求出质人提供相应的担保。出质人不提供的，质权人可以拍卖或者变卖质物，并与出质人协议将拍卖或者变卖所得的价款用于提前清偿所担保的债权或者向与出质人约定的第三人提存。

（3）保管质物的义务。质权人负有妥善保管质物的义务。因保管不善致使质物灭失或者毁损的，质权人应当承担民事责任。质权人不能妥善保管质物可能致使其灭失或者毁损的，出质人可以要求质权人将质物提存，或者要求提前清偿债权而返还质物。

二、权利质押

（一）权利质押的概念

权利质押，是指以出质人提供的财产权利为标的而设定的质权。权利质押的标的是没有物质实体的财产权利。我国担保法规定的可以质押的权利有四类：①债权类，包括汇票、支票、本票、债券、存款单、仓单、提单；②股权类，包括依法可以转让的股份、股票；③知识产权类，包括依法可以转让的商标专用权，专利权、著作权中的财产权；④其他，是指依法可以质押的其他权利，如公路桥梁、公路隧道或者公路渡口等不动产的收益权可以出质。这些权利具有如下三个法律特征：第一，均为财产权，具有经济价值，即可以用货币来估价；第二，均为适于设质的财产权利；第三，均为可让与的财产权。

（二）债权质押

1. 债权质押合同的生效时间

《担保法》第76条规定，以汇票、支票、本票、债券、存款单、仓单、提单出质的，应当在合同约定的期限内将权利凭证交付质权人。质押合同自权利凭证交付之日起生效。但是，根据《担保法解释》第 98 条、第 99 条的规定，以汇票、支票、本票、公司债券出质的，出质人与权权人没有背书记载"质押"字样，以票据或公司债券出质对抗善意第三人的，人民法院不予支持。可见，以票据和公司债券设定质押的，质押合同应自出质人将记载有"质押"背书的权利凭证交付给质权人之日起生效。而以存款单、仓单、提单出质的，质押合同自权利凭证交付之日起生效。

2. 债权质押的效力

以载明兑现或者提货日期的汇票、支票、本票、债券、存款单、仓单、提单出质的，汇票、支票、本票、债券、存款单、仓单、提单兑现或者提货日期先于债务履行期的，质权人可以在债务履行期届满前兑现或者提货，并与出质人协议将兑现的价款或者提取的货物用于提前清偿所担保的债权或者向与出质人约定的第三人提存；以载明兑现或者提货日期的汇票、支票、本票、债券、存款单、仓单、提单出质的，其兑现或者提货日期后于债务履行期的，质权人只能在兑现或者提货日期届满时兑现款项或者提取货物。

以票据、债券、存款单、仓单、提单出质的，质权人再转让或者质押的无效，即转质无效。

以存款单出质的，签发银行核押后又受理挂失并造成存款流失的，应当承担民事责任。此外，根据 1997 年 12 月 13 日施行的《最高人民法院关于审理存单纠纷案件的若干规定》，第一，存单持有人以伪造、变造的虚假存单质押的，质押合同无效。接受虚假存单质押的当事人如以该存单质押为由起诉金融机构，要求兑付存款优先受偿的，人民法院应当判决驳回其诉讼请求，并告知其可另案起诉出质人。第二，存单持有人以金融机构开具的、未有实际存款或与实际存款不符的存单（虚开存单）进行质押，以骗取或占用他人财产的，该质押关系无效。接受存单质押的人起诉的，该存单持有人与开具存单的金融机构为共同被告。利用存单骗取或占用他人财产的存单持有人对侵犯他人财产权承担赔偿责任，开具存单的金融机构因其过错致他人财产权受损，对所造成的损失承担连带赔偿责任。接受存单质押的人在审查存单的真实性上有重大过失的，开具存单的金融机构仅对所造成的损失承担补充赔偿责任。明知存单虚假而接受存单质押的，开具存单的金融机构不承担民事赔偿责任。第三，以金融机构核押的存单出质的，即便存单系伪造、变造、虚开，质押合同均为有效，金融机构应当依法向质权人兑付存单所记载的款项。存单核押是指质权人将存单质押的情况告知金融机构，并就存单的真实性向金融机构咨询，金融机构对存单的真实性予以确认并在存单上或以其他方式签章的行为。

（三）股权质押

1. 股权质押的生效时间

根据《担保法》第 78 条以及《担保法解释》第 103 条的规定，以股份有限公司的股份出质的，适用《中华人民共和国公司法》有关股份转让的规定。以上市公司的股份出质的，质押合同自股份出质向证券登记机构办理出质登记之日起生效，以非上市公司的股份出质的，质押合同自股份出质记载于股东名册之日起生效；以有限责任公司的股份出质的，适用公司法股份转让的有关规定，质押合同自股份出质记载于股东名册之日起生效。可见，股权质押的设定并不以转移占有股票为要件。此外，《公司法》第35条对有限责任公司股份转让的规定是：股东之间可以相互转让其全部出资或者部分出资；股东向股东以外的人转让其出资时，必须经全体股东过半数同意；不同意转让的股东应当购买该转让的出资，如果不购买该转让的出资，视为同意转让；经股东同意转让的出资，在同等条件下，其他股东对该出资有优先购买权。

2. 股权质权的效力

股票出质后，不得转让，但经出质人与质权人协商同意的可以转让。出质人转让股票所得的价款应当向质权人提前清偿所担保的债权或者向与质权人约定的第三人提存。

以依法可以转让的股份、股票出质的，质权的效力及于股份、股票的法定孳息。

（四）知识产权质押

以依法可以转让的商标专用权，专利权、著作权中的财产权出质的，出质人与质权人应当订立书面合同，并向其管理部门办理出质登记。质押合同自登记之日起生效。知识产权出质后，出质人不得转让或者许可他人使用，但经出质人与质权人协商同意的可以转让或者许可他人使用。出质人所得的转让费、许可费应当向质权人提前清偿所担保的债权或者向与质权人约定的第三人提存。

第五节　留置

一、留置的概念

留置，是指债权人因保管合同、运输合同、加工承揽合同依法占有债务人的动产，债务人不按照合同约定的期限履行债务的，债权人有权依照担保法的规定留置该财产，以该财产折价或者以拍卖、变卖该财产的价款优先受偿。债权人的这种权利称为留置权。

二、留置权的成立条件

（一）债权人占有债务人的动产

债权人占有债务人的动产，是留置权成立的最基本的要件，只有在这种前提下，才有发生留置权的可能。

（1）留置权的标的必须是动产。对不动产不能产生留置权。如建筑工程合同，就其实质是一种承揽合同，但承揽人对该建筑物不能留置。因此《合同法》第286条规定的优先受偿权不属于留置权。

（2）债权人应合法占有债务人的动产。留置权是法定担保权，其成立基于法律的直接规定，当事人不得任意约定创设留置权，但允许当事人约定排除留置权的适用。根据《担保法》第84条的规定，留置权只限于在担保法明文规定的保管合同、运输合同、加工承揽合同及其他法律规定可以留置的合同中适用。

（3）该财产为债务人所有。第三人的动产，不能充作留置物。但是，根据《担保法解释》第108条的规定，如果债权人合法占有债务人交付的动产时，不知债务人无处分该动产的权利，法律保护债权人的利益，债权人可以行使留置权。

（4）留置权的标的，除了留置物本身以外，还包括从物、孳息和代位物。留置的财产为可分物的，留置物的价值应当相当于债务的金额。留置物为不可分物的，留置权人可以就其留置物的全部行使留置权。

（二）占有的动产与债权有牵连关系

占有的动产与债权有牵连关系是指依合同占有的物是债权发生的原因。例如，承揽费请求权、运费请求权、保管费请求权的发生，均以承揽、运输、保管等为原因，其与债权发生具有牵连性。因此，留置权人不得利用本合同的权利对其他无牵连的债的标的行使留置权的担保。

（三）债权已届清偿期且债务人未履行义务

《担保法解释》第112条规定："债权人的债权未届清偿期，其交付占有标的物的义务已届履行期的，不能行使留置权。但是，债权人能够证明债务人无支付能力的除外。"因此，只有在债权已届清偿期，债务人不履行义务时，债权人才可以留置债务人的动产。

（四）当事人在合同中没有相反的约定

法律允许当事人约定排除留置权的适用。如果当事人在合同中事先约定不得留置，债权人依据合同不得留置债务人的财产，否则将承担违约责任。

三、留置权人行使留置权的条件

并不是留置权人一旦留置了债务人的财产，就能行使留置权。留置权的行使必须具备如下条件：

（一）债权人持续不断地占有债务人的动产

留置合法成立后，债权人若丧失对所留置的动产的持续占有，会导致留置权的丧失。但因侵权行为造成的间断占有，留置权并不丧失。根据《担保法解释》第114条、第87条的规定，留置权人将留置物返还于债务人时，留置权消灭，但因不可归责于留置权人的事由而丧失对留置物的占有的，留置权人可以向不当占有人请求停止侵害、恢复原状、返还留置物。

（二）债务人在留置期未履行债务

《担保法》第87条规定："债权人与债务人应当在合同中约定，债权人留置财产后，债务人应当在不少于两个月的期限内履行债务。债权人与债务人在合同中未约定的，债权人留置债务人财产后，应当确定两个月以上的期限，通知债务人在该期限内履行债务。债务人逾期仍不履行的，债权人可以与债务人协议以留置物折价，也可以依法拍卖、变卖留置物。留置物折价或者拍卖、变卖后，其价款超过债权数额的部分归债务人所有，不足部分由债务人清偿。"可见，并不是债权已届清偿期且债务人未履行义务，债权人即可行使留置权，还必须在留置期届满债务人仍不履行债务时，才能行使留置权。留置期由当事人自行约定，但不能少于两个月。应当指出的是，在债权清偿期已届满而债务人未履行债务时，留置权人必须通知债务人在留置期内履行债务。根据《担保法解释》第 113 条的规定，债权人未履行该通知义务，直接变价处分留置物的，应当对此造成的损失承担赔偿责任，但债权人与债务人按照《担保法》第 87 条的规定在合同中约定宽限期的，债权人可以不经通知，直接行使留置权。

（三）留置权的行使不得与债权人的义务相抵触

《担保法解释》第 111 条规定："债权人行使留置权与其承担的义务或者合同的特殊约定相抵触的，人民法院不予支持。"例如，承运人有将货物运送到指定地点的义务，在运输途中，不得以托运人未付运费而不运送。

第六节　定金

一、定金的概念和种类

定金是指合同当事人约定的，为确保合同的履行，由一方当事人在法律规定的范围内预先向对方交付的一定款项。债务人履行债务后，定金应当抵作价款或者收回。给付定金的一方不履行约定的债务的，无权要求返还定金；收受定金的一方不履行约定的债务的，应当双倍返还定金。依定金的目的和作用不同，定金可以分为如下几类：

（一）证约定金

证约定金是指为了证明合同关系的存在而交付的定金。证约定金不是合同有效成立的构成要件，仅是合同关系存在的证明。在当今世界各国立法中，证约定金得到了较为广泛的承认。

（二）成约定金

成约定金是指作为主合同关系成立要件而交付的定金。主合同是否成立，取决于定金是否交付。交付了，主合同就成立；不交付，主合同就没有成立。此时，是以定金的交付作为主合同成立的要件。我国担保法没有规定这种定金，但不排除当事人依合同自由原则将定金的交付约定为合同的成立条件。《担保法解释》第 116 条规定："当事人约定以交付定金作为主合同成立或者生效要件的，给付定金的一方未支付定金，但主合同已经履行或者已经履行主要部分的，不影响主合同的成立或者生效。"

（三）违约定金

违约定金是指由当事人一方过错造成合同不能履行时得没收或加倍返还的定金。也就是说，在不履行合同的条件下，定金交付人有过错，接受人则可没收定金；接受人有过错，则加倍返还定金。在这种情形下，定金的没收或者双倍返还，完全以违约救济的形式而存在，能够间接起到强制履行合同的作用。

（四）解约定金

解约定金是指为取得合同解除权利而交付的定金。依据解约定金，定金交付人可以放弃定金而解除合同，定金接受人可以双倍返还定金而解除合同。这种定金的最大特点在于，它给予合同当事人在放弃或双倍偿还定金的条件下，单方面解除合同的权利。《担保法解释》第117条规定："定金交付后，交付定金的一方可以按照合同的约定以丧失定金为代价而解除主合同，收受定金的一方可以双倍返还定金为代价而解除主合同。对解除主合同后责任的处理，适用《中华人民共和国合同法》的规定。"

（五）立约定金

立约定金是指为保证以后正式订立合同而交付的定金。立约定金于合同成立之前交付，但它不是合同成立的要件，也不是合同成立的证明。其作用只是保证当事人有诚意建立合同关系，如果当事人无故拒绝签订合同，则丧失定金或加倍返还定金。我国担保法没有明文规定立约定金，但实践中，特别是在商品房预售实践中，广泛存在这种定金。在签订正式商品房预售合同之前，预购人往往要与开发商签署"确认书"等之类的文书（预约），约定由预购人交付一定的定金。《担保法解释》第115条规定："当事人约定以交付定金作为订立主合同担保的，给付定金的一方拒绝订立主合同的，无权要求返还定金；收受定金的一方拒绝订立合同的，应当双倍返还定金。"

《担保法》第89条规定："当事人可以约定一方向对方给付定金作为债权的担保。债务人履行债务后，定金应当抵作价款或者收回。给付定金的一方不履行约定的债务的，无权要求返还定金；收受定金的一方不履行约定的债务的，应当双倍返还定金。"可见，我国担保法规定的定金为违约定金和证约定金，但是并不禁止当事人之间合意其他定金形式，如成约定金、解约定金或立约定金。

二、定金的法律效力

（一）定金罚则

定金罚则是指给付定金的一方不履行约定的债务的，无权要求返还定金；收受定金的一方不履行约定的债务的，应当双倍返还定金。定金罚则的适用应注意以下几点：

1. 当事人必须违约

违约行为分为不履行和不适当履行两种。不履行又分为全部不履行和部分不履行。不同的违约行为，定金罚则的适用应区别对待。具体而言，对全部不履行合同的，应按定金罚则处理；对部分不履行合同的，应当按照未履行部分所占合同约定内容的比例，适用定金罚则；对于不适当履行，只有在其致使合同目的不能实现时，才适用定金罚则。《担保法解释》第120条规定："因当事人一方迟延履行或者其他违约行为，致使合同目的不能实现，可以适用定金罚则。但法律另有规定或者当事人另有约定的除外。"

2. 必须是因为当事人的过错导致违约

《担保法解释》第 122 条规定："因不可抗力、意外事件致使主合同不能履行的，不适用定金罚则。因合同关系以外第三人的过错，致使主合同不能履行的，适用定金罚则。受定金处罚的一方当事人，可以依法向第三人追偿。"

3. 定金和违约金不能并用，只能选择适用

《合同法》第 116 条规定："当事人既约定违约金，又约定定金的，一方违约时，对方可以选择适用违约金或者定金条款。"

（二）债务人履行债务后，定金应当抵作价款或收回

定金具有预付款的性质，但定金与预付款的区别也是显而易见的：预付款是一种支付手段，当事人交付预付款的行为是履行债务的行为，不具有担保性质；而定金则是一种担保手段，除在某些情况下具有履行债务的性质外，还具有预定赔偿的作用。即如给付定金方违约，就不能收回定金，而应以其作为对方的赔偿。定金可以广泛地适用于各类合同，而预付款的适用则存在不少法律限制。因此，应在合同中明确约定定金的性质。根据《担保法解释》第 118 条的规定，当事人交付留置金、担保金、保证金、订约金、押金或者订金等，但没有约定定金性质的，当事人主张定金权利的，人民法院不予支持。

（三）定金合同是实践性合同

定金合同从实际交付定金之日起生效。

（四）定金的数额

当事人约定的定金数额超过主合同标的额 20% 的，超过的部分，人民法院不予支持。

【案例精析】

济南金冠毛纺集团有限责任公司借款担保合同纠纷案

一、案情

2000 年 1 月至 2002 年 6 月期间，中国工商银行济南市天桥支行（以下简称天桥工行）与济南金冠毛纺集团有限责任公司（以下简称金冠公司）先后签订了四份借款合同，共计放贷 5 017 万元。为担保其中一笔 1 400 万元的贷款，天桥工行与金冠公司签订了 2000 年抵字第 0001 号抵押合同，约定金冠公司以其自有房产提供抵押，双方就抵押房产在济南市房产管理局办理了抵押登记，取得了房屋他项权证。金冠公司提交的证据表明，该抵押房产占用的土地使用权性质为国有划拨土地使用权。

天桥工行还与金冠公司签订了两份最高额抵押合同，以金冠公司的机器设备设定抵押担保，并办理了抵押登记。经查明，四份借款合同中，有两笔借款发生于最高额抵押的担保期间，借款金额在最高债权额限度内。

其后，中国工商银行山东省分行将上述债权转让给中国长城资产管理公司济南办

事处（以下简称长城公司济南办事处）。长城公司济南办事处向山东省高级人民法院提起诉讼，请求判令金冠公司偿还借款本息5 017万元，并确认其对金冠公司设定抵押的房产和机器设备有优先受偿权。

一审法院认为：四份借款合同和两份最高额抵押合同合法有效，但2000年抵字第0001号抵押合同无效。该抵押房产附着于国有划拨土地之上，根据最高人民法院《关于破产企业国有划拨土地使用权应否列入破产财产等问题的批复》，"国有企业以建筑物设定抵押的效力问题，应区分两种情况处理：如果建筑物附着于以划拨方式取得的国有土地使用权之上，将该建筑物与土地使用权一并设定抵押的，对土地使用权的抵押需履行法定的审批手续，否则应认定抵押无效；如果建筑物附着于以出让、转让方式取得的国有土地使用权之上，将该建筑物与土地使用权一并设定抵押的，即使未经有关主管部门批准，亦应认定抵押有效"。由于合同无效是自始无效，并不因为企业是否进入破产程序而有所不同，故最高人民法院的上述批复并非只针对破产企业而言。国有企业以附着于划拨土地使用权之上的建筑物设定抵押的，没有经过有审批权限的土地管理部门批准或办理抵押登记，即应认定抵押合同无效。故判决：①金冠公司分别依据四份借款合同偿还借款本金共计5 017万元，并依约支付利息；②长城公司济南办事处得对最高额抵押合同项下登记的机器设备优先受偿；③驳回长城公司济南办事处的其他诉讼请求。长城公司济南办事处不服一审判决，上诉至最高人民法院。

（案例来源：法制网）

二、二审判决要旨

（1）《担保法》第36条第1款规定，依法取得的国有土地上的房屋抵押的，该房屋占用范围内的国有土地使用权同时抵押。依据该规定和房地产交易中房随地走、地随房走，即房地产主体一致的原则，当事人应对房产及其占用范围内的土地使用权一并抵押。本案抵押合同仅就金冠公司的房产设定了抵押，未对房屋占用范围内的土地使用权一并抵押，但该单独抵押的行为并不必然导致房产抵押合同无效的法律后果。对于划拨土地使用权之上的房产抵押，法律并无禁止性规定。本院《关于破产企业国有划拨土地使用权应否列入破产财产等问题的批复》有其明确的适用范围，与本案的情形并不相同。

（2）城市房地产设定抵押的，应在县级以上地方人民政府规定的登记部门进行登记，抵押合同自登记之日起生效。济南市房产管理局是有权进行房产抵押登记的职能部门。涉案房产在济南市房产管理局办理了抵押登记，并取得了房屋他项权证，该抵押合同已自办理登记之日起生效。

最终，二审法院改判确认长城公司济南办事处对抵押合同项下的房产有优先受偿权。

三、法律问题

以划拨土地使用权之上的房产设定抵押，房产抵押在房管部门办理了登记手续，但没有经过有审批权限的土地管理部门批准或办理抵押登记，抵押合同效力如何？

四、法官释法

在处理房产和地产的关系时，我国的基本原则是"房随地走、地随房走"，但并不是"房地一体主义"，而是采用了"房地分别主义"的立法模式，将房产和地产视作相互独立的不动产。因此，尽管法律规定了房地应当同时抵押，但房屋和土地使用权毕竟是相互独立的财产，单独抵押亦无不可，不能因为只抵押了其中之一便全然否定抵押的效力。

最高人民法院《关于破产企业国有划拨土地使用权应否列入破产财产等问题的批复》的指向是明确的，即"如果建筑物附着于以划拨方式取得的国有土地使用权之上，将该建筑物与土地使用权一并设定抵押的，对土地使用权的抵押需履行法定的审批手续，否则，应认定抵押无效"。显然，该规定适用的前提是将建筑物与土地使用权一并抵押。至于仅对房屋设定抵押而未对土地使用权也设定抵押的，一方面，没有理由认为未办理土地抵押登记就足以否定房屋抵押登记的效力；另一方面，最高人民法院的上述批复是针对湖北高院《关于破产企业国有划拨土地使用权应否列入破产财产以及有关抵押效力认定等问题的请示》作出的，解决的是国有划拨土地使用权是否列入破产债权的问题，对于其中"抵押无效"的理解不宜作扩大解释。

五、评析

我国法律之所以要求房屋和土地应当一并抵押，其主要原因是基于房屋和土地具有不可分离的自然属性。但在法律上房屋是可以在一定条件下和土地进行适当分离的，且可以分属于不同的权利主体。因此，国有划拨土地使用权之上的房产能不能进行单独抵押，关键在于承不承认房屋是当事人自有的合法财产。既然房屋是当事人的自有财产，抵押也依法在房产管理部门办理了登记，土地使用权的性质就不应当成为房产单独设定抵押的障碍。

我国担保法规定，就房屋设定抵押的，对于房屋占用范围内的国有土地使用权应当一并抵押。这与我国处理房地产相互关系的"房随地走、地随房走"的原则是密切相关的。不过"房随地走、地随房走"并不意味着房地一体。在我国，房产和地产是相互分离的，并不像某些采用"结合主义"的国家和地区那样，将房产和地产视作同一标的物，建筑物是土地的附属物，不是独立的不动产。本案承认划拨土地之上的房产抵押合同的效力，正是依循了房地产相分离的立法精神。

【实训项目】

撰写抵押担保合同

一、目的

通过抵押担保合同的订立使学生熟悉抵押担保合同的订立程序，增强对抵押担保特点及效力的理解；进一步掌握抵押担保合同的主要条款、抵押人及抵押权人的权利与义务等基本知识，培养学生的实际动手能力。

二、组织形式

每2~3名学生为一组，模拟订立一份以房屋为抵押物的抵押担保合同。

三、要求

1. 提交的合同应包括被担保的主债权种类及数额，主债务人履行债务的期限，抵押物的名称、数量、质量、状况、所在地、所有权权属或者使用权权属，抵押担保的范围，解决争议的方式等条款。

2. 双方的权利义务明确、具体。

范本：

抵押担保合同

合同编号：_____

抵押权人（以下简称甲方）：_____

住　　所：_____　法定代表人：_____

联系电话：_____

抵　押　人（以下简称乙方）：_____

住　　所：_____　法定代表人：_____

联系电话：_____

乙方为担保甲方与乙方之间于_____年____月____日所签订的借款合同的履行，在公平、自愿、平等协商的基础上，乙方以自己享有相关处分权的财产为甲方提供抵押担保。

第一条　抵押担保的债权

乙方提供的房产抵押担保的主债权为_____年____月____日甲方与乙方签订的协议（合同编号：_____）规定的乙方应向甲方支付的_____万元补偿款，其支付期限分别为_____年____月____日支付_____万元；_____年____月____日支付_____万元。以上约定的担保债务外的其他债务均不进入担保范围。

第二条　抵押物

乙方愿以坐落于_____市_____路_____号的_____大厦的房产作为乙方履行义务的抵押担保。该房产面积_____平方米，属框架结构，归乙方所有，其房产权证号为_____，土地使用证号为_____。在此之前该房屋已经设有_____担保物权，担保金额为_____元人民币，担保方式为_____，除此之外没有其他第三人可以主张的物权存在。

以上财产名称、权属证书编号、基本状况描述、价值评估等基本信息由乙方提供清单作为本合同的附件。若乙方所提供的以上抵押财产与清单不符，低于清单所描述的价值致使担保债权不能完全实现则乙方当承担违约责任。

第三条　抵押物担保范围

双方约定乙方担保的范围包含以下各项中的第_____项、第_____项、第_____项、第_____项、第_____项、第_____项，未选中的不包括在担保范围中。

1. 主债权

2. 主债权利息

3. 乙方违约计收的复利和加收的利息

4. 乙方违约金

5. 实现抵押权的费用

6. 乙方对甲方的损害赔偿金

第四条 抵押期间，乙方应妥善保管、使用抵押的房产。甲方有权随时对抵押财产状况进行检查，若遇抵押人不当使用或者保管将可能致抵押物价值减损，甲方有权制止不当使用或者使用有利于保护抵押物的方式保管，必要时可以要求抵押人维修，抵押人不维修的则甲方可以自己维修，保管费用和维修费用由抵押人负担。但抵押人提供其他等额的物的担保则甲方不再享有前项权利。

第五条 抵押财产被第三人侵权所获得的赔偿金由乙方向＿＿＿＿＿＿＿＿＿＿提存以担保债权的履行，提存费用的负担按法律法规确定。发生该情形，债务人要求提前履行债务，甲方不得拒绝。

第六条 本抵押协议签订后，乙方应向甲方提供抵押房产的房地产权证书和土地使用权证号，由甲方负责办理抵押物的评估并向有关登记机关办理抵押物登记，抵押物登记费用双方各承担50%。

第七条 在本抵押协议履行过程中发生争议的，由抵押物所在地人民法院管辖。

第八条 本协议一式三份，甲乙双方各执一份，另一份送登记机关登记备案。

甲方：＿＿＿＿＿＿＿＿＿＿＿＿＿＿＿　　　乙方：＿＿＿＿＿＿＿＿＿＿＿＿＿

代表：＿＿＿＿＿＿＿＿＿＿＿＿＿＿＿　　　代表：＿＿＿＿＿＿＿＿＿＿＿＿＿

　　　　　　　　　　　　　　　　　　　　　　　　年　　　月　　　日

附件：抵押财产清单

【自测题】

一、判断题

1. 甲和乙是同一债权的抵押人，丙是抵押权人，三人对其提供的抵押财产所担保的债权份额或先后顺序没有约定的，此时丙既可以就甲行使抵押权，也可以就乙行使抵押权。　　　　　　　　　　　　　　　　　　　　　　　　　　　　（　　）

2. 以尚未建造或正在建造中的建筑物作抵押，抵押无效。　　　　（　　）

3. 同一债权既有保证又有物的担保时，应优先执行物的担保，保证人仅对物的担保以外的债权承担保证责任。　　　　　　　　　　　　　　　　　（　　）

4. 主合同无效而导致担保合同无效，担保人有过错的，应承担的民事责任不超过债务人不能清偿部分的1/3。　　　　　　　　　　　　　　　　　　（　　）

5. 保证合同中约定保证人代为履行非金钱债务的，如果保证人不能实际代为履行，应当承担债权人因此造成损失的赔偿责任。　　　　　　　　　　　　（　　）

6. 连带责任保证中，主债务诉讼时效中断，保证债务诉讼时效中断。（　　）

7. 主合同对主债务履行期限没有约定或约定不明的，保证期间自债权人要求债务人履行义务的宽限期届满之日起计算。　　　　　　　　　　　　　　（　　）

8. 保证期间约定不明的，其保证期间为主债务履行期届满之日起6个月。（　　）

9. 订立抵押合同时，抵押权人和抵押人不得约定在债务履行期届满抵押权人未受清偿时，抵押物的所有权转移为债权人所有。　　　　　　　　　　　（　　）

10. 抵押人转让未经登记的抵押物，抵押权人不得对抗受让人。　　（　　）

二、单项选择题

1. 在保证担保中，如果当事人对保证方式没有约定或者约定不明确，（   ）。
   A. 按照一般保证承担保证责任
   B. 当事人协商确定保证责任
   C. 保证人不承担保证责任
   D. 按照连带责任保证承担保证责任

2. 当事人未约定保证期间或者约定不明的，保证期间为主债务履行期届满之日起（   ）。
   A. 12个月　　　B. 6个月　　　C. 18个月　　　D. 24个月

3. 作为抵押物，下列无须进行抵押物登记的有（   ）。
   A. 以土地使用权抵押
   B. 以私有房屋抵押
   C. 以个人收藏品抵押
   D. 以摩托车抵押

4. 下列不属于实现抵押权应具备条件的是（   ）。
   A. 抵押权有效存在
   B. 债务人债务履行期届满，且债权人未受清偿
   C. 须抵押权人已占有抵押物
   D. 债务未受清偿非因债权人方面的事由所造成

5. 下列不属于可以质押的权利的有（   ）。
   A. 汇票、支票、本票
   B. 依法可转让的股份、股票
   C. 依法可以转让的知识产权中的人身权
   D. 依法可以转让的知识产权中的财产权

6. 下列不属于可适用留置担保的合同是（   ）。
   A. 运输合同
   B. 仓储保管合同
   C. 租赁合同
   D. 加工承揽合同

7. 债权人与债务人应当在合同中约定，债权人留置财产后，债务人应当在不少于（   ）的期限内履行债务。
   A. 2个月　　　B. 4个月　　　C. 6个月　　　D. 8个月

8. 作为合同不履行时的预定赔偿金的定金是（   ）。
   A. 违约定金　　　B. 成约定金　　　C. 证约定金　　　D. 立约定金

9. 定金的数额由双方协商确定，但不得超过主合同标的额的（   ）。
   A. 10%　　　B. 20%　　　C. 30%　　　D. 40%

10. A公司的分公司与B公司订立保证合同为C公司提供担保，后因纠纷诉至人民法院。经确认该保证合同是A公司的分公司未经A公司书面授权签订的，导致保证合同无效，而B公司对此并无过错。根据规定，下列选项中正确的是（   ）。
   A. 由A公司和B公司根据其过错各自承担相应的民事责任
   B. 由A公司的分公司向B公司承担民事责任
   C. 由A公司和其分公司共同向B公司承担民事责任
   D. 由A公司向B公司承担民事责任

三、多项选择题

1. 根据我国担保法的规定，下列不得用于抵押的财产是（   ）。

    A. 国有土地使用权   B. 抵押人所有的机器

    C. 学校的教育设施   D. 依法被扣押查封的财产

2. 甲公司与乙银行签订借款合同，由甲公司控股的丙公司作为保证人。后甲公司逾期未归还借款，被乙银行诉至人民法院。人民法院确认借款合同有效，但担保合同无效。根据规定，下列选项中正确的是（　　　　）。

    A. 乙银行无过错的，由甲公司对乙银行的经济损失承担责任，丙公司的担保责任免除

    B. 乙银行无过错的，由甲公司和丙公司对乙银行的经济损失承担连带责任

    C. 乙银行、丙公司有过错的，丙公司承担民事责任的部分，不应超过甲公司不能清偿债务部分的 1/3

    D. 乙银行、丙公司有过错的，丙公司承担民事责任的部分，不应超过甲公司不能清偿债务部分的 1/2

3. 抵押的法律特征有（　　　　）。

    A. 提供抵押担保的人可以是主债务人，也可以是第三人

    B. 抵押人无须将标的物交付抵押权人占有

    C. 抵押权的行使必须以债务人不履行到期债务为前提

    D. 抵押权人以行使优先受偿权来保证债权的实现

4. 主合同与从合同是两个不同的法律关系，两个不同的合同（　　　　）。

    A. 主合同无效，从合同无效，但可以有例外

    B. 主合同无效，从合同必然无效

    C. 主合同的当事人与从合同的当事人可以重合

    D. 主合同的当事人与从合同当事人不能重合

5. 公民甲于 2005 年 3 月 10 日以其所有的一套住房作抵押，向银行贷款 10 万元，订立了书面合同，并办理了登记。在向银行贷款之前，公民甲于 2004 年 10 月 30 日已向公民乙借款 10 万元，并以口头形式以其所有的那套住房向公民乙进行了抵押。2006 年 3 月 10 日，公民乙及银行的还款期限均到期，但甲无能力还款，因此（　　　　）。

    A. 银行可以公民甲的住房折价或变卖受偿

    B. 因为公民甲的住房已经抵押，银行的抵押权无效

    C. 公民乙的抵押权无效

    D. 公民乙的抵押权在先，银行的抵押权在后，故公民乙应先于银行受偿

四、案例分析题

1. 2004 年 3 月 10 日，万宁公司与兴隆啤酒厂签订了买卖啤酒的合同。合同约定：万宁公司在 2004 年 4 月 30 日前支付 2 万元预付款；兴隆啤酒厂在 2004 年 7 月 10 日交货。

2004 年 4 月 5 日，兴隆啤酒厂突发火灾，设备、原料大部分被烧毁，严重影响了其履行债务的能力。万宁公司闻讯后，认为兴隆啤酒厂极有可能丧失履行合同的能力，于是通知兴隆啤酒厂中止履行合同，不再支付预付款。后经兴隆啤酒厂交涉，万宁公司同意由振明公司为兴隆啤酒厂作一般保证，万宁公司按期向兴隆啤酒厂支付预付款，合同仍继续履行。

2004 年 7 月 10 日，兴隆啤酒厂未交货。万宁公司要求兴隆啤酒厂返还预付款，赔

偿万宁公司的经济损失，兴隆啤酒厂拒绝了万宁公司的要求。随后，万宁公司要求振明公司承担违约责任，振明公司拒绝了万宁公司的要求。

2004年8月5日，在多次协商未果的情况下，万宁公司向法院起诉，要求兴隆啤酒厂和振明公司承担违约责任，赔偿损失。经法院查明，由于兴隆啤酒厂的违约，万宁公司除2万元预付款没有收回外，还发生经济损失3万元；法院同时查明，万宁公司尚欠兴隆啤酒厂5万元。在法院调解下，双方同意将债务相互抵消。

要求：根据合同法、担保法的有关规定，回答下列问题：

（1）万宁公司单方面通知兴隆啤酒厂中止履行合同是否违反法律规定？说明理由。

（2）振明公司拒绝万宁公司要求其为兴隆啤酒厂承担保证责任的要求是否符合法律规定？说明理由。

（3）万宁公司与兴隆啤酒厂的债务能否相互抵消？说明理由。

2. A企业为了控制合同风险，明确规定其法定代表人张某对外签订合同的最高限额为200万元。2005年4月1日，张某在一次商品交易会上，为了抓住稍纵即逝的商机，代表A企业与B企业签订了一份250万元的买卖合同，B企业并不知道张某违反了A企业的内部规定。按照买卖合同的约定，由A企业在2005年6月6日前向B企业提供货物，B企业收到货物后的10天内支付货款250万元。

2005年6月1日，A企业按照合同约定完成全部货物的生产，6月2日A企业有确切证据得知B企业经营状况严重恶化，可能无力支付250万元的货款。6月5日，B企业要求A企业提交货物，遭到A企业的拒绝，A企业要求B企业提供担保。B企业以自己的厂房作为抵押，担保的价值为100万元，同时B企业请求C企业为保证人，C企业担保的价值为150万元。6月20日，A、B企业签订了抵押合同，双方在抵押合同中约定，如B企业不能支付到期货款，该厂房的所有权直接归A企业所有。6月22日，A、B企业办理了抵押物的登记手续。6月30日，A企业与C企业签订了保证合同，双方在保证合同中约定，C企业的保证方式为连带责任保证，但双方未约定保证期间和保证担保的范围。

7月1日，A企业按照合同约定向B企业提交了全部货物。B企业接到货物后，对标的物的数量和质量未提出异议，但由于经营状况不佳，7月10日（支付货款的最后期限）无力支付货款。7月12日，A企业向B企业要求行使抵押权，发现该厂房已经被政府有关部门征用，B企业由此获得补偿金80万元，在A企业的要求下，B企业将80万元的补偿金全额支付给A企业。2006年6月1日，A企业要求C企业承担保证责任，支付其担保的150万元，C企业表示拒绝。A企业于是请求人民法院判定C企业履行保证责任。

要求：

（1）A、B两个企业签订的买卖合同是否有效？为什么？

（2）A企业在2005年6月5日是否可以中止履行合同？为什么？

（3）A、B两个企业签订的抵押合同是否有效？为什么？

（4）在A、C企业的保证合同中，C企业的保证期间是多少？

（5）A企业是否有权要求B企业支付其80万元的补偿金？为什么？

（6）C企业拒绝履行保证责任的理由是否成立？为什么？

第七章　消费者权益保护法和产品质量法

第一节　消费者权益保护法

一、消费者权益保护法概述

消费者权益保护法，是指调整国家在保护消费者权益过程中所发生的经济关系的法律规范的总称。消费包括生产性消费和生活性消费，消费者权益保护法中的消费是指生活性消费。消费者是指为了满足生活消费需要而直接购买或使用商品或者接受服务的公民个人。

（一）消费者权益保护法的适用范围及基本原则

消费者权益保护法有狭义和广义之分。狭义的消费者权益保护法仅指 1993 年 10 月 31 日第八届全国人大常委会第四次会议通过的，1994 年 1 月 1 日起施行的《中华人民共和国消费者权益保护法》（以下简称《消费者权益保护法》）。广义的消费者权益保护法则包括所有有关保护消费者权益的法律、法规。具体而言，除《消费者权益保护法》外，还包括《产品质量法》、《反不正当竞争法》、《商标法》、《广告法》、《食品卫生法》、《药品管理法》等法律、法规中有关保护消费者权益的内容。其中，《消费者权益保护法》是我国保护消费者权益的基本法。

1.《消费者权益保护法》的适用范围

《消费者权益保护法》规定，消费者为生活消费需要购买、使用商品或者接受服务，其权益受本法保护；本法未作规定的，受其他有关法律、法规保护。因此，《消费者权益保护法》主要调整为生活消费需要购买、使用商品或者接受服务而产生的关系，或者说是一种生活消费关系。生产消费不属于《消费者权益保护法》调整的范围，但是基于对我国农业特殊情况的考虑，为了切实保障广大农民的合法权益，《消费者权益保护法》第 54 条规定，购买、使用直接用于农业生产的生产资料，参照本法执行。

2.《消费者权益保护法》的基本原则

《消费者权益保护法》的基本原则是指贯穿于《消费者权益保护法》整个内容的基本准则，具体包括以下几项：

（1）自愿、平等、公平、诚实信用的原则

自愿、平等、公平、诚实信用原则是我国《民法通则》确定的民事活动的基本原

第七章 消费者权益保护法和产品质量法

则，经营者与消费者进行交易时也应遵循这一原则。

（2）国家保护原则

国家保护消费者的合法权益不受侵害。国家采取措施，保障消费者依法行使权利，维护消费者的合法权益。具体而言，国家从立法、行政、司法的角度对消费者的权益进行全方位的保护。

（3）社会监督原则

保护消费者的合法权益是全社会的共同责任。国家鼓励、支持一切组织和个人对损害消费者合法权益的行为进行社会监督。大众传播媒介应当做好维护消费者合法权益的宣传，对损害消费者合法权益的行为进行舆论监督。

（二）消费者

消费者权益保护法是保障消费者合法权益的法律。依据上述《消费者权益保护法》对适用范围的规定，可以得出，消费者是指为了满足生活消费需要而直接购买或使用商品或者接受服务的人。

二、消费者的权利与经营者的义务

（一）消费者的权利

1. 保障安全权

消费者在购买、使用商品和接受服务时享有人身、财产安全不受损害的权利。消费者有权要求经营者提供的商品和服务符合保障人身、财产安全的要求。

消费者的安全保障权按照权利内容划分为人身安全权和财产安全权两类。人身安全权是指消费者的生命、健康不受威胁、不受侵害的权利；财产安全权是指消费者的财产不受侵害的权利。

2. 知悉真情权

消费者享有知悉其购买、使用的商品或者接受的服务的真实情况的权利。

消费者有权根据商品或者服务的不同情况，要求经营者提供商品的价格、产地、生产者、用途、性能、规格、等级、主要成分、生产日期、有效期限、检验合格证明、使用方法说明书、售后服务，或者服务的内容、规格、费用等有关情况。

3. 自主选择权

消费者享有自主选择商品或者服务的权利。具体而言，消费者的自主选择权包括以下内容：①消费者有权自主选择提供商品或者服务的经营者；②消费者有权自主选择商品品种或者服务方式；③消费者有权自主决定购买或者不购买任何一种商品、接受或者不接受任何一项服务；④消费者在自主选择商品或者服务时，有权进行比较、鉴别和挑选。因此，消费者对商品或服务进行挑选，无论是从消费心理还是从法律角度，都是正当的，完全可以理直气壮地进行。只要你对商品或服务存在不满之处，就可果断地行使拒绝权，而无需看经营者的脸色。就经营者来讲，尽管消费者的挑选会给自己带来一些麻烦，但也应给予应有的尊重。事实上，多让消费者挑选，也会给经营者带来更多的交易机会。

179

4. 公平交易权

消费者享有公平交易的权利。消费者在购买商品或者接受服务时，有权获得质量保障、价格合理、计量正确等公平交易条件，有权拒绝经营者的强制交易行为。

5. 依法求偿权

消费者因购买、使用商品或者接受服务受到人身、财产损害的，享有依法获得赔偿的权利。

6. 依法结社权

消费者享有依法成立维护自身合法权益的社会团体的权利。消费者协会和其他消费者组织是依法成立的对商品和服务进行社会监督的保护消费者合法权益的社会团体。

目前，我国从中央到地方都成立了消费者协会。与国外消费者组织相比，我国虽然规定消费者协会是社会团体，但是在实践中它并非由消费者自发成立，而是由国家行政机关发文批准成立，具有较为浓厚的官方色彩。

《消费者权益保护法》具体规定了消费者协会具有以下职能：①向消费者提供消费信息和咨询服务；②参与有关行政部门对商品和服务的监督、检查；③就有关消费者合法权益的问题向有关行政部门反映、查询，提出建议；④受理消费者的投诉，并对投诉事项进行调查、调解；⑤投诉事项涉及商品和服务质量问题的，可以提请鉴定部门鉴定，鉴定部门应当告知鉴定结论；⑥就损害消费者合法权益的行为，支持受损害的消费者提起诉讼；⑦对损害消费者合法权益的行为，通过大众传播媒介予以揭露、批评。

7. 获取知识权

《消费者权益保护法》第 13 条规定，消费者享有获得有关消费和消费者权益保护方面的知识的权利。消费者应当努力掌握所需商品或者服务的知识和使用技能，正确使用商品，提高自我保护意识。

8. 获得尊重权

消费者在购买、使用商品和接受服务时，享有其人格尊严、民族风俗习惯得到尊重的权利。这一权利包括两方面的内容：①人格尊严受尊重权。人格尊严是消费者的人身权的重要组成部分，包括姓名权、名誉权、荣誉权等。②民族风俗习惯受尊重权。

9. 监督批评权

消费者享有对商品和服务以及保护消费者权益工作进行监督的权利。消费者有权检举、控告侵害消费者权益的行为和国家机关及其工作人员在保护消费者权益工作中的违法失职行为，有权对保护消费者权益工作提出批评、建议。通过消费者的监督，可以促使经营者提高商品和服务的质量，促使从事保护消费者权益工作的国家机关及其工作人员改进工作作风，全心全意为消费者服务。

（二）经营者的义务

经营者的义务是指经营者在经营活动中必须作出一定的行为或不能作出一定的行为。经营者的义务与消费者的权利相对应，消费者权利的实现在很大程度上有赖于经营者履行义务。

1. 依法定或约定履行义务

经营者向消费者提供商品或者服务，应当依照《产品质量法》和其他有关法律、法规的规定履行义务。经营者和消费者有约定的，应当按照约定履行义务，但双方的约定不得违背法律、法规的规定。

2. 听取意见和接受监督

经营者应当听取消费者对其提供的商品或者服务的意见，接受消费者的监督。该义务是与消费者的监督批评权相对应的，消费者享有对商品和服务进行监督的权利，经营者应通过有效途径或方式听取消费者对其提供的商品或者服务的意见，这有利于改善商品和服务的质量，为经营者赢得更多的消费者。

3. 保障人身和财产安全

经营者应当保证其提供的商品或者服务符合保障人身、财产安全的要求。对可能危及人身、财产安全的商品和服务，应当向消费者作出真实的说明和明确的警示，并说明和标明正确使用商品或者接受服务的方法以及防止危害发生的方法。

经营者发现其提供的商品或者服务存在严重缺陷，即使正确使用商品或者接受服务仍然可能对人身、财产安全造成危害的，应当立即向有关行政部门报告和告知消费者，并采取防止危害发生的措施。

4. 提供真实信息

经营者应当向消费者提供有关商品或者服务的真实信息，不得作引人误解的虚假宣传。经营者对消费者就其提供的商品或者服务的质量和使用方法等问题提出的询问，应当作真实、明确的答复。商店提供商品应当明码标价。经营者应当标明其真实名称和标记。租赁他人柜台或者场地的经营者，应当标明其真实名称和标记。

5. 出具购货凭证或服务单据

经营者提供商品或者服务，应当按照国家有关规定或者商业惯例向消费者出具购货凭证或者服务单据；消费者索要购货凭证或者服务单据的，经营者必须出具。购货凭证、服务单据等消费凭据是消费者与经营者之间建立消费法律关系，据以享有权利、承担义务的原始依据。当消费过程中发生消费者人身和财产安全损害事故时，消费凭据是消费者进行投诉、启动法律维权程序的基础证据。因此，建议消费者一定要向经营者索取消费凭据并妥善保留。

6. 提供符合要求的商品或服务

经营者应当保证在正常使用商品或者接受服务的情况下其提供的商品或者服务应当具有的质量、性能、用途和有效期限；但消费者在购买该商品或者接受该服务前已经知道其存在瑕疵的除外。经营者以广告、产品说明、实物样品或者其他方式表明商品或者服务的质量状况的，应当保证其提供的商品或者服务的实际质量与表明的质量状况相符。

7. 不得从事不公平、不合理的交易

按照国家规定或者与消费者的约定，经营者提供商品或者服务，承担包修、包换、包退或者其他责任的，应当按照国家规定或者与消费者的约定履行，不得故意拖延或者无理拒绝。

经营者不得以格式合同、通知、声明、店堂告示等方式作出对消费者不公平、不合理的规定，或者减轻、免除其损害消费者合法权益应当承担的民事责任。格式合同、通知、声明、店堂告示等含有前款所列内容的，其内容无效。

8. 不得侵犯消费者的人身权

该项义务与消费者获得尊重权相对应，经营者不得侵犯消费者的人身权，即经营者不得对消费者进行侮辱、诽谤，不得搜查消费者的身体及其携带的物品，不得侵犯消费者的人身自由。

三、消费者权益争议的解决和损害消费者权益的法律责任

（一）消费者权益争议的解决

1. 争议的解决途径

根据《消费者权益保护法》，消费者和经营者发生消费者权益争议的，可以通过下列五种途径解决：①与经营者协商和解；②请求消费者协会调解；③向有关行政部门申诉；④根据与经营者达成的仲裁协议提请仲裁机构仲裁；⑤向人民法院提起诉讼。至于选择哪种途径解决纠纷，消费者可根据具体的情况进行理性的选择。

2. 最终承担损害赔偿责任的主体的确定

（1）商品销售者与生产者赔偿责任的确定。消费者在购买、使用商品时，其合法权益受到损害的，可以向销售者要求赔偿。销售者赔偿后，属于生产者的责任或者属于向销售者提供商品的其他销售者的责任的，销售者有权向生产者或者其他销售者追偿。

消费者或者其他受害人因商品缺陷造成人身、财产损害的，可以向销售者要求赔偿，也可以向生产者要求赔偿。属于生产者责任的，销售者赔偿后，有权向生产者追偿；属于销售者责任的，生产者赔偿后，有权向销售者追偿。

（2）服务者责任的确定。消费者在接受服务时，其合法权益受到损害的，可以向服务者要求赔偿。

（3）企业分立、合并后责任的确定。消费者在购买、使用商品或者接受服务时，其合法权益受到损害，因原企业分立、合并的，可以向变更后承受其权利义务的企业要求赔偿。

（4）营业执照使用人与持有人责任的确定。使用他人营业执照的违法经营者提供商品或者服务，损害消费者合法权益的，消费者可以向其要求赔偿，也可以向营业执照的持有人要求赔偿。

（5）展销会的举办者与参展单位及柜台的出租者与柜台的租赁者责任的确定。消费者在展销会、租赁柜台购买商品或者接受服务，其合法权益受到损害的，可以向销售者或者服务者要求赔偿。展销会结束或者柜台租赁期满后，也可以向展销会的举办者、柜台的出租者要求赔偿。展销会的举办者、柜台的出租者赔偿后，有权向销售者或者服务者追偿。

（6）从事虚假广告行为的经营者和广告的经营者责任的确定。消费者因经营者利

用虚假广告提供商品或者服务，其合法权益受到损害的，可以向经营者要求赔偿。广告的经营者发布虚假广告的，消费者可以请求行政主管部门予以惩处。广告的经营者不能提供经营者的真实名称、地址的，应当承担赔偿责任。

（二）损害消费者权益的法律责任

1. 民事责任

经营者提供商品或者服务违反《消费者权益保护法》、《产品质量法》等法律、法规的规定，损害消费者权益的，应依法承担民事责任。

经营者提供商品或者服务，造成消费者或者其他受害人人身伤害甚至死亡的，应支付相关费用。侵害消费者的人格尊严或者侵犯消费者人身自由的，应当停止侵害、恢复名誉、消除影响、赔礼道歉，并赔偿损失。

经营者提供商品或者服务，造成消费者财产损失的，应当按照消费者的要求，以修理、重作、更换、退货、补足商品数量、退还货款和服务费用或者赔偿损失等方式承担民事责任。消费者与经营者另有约定的，按照约定履行。

对国家规定或者经营者与消费者约定包修、包换、包退的"三包"商品，经营者应当负责修理、更换或者退货。在保修期内两次修理仍不能正常使用的，经营者应当负责更换或者退货。

经营者以邮购方式或预付款方式提供商品的，应当按照约定提供。未按照约定提供的，应当按照消费者的要求履行约定或者退回货款或预付款，并应当承担消费者必须支付的合理费用。

经营者提供商品或者服务有欺诈行为的，应当按照消费者的要求增加赔偿其受到的损失，增加赔偿的金额为消费者购买商品的价款或者接受服务的费用的1倍。这是一种惩罚性的民事赔偿责任。

2. 行政责任

经营者有法律、法规规定的对损害消费者权益应当予以处罚的情形的，《产品质量法》和其他有关法律、法规对处罚机关和处罚方式有规定的，依照法律、法规的规定执行。法律、法规未作规定的，由工商行政管理部门责令改正，可以根据情节单处或者并处警告、没收违法所得、处以违法所得1倍以上5倍以下的罚款；没有违法所得的，处以1万元以下的罚款；情节严重的，责令停业整顿、吊销营业执照。

3. 刑事责任

经营者提供商品或者服务，造成消费者或者其他受害人人身伤害甚至死亡，构成犯罪的，依法追究刑事责任。以暴力、威胁等方法阻碍有关行政部门工作人员依法执行职务的，依法追究刑事责任。

国家机关工作人员玩忽职守或者包庇经营者侵害消费者合法权益的行为，情节严重、构成犯罪的，依法追究刑事责任。

第二节　产品质量法

一、产品质量法及其调整范围

（一）产品

产品质量法中最基本的概念是产品。我国《产品质量法》第2条规定："本法所称产品指经过加工、制作，用于销售的产品。建设工程不适用本法规定；但是，建设工程使用的建筑材料、建筑构配件和设备，属于前款规定的产品范围的，适用本法规定。"第73条又规定："军工产品质量监督管理办法，由国务院、中央军事委员会另行制定。因核设施、核产品造成损害的赔偿责任，法律、行政法规另有规定的，依照其规定。"从该法律规定可知，对于《产品质量法》中的产品可作如下理解：

1. 产品是指经过加工、制作的物品

加工、制作是指改变原材料、毛坯或半成品的形状、性质或者表面状态，使之达到规定要求的各种活动的统称。

2. 产品必须是用于销售的物品

产品制作出来是为了销售，而不是为了生产者本身或其家庭消费。因此，凡未进入流通领域的物品，不能视为产品。

3. 建设工程不是《产品质量法》所指的产品

建筑工程所使用的建筑材料，如钢材、水泥、玻璃、门窗、电器等仍属产品。

4. 初级农产品和天然产品不属于《产品质量法》所指的产品

初级农产品是指未加工的种植业、林业、畜牧业和渔业产品。天然产品是指未经加工的原矿、原油、原煤、天然气、天然宝石等。对于这些产品的质量主要是交易过程中双方通过合同确定。

5. 军工产品、核设施和核产品不属于《产品质量法》所指的产品

《产品质量法》第73条规定："军工产品质量监督管理办法，由国务院、中央军事委员会另行制定。因核设施、核产品造成损害的赔偿责任，法律、行政法规另有规定的，依照其规定。"

6. 血液、血制品、人体组织、器官及尸体，不属于《产品质量法》所指的产品

国家实行无偿献血制度，无偿献血的血液必须用于临床，不得买卖。它们不由《产品质量法》调整。

（二）产品质量

产品质量是指反映产品满足明示要求或隐含要求的能力的特性总和。这里所谓"明示要求"，是指以合同、产品说明、广告、实物样品或其他明确的方式表明的要求。所谓"隐含要求"，是指虽未明示，但可以通过法律和消费者对产品的基本期望等依据作出判断的要求。产品质量的特征和特性主要表现在以下几方面：

1．适用性

产品符合使用需要的特征，包括功能上的适用性、使用上的适用性和销售上的适用性。适用性是产品质量最基本的特征。

2．性能

产品的物理、化学和技术性能良好。

3．安全性

产品在使用或操作过程中，不致造成人身和财产的损害。

4．可靠性

产品在规定的条件和时间内，完成规定功能的能力较强。

5．可维修性

产品在规定的条件和时间内，按规定的程序和方法进行维修时，保持或恢复到规定状态的能力较强。

6．经济性

产品在结构、用料、用工等方面生产费用以及在使用中动力、燃料的消耗等运转维持费用较低。

7．环保性

产品在生产、使用过程中不会对周围的环境造成污染或造成污染的情况在法律的规定之内。

(三)　产品质量法

1．产品质量法的定义

产品质量法是调整国家在质量监督管理过程中所发生的社会关系，以及产品流动中所发生的产品责任关系的法律规范的总称。我国产品质量法作为一种规制市场秩序及保护产品用户和消费者权益的基本法律、法规，其基本框架主要由三部分组成：

(1) 产品质量基本法。《产品质量法》是我国第一部全面、系统的产品质量的基本法。该法主要包括产品质量监督管理和产品质量责任两个方面的基本内容。

(2) 产品质量基本法的配套法规，如《产品质量认证条例》和《工业产品质量责任条例》等。

(3) 其他法律、法规中有关产品质量的规定。如《中华人民共和国标准化法》(以下简称《标准化法》) 中有关质量标准的规定等。

2．产品质量法的适用范围

(1) 产品适用范围。产品适用范围是指《产品质量法》对哪些产品适用。《产品质量法》所称产品是指经过加工、制作，用于销售的产品。主要包括工业品、手工业品、农产品、药品、食品、计量器具等，但是不包括未经加工的产品（如原煤、石油等）、初级农产品（如小麦、蔬菜等）、初级畜禽品、水产品、建筑工程和未投入流通的生活自用产品、赠与的产品、试用的产品以及加工承揽的非标准产品等。

(2) 产品经营活动的适用范围。产品经营活动的范围是指《产品质量法》对哪些产品的经营活动适用。《产品质量法》只调整产品生产、销售两个环节的质量，不调整产品在仓储和运输过程中发生的质量问题。

在中华人民共和国境内从事产品生产、销售活动，包括销售进口商品的自然人和法人适用《产品质量法》。

二、产品质量的监督和管理

对产品质量的监督和管理，是指国家有关部门、社会团体及消费者等主体，依法对产品质量进行的监督和管理活动。它既是国家按照国际惯例，对产品质量实施宏观管理的重要措施，也是多种主体对产品质量实施管理的有力手段。

(一) 产品质量监督管理体制

产品质量监督管理体制，是指国家为加强对产品质量的监督管理而设置的管理机构，以及各管理机构之间的权责划分制度。依照《产品质量法》的规定，我国确立了统一管理、分工负责的产品质量管理体制。

(1) 国务院产品质量监督管理部门负责全国产品质量监督管理工作。县级以上地方人民政府管理产品质量监督工作的部门负责本行政区域内的产品质量监督管理工作。政府设立的产品质量监督部门，在当前的政府机构中为国家质量技术监督局。

(2) 国务院和县级以上地方人民政府的有关部门负责产品质量的监督工作，这些部门只限于在各自的职责范围内进行产品质量的监督。如各级工商行政管理部门、标准化行政管理部门和计量行政管理部门等。

(3) 法律对产品质量监督部门另有规定的，从其规定。这是在监督体制上依照有关规定进行衔接，使之依法分工，各司其职。如《食品卫生法》规定，国务院卫生行政部门主管全国的食品卫生监督管理工作。

(二) 产品质量监督管理的主要制度

1. 产品质量检验制度

我国《产品质量法》第3条规定："生产者、销售者应当建立健全内部产品质量管理制度，严格实施岗位质量规范、质量责任以及相应的考核办法。"由此确立了企业内部产品质量检验制度。

产品质量检验，是指按照特定的标准，对产品质量进行检测，以判明产品是否合格的活动，这里的"标准"，可以是国家标准、行业标准、地方标准或企业标准，但有强制性标准的产品，须按强制性标准检验。根据《产品质量法》的规定，关于产品质量检验的内容主要包括两个方面：

(1) 关于产品质量检验的基本要求。产品质量应当检验合格，不得以不合格产品冒充合格产品，经过企业自检的产品不能对抗国家质量监督检验部门的依法检验，以确保产品的质量。

(2) 关于产品质量检验机构。产品质量检验机构是指县级以上人民政府产品质量监督管理部门依法设置和依法授权的为社会提供公证检验数据和检验结论的机构。《产品质量法》第19条规定："产品质量检验机构必须具备相应的检测条件和能力，经省级以上人民政府产品质量监督管理部门或其授权部门考核合格后，方可承担产品质量检验工作。"

现行的县级以上产品质量监督部门的主要职权有：一是对当事人涉嫌从事违反《产品质量法》的生产、销售的场所实施现场检查；二是向当事人的法定代表人、主要负责人和其他有关人员调查、了解与涉嫌从事违反《产品质量法》的生产、销售活动；三是查阅、复制当事人有关的合同、发票、账簿以及其他有关资料；四是对有根据认为不符合保障人体健康和人身财产安全的国家标准、行业标准的产品或者有其他严重质量问题的产品以及直接用于生产、销售该产品的原辅材料、包装物、生产工具等，予以查封或者扣押。

2. 生产许可证制度

生产许可证是指国家对于具备生产条件并对其产品检验合格的工业企业发给其许可生产该项产品的凭证。实施生产许可证的对象，是保护国家安全、保护人类健康或安全、保护动植物生命或健康和环境保护等重要的工业产品。生产许可证制度属于国家采取的一种强制手段，应取得而未取得生产许可证的企业，不得从事相应的生产活动。

3. 标准化管理制度

所谓标准是指衡量事物的准则，或者对重复性事物的统一规定。所谓标准化是指对工业产品或零件、部件的类型、性能、尺寸，所用材料工艺装备、技术文件的符号与代号等加以统一规定，并予以实施的一项技术措施。对产品质量实行标准化管理，是我国对产品质量进行管理的一项重要制度。我国《标准化法》规定，工业产品的标准，按其标准制定部门或单位的不同以及适用范围的不同可分为：

第一，国家标准是指对全国经济技术发展有重大意义，必须在全国范围内统一的标准。一般为通用性、基础性较强的，与经济技术发展和人民生活密切相关的标准。国家标准是我国最高级别的标准，是四级标准中最基本的一级，在全国范围内适用，其他各级标准不得与国家标准相抵触。国家标准由国务院标准化行政主管部门制定。

第二，行业标准是指由行业标准化主管部门或行业标准组织批准发布，在全国的各行业范围内统一使用的技术要求，是专业性、技术性要求较高的标准。行业标准是国家标准的补充，行业标准不得与国家标准相抵触。

第三，地方标准是指对没有国家标准和行业标准而又需要在省、自治区、直辖市一级范围内统一的工业产品的安全、卫生要求所制定的标准。地方标准由省一级政府的技术监督管理部门制定。地方标准不得与国家标准或行业标准相抵触。

第四，企业标准是指由企业自己制定，在本企业范围内适用的统一技术要求的标准。企业制定标准有两种情况：一是企业没有国家标准和行业标准的应当制定企业标准，作为组织生产的依据；二是已有国家标准或行业标准，国家鼓励企业制定严于国家标准或行业标准的企业标准，在企业内部适用。

在国家标准和行业标准中，为保障人体健康、人身及财产安全的标准和法律、行政法规规定强制执行的标准为强制性标准。省、自治区、直辖市制定的工业产品的安全、卫生要求的地方标准，在行政区域内是强制性标准。属于强制性标准的主要有：一是药品、食品卫生标准，兽药标准；二是产品及产品生产、储运和使用中的安全、卫生标准；三是劳动安全、卫生标准；四是环境保护的污染物排放标准和环境质量标准；五是国家需要控制的重要产品质量标准等。

4. 企业质量体系认证制度

企业质量体系认证制度是指认证机构根据行业申请，对企业的产品质量的保证能力和质量管理水平所进行的综合性检查和评定，并对符合质量体系认证标准的企业颁发认证证书的一种制度。企业质量体系认证制度主要包括下列内容：

（1）认证机构。在我国，企业质量体系认证机构均为法定机构，未经法定授权，任何单位和个人都不得从事认证工作。根据法律规定，国务院产品质量监督部门对质量体系认证制度实施统一管理，由被依法认可的认证机构负责具体实施。

（2）认证标准。企业质量认证体系依据国际通用的"质量管理和质量保证"系列标准，即国际标准化组织于 1981 年 3 月正式发布的 ISO9000 系列国际标准。企业采用该系列标准被认为是有了通向国际市场的"通行证"。根据此系列标准，我国主管部门已经等同采用并转化为中国的 GB/T19000—ISO9000 系列标准，并以此作为开展我国企业质量体系认证的依据。值得注意的是，实施企业质量体系认证时，应当根据企业所具备的质量保证模式选用相应的质量保证标准进行审核。我国当前大多数企业取得了ISO9001（企业设计、开发、生产、安装和服务的质量保证标准）的企业质量保证标准。

（3）认证对象。认证对象包括所有企业。《产品质量法》第 14 条规定："国家根据国际通用的质量管理标准，推行企业质量认证制度。企业根据自愿原则可以向国务院产品质量监督部门认可的或者国务院产品质量监督部门授权的部门认可的认证机构申请企业质量体系认证。经认证合格的，由认证机构颁发企业质量体系认证证书。"

（4）认证原则。企业质量体系认证制度实行自愿认证原则，由企业自愿向认证机构提出申请，国家不实行强制管理。这是因为，企业质量体系认证是一种先进的管理制度，由于技术要求高，管理严格，如果强制普遍推行，在我国技术水平和管理水平落后或比较落后的情况下，既不符合市场经济的客观规律，也不切合我国的实际情况。

5. 产品质量认证制度

产品质量认证是指依据产品标准和相应的技术要求，经认证机构确认并颁发认证证书和认证标准来证明单一产品符合相应标准和相应技术要求的活动。

我国产品质量认证实行自愿认证与强制认证相结合的原则。一般产品的认证由企业决定。这样规定，既有利于提高企业认证的自觉性，同时也为公正认证打下客观基础。对涉及人类健康和安全、动植物生命和健康以及环境保护和公共安全的产品，实行强制性认证制度，即凡有国家标准和行业标准的产品，均应实行强制认证。产品认证后，由国务院标准化行政部门统一管理。产品认证分为安全认证和合格认证。安全认证是指为保障人身和财产安全，对属于国家强制性标准的产品由认证机构实行的认证。安全认证的范围主要是可能危及人体健康和人身、财产安全的工业产品。实行安全认证的产品必须符合《标准化法》中有关强制性标准的要求。合格认证是指认证机构根据企业申请，对产品质量是否合格进行的认证。实行合格认证的产品，必须符合《标准化法》规定的国家标准或行业标准的要求。通过认证的产品，享有以下权利或优惠待遇：

（1）产品经认证合格后，准许企业在产品或其包装上使用产品质量认证标识。

（2）通过认证的企业除接受国家的特殊情况检查外，免于其他检查。

（3）通过认证的产品在一定时期内，用户在接受产品时可以不必进行检验。

6．产品质量监督检查制度

产品质量监督检查制度是指国家有关行政机关对产品的质量进行监督的一种制度。我国产品质量监督检查制度主要有：

（1）国家监督检查制度。国家监督检查制度是指由国务院产品质量监督部门依法组织有关省级质量技术监督部门和产品质量检验机构对生产、销售的产品，依据有关规定进行抽样检验，并把检查结果依法公告处理的活动。

（2）市场商品质量监督制度。市场商品质量监督制度是指各级人民政府的产品质量监督部门根据本地产品质量的实际情况和需要，随机对本地市场产品进行检查的制度。由于这种检查活动比较灵活，检查结果更容易做到客观公正，因此对于制止不合格产品进入市场也能发挥应有的作用。

（3）产品质量的社会监督制度。《产品质量法》第 22 条规定："消费者有权就产品质量问题向产品生产者、销售者查询；向产品质量监督部门、工商行政管理部门及有关部门申诉，按受申诉的部门应当负责处理。"《产品质量法》第 23 条规定："保护消费者权益的社会组织可以就消费者反映的产品质量问题，建议有关部门负责处理，支持消费者对因产品质量造成的损害向人民法院起诉。"

报刊、电台、电视台等社会舆论单位和其他消费者组织，有权按照国家有关规定对产品质量进行舆论监督和社会监督。

7．缺陷产品召回制度

缺陷产品召回制度是指对于流通中存在缺陷的产品，在可能导致损害发生的情况下，产品生产经营者采取发布公告、通知等措施敦促消费者交回缺陷产品，经营者采取有效措施，以求防患于未然或将损失最小化。我国缺陷产品召回制度较欧美国家实行得晚。《消费者权益保护法》第 18 条第 2 款规定："经营者发现其提供的商品或者服务存在严重缺陷，即使正确使用商品或接受服务仍然可能对人身、财产安全造成危害的，应当立即向有关政府部门报告和告知消费者，并采取防止危害发生的措施。"该规定被认为是建立我国缺陷产品召回制度的基本依据。2004 年 3 月 25 日，我国制定发布了《中华人民共和国缺陷产品召回管理规定》，该规定于 2004 年 10 月 1 日起实施。2006 年 5 月 30 日，我国又发布了《中华人民共和国缺陷儿童玩具及儿童用品召回管理规定（征求意见稿）》。由此看出，我国正在致力于构建一套全面、完善的缺陷产品召回制度。

三、产品质量义务

产品质量义务是指生产者、销售者依法应当为或不为一定行为的责任和义务。它是生产者、销售者承担责任的前提和基础。

（一）生产者的产品质量义务

《产品质量法》中的生产者是指从事产品生产的组织或个人。产品生产应当包括产品的设计、制作、加工、组装、包装等过程。生产者生产的产品，包括整件、零部件和原材料。生产者包括成品生产者、零部件生产者和原材料的生产者。

1. 生产者的内在产品质量义务

（1）不存在危及人身、财产安全的不合理危险，有保障人身、财产安全的国家标准、行业标准的，应当符合该标准。

（2）具备产品应当具备的使用性能，但对产品存在使用性能的瑕疵作出说明的除外。法律规定，产品应符合明示采用的产品标准中规定的使用性能，未制定相应标准的产品，其使用性能应当符合公众普遍认为应当具备的使用性能。所谓瑕疵是指产品存在不符合规定或通用的质量要求的情形或者影响使用的效果等方面的情况致使消费者不能按预定意图使用。

（3）符合在产品或其包装上注明的产品标准，或以实物样品等方式表明的质量状况。

2. 生产者的外在标识义务

产品标识是指用于识别产品或其特征、特性所作的各种表示的统称。产品标识可以用文字、符号、标志、标记、数字、图案等表示，它是消费者了解和使用产品的向导。随着经济的发展和市场竞争的加剧，产品的标识越来越重要，它已成为产品的组成部分。标识的指示不当或带有欺骗性，会造成用户、消费者的误解，严重的还会造成侵权损害，引起产品质量纠纷。

我国《产品质量法》规定，产品或其包装的标识应当符合下列要求：

（1）有产品质量检验合格证明。

（2）有中文标明的产品名称、生产厂厂名和厂址。进口产品在国内市场销售，也必须有中文标志。

（3）根据产品的特点和使用要求，需要标明产品规格、等级，所含主要成分的名称和含量的，用中文相应予以标明；需要事先让消费者知晓的，应当在外包装标明，或者预先向消费者提供有关资料。

（4）限期使用的产品，应当在显著位置清晰地标明生产日期和安全使用期或者失效日期。

（5）使用不当，容易造成产品本身损坏或者可能危及人身、财产安全的产品，应当有警示标志或者中文警示说明。裸装的食品和其他根据产品的特点难以附加标识的裸装产品，可以不附加产品标识。

（6）已被工商部门批准注册的商标。

（7）已被专利部门授予专利的，可在产品上注明。

（8）生产企业应在商品或其说明、包装上注明所执行标准的代号、编号、名称。

（9）已取得国家有关质量认证的产品，可在产品或包装上使用相应的安全或合格认证标志。

（10）易碎、易燃、易爆、有毒、有腐蚀性、有放射性等危险物品以及在储运中不能倒置和其他有特殊要求的产品，其包装质量必须符合相应要求，依照国家规定作出警示标志或者警示说明，标明储运注意事项。

3．生产者的质量禁止性规范

（1）生产者不得生产国家明令淘汰的产品。

（2）生产者不得伪造产地、不得伪造或者冒用他人的厂名、厂址。

（3）生产者不得伪造或者冒用认证标志等质量标志。

（4）生产者生产的产品，不得掺杂、掺假，不得以假充真、以次充好，不得以不合格产品冒充合格产品。

（二）销售者的产品质量义务

《产品质量法》中的销售者是指从事产品销售业务的组织或个人。这种销售包括将产品销售给最终消费者、销售给加工者、销售给再销售者和销售给出租者等。

1．建立并执行进货检查验收制度

《产品质量法》第33条规定："销售者应当建立并执行进货检查验收制度，验明产品合格证明和其他标识。"国家现行的法律、法规，如《合同法》等，对销售者、生产者、供货者之间货物买卖检查验收也有明确的规定。所谓进货检查验收制度，是指销售者进货时，要对所进货物进行检查，查明货物的质量水平，同时应对货物应具备的标识是否具备进行检查，查明货物可以销售时才收存货物的制度。进货检查验收制度是销售者销售合格产品的前提条件，也是区别生产者和销售者责任的依据。

2．保持销售产品的质量

《产品质量法》第34条规定："销售者应当采取措施，保持销售产品的质量。"销售者购进产品后，不一定将其立即全部销售给消费者，有些产品会在销售者手里保存一段时间，销售者有义务在销售过程中保持产品的质量，防止产品过期失效、发生霉变等影响质量。但是保持产品质量不等于保持产品原来的质量，对于某些产品，要求销售者保持产品原有质量是难以做到的，也是不合情理的。法律规定销售者有保持产品质量的义务，可以促使销售者增加责任感，加快产品流通，不经营失效、变质的产品。

3．产品标识义务

依照《产品质量法》的规定，销售者销售的产品标识应符合生产者外在标识义务的有关内容。

4．销售者的质量禁止性规范

根据《产品质量法》的有关规定，销售者的质量禁止性规定主要有以下几条：

（1）销售者不得销售国家明令淘汰并停止销售的产品和失效、变质的产品。

（2）销售者不得伪造产地，不得伪造或冒用他人的厂名、厂址。

（3）销售者不得伪造或者冒用认证标志等质量标志。

（4）销售者销售产品，不得掺杂、掺假，不得以假充真，以次充好，不得以不合格产品冒充合格产品。

四、产品质量的法律责任

产品质量责任，是指生产者、销售者以及依法对产品质量负有责任的单位，因产品质量造成消费者或其他利害关系人的人身或财产的损害而依法应承担的法律后果。产品质量的法律责任包括产品质量的民事责任、行政责任和刑事责任。

（一）产品质量的民事责任

民事责任是指民事主体因违反民事义务或者因法律规定的其他事由而依法承担的民事法律后果。承担民事责任的主体除生产者、销售者外，还包括有过错的产品认证机构，以及对产品作出承诺、保证的社会团体和中介机构。

1. 产品瑕疵责任

产品瑕疵责任是指在产品买卖关系中，出卖方为全面履行合同义务，向对方当事人保证其出售的产品符合国家规定的质量标准或合同约定的质量标准。承担瑕疵责任的条件有：

（1）不具备产品应当具备的使用性能而事先未作说明的。

（2）不符合在产品或者包装上注明采用的产品标准的。

（3）不符合以产品说明、实物样品等方式表明的质量状况的。

瑕疵产品属于一般质量不合格产品，其本身不存在危险性。因此，瑕疵责任的承担方式主要是对售后的产品进行修理、更换、退货；给购买产品的用户、消费者造成很大损失的，销售者应当赔偿用户、消费者在要求销售者进行修理、更换、退货过程中所提出的运输费、交通费、误工费等经济损失。

2. 产品缺陷责任

产品缺陷是指产品存在危及人身、他人财产安全的不合理危险。产品的缺陷包括设计、制造和指示上的缺陷。生产者、销售者违反上述规定，使产品存在缺陷的，就应当承担由此引起的法律后果。

（1）生产者的产品缺陷责任。《产品质量法》第41条规定："因产品存在缺陷造成人身、缺陷产品以外的其他财产（以下简称他人财产）损害的，生产者应当承担赔偿责任。"可见，这一条款实行的是"严格责任"原则，即不论生产者主观上有无过错，均要承担赔偿责任。当然，消费者依法请求赔偿也负有举证的义务，即消费者要证明：①该产品的用户、消费者或出现在现场的当事人；②在正确使用该产品的情况下，损害后果发生了；③人身或财产损害的后果情况等。

生产者能够证明有下列情形之一的，不承担责任：①未将产品投入流通的；②产品投入流通时，引起损害的缺陷尚不存在的；③将产品投入流通时的科学技术水平尚不能发现缺陷的存在的。

（2）销售者的产品缺陷责任。《产品质量法》第42条规定："由于销售者的过错使产品存在缺陷，造成人身、他人财产损害的，销售者应当承担赔偿责任。销售者不能指明缺陷产品的生产者也不能指明缺陷产品的供货者的，销售者应当承担赔偿责任。"

（3）产品缺陷责任的形式、赔偿标准和赔偿的方式。①人身伤害责任。因产品存在缺陷造成受害人人身伤害的，侵害人应当赔偿医疗费、治疗期间的护理费、因误工减少的收入等费用；造成残疾的，还应当支付残疾者生活自助具费、生活补助费、残疾赔偿金以及由其扶养的人所必需的生活费等费用；造成受害人死亡的，并应当支付丧葬费、死亡赔偿金以及由死者生前扶养的人所必需的生活费等费用。②财产损失责任。因产品存在缺陷造成受害人财产损失的，侵害人应当恢复原状或者折价赔偿。受害人因此遭受其他重大损失的，侵害人应当赔偿损失。③精神损害责任。关于精神损害是否可以构成产品责任的归责条款，我国《产品质量法》未有明确规定，但在司法实践中已经确立了产品缺陷造成精神损害予以赔偿的制度。

上述产品缺陷责任的赔偿方式，《产品质量法》第43条做了明确规定："因产品存在缺陷造成人身、他人财产损害的，受害人可以向产品的生产者要求赔偿，也可以向产品的销售者要求赔偿。属于产品的生产者的责任，产品的销售者赔偿的，产品的销售者有权向产品的生产者追偿。属于产品的销售者的责任，产品的生产者赔偿的，产品的生产者有权向产品的销售者追偿。"

（二）产品质量的行政责任

根据《产品质量法》的有关规定，违反《产品质量法》的行政责任有以下几个方面：

（1）生产、销售不符合保障人体健康和人身、财产安全的国家标准、行业标准的产品的，责令停止生产、销售，没收违法生产、销售的产品，并处违法生产、销售产品（包括已售出和未售出的产品，下同）货值金额等值以上3倍以下的罚款；有违法所得的，并处没收违法所得；情节严重的，吊销营业执照。

（2）在产品中掺杂、掺假，以假充真，以次充好，或者以不合格产品冒充合格产品的，责令停止生产、销售，没收违法生产、销售的产品，并处违法生产、销售产品货值金额50%以上3倍以下的罚款；有违法所得的，并处没收违法所得；情节严重的，吊销营业执照。

（3）生产国家明令淘汰的产品的，销售国家明令淘汰并停止销售的产品的，责令停止生产、销售，没收违法生产、销售的产品，并处违法生产、销售产品货值金额等值以下的罚款；有违法所得的，并处没收违法所得；情节严重的，吊销营业执照。

（4）销售失效、变质的产品的，责令停止销售，没收违法销售的产品，并处违法销售产品货值金额2倍以下的罚款；有违法所得的，并处没收违法所得；情节严重的，吊销营业执照。

（5）伪造产品产地的，伪造或者冒用他人厂名、厂址的，伪造或者冒用认证标志等质量标志的，责令改正，没收违法生产、销售的产品，并处违法生产、销售产品货值金额等值以下的罚款；有违法所得的，并处没收违法所得；情节严重的，吊销营业执照。

（6）产品标识不符合本法第27条规定的，责令改正；有包装的产品标识不符合本法第27条第（四）项、第（五）项规定，情节严重的，责令停止生产、销售，并处违法生产、销售产品货值金额30%以下的罚款；有违法所得的，并处没收违法所得。

（7）销售者销售本法第49条至第53条规定禁止销售的产品，有充分证据证明其不知道该产品为禁止销售的产品并如实说明其进货来源的，可以从轻或者减轻处罚。

（8）拒绝接受依法进行的产品质量监督检查的，给予警告，责令改正；拒不改正的，责令停业整顿；情节特别严重的，吊销营业执照。

（9）社会团体、社会中介机构对产品质量作出承诺、保证，而该产品又不符合其承诺、保证的质量要求，给消费者造成损失的，与产品的生产者、销售者承担连带责任。

（10）在广告中对产品质量作虚假宣传，欺骗和误导消费者的，依照《中华人民共和国广告法》的规定追究法律责任。

（11）知道或者应当知道属于本法规定禁止生产、销售的产品而为其提供运输、保管、仓储等便利条件的，或者为以假充真的产品提供制假生产技术的，没收全部运输、保管、仓储或者提供制假生产技术的收入，并处违法收入 50% 以上 3 倍以下的罚款。

（12）隐匿、转移、变卖、损毁被产品质量监督部门或者工商行政管理部门查封、扣押的物品的，处被隐匿、转移、变卖、损毁物品货值金额等值以上 3 倍以下的罚款；有违法所得的，并处没收违法所得。

（三）产品质量的刑事责任

（1）生产者、销售者在产品中掺杂、掺假，以假充真、以次充好或者以不合格产品冒充合格产品，销售金额 5 万元以上不满 20 万元的，处 2 年以下有期徒刑或者拘役，并处或者单处销售金额 50% 以上 2 倍以下罚金；销售金额 20 万元以上不满 50 万元的，处 2 年以上 7 年以下有期徒刑，并处销售金额 50% 以上 2 倍以下罚金；销售金额 50 万元以上不满 200 万元的，处 7 年以上有期徒刑，并处销售金额 50% 以上 2 倍以下罚金；销售金额 200 万元以上的，处 15 年有期徒刑或者无期徒刑，并处销售金额 50% 以上 2 倍以下罚金或者没收财产。

（2）生产、销售假药，足以严重危害人体健康的，处 3 年以下有期徒刑或者拘役，并处或者单处销售金额 50% 以上 2 倍以下罚金；对人体健康造成严重危害的，处 3 年以上 10 年以下有期徒刑，并处销售金额 50% 以上 2 倍以下罚金；致人死亡或者对人体健康造成特别严重危害的，处 10 年以上有期徒刑、无期徒刑或者死刑，并处销售金额 50% 以上 2 倍以下罚金或者没收财产。

假药是指依照《中华人民共和国药品管理法》的规定属于假药和按假药处理的药品、非药品。

（3）生产、销售劣药，对人体健康造成严重危害的，处 3 年以上 10 年以下有期徒刑，并处销售金额 50% 以上 2 倍以下罚金；后果特别严重的，处 10 年以上有期徒刑或者无期徒刑，并处销售金额 50% 以上 2 倍以下罚金或者没收财产。

（4）生产、销售不符合卫生标准的食品，足以造成严重食物中毒事故或者其他严重食源性疾患的，处 3 年以下有期徒刑或拘役，并处或者单处销售金额 50% 以上 2 倍以下罚金；对人体健康造成严重危害的，处 3 年以上 7 年以下有期徒刑，并处销售金额 50% 以上 2 倍以下罚金；后果特别严重的，处 7 年以上有期徒刑或者无期徒刑，并处销售金额 50% 以上 2 倍以下罚金或者没收财产。

（5）在生产、销售的食品中掺入有毒、有害的非食品原料的，或者销售明知掺有有毒、有害的非食品原料的食品的，处 5 年以下有期徒刑或者拘役，并处或者单处销售金额 50% 以上 2 倍以下罚金；造成严重食物中毒事故或者其他严重食源性疾患，对人体健康造成严重危害的，处 5 年以上 10 年以下有期徒刑，并处销售金额 50% 以上 2 倍以下罚金；致人死亡或者对人体健康造成特别严重危害的，依照《中华人民共和国刑法》（以下简称《刑法》）第 141 条的规定处罚。

（6）生产不符合保障人体健康的国家标准、行业标准的医疗器械、医用卫生材料，或者销售明知是不符合保障人体健康的国家标准、行业标准的医疗器械、医用卫生材料，对人体健康造成严重危害的，处 5 年以下有期徒刑，并处销售金额 50% 以上 2 倍以下罚金；后果特别严重的，处 5 年以上 10 年以下有期徒刑，并处销售金额 50% 以上 2 倍以下罚金，其中情节特别恶劣的，处 10 年以上有期徒刑或者无期徒刑，并处销售金额 50% 以上 2 倍以下罚金或者没收财产。

（7）生产不符合保障人身、财产安全的国家标准、行业标准的电器、压力容器、易燃易爆产品或者其他不符合保障人身、财产安全的国家标准、行业标准的产品，或者销售明知是以上不符合保障人身、财产安全的国家标准、行业标准的产品，造成严重后果的，处 5 年以下有期徒刑，并处销售金额 50% 以上 2 倍以下罚金；后果特别严重的，处 5 年以上有期徒刑，并处销售金额 50% 以上 2 倍以下罚金。

（8）生产假农药、假兽药、假化肥，销售明知是假的或者失去使用效能的农药、兽药、化肥、种子，或者生产者、销售者以不合格的农药、兽药、化肥、种子冒充合格的农药、兽药、化肥、种子，使生产遭受较大损失的，处 3 年以下有期徒刑或者拘役，并处或者单处销售金额 50% 以上 2 倍以下罚金；使生产遭受重大损失的，处 3 年以上 7 年以下有期徒刑，并处销售金额 50% 以上 2 倍以下罚金；使生产遭受特别重大损失的，处 7 年以上有期徒刑或者无期徒刑，并处销售金额 50% 以上 2 倍以下罚金或者没收财产。

（9）生产不符合卫生标准的化妆品，或者销售明知是不符合卫生标准的化妆品，造成严重后果的，处 3 年以下有期徒刑或者拘役，并处或者单处销售金额 50% 以上 2 倍以下罚金。

（10）生产、销售《刑法》第 141 条至第 148 条所列产品，不构成各该条规定的犯罪，但是销售金额在 5 万元以上的，依照《刑法》第 140 条的规定定罪处罚。生产、销售《刑法》第 141 条至第 148 条所列产品，构成各该条规定的犯罪，同时又构成《刑法》第 140 条规定之罪的，依照处罚较重的规定定罪处罚。

（11）未经注册商标所有人许可，在同一种商品上使用与其注册商标相同的商标，情节严重的，处 3 年以下有期徒刑或者拘役，并处或者单处罚金；情节特别严重的，处 3 年以上 7 年以下有期徒刑，并处罚金。

（12）销售明知是假冒注册商标的商品，销售金额较大的，处 3 年以下有期徒刑或者拘役，并处或者单处罚金；销售金额巨大的，处 3 年以上 7 年以下有期徒刑，并处罚金。

（13）伪造、擅自制造他人注册商标标识或者销售伪造、擅自制造的注册商标标识，情节严重的，处 3 年以下有期徒刑、拘役或者管制，并处或者单处罚金；情节特别严重的，处 3 年以上 7 年以下有期徒刑，并处罚金。

（14）假冒他人专利，情节严重的，处 3 年以下有期徒刑或者拘役，并处或者单处罚金。

（15）以暴力、威胁方法阻碍产品质量监督部门或者工商行政管理部门的工作人员依法执行职务构成犯罪的，依法追究刑事责任。

（四）政府工作人员、国家机关工作人员和产品质量检验机构、认证机构及其工作人员违反《产品质量法》的各种法律责任

（1）产品质量检验机构、认证机构伪造检验结果或者出具虚假证明的，责令改正，对单位处 5 万元以上 10 万元以下的罚款，对直接负责的主管人员和其他直接责任人员处 1 万元以上 5 万元以下的罚款；有违法所得的，并处没收违法所得；情节严重的，取消其检验资格、认证资格；构成犯罪的，依法追究刑事责任。

（2）各级人民政府工作人员和其他国家机关工作人员有下列情形之一的，依法给予行政处分；构成犯罪的，依法追究刑事责任：

①包庇、放纵产品生产、销售中违反《产品质量法》规定行为的。

②向从事违反《产品质量法》规定的生产、销售活动的当事人通风报信，帮助其逃避查处的。

③阻挠、干预产品质量监督部门或者工商行政管理部门依法对产品生产、销售中违反《产品质量法》规定的行为进行查处，造成严重后果的。

（3）产品质量监督部门在产品质量监督抽查中超过规定的数量索取样品或者向被检查人收取检验费用的，由上级产品质量监督部门或者监察机关责令退还；情节严重的，对直接负责的主管人员和其他直接责任人员依法给予行政处分。

（4）产品质量监督部门或者其他国家机关工作人员违反《产品质量法》第 25 条的规定，向社会推荐生产者的产品或者以监制、监销等方式参与产品经营活动的，由其上级机关或者监察机关责令改正，消除影响，有违法收入的予以没收；情节严重的，对直接负责的主管人员和其他直接责任人员依法给予行政处分。

（5）产品质量监督部门或者工商行政管理部门的工作人员滥用职权、玩忽职守、徇私舞弊，构成犯罪的，依法追究刑事责任；尚不构成犯罪的，依法给予行政处分。

（五）产品质量争议处理

1. 产品责任的诉讼时效

（1）因产品存在缺陷造成损害要求赔偿的诉讼时效期间为 2 年，自当事人知道或者应当知道其权益受到损害时计算。

（2）因产品存在缺陷造成损害要求赔偿的请求权，在造成损害的缺陷产品交付最初用户、消费者满 10 年丧失；但是，尚未超过明示的安全使用期的除外。

2. 解决产品质量纠纷的法律方式

《产品质量法》第 47 条规定了解决产品质量纠纷的法律方式："因产品质量发生民事纠纷时，当事人可以通过协商或者调解解决。当事人不愿通过协商、调解解决或者协商、调解不成的，可以根据当事人各方的协议向仲裁机构申请仲裁；当事人各方没有达成仲裁协议或者仲裁协议无效的，可以直接向人民法院起诉。"

【案例精析】

李某诉淮阴供销大厦股份有限公司损害赔偿案

一、案情

2000 年 6 月 30 日 11 时许，尚不满 4 周岁的李某随其外祖母到淮阴供销大厦新亚家电城选购商品。中午 12 时许，李某随外祖母乘自动扶梯从三楼下至二楼，至二楼时，其软底泡沫塑料凉鞋被自动扶梯下口梳齿板卡住，导致左足被绞伤，当即被送到淮安市第二人民医院治疗。诊断为：左足损伤、左足第三跖趾关节脱位。同年 10 月 10 日出院，共用去医疗费 10 712 元。在原告李某治疗期间，被告淮阴供销大厦股份有限公司仅支付李某医疗费 9 000 元。

原告李某向淮安市清河区人民法院起诉称，本人随外祖母到被告的家电商城选购商品，乘用被告淮阴供销大厦有质量问题且无人管理的自动扶梯，致使左足被绞伤。该伤经淮安市第二人民医院诊断为左足毁损伤，手术后尚需继续治疗。现要求被告淮阴供销大厦股份有限公司赔偿尚未支付的医疗费 1 712 元、继续治疗费 10 000 元、营养费 500 元、交通费 270 元、护理费 4 500 元、残疾者生活补助费 15 000 元、精神损害赔偿金 20 000 元。

被告淮阴供销大厦股份有限公司辩称，原告李某系在自动扶梯上玩耍，左足插入自动扶梯梳齿板致伤的，造成损伤的原因是李某的家人未尽到监护责任。本公司投入使用的自动扶梯是合格的，不应承担赔偿责任，请求驳回原告李某的诉讼请求。

二、审判

该案受理后，清河区人民法院委托法医对原告李某的伤进行鉴定。经法医鉴定：李某左足第四、第五脚趾缺如，左足足弓损坏，伤残程度为九级，该损伤 5 个月左右可以愈合，李某伤后住院期间可予专人护理，伤后 1～2 月内可予营养补助，其住院期间治疗及用药无明显不妥之处。另经核实，李某被送至医院的救护费 70 元系原告家人支付。

清河区人民法院审理后认为，原告李某在被告淮阴供销大厦股份有限公司家电商城被自动扶梯绞伤，原告有依法向有关责任人追偿的权利。各责任方应负相应的赔偿责任。本案被告作为经营者，在其经营场所设置自动扶梯，应当保证消费者安全通行。造成原告被损伤的主要原因是该自动扶梯存在质量问题，有安全隐患。因此，被告应对本案损害负主要责任。原告系无民事行为能力人，其监护人应当预见到乘自动扶梯应当及时起步、抬脚，否则将存在一定危险。原告的监护人没有履行这一注意义务，帮助原告及时上下自动扶梯，对发生的损害亦应负有过错责任。依据法医鉴定，原告要求被告赔偿医疗费、护理费、营养费、残疾者生活补助费、交通费等费用的诉讼请求，应予支持。原告李某伤后所承受的肉体痛苦和心灵创伤，对今后生活的影响非物质可弥补，其所受的精神损害是客观存在的。为缓和或消除原告精神上的痛苦，应当给予其适当的精神损害赔偿。原告提出继续治疗的费用，无事实和法律依据，不予采纳。依照《中华人民共和国消费者权益保护法》第 7 条、第 11 条、第 18 条、第 41

条,《中华人民共和国民法通则》第 119 条、第 131 条之规定,于 2001 年 5 月 16 日作出判决如下:(一)原告李某的医疗费 10 712 元、残疾者生活补助费 15 687.68 元、护理费 1 106.73 元、营养费 386.82 元、救护费 70 元、交通费 120 元、X 摄片费 20 元,合计 28 103.23 元,原告李某自负 2 810.33 元,被告淮阴供销大厦股份有限公司赔偿 25 292.90 元。(二)法医鉴定费 300 元,原告李某负担 30 元,被告淮阴供销大厦股份有限公司负担 270 元。(三)被告淮阴供销大厦股份有限公司赔偿原告李某精神损害赔偿金 9 000 元。

一审宣判后,被告淮阴供销大厦股份有限公司不服,提起上诉。其认为李某不是消费者,一审判决认定事实和适用法律错误,事故发生完全是因为监护人未尽责任所致,其不应承担责任。

淮安市中级人民法院认为,原审法院根据所查明的事实,在分清责任的基础上,明确了双方当事人各自应承担的民事责任。原审判决认定事实清楚,证据充分,适用法律正确,应予维持。淮阴供销大厦股份有限公司所提的上诉理由不足,不予采纳。根据《中华人民共和国民事诉讼法》第 153 条第 1 款第(一)项的规定,于 2001 年 9 月 7 日作出判决:

驳回上诉,维持原判。

三、法律问题

1. 自动扶梯的法律性质如何确定?
2. 不满 4 周岁的李某能否成为消费者?
3. 李某的监护人是否应承担责任?

四、评析

1. 自动扶梯法律性质的确定

在经营场所内设置自动扶梯供前来选购商品的顾客上下楼使用,那么自动扶梯是否为被告淮阴供销大厦所提供的一种服务呢?笔者认为这应视为商家为顾客提供的服务,其理由是:被告应属我国《消费者权益保护法》上所指的向消费者提供商品和服务的经营者。被告淮阴供销大厦股份有限公司因经营需要而在家电商城内配置的自动扶梯,虽不是作为商品出售,但它是被告为改善购物环境、方便顾客而向消费者提供的商品及服务的一部分,是为达到商品销售目的的配套服务部分。从这个意义上讲,该自动扶梯是为方便顾客购物而特意设置的。

2. 李某是否为消费者

原告李某年仅 4 周岁,其是否为消费者,其定性关系到本案的法律适用和责任的判定。笔者认为,李某应当是消费者。我国《消费者权益保护法》第 2 条规定:"消费者为生活需要购买、使用商品或接受服务,其权益受本法保护。"从这一规定可以看出,所谓消费者是指为满足生活需要而购买或使用经营者提供的商品或服务的人。消费者不仅包括购买商品或服务的人,而且亦包括使用商品或接受服务的人。由于消费者所消费的商品或服务是其自己或其他人通过一定的方式从经营者那里获得的,而这种获得的方式通常是指支付商品、服务的价格而购买,但又不仅限于购买通过支付任何形式的代价(如劳动、提供便利等)而获得,甚至不支付任何代价而由经营者赠与的商品或服务的使用者，亦属消费者的范围。李某随外祖母到被告的经营场所内，虽然没有采购商品，但乘被告为方便顾客特意设置的自动扶梯，而被告并没有明示低于一定年龄的人不能接受服务，由此就应视为原告李某接受了被告所提供的服务，从这个意义上讲，李某当然是消费者。

3．本案应如何适用法律

原告随外祖母到被告的家电商城选购商品，并乘被告提供的自动扶梯，是一种消费行为，应属《消费者权益保护法》中所指的消费者。因此，原、被告之间存在一种消费服务法律关系，并应根据相关的规定来确定双方各自的权利与义务范围。被告在其家电商城附设自动扶梯，正因为它属经营者向消费者所提供的一种服务，故产生了被告依《消费者权益保护法》第18条规定所必须承担的义务，即"经营者应当保证其提供的商品或者服务符合保障人身、财产安全的要求。对可能危及人身、财产安全的商品和服务，应当向消费者作出真实的说明和明确的警示，并说明和标明正确使用商品或者接受服务的方法以及防止危害发生的方法。经营者发现其提供的商品或者服务存在严重缺陷，即使正确使用商品或者接受服务仍然可能对人身、财产安全造成危害的，应当立即向有关行政部门报告和告知消费者，并采取防止危害发生的措施"。根据经营者应保证消费者安全的义务，本案被告必须保证其所提供的自动扶梯是没有任何故障和缺陷，确保消费者在任何情况下都能安全通行，如存在缺陷应当明确告知。从本案查明的情况看，原告李某的软底泡沫塑料凉鞋被自动扶梯下口梳齿板卡住，导致左足被绞伤，表明自动扶梯存在安全隐患，但被告对此没有任何的明示，这是完全有悖于其作为经营者应负的保证消费者安全义务的要求的。产生这种情况，无论是被告没有认识到自己的义务所在，还是被告轻信不会发生事故，这都是被告主观上的过错和客观上的过错，而不是推定过错的问题。因此，原告李某脚被绞伤，虽属偶然，但和被告的不加管理（而不仅仅是疏忽管理的问题）的过错行为却有着直接因果关系。被告未履行应尽的义务，就应对因此发生的损害承担民事责任。

4．原告李某的监护人应否承担责任

未成年人或者说无行为能力人的法定监护人负有法定监护义务，但对此不能理解为法定监护人对被监护人所受的任何不能预见的伤害都要承担责任。被监护人受到伤害，不能仅以脱管就认定监护人未尽到监护职责，而应以监护人当时的监护职责是否能够实际行使而实际上怠于行使来认定。服务场所所提供的自动扶梯是为所有消费者服务的，其安全性能应该是可靠的，不应对任何消费者人身、财产构成危险。被告应对其所设的自动扶梯负有安全保障责任。因此，不能把被告未尽的义务解释为监护人未尽到注意义务，让监护人自负一定的责任，从而减轻被告的责任。也就是说，在原、被告这种消费服务法律关系中，并不发生被告和原告的监护人的混合责任的问题，被告应在消费法律关系中承担自己的全部义务。

综上所述，原告在被告家电商城所受到的人身损伤，是因被告所提供的服务设施存在缺陷，而其未尽到保证消费者安全义务所造成的，和原告的监护人无关，被告应负全部的损害赔偿责任。

（案例来源：http://www.114ls.cn）

【实训项目】

了解消费者权益保护法律制度

一、目的

了解我国消费者权益保护现状，进一步明确消费者的权利和经营者的义务。

二、组织形式

学生8~10人一组，利用课余时间调查分析不同消费场所中违反《消费者权益保护法》的现象，了解消费者对消费者权利的了解程度。

三、要求

1. 以小组为单位撰写调查问卷，项目完成后提交调查问卷及问卷分析报告；
2. 以小组为单位撰写并提交见习总结。

【自测题】

一、判断题

1. 消费者有权根据商品或服务的不同情况，要求经营者提供商品的检验合格证明、使用方法说明书和售后服务等情况的说明。　　　　　　　　　　　　（　　）

2. 我国《消费者权益保护法》保护一切有偿取得商品和服务、满足生产消费和物质文化消费的单位和个人。　　　　　　　　　　　　　　　　　　　　（　　）

3. 消费者协会是依法成立的保护消费者合法权益的社会团体。在保证商品质量和服务质量的前提下，它可以从事商品经营和营利性服务。　　　　　　　　（　　）

4. 使用他人营业执照的违法经营者提供商品或服务，损害消费者合法权益的，消费者可以向其要求赔偿，也可以向营业执照的持有人要求赔偿。　　　　（　　）

5. 消费者在购买、使用商品时，其合法权益受到损害的，只能向销售者要求赔偿，不得向生产者要求赔偿。　　　　　　　　　　　　　　　　　　　（　　）

6. 根据产品的特点和使用要求，需要标明产品规格、等级、所含主要成分的名称和含量的，用中文相应予以标明。　　　　　　　　　　　　　　　　　（　　）

7. 因产品存在缺陷造成人身、缺陷产品以外的其他财产（以下简称他人财产）损害的，生产者应当承担连带责任。　　　　　　　　　　　　　　　　　（　　）

8. 生产者、销售者在产品中掺杂、掺假，以假充真，以次充好，或者以不合格产品冒充合格产品，销售金额在10万元以上的，即构成犯罪。　　　　　　（　　）

9. 抽样取证，应当有当事人在场，办案人员应当制作抽样记录，对样品加贴封条，开具物品清单，由当事人在封条和相关记录上签名或者盖章。　　　（　　）

10. 国家对产品质量实行以抽查为主要方式的监督检查制度。　　　　　（　　）

二、单项选择题

1. 钟某为其3岁儿子购买某品牌的奶粉，小孩喝后上吐下泻，住院7天才恢复健康。钟某之子从此见任何奶类制品都拒食。经鉴定，该品牌奶粉属劣质品。为此，钟

某欲采取维权行动。钟某亲友们提出的下列建议哪一项缺乏法律依据?（　　）

    A. 请媒体曝光，并要求工商管理机关严肃查处

    B. 向出售该奶粉的商场索赔，或向生产该奶粉的厂家索赔

    C. 直接提起诉讼，要求商场赔偿医疗费、护理费、误工费、交通费等

    D. 直接提起仲裁，要求商场和厂家连带赔偿钟某全家所受的精神损害

2. 消费者李某在购物中心购买了一台音响设备，依法经有关行政部门认定为不合格商品，李某找到购物中心要求退货。下列哪种处理方法是正确的?（　　）

    A. 该购物中心认为可以通过更换使李某得到合格产品，因而拒绝退货

    B. 该购物中心认为该产品经过修理能达到合格，因而拒绝退货

    C. 该购物中心应按照消费者的要求无条件负责退货

    D. 该购物中心可以依法选择修理、更换、退货中的任一方式

3. 经营者的下列哪项行为，未违反《消费者权益保护法》规定的义务?（　　）

    A. 店堂告示"商品一旦售出概不退换"

    B. 店堂告示"未成年人须由成人陪伴方可入内"

    C. 顾客购买两条毛巾索要发票，经营者以"小额商品，不开发票"为由加以拒绝

    D. 出售蛋类食品的价格经常变化

4. 2005 年 5 月 2 日，李某家中吊扇扇叶掉下将其砸伤，经鉴定，其原因为设计不合理，扇叶不够稳固而落下。本案中，可以依下列哪种依据判定生产者承担责任?（　　）

    A. 产品存在的缺陷　　　　　　B. 产品买卖合同的约定

    C. 产品默示担保条件　　　　　D. 产品明示担保条件

5. 某居民因热水器爆炸受重伤。经查，此热水器为某厂处于研发阶段的样品中丢失的一件且存在严重缺陷。如果该居民要求赔偿，热水器厂可因下列归种理由抗辩?（　　）

    A. 该热水器尚未投入流通

    B. 该居民如何得到热水器事实不清

    C. 该居民偷盗样品，应责任自负

    D. 该居民应向向其提供热水器的人索赔

6. 下列关于产品责任的表述哪个是不正确的?（　　）

    A. 销售者不能指明缺陷产品的生产者，也不能指明供货者的，应承担赔偿责任

    B. 因缺陷产品造成损害要求赔偿的诉讼时效为 1 年

    C. 缺陷产品造成他人人身、财产损害的，可以要求该产品的销售者或生产者承担责任

    D. 缺陷产品的生产者应对该产品造成的他人人身、财产损害承担无过错责任

7. 因产品存在缺陷造成人身、他人财产损失的，产品生产者可以免责的情况不包括（　　）。

A. 生产者能够证明自己无过错

B. 生产者能够证明未将产品投入流通

C. 生产者能够证明产品投入流通时，引起损害的缺陷尚不存在

D. 生产者能够证明产品投入流通时的科学技术水平尚不能发现缺陷存在

8. 因产品存在缺陷造成损害要求赔偿的请求权，在造成损害的缺陷产品交付最初消费者满（　　　）年丧失。

A. 1 年　　　　　B. 2 年　　　　　C. 4 年　　　　　D. 10 年

9. 某酒厂用食用酒精兑制成白酒，使用该厂酿制的粮食白酒"幸福特曲"的包装及标贴向社会销售。该种勾兑制成的白酒理化、卫生指标符合标准，每瓶售价仅为"幸福特曲"的 1/4，销售状况甚好。对该厂的上述做法应如何定性？（　　　）

A. 属于以假充真行为

B. 有关指标符合国家标准，不属以假充真行为

C. 与"幸福特曲"差价显著，不属以假充真行为

D. 国家允许生产代粮白酒，不属以假充真行为

10. 下列关于因产品缺陷造成受害人死亡，侵害人应当赔偿的范围的表述哪些是正确的？（　　　）

A. 以丧葬费和抚恤费为限

B. 以医疗费、丧葬费为限

C. 以医疗费、丧葬费、死亡赔偿金、死者生前抚养的人必要的生活费为限

D. 医疗费、因误工减少的收入、丧葬费、抚恤费、死者生前抚养的人必要的生活费等费用

三、多项选择题

1. 某村十余户农民从甲供销公司购得乙农药厂生产的"立杀净"杀虫药，按说明喷洒于农作物上，但虫害有增无减，以致错过灭虫时机，当年农作物歉收，损失 4 万余元。经查，该杀虫药系乙农药厂未按标准生产的劣质农药。下列关于此案的判断，哪些是正确的？（　　　）

A. 该十余户农民应以乙农药厂为被告要求赔偿损失

B. 该十余户农民应以甲供销公司为被告要求赔偿损失

C. 该十余户农民既可以甲供销公司为被告，也可以乙农药厂为被告要求赔偿损失

D. 若该十余户农民起诉则其既可推举代表人参加诉讼，也可单独另行起诉

2. 消费者协会享有下列职权（　　　）。

A. 对商品和服务进行监督

B. 受理消费者的投诉，并对投诉事项进行调查和仲裁

C. 支持受损害的消费者提起诉讼

D. 对违法经营者提起诉讼

3. 甲在商场购买电脑一台，使用 3 个月后发生故障，在"三包"有效期内经两次修理，仍不能正常使用。该商场应如何解决这一问题？（　　　）

  A. 可以要求甲支付折旧费后调换同型号产品

  B. 若甲要求，应无条件调换同型号产品

  C. 可以要求甲支付折旧费后退货

  D. 若甲要求，应无条件退货

 4. 春江饭店经理甲授意店员出售严重变质的食品，致使 14 名顾客发生严重的食物中毒。下列哪些是其违反质量保证义务应承担的法律责任？（ ）

  A. 判决春江饭店承担全部诉讼费用

  B. 判决春江饭店赔偿受害顾客损失共计 10 万元

  C. 对春江饭店处以违法所得的 5 倍的罚款

  D. 对甲处以有期徒刑 1 年

 5. 经营者的下列哪些行为违反了《消费者权益保护法》的规定？（ ）

  A. 商家在商场内多处设置监控录像设备，其中包括服装销售区的试衣间

  B. 商场的出租柜台更换了承租商户，新商户进场后，未更换原商户设置的名称标牌

  C. 顾客以所购商品的价格高于同城其他商店的同类商品的售价为由要求退货，商家予以拒绝

  D. 餐馆规定，顾客用餐结账时，餐费低于 5 元的不开发票

四、案例分析题

 1. 2006 年 11 月张某参加由繁星纺织品有限公司主办的服装展销会，在展销会 8 号博佳皮衣厂柜台，以 2 400 元购得皮大衣一件。选大衣时，张某看到柜台显眼处写着"当面查验，概不退换"的告示。张某购后即穿用，没想到在 10 天后给皮衣上油时，发现皮衣外皮有脱落现象，斑斑点点，十分难看。张某即持皮衣到展销会要求退换，但展销会已结束，博佳皮衣厂人员也已撤走。张某十分气愤，即打电话向电视台反映，曝光后，博佳皮衣厂在市场上销量大减，诉至法院，称其出售时已声明"当面查验，概不退换"，张某明知仍购买，皮衣质量风险应由其自己承担，且告张某侵犯本厂名誉，应赔礼道歉，赔偿损失。张某在答辩时向法院提交了商检部门出具的该件皮衣质量不合格的证明。

 请讨论分析：①博佳皮衣厂能否因"当面查验，概不退换"告示而免除责任？②张某可否向展销会举办者——繁星纺织品有限公司要求赔偿？③博佳皮衣厂告张某侵犯该厂名誉权之诉，能否成立？

 2. 2004 年 12 月 27 日，华昌宝马公司向国家质量监督检验检疫总局递交召回报告，计划召回 2004 年 5 月 15 日至 12 月 17 日期间生产的 BMW520 和 BMW521 两个型号轿车 1 685 辆，因其车门一侧加热器存在缺陷，可能造成伤害，虽尚未有人投诉，亦决定予以召回。

 自我国 2004 年 3 月公布《缺陷产品的管理规定》至 2005 年 9 月，已有 21 家国内外汽车制造厂实施 29 次主动召回，涉及车型 33 种，召回车辆 339 696 辆。

 请问：①产品召回的概念、特征和意义是什么？②为什么汽车厂商愿意主动召回有缺陷的汽车？

第八章　反不正当竞争法与反垄断法

第一节　反不正当竞争法

一、反不正当竞争概述

(一) 不正当竞争的定义和特征

　　人们对于不正当竞争的认识有一个相当长的过程。"不正当竞争"这一概念从提出到现在，经历了150余年。各个国家对"不正当竞争"有不同的解释。我国立法对"不正当竞争"的界定反映在1993年颁布的《中华人民共和国反不正当竞争法》（以下简称《反不正当竞争法》）中。该法第2条规定：本法所称的不正当竞争，是指经营者违反本法规定，损害其他经营者的合法权益，扰乱社会经济秩序的行为。

　　理论上对不正当竞争虽有着不同的解释，但有两点值得注意：

　　第一，在对内涵的理解上，各种不同的解释虽然有差异，但在揭示不正当竞争的本质方面有共同点，即不正当竞争是相对于正当竞争而言的，其最为本质的特征是采用违反商业道德、商业惯例的手段来竞争。

　　第二，在外延的把握上，各种不同的解释可以分为广义和狭义两类。广义的不正当竞争包括垄断行为，狭义的不正当竞争不包括垄断，而与垄断并列。

　　本书所称的不正当竞争，仅指狭义的不正当竞争，其内涵是：经营者在市场竞争中采用违法手段谋取竞争利益的行为。它具有以下主要特征：

　　1. 实施主体是经营者

　　所谓经营者，是指从事商品经营或者营利性服务的法人、其他经济组织和个人。

　　然而，不正当竞争的主体是经营者，这是就一般情况而论的，在特定条件下，如果法律有特别的规定，非经营者也可以成为不正当竞争的实施主体。

　　2. 目的是为了获得竞争利益

　　所谓竞争利益，是指能够影响经营者的竞争能力而为竞争者竭力争取的诸种条件，如原料供应、资金筹集渠道、技术设备、生产条件、人才、产品的质量和数量、销售渠道、销售利润以及市场占有率等。

　　经营者的竞争利益与经营者的经济利益，是相互联系又相互区别的两个概念。一般说来，经济利益是竞争利益的最高表现，竞争利益最终要落实到经济利益之中。但是两者也存在明显的区别：

首先，竞争利益的范围更加广泛，涉及支撑或影响经营者地位的各种因素，而经济利益的范围则相对较窄，主要表现为经营者的收入、利润等。

其次，竞争利益有的是不能量化的，而经济利益一般可以量化。

最后，两者的变化并不总是同步，有时为了争取竞争利益，经营者可能不得不暂时牺牲一定的经济利益。

3. 竞争的手段违反了法律

正当竞争和不正当竞争的分界，主要是看经营者所采用的竞争手段是否合法。然而，一个时代的法律不可能将所有的商业道德和商业惯例都加以反映，况且商业道德和商业惯例本身也处于不断的变化之中，法律的反映也必然具有一定的滞后性。因此，在认定和处理不正当竞争行为的过程中，商业道德和商业惯例仍然具有一定的意义，可以作为立法不足的补充。

4. 损害经营者的利益，扰乱市场竞争秩序

一方面，不正当竞争直接损害了其他合法经营者的利益，尤其是与不正当竞争者有直接竞争关系的经营者的利益；另一方面，由于不正当竞争的存在会增加市场道德风险、加大市场交易成本、损害正常的竞争关系，因而会扰乱市场的竞争秩序。因此，以维护市场竞争秩序为宗旨的竞争法历来都将不正当竞争行为作为规制的一大重点。

应注意的是，就一般情况而言，不正当竞争行为会损害消费者的利益，但是，不正当竞争以非法获得竞争利益为目的，因而在一些具体场合，不一定会直接损害消费者的利益，如不当低价销售、不当巨奖销售等。

（二）不正当竞争与相关概念的比较

不正当竞争与正当竞争、垄断是竞争法中的相邻概念。对这些概念进行比较，弄清它们之间的联系和区别，对于正确把握不正当竞争的本质具有重要意义。

1. 不正当竞争与正当竞争

所谓正当竞争，是指建立在平等自愿、诚实信用基础上的良性竞争。它要求参加者具有对等的权利义务和平等的法律地位，并在公平的环境中，遵循公平的竞争规则和公认的商业道德与行为准则，以诚实信用的态度，凭自己的实力、技术和管理水平进行竞争。

不正当竞争与正当竞争都属于竞争的范畴，两者在产生条件、行为主体等特征方面并无实质性的区别；同时，两者各以对方的存在为存在前提，没有正当竞争也就没有不正当竞争。正当竞争与不正当竞争在法律与道德的评价上却有天壤之别。它们的区别主要表现在：

（1）采用的手段不同。这是两者之间最为本质的区别。正当竞争是竞争者在平等自愿、诚实信用的前提下，采用法律所许可的手段参与竞争，故其行为在法律的评价上属于合法竞争；不正当竞争则违背平等自愿、诚实信用等原则，采用非法手段参与竞争，在法律上是一种典型的违法竞争。

（2）竞争的目的不同。正当竞争的目的是为了提高产品和服务的质量，提高管理水平，赚取合理的利润；不正当竞争的目的是利用竞争机会，采用弄虚作假或其他违反商业道德的手段，谋取某种本来不可能获得的竞争利益或经济利益。

（3）实施的效果不同。正当竞争是在承认和维护市场规则、尊重竞争对手的情况下进行的，因而既是市场规律的展开形式，也是对市场机制的反映和维护；不正当竞争则是借用竞争机会，采用非法手段，谋取不正当利益，其结果必然会损害竞争对手和消费者的利益，扰乱和破坏市场竞争秩序。

2. 不正当竞争与垄断

不正当竞争与垄断在本质上都是对市场规律和市场机制的破坏，都是反竞争的行为；在结果上，都要损害其他竞争者（或其他经营者）以及消费者的合法权益；两种行为有时相互交叉或重叠。但是，不正当竞争毕竟不同于垄断，两者之间的区别主要表现在以下几个方面：

（1）实施主体的条件不同。一般而言，不正当竞争行为的实施主体不一定具有经济优势，因此，任何企业或个体经营者都可以实施；但垄断行为的实施主体一般需要具有经济上的垄断地位或优势地位。

（2）行为目的和后果不尽相同。垄断的目的是为了消除、排斥竞争，而不正当竞争的目的主要是通过不正当的手段获得竞争利益。因此，不正当竞争是以承认竞争为前提的，而垄断行为则是以不允许竞争为其目标；同时，在损害方面，不正当竞争是对竞争秩序的破坏，而垄断是对市场竞争格局的破坏，是对竞争的限制和削弱。

（3）实施手段不同。垄断一般是经营者凭借自己在市场中的经济地位来实施，在表面上其手段可能符合平等自愿的市场交易规则，如企业合并、格式合同、商业合作等；而不正当竞争则是采用非正常手段，如欺骗、仿冒、贿赂、巨额奖赏、低于成本销售等来打击、排挤竞争对手，从而谋取竞争利益。

（4）法律规制有所不同。法律对不正当竞争的规制侧重于竞争秩序的维护，而对垄断的规制则侧重于竞争度的维护。因此，在一些国家或地区，法律对垄断和不正当竞争分别进行规制，既有反垄断法，也有反不正当竞争法；即使在合并立法的国家，垄断与不正当竞争也是适用不同的法律来调整的。

二、不正当竞争行为

我国现行的《反不正当竞争法》在当时缺乏反垄断法的情况下，承担了反垄断的任务，故对不正当竞争的定义采用的是广泛含义，所列举的 11 种不正当竞争行为中，一般认为有四种行为属于垄断而不属于不正当竞争。这四种行为是：公用企业滥用经济优势、行政垄断、附加不合理条件交易（如搭售）和串通招标。

鉴于此，我们认为，我国反不正当竞争法中的不正当竞争行为主要有七种，即欺骗性交易行为、商业贿赂、引人误解的虚假宣传、侵犯商业秘密、不当低价销售、不当有奖销售、诋毁他人商誉。

（一）欺骗性交易行为

1. 欺骗性交易行为的定义

所谓欺骗性交易行为，也称仿冒行为，是指经营者采用假冒、仿冒或其他虚假手段，使交易相对人产生混淆或误信，从而获得交易机会的行为。

2. 欺骗性交易行为的特征

（1）主体一般是商品或服务的推销者。欺骗性交易是在推销自己的产品或服务的过程中，采用虚假的标示、说明从事交易的行为，故其主体一般是产品的生产者、销售者或服务的提供者。一般情况下，产品或服务的买方很少从事这一行为。

（2）客观上实施了欺骗行为。这是此种行为与其他不正当竞争行为的根本区别。在实践中，欺骗的方式很多，如假冒他人注册商标，仿冒知名商品的名称、包装、装潢，冒用认证标志等。这些手段或表现为混淆视听，或表现为张冠李戴，或表现为无中生有，对于不知情的交易相对人来说，很容易在主观上产生误信，因而上当受骗。而其他多数不正当竞争行为，如不当低价销售、侵犯商业秘密、商业贿赂、诋毁他人商誉等所采用的手段大多不具有欺骗性质。

（3）主观上存在着使人误信的故意。欺骗性交易行为的目的是通过仿冒等虚假手段使交易对方产生误信，如将此种产品与彼种知名产品混淆，将此种质量等同于彼种优质产品的质量等，因此，行为人在实施此种行为时主观上存在明显的故意。

（4）损害后果的双重性。欺骗性交易不仅损害了交易相对人（如消费者）的利益，同时也损害了相关经营者的利益。

3. 欺骗性交易行为的表现形式

根据我国《反不正当竞争法》第5条的规定，欺骗性交易行为有四种表现形式：

（1）假冒他人的注册商标；

（2）擅自使用知名商品特有的名称、包装、装潢，或者使用与知名商品近似的名称、包装、装潢，造成和他人的知名商品相混淆，使购买者误认为是该知名商品；

（3）擅自使用他人的企业名称或者姓名，引人误认为是他人的商品；

（4）在商品上伪造或者冒用认证标志、名优标志等质量标志，伪造产地，对商品质量作引人误解的虚假表示。

（二）商业贿赂

1. 商业贿赂的定义

所谓商业贿赂，是指经营者以一定的金钱、实物或其他利益，收买交易相对人或其他有关人员，以获得交易机会的行为。

2. 商业贿赂的特征

（1）主体范围广泛。从实践上看，任何经营者都可能成为商业贿赂的主体，不论是买方还是买方，也不论是法人、其他经济组织还是公民个人。

（2）主观上存在故意。商业贿赂的实质是私下买通对方或对方有关人员从而获得交易机会，因此，它只能由故意构成；其直接目的是获得交易机会，而其最终效果则排挤了竞争对手。

（3）贿赂行为是秘密进行的。这包含两层含义：其一，商业贿赂行为是不公开的、私下进行的，贿赂的双方总是设法隐蔽他们之间的利益交易；其二，在财务上不开票据，也不入账、不记账，或者是制作假票据、制作假账。因此，商业贿赂具有相当大的隐蔽性。

3. 商业贿赂的表现形式

关于商业贿赂的表现形式，目前主要有两种分类方法：

第一种，根据商业贿赂主体所处地位的不同，将商业贿赂分为商业行贿和商业受贿。

商业行贿和商业受贿虽然相互依存，但两者在构成上还是略有区别的：

一方面，在主体上，商业受贿的主体非常宽泛，一般不受是否具有经营资格的限制，既可以是经营者，也可以不是经营者。如无经营主体资格的个人、国家工作人员等，都可以成为商业受贿的主体。

另一方面，商业受贿中既有受贿，也有索贿，但一般情况下商业行贿都是以受贿方自愿接受为实现条件的，索贿往往是受贿方主动要求甚至强迫对方给予好处，是一种较为特殊且性质恶劣的受贿方式。

第二种，以是否采用回扣为标准，将商业贿赂分为回扣和其他商业贿赂。商业贿赂与回扣、折扣、佣金等均有一定的联系，也有严格的区别。其中回扣属于商业贿赂，而其他两种行为则不属于商业贿赂。但是，认定这些行为时，不能仅看当事人所使用的名称，而应当根据行为的实质来认定。例如有的人将商业贿赂称为"折扣""佣金""补助""纪念品"等，仍应认定为商业贿赂。

（三）引人误解的虚假宣传

1. 引人误解的虚假宣传的定义

所谓引人误解的虚假宣传，是指经营者利用广告或其他宣传方法，对商品或服务作与实际情况不符的公开宣传，引起或足以引起交易相对人对商品或服务产生错误认识。

2. 引人误解的虚假宣传的特征

（1）主体是实施产品或服务宣传的经营者。

（2）行为发生于宣传过程中。只有在商业宣传中才可能出现引人误解的虚假宣传，这是引人误解的虚假宣传与普通欺骗性交易行为的根本区别。

（3）所作的宣传引人误解。判断引人误解的标准并不取决于宣传者的理解，而取决于接受宣传者对宣传的理解。一般来说，这种理解应以普通消费者的认知能力，即一般公众的认识和判断能力为标准，只要一般大众受经营者宣传的影响而对其商品或服务产生了错误认识，即可认定为引起了误解。

（4）主观方面既包括故意也包括过失。引人误解的虚假宣传，行为人往往具有欺骗和误导购买者选购商品或接受服务的目的，故多数情况下属故意行为。但是，在过失的情况下，只要经营者的宣传在客观上导致了人们的误解，也会成立引人误解的虚假宣传。例如经营者在发布广告时，对关键性内容表述不当或表述错误，引起人们的误解；又如广告发布者因不认真审查广告内容而盲目发布虚假广告，也构成引人误解的虚假宣传。

3. 引人误解的虚假宣传的表现形式

引人误解的虚假宣传在现实生活中有多种表现形式。根据不同的标准可以将其进行不同的分类。如根据是否采用广告，可以将引人误解的虚假宣传分为引人误解的虚假广告宣传和引人误解的其他宣传。

（1）引人误解的虚假广告宣传，是指通过广告，不真实地介绍商品或服务情况，从而引人误解的行为。这种行为有三个特点，即采用广告宣传形式、内容不具有真实性、引起人们的误解。例如，滥用各种夸张性语言或绝对化语言（如使用"国家级"、"最高级"、"最佳"等用语）；滥用公众对名人、专家、国家领导人、权威机构的信任作广告宣传；使用含糊其辞、模棱两可的语言或形象作广告；虚构产品或服务的获奖情况、商标权或专利权的授予情况、销售地区或数量等；隐瞒商品或服务本身具有的法律、法规要求应予明示的瑕疵；无根据地使用各种数据、百分比作广告宣传等。

（2）引人误解的其他宣传，指利用非广告的其他宣传方法，对商品或服务作引人误解的宣传。在实践中，引人误解的虚假宣传主要采用的是广告形式，但宣传的方式很多，除广告这一形式外，还有多种宣传方式，如举办展览会、展销会、博览会、产品鉴定会、座谈会、散发宣传材料等。

（四）侵犯商业秘密

1. 商业秘密的概念及其特征

所谓商业秘密，是指不为公众所知悉、能为权利人带来经济利益、具有实用性且权利人采取了保密措施的技术信息和经营信息。

商业秘密是法律关系的一种特殊客体，具有以下基本特征：

（1）秘密性，是商业秘密最核心的特征，指该种信息不为公众所知悉。

（2）保密性，指权利人对信息采取了一定的保密措施。不过，法律只要求采取相对合理的保密措施即可，并不要求其措施必须万无一失。

（3）经济性，是指商业秘密的使用可以为权利人带来经济上的利益。

（4）实用性，指商业秘密能适用于生产经营，并创造经济效益和社会效益。

2. 侵犯商业秘密的定义

所谓侵犯商业秘密，是指经营者采用非法手段获得、披露或使用他人商业秘密的行为。

3. 侵犯商业秘密的特征

（1）行为主体一般是经营者。

（2）行为对象是商业秘密。

（3）采用了非法手段。

（4）主观上可能是故意，也可能是过失。侵犯商业秘密大多数是故意行为。但也有一些行为，法律规定即使是过失也成立，如第三人应知他人不正当地获取了权利人的商业秘密，而获取、使用或泄露该商业秘密，也视为侵犯商业秘密的行为。

4. 侵犯商业秘密的表现形式

（1）以盗窃、利诱、胁迫或者其他不正当手段获取权利人的商业秘密；

（2）披露、使用或者允许他人使用以前项手段获取的权利人的商业秘密；

（3）违反约定或者违反权利人有关保守商业秘密的要求，披露、使用或者允许他人使用其所掌握的商业秘密；

（4）第三人明知或者应知前款所列违法行为，获取、使用或者披露他人的商业秘密。

（五）不当低价销售

1. 不当低价销售的定义

所谓不当低价销售，也称不当亏本销售、掠夺性定价或不当贱卖，是指经营者以排挤竞争对手为目的，以低于成本的价格销售商品或提供服务的行为。

2. 不当低价销售的特征

（1）行为主体只能是处于卖方地位的经营者。

（2）行为人主观上存在故意，并具有排挤竞争对手的目的。

（3）行为人客观上实施了以低于成本的价格销售商品的行为。在实践中销售产品的成本是有差异的，生产和销售同一产品的企业，由于技术、管理等条件的不同，各自的成本也就有所不同。我们认为，判断产品成本价应当以被诉销售者真实、合法的成本为依据，而不应当以原告方提供的成本价或市场平均成本价为依据。

（4）侵犯的客体是市场正常竞争秩序。经营者以低于成本的价格销售商品，表面上看，受损失的是他自己，与其他经营者无关，消费者还会因此受益，但事实上并非如此，因为从长远看，经营者以低于成本的价格销售商品的目的在于排挤竞争对手，然后通过独占市场而推行垄断价格。所以，不当低价销售行为在实质上是违返竞争规律的，是对正常竞争秩序的破坏。

3. 不当低价销售的适用例外

在法律上，并非一切低价销售均成立不正当竞争行为。在有的情况下，经营者以低于成本价销售产品，并不违法。此种情形，被有的学者称为"不当低价销售的例外"。我国《反不正当竞争法》第11条规定，有下列情形之一的，不属于不正当竞争行为：

（1）销售鲜活商品；

（2）处理有效期限即将到期的商品或者其他积压的商品；

（3）季节性降价；

（4）因清偿债务、转产、歇业降价销售商品。

应注意的是，法律规定的上述几种不当低价销售的例外情况，一般均要求具有一个前提，即不以排挤竞争对手为目的。如果假借适用例外之名低于成本价销售，而其目的是排挤竞争对手，则应认定为不当低价销售，如谎称转产、搬迁、还债等，以低于成本价销售商品，即属于此种情况。

（六）不当有奖销售

1. 不当有奖销售的定义

所谓不当有奖销售，是指经营者在有奖销售的过程中弄虚作假或违反法律的限制向顾客提供巨额奖励的行为。

2．不当有奖销售的特征

（1）主体一般是出售或提供服务的卖方。

（2）发生于有奖销售过程中。

（3）采用了不合法的奖励方法或奖励幅度。这是不当有奖销售与正当有奖销售最根本的区别。不当有奖销售采用的方法主要是有奖欺骗、人为控制奖励程序、借有奖销售推销质次价高的产品、不当巨额有奖销售等。

（4）行为人主观上存在故意。

3．不当有奖销售的表现形式

（1）采用谎称有奖或者故意让内定人员中奖的欺骗方式进行有奖销售；

（2）利用有奖销售的手段推销质次价高的商品；

（3）抽奖式的有奖销售，最高奖的金额超过 5 000 元。

（七）诋毁他人商誉

1．诋毁他人商誉的定义

诋毁他人商誉也称商业诽谤，是指经营者为了获得竞争利益，捏造、散布虚假事实，损害他人商誉、侵犯他人商誉权的行为。

2．诋毁他人商誉的特征

（1）行为主体是经营者；

（2）行为人主观上存在故意；

（3）侵害的客体是特定经营者的商誉权；

（4）客观上表现为捏造、散布有损他人商誉权的虚假信息。

3．诋毁他人商誉的表现形式

（1）在产品附属资料中诋毁他人商誉；

（2）在产品交易中诋毁他人商誉；

（3）在新闻、广告中诋毁他人商誉；

（4）在公众中散布谣言诋毁他人商誉；

（5）组织、唆使、雇佣他人诋毁他人商誉。

三、对不正当竞争行为的监督检查

县级以上监督检查部门对不正当竞争行为可以进行监督检查。监督检查部门在监督检查不正当竞争行为时，有权行使下列职权：

（1）按照规定程序询问被检查的经营者、利害关系人、证明人，并要求提供证明材料或者与不正当竞争行为有关的其他资料；

（2）查询、复制与不正当竞争行为有关的协议、账册、单据、文件、记录、业务函电和其他资料；

（3）检查与《反不正当竞争法》规定的不正当竞争行为有关的财物，必要时可以责令被检查的经营者说明该商品的来源和数量，暂停销售，听候检查，不得转移、隐匿、销毁该财物。

监督检查部门的工作人员监督检查不正当竞争行为时，应当出示检查证件，被检查的经营者、利害关系人和证明人应当如实提供有关资料或者情况。

四、违反《反不正当竞争法》的法律责任

《反不正当竞争法》第20条规定：经营者违反本法规定，给被侵害的经营者造成损害的，应当承担损害赔偿责任，被侵害的经营者的损失难以计算的，赔偿额为侵权人在侵权期间因侵权所获得的利润；并应当承担被侵害的经营者因调查该经营者侵害其合法权益的不正当竞争行为所支付的合理费用。

经营者假冒他人的注册商标，擅自使用他人的企业名称或者姓名，伪造或者冒用认证标志、名优标志等质量标志，伪造产地，对商品质量作引人误解的虚假表示的，依照我国《商标法》、《产品质量法》的规定处罚。经营者擅自使用知名商品特有的名称、包装、装潢，或者使用与知名商品近似的名称、包装、装潢，造成和他人的知名商品相混淆，使购买者误认为是该知名商品的，监督检查部门应当责令停止违法行为，没收违法所得，可以根据情节处以违法所得1倍以上3倍以下的罚款；情节严重的可以吊销营业执照；销售伪劣商品，构成犯罪的，依法追究刑事责任。

采用财物或者其他手段进行贿赂以销售或者购买商品，构成犯罪的，依法追究刑事责任；不构成犯罪的，监督检查部门可以根据情节处以1万元以上20万元以下的罚款，有违法所得的，予以没收。

经营者利用广告或者其他方法，对商品作引人误解的虚假宣传的，监督检查部门应当责令停止违法行为，消除影响，可以根据情节处以1万元以上20万元以下的罚款。广告的经营者，在明知或者应知的情况下，代理、设计、制作、发布虚假广告的，监督检查部门应当责令停止违法行为，没收违法所得，并依法处以罚款。构成犯罪的，依法追究刑事责任。

侵犯商业秘密的，监督检查部门应当责令停止违法行为，可以根据情节处以1万元以上20万元以下的罚款。构成犯罪的，依法追究刑事责任。

我国《反不正当竞争法》并未对不当低价销售行为的法律责任作出直接而具体的规定。《价格法》第40条第1款规定，有不当低价销售的行为的，有关主管部门可以责令改正、没收违法所得，可以并处违法所得5倍以下的罚款；没有违法所得的，予以警告，可以并处罚款；情节严重的，责令停业整顿，或者由工商行政管理机关吊销营业执照。

经营者违反《反不正当竞争法》的规定进行有奖销售的，监督检查部门应当责令停止违法行为，可以根据情节处以1万元以上10万元以下的罚款。

我国《反不正当竞争法》对许多不正当竞争行为都规定了专门的法律责任，但是并未对诋毁他人商誉行为的法律责任作出专门的规定。但根据我国《刑法》第221条和第231条的规定，犯商业诽谤罪的，处2年以下有期徒刑或者拘役，并处或单处罚金。

第二节　反垄断法律制度

一、垄断及反垄断法律概述

(一) 垄断的定义

1. 垄断的经济学定义

垄断是指少数企业凭借其雄厚的经济实力，对生产和市场进行控制，并在一定的市场领域内从实质上限制竞争的一种市场状态。

2. 垄断的法律定义

垄断是指各国反垄断法中规定的，垄断主体对市场的经济运行过程进行排他性控制，或对市场竞争进行实质性限制，妨碍公平竞争秩序的行为或状态。

(二) 反垄断法

1. 反垄断法的定义

反垄断法是调整国家在规制市场主体（企业、企业联合组织）或其他机构以控制市场为目的而实施的反竞争行为的过程中所发生的社会关系的法律规范的总和。可以从以下三方面对这一概念进行理解：①反垄断法规制的是控制市场的行为；②反垄断法规制的是一切对市场竞争设置障碍的主体的行为；③反垄断法是实体法与程序法的总和。

2. 我国反垄断法的适用范围

《中华人民共和国反垄断法》（以下简称《反垄断法》）第 2 条规定：中华人民共和国境内经济活动中的垄断行为，适用本法；中华人民共和国境外的垄断行为，对境内市场竞争产生排除、限制影响的，适用本法。

二、垄断行为

(一) 滥用市场支配地位

1. 滥用市场支配地位的定义

所谓滥用市场支配地位，是指企业凭借已经获得的市场支配地位，对市场的其他主体进行不公平的交易或者排挤竞争对手的行为。

2. 滥用市场支配地位的表现形式

根据《反垄断法》第 17 条的规定，禁止具有市场支配地位的经营者从事的滥用市场支配地位的行为主要有以下几种：

（1）以不公平的高价销售商品或者以不公平的低价购买商品；

（2）没有正当理由，以低于成本的价格销售商品；

（3）没有正当理由，拒绝与交易相对人进行交易；

（4）没有正当理由，限定交易相对人只能与其进行交易或者只能与其指定的经营者进行交易；

（5）没有正当理由搭售商品，或者在交易时附加其他不合理的交易条件；

（6）没有正当理由，对条件相同的交易相对人在交易价格等交易条件上实行差别待遇；

（7）国务院反垄断执法机构认定的其他滥用市场支配地位的行为。

3．滥用市场支配地位行为的认定

根据我国《反垄断法》的规定，认定经营者具有市场支配地位，应当依据下列因素：

（1）该经营者在相关市场的市场份额，以及相关市场的竞争状况；

（2）该经营者控制销售市场或者原材料采购市场的能力；

（3）该经营者的财力和技术条件；

（4）其他经营者对该经营者在交易上的依赖程度；

（5）其他经营者进入相关市场的难易程度；

（6）与认定该经营者市场支配地位有关的其他因素。

同时又规定，有下列情形之一的，可以推定经营者具有市场支配地位：

（1）一个经营者在相关市场的市场份额达到 1/2 的；

（2）两个经营者在相关市场的市场份额合计达到 2/3 的；

（3）三个经营者在相关市场的市场份额合计达到 3/4 的。

有前款第二项、第三项规定的情形，其中有的经营者市场份额不足 1/10 的，不应当推定该经营者具有市场支配地位。

被推定具有市场支配地位的经营者，有证据证明不具有市场支配地位的，不应当认定其具有市场支配地位。

4．滥用市场支配地位行为的法律责任

我国已经颁布的《反垄断法》对滥用市场支配地位的行为作了明确的规定，即由反垄断执法机构责令停止违法行为，没收违法所得，并处上一年度销售额 1% 以上 10% 以下的罚款。

（二）垄断协议

1．垄断协议的定义

所谓垄断协议，是指排除、限制竞争的协议、决定或者其他协同行为。

2．垄断协议的表现形式

在实践中，垄断协议分为具有竞争关系的经营者达成的垄断协议和经营者与交易相对人达成的垄断协议两大类。

其中，具有竞争关系的经营者达成的垄断协议的表现形式有如下几种：

（1）固定或者变更商品价格；

（2）限制商品的生产数量或者销售数量；

（3）分割销售市场或者原材料采购市场；

（4）限制购买新技术、新设备或者限制开发新技术、新产品；

（5）联合抵制交易；

（6）国务院反垄断执法机构认定的其他垄断协议。

经营者与交易相对人达成的垄断协议的表现形式有如下几种：

（1）固定向第三人转售商品的价格；

（2）限定向第三人转售商品的最低价格；

（3）国务院反垄断执法机构认定的其他垄断协议。

3．垄断协议的豁免

垄断协议的豁免是指对于违反法律规定的企业之间的协议或者联合行为，由于具有某些有益的作用，并且足以抵消其垄断所造成的危害，经审批机关批准予以豁免其违法责任的制度。经营者能够证明所达成的协议属于下列情形之一的，将予以豁免：

（1）为改进技术、研究开发新产品的；

（2）为提高产品质量，降低成本，增进效率，统一产品规格、标准或者实行专业化分工的；

（3）为提高中小经营者经营效率，增强中小经营者竞争力的；

（4）为实现节约能源、保护环境、救灾救助等社会公共利益的；

（5）因经济不景气，为缓解销售量严重下降或者生产明显过剩的；

（6）为保障对外贸易和对外经济合作中的正当利益的；

（7）法律和国务院规定的其他情形。

行业协会不得组织本行业的经营者从事《反垄断法》禁止的协议垄断行为。

4．垄断协议的法律责任

我国《反垄断法》第46条规定：经营者违反本法规定，达成并实施垄断协议的，由反垄断执法机构责令停止违法行为，没收违法所得，并处上一年度销售额1%以上10%以下的罚款；尚未实施所达成的垄断协议的，可以处50万元以下的罚款。

经营者主动向反垄断执法机构报告达成垄断协议的有关情况并提供重要证据的，反垄断执法机构可以酌情减轻或者免除对该经营者的处罚。

行业协会违反本法规定，组织本行业的经营者达成垄断协议的，反垄断执法机构可以处50万元以下的罚款；情节严重的，社会团体登记管理机关可以依法撤销登记。

（三）经营者集中

1．经营者集中的情形

根据我国《反垄断法》的规定，经营者集中包括下列情形：

（1）经营者合并；

（2）经营者通过取得股权或者资产的方式取得对其他经营者的控制权；

（3）经营者通过合同等方式取得对其他经营者的控制权或者能够对其他经营者施加决定性影响。

2．经营者集中的控制程序制度

经营者集中的控制程序制度包括事先申报制度、行政调查制度、司法审查制度。

（1）事先申报制度。事先申报制度指反垄断法对市场竞争具有重大影响的集中事项必须事先向主管机关进行申报的强制性规定。

经营者集中达到下列标准之一的，经营者应当事先向国务院商务主管部门申报，未申报的不得实施集中：

①参与集中的所有经营者上一会计年度在全球范围内的营业额合计超过 100 亿元人民币，并且其中至少两个经营者上一会计年度在中国境内的营业额均超过 4 亿元人民币；

②参与集中的所有经营者上一会计年度在中国境内的营业额合计超过 20 亿元人民币，并且其中至少两个经营者上一会计年度在中国境内的营业额均超过 4 亿元人民币（营业额的计算应当考虑银行、保险、证券、期货等特殊行业、领域的实际情况，具体办法由国务院商务主管部门会同国务院有关部门制定）。

经营者集中未达到上述规定的申报标准，但按照规定程序收集的事实和证据表明该经营者集中具有或者可能具有排除、限制竞争效果的，国务院商务主管部门应当依法进行调查。

经营者向国务院反垄断执法机构申报集中，应当提交下列文件、资料：①申报书；②集中对相关市场竞争状况影响的说明；③集中协议；④参与集中的经营者经会计师事务所审计的上一会计年度财务会计报告；⑤国务院反垄断执法机构规定的其他文件、资料。

申报书应当载明参与集中的经营者的名称、住所、经营范围、预定实施集中的日期和国务院反垄断执法机构规定的其他事项。

（2）行政调查制度。行政调查程序包括集中控制机关对必要信息的调查取证、对当事人表达意愿的听证等。

（3）司法审查制度。司法审查制度是对行政主管机关控制企业集中所作决定的司法救济制度。

3. 违反规定实施经营者集中的法律责任

经营者违反有关规定实施集中的，由国务院反垄断执法机构责令停止实施集中、限期处分股份或者资产、限期转让营业以及采取其他必要措施恢复到集中前的状态，可以处 50 万元以下的罚款。

（四）行政性垄断

1. 行政性垄断的定义

所谓行政性垄断，是指行政机关和公共组织滥用行政权力排除或者限制竞争而形成的垄断。

2. 行政性垄断的表现形式

（1）地区垄断。地区垄断是指地方政府或政府授权机构通过行政权力设置市场壁垒，人为地削弱地区外经营者竞争能力的行为。具体表现为：

①对外地商品设定歧视性收费项目、实行歧视性收费标准，或者规定歧视性价格；

②对外地商品规定与本地同类商品不同的技术要求、检验标准，或者对外地商品采取重复检验、重复认证等歧视性技术措施，限制外地商品进入本地市场；

③采取专门针对外地商品的行政许可，限制外地商品进入本地市场；

④设置关卡或者采取其他手段，阻碍外地商品进入或者本地商品运出。

（2）部门垄断。部门垄断是指政府行政部门特别是行业主管部门利用其合法拥有的权力资源，如行政许可、生产要素的分配、投资审批等，限制企业竞争的行为。部门垄断还表现为把行政职能与经济实体结合起来，将行政权力和职能无法律依据地授予企业形成行政性公司的形式。

（3）行政性强制交易。行政性强制交易是指行政垄断的主体直接以行政权力为根据而发生的经营行为，包括政府及其所属部门通过限定他人与其指定的市场主体进行交易，或者使得这些经济实体在同一市场中与其他经济实体相比处于更加优越的特权地位。利用行政权力强制交易还包括没有法律依据地通过行政命令要求对特定买方优先供应商品或优先签订合同的行为。

（4）行政性限制竞争协议。行政性限制竞争协议是指政府及其所属部门或者授权的公共组织与其他的行政机关或者经营实体签订控制价格、划分市场范围、限制其他经济实体进入市场或将其排除在市场之外的任何形式的协议，或者政府行政部门通过行政手段强制经济实体签订限制竞争的协议。

3. 行政性垄断的法律责任

行政机关和法律、法规授权的具有管理公共事务职能的组织滥用行政权力，实施排除、限制竞争行为的，由上级机关责令改正；对直接负责的主管人员和其他直接责任人员依法给予处分。反垄断执法机构可以向有关上级机关提出依法处理的建议。

法律、行政法规对行政机关和法律、法规授权的具有管理公共事务职能的组织滥用行政权力实施排除、限制竞争行为的处理另有规定的，依照其规定。

三、对涉嫌垄断行为的调查

国务院设立反垄断委员会，负责组织、协调、指导反垄断工作，国务院规定的承担反垄断执法职责的机构，负责反垄断执法工作，并根据工作需要，可以授权省、自治区、直辖市人民政府相应的机构负责有关反垄断执法工作。

对涉嫌垄断行为，任何单位和个人有权向反垄断执法机构举报。反垄断执法机构应当为举报人保密。举报采用书面形式并提供相关事实和证据的，反垄断执法机构应当进行必要的调查。

反垄断执法机构调查涉嫌垄断行为，执法人员不得少于两人，并应当出示执法证件。执法人员进行询问和调查，应当作笔录，并由被询问人或被调查人签字。反垄断执法机构调查涉嫌垄断行为，可以采取下列措施：

（1）进入被调查的经营者的营业场所或者其他有关场所进行检查；

（2）询问被调查的经营者、利害关系人或者其他有关单位或个人，要求其说明有关情况；

（3）查阅、复制被调查的经营者、利害关系人或者其他有关单位或个人的有关单证、协议、会计账簿、业务函电、电子数据等文件、资料；

（4）查封、扣押相关证据；

（5）查询经营者的银行账户。

采取上述措施的，应当向反垄断执法机构主要负责人书面报告，并经批准。

反垄断执法机构及其工作人员对执法过程中知悉的商业秘密负有保密义务。被调查的经营者、利害关系人或者其他有关单位或个人应当配合反垄断执法机构依法履行职责，不得拒绝、阻碍反垄断执法机构的调查。被调查的经营者、利害关系人有权陈述意见。反垄断执法机构应当对被调查的经营者、利害关系人提出的事实、理由和证据进行核实。

反垄断执法机构对涉嫌垄断行为调查核实后，认为构成垄断行为的，应当依法作出处理决定，并可以向社会公布。

对反垄断执法机构调查的涉嫌垄断行为，被调查的经营者承诺在反垄断执法机构认可的期限内采取具体措施消除该行为后果的，反垄断执法机构可以决定中止调查。中止调查的决定应当载明被调查的经营者承诺的具体内容。

反垄断执法机构决定中止调查的，应当对经营者履行承诺的情况进行监督。经营者履行承诺的，反垄断执法机构可以决定中止调查。

有下列情形之一的，反垄断执法机构应当恢复调查：

（1）经营者未履行承诺的；

（2）作出中止调查决定所依据的事实发生重大变化的；

（3）中止调查的决定是基于经营者提供的不完整或者不真实的信息作出的。

【案例精析】

西安日化公诉韩森寨供应站等被告不正当竞争案

一、案情

1994年1月22日，韩森寨供应站在《消费者导报》上刊登了一则由广告促销公司代理策划的广告，推销自己经销的商品。该广告称："韩森寨供应站向全省用户推荐使用活力28洗衣粉、一枝花洗衣粉、一匙丽洗衣粉、洁精38洗衣粉、威科88洗衣粉等国货洗涤精品，使用后为你省钱、省力、节水、节电。"广告还称："韩森寨供应站提醒您，不要使用有色洗衣粉，我们的国货精品在世界同类产品中名列前茅。"

西安日化公司生产的山丹丹牌洗衣粉为粉红色，1981年和1987年两次被轻工业部评为全国轻工业优质产品，1990年获全国轻工业博览会银奖，1991年获北京国际博览会金奖，1992年7月9日由轻工业部洗涤用品质量检测中心天津站检测确认达到标准规定。1991年山丹丹牌洗衣粉销售量为21 435.277吨，1992年销售量为20 159.562吨，1993年销售量为20 235.472吨，1994年销售量下降至15 902.16吨，比前三年平均销售量减少4 707.943吨。据此，西安日化公司以韩森寨供应站、广告促销公司、消费者导报社实施不正当竞争致其受侵害为由，向西安市新城区人民法院起诉。

原告西安日化公司起诉称：被告韩森寨供应站1994年1月22日在《消费者导报》上刊登由时代广告公司代理策划的广告。该广告称：韩森寨供应站提醒您，不要使用有色洗衣粉。此内容损害了其商品信誉，造成山丹丹牌洗衣粉销售量减少。要求三被告立即停止侵害，并在原刊登广告的报纸上赔礼道歉，赔偿损失 1 169 657.97 元。

被告韩森寨供应站、广告促销公司、消费者导报社共同答辩称：广告中所称的"有色洗衣粉"不同于原告的山丹丹牌染色洗衣粉，请求法院不予受理。

二、审判

西安市新城区人民法院经审理认为：被告韩森寨供应站所刊登的推销自有商品的广告，对原告西安日化公司生产的有色洗衣粉加以诋毁，侵害了原告的商品声誉，显系不正当竞争行为。被告广告促销公司作为广告代理商，被告消费者导报社作为广告刊登者不严格审查广告内容及事实，违反法律规定，造成纠纷，应承担相应的民事责任。原告诉称损失部分，因证据不足，不予确认。依照《中华人民共和国民法通则》第 134 条，《中华人民共和国广告管理条例》第 4 条、第 12 条、第 20 条，《中华人民共和国反不正当竞争法》第 2 条、第 9 条、第 14 条规定，于 1995 年 1 月 16 日判决如下：

（一）被告韩森寨供应站、广告促销公司、消费者导报社应在本判决生效之日起三十日内，在《消费者导报》第四版以半版篇幅刊登向原告西安日化公司赔礼道歉、消除影响的声明（声明内容由法院审定）。

（二）原告其余之诉驳回。

宣判后，双方当事人均不服，向西安市中级人民法院提起上诉。

西安日化公司上诉称：原判认定对方三当事人的行为属于不正当竞争，却将其赔偿损失之诉驳回，是错误的，请求二审支持其赔偿诉讼的请求。

韩森寨供应站、广告促销公司、消费者导报社上诉称：原审判决纯属认定事实不清，断章取义，其共同行为不构成不正当竞争。韩森寨供应站还诉称：所提供广告定稿与刊出文字有出入，并无贬低西安日化公司产品的故意，请求驳回西安日化公司的诉讼请求。

西安市中级人民法院经审理认为：韩森寨供应站利用广告宣传所经销商品，本是一种积极的促销行为，但其在广告中诋毁包括山丹丹牌洗衣粉在内的有色洗衣粉，使用的警告语足以使其他经销者、消费者对山丹丹牌洗衣粉的商品信誉产生误解，客观上起到误导消费的作用，确属一种不正当竞争行为。韩森寨供应站上诉称其所提供的广告定稿与刊出广告文字有出入，但在该广告刊出后，并未采取任何补救更正措施，应视为对变更后的广告内容的认可。韩森寨供应站对由此而引起的纠纷应负主要过错责任，除在同一刊物刊登向西安日化公司赔礼道歉的声明，为山丹丹牌洗衣粉消除影响外，还需适当赔偿西安日化公司因该不正当竞争行为而受到的损失。广告促销公司、消费者导报社作为广告经营者和发布者，应知其所代理、策划和发布的广告内容有可能造成误导消费的消极后果，仍予代理和发布，对纠纷的酿成亦有一定过错，应依法承担民事责任。西安日化公司上诉请求韩森寨供应站赔偿经济损失合理，应予以支持。但鉴于市场竞争中影响因素较多，山丹丹牌洗衣粉销售量下降亦不能排除其他因素之影响，故对西安日化公司所诉的损失，由韩森寨供应站适当赔偿。上诉人韩森寨供应站、广告促销公司、消费者导报社上诉理由不能成立。原审判决认定事实清楚，但未判决西安日化公司经济赔偿的要求不妥，应予更正。根据《中华人民共和国民法通则》第 134 条第 1 款第（七）、（九）、（十）项，《中华人民共和国反不正当竞争法》第 20 条第 1 款，《中华人民共和国广告管理条例》第 4 条、第 20 条第 1 款规定，于 1995 年 4 月 10 日判决如下：

（一）维持西安市新城区人民法院民事判决第一项，即由韩森寨供应站、广告促销公司、消费者导报社在判决生效之日起三十日内，在《消费者导报》第四版以半版的篇幅刊登向西安日化公司赔礼道歉、消除影响的声明（声明内容由法院审定）。

（二）韩森寨供应站在判决生效后十日内赔偿西安日化公司经济损失 40 万元，逾期按银行同期贷款利率加倍支付迟延履行期间利息。

三、法律问题

韩森寨供应站、广告促销公司、消费者导报社各应承担什么样的民事责任？

四、评析

不正当竞争是在商业领域内所进行的侵犯他人正当权利的非法行为。我国《反不正当竞争法》第 2 条第 2 款规定："本法所称的不正当竞争，是指经营者违反本法规定，损害其他经营者的合法权益，扰乱社会经济秩序的行为。"本案中，洗涤用品的经营者韩森寨供应站，采取刊登广告的方法宣传自己经销的商品，本无不当，但其同时又以警示语言提示消费者不要使用有色洗衣粉。尽管此广告非专指勿用特定的山丹丹牌粉红色洗衣粉，但广告警示语言明显是对包括山丹丹牌洗衣粉在内的有色洗衣粉的诋毁，使消费者对有色洗衣粉产生误解、怀疑，直接影响了山丹丹牌洗衣粉的销售。此行为具有广告人为自己的商品找到市场，打开销路，排挤他人产品的性质，其结果是导致拥有知名商品山丹丹牌洗衣粉的西安日化公司的合法权益受到损害。韩森寨供应站的行为属于我国《反不正当竞争法》第 14 条规定的"经营者不得捏造、散布虚伪事实损害竞争对手的商业信誉、商品声誉"的不正当竞争行为。作为广告的经营者广告促销公司、广告发布者消费者导报社，明知广告内容的不真实性，仍为代理、发布，致使媒介传误，违反了我国《广告法》第 27 条关于"广告经营者、广告发布者依据法律、行政法规，查验有关证明文件，核实广告内容。对内容不实或者证明文件不全的广告，广告经营者不得提供设计、制作、代理服务，广告发布者不得发布"的规定，从而帮助广告人韩森寨供应站实施和完成了不正当竞争行为，应依法承担相应的民事责任。

（案例来源：http://www.lawyee.org）

【实训项目】

"相似的酒瓶装潢案"讨论

一、目的

结合所学知识，通过讨论，使学生进一步了解《反不正当竞争法》的有关规定，提高学生利用所学知识解决实际问题的能力。

二、组织形式

1. 组织学生阅读以下材料，并提出问题：

某省民生葡萄酒厂生产的葡萄酒在国内外享有盛誉。该厂使用的酒瓶瓶贴装潢是绿、白、红三色。由于酒质好，销路势头旺盛，经济效益直线上升。后有同省民国葡萄酒厂，擅自设计酒瓶瓶贴装潢，其制版布局及色彩、文字、图形等均与民生葡萄酒厂的酒瓶瓶贴相近似，并足以使人误认和混淆。民生葡萄酒厂以侵犯其注册商标为由将民国葡萄酒厂告上法庭。

2. 将学生分成三个小组，分别代表原告、被告与法院方。

3. 各组依据相关的法律法规对此案例进行讨论，然后由原被告双方对本案进行辩论。

4. 由法院小组进行分析和总结，教师点评。

三、要求

以小组为单位提交讨论记录和案例分析报告。

【自测题】

一、判断题

1. 凡是以低于成本价格销售商品的行为均被认为是不正当竞争行为。　　　　（　　）

2. 某经营者为清偿债务而降价销售商品的行为不属于不正当竞争行为。　　（　　）

3. 对于非注册商标，商标法和反不正当竞争法均不予保护。　　　　　　　（　　）

4. 有奖销售都是不正当竞争行为。　　　　　　　　　　　　　　　　　　（　　）

5. 监督检查部门在监督检查不正当竞争行为时有权查询、复制与不正当竞争行为有关的协议、单据、文件、记录、业务函电和其他资料。　　　　　　　　（　　）

6. 凡宣传引人误解的虚假内容，不管经营者采用什么宣传方式都构成不正当竞争行为。　　　　　　　　　　　　　　　　　　　　　　　　　　　　　　（　　）

7. 反垄断执法机构及其工作人员对执法过程中知悉的商业秘密负有保密义务。
　　　　　　　　　　　　　　　　　　　　　　　　　　　　　　　　　（　　）

8. 经营者能够证明其垄断协议属于为改进技术、研究开发新产品而达成的，将予以豁免。　　　　　　　　　　　　　　　　　　　　　　　　　　　　　　（　　）

9. 行政调查程序包括集中控制机关对必要信息的调查取证、对当事人表达意愿的听证等。　　　　　　　　　　　　　　　　　　　　　　　　　　　　　　（　　）

二、单项选择题

1. 根据我国《反不正当竞争法》的规定，对不正当竞争行为进行监督检查的主管部门是（　　）。

　　A. 国内贸易部　　　　　　　　　B. 技术监督局

　　C. 工商行政管理局　　　　　　　D. 物价局

2. 下列选项中，属于商业贿赂的是（　　）。

　　A. 回扣　　　　　B. 小礼品　　　　C. 折扣　　　　　D. 佣金

3. 违背相对交易人的意愿的搭售行为是侵害了购买者的（　　）权。

　　A. 自主选择　　　　B. 知悉真情　　　　C. 维护尊严　　　　D. 依法求偿

4. 抽奖式的有奖销售，最高金额不得超过（　　）元。

　　A. 3 000　　　　　B. 5 000　　　　　C. 10 000　　　　D. 50 000

5. 经营者的不正当竞争行为给被侵害的经营者造成的损失难以计算，赔偿额为（　　）。

　　A. 受害人在被侵权期间所获得的利润

　　B. 侵权人在侵权期间所获得的利润

　　C. 侵权人在侵权期间因侵权所获得的利润

　　D. 侵权人在侵权期间所获得利润的一倍半

6. 《反不正当竞争法》中的"经营者"是指（　　）。

　　A. 从事商品经营或营利性服务的法人、其他经济组织及个人

　　B. 某些经济组织

　　C. 公民个人

　　D. 各种法人

7. 某商场在电视上做广告，声称其新进一批法国巴黎时尚服装，现正进行打折优惠，消费者纷纷前往购买，后来消费者发现服装并非产自法国，而是由国内厂家生产的，则该商场的行为是（　　）。

　　A. 假冒他人注册商标行为　　　　　　B. 虚假宣传行为

　　C. 伪造产地的行为　　　　　　　　　D. 正当广告宣传行为

8. 下列不是垄断协议的有（　　）。

　　A. 家乐福和沃尔玛约定：前者占北京市场，后者占天津市场

　　B. 因为价格问题，甲乙两家汽车厂口头约定都不购买丙钢铁公司的钢材

　　C. 甲药厂和乙医药连锁超市约定：后者出售前者的某种专利药品只能按某价格出售

　　D. 甲药厂和乙医药连锁超市约定：后者出售前者的某种专利药品最高按某价格出售

9. 甲商场与乙公司因为货款问题发生纠纷，甲商场拒绝出售乙公司生产的产品，并对外宣称乙公司产品中含有有害身体健康的物质，所以拒绝销售，乙公司的经营因此受到严重打击。关于这一事件下列说法正确的是（　　）。

　　A. 商场的行为属于限定他人购买其指定的经营者的商品的不正当竞争行为

　　B. 商场的行为属于侵犯他人商业秘密的不正当竞争行为

　　C. 商场诋毁了该企业的商业信誉、商品声誉

　　D. 商场有权决定是否销售某件产品，因此商场的行为属于正当的经营行为

10. 甲酒店向该市出租车司机承诺，为酒店每介绍一位客人，酒店向其支付该客人房费的20%作为奖励，与其相邻的乙酒店向有关部门举报了这一行为。有关部门调查发现甲酒店给付的奖励在公司的账面上皆有明确详细的记录。甲酒店的行为属于（　　）。

A. 正当的竞争行为　　　　　　B. 商业贿赂行为

C. 限制竞争行为　　　　　　　D. 低价倾销行为

三、多项选择题

1. 诋毁他人商誉的表现形式有（　　　　）。

   A. 在产品附属资料中诋毁他人商誉

   B. 在产品交易中诋毁他人商誉

   C. 在新闻、广告中诋毁他人商誉

   D. 在公众中散布谣言诋毁他人商誉

2. 经营者以低于成本的价格销售商品时，以下哪些行为不属于不正当竞争行为？
（　　　　）

   A. 经营者为清偿债务而销售商品的行为

   B. 经营者销售非季节性商品的行为

   C. 经营者销售有效期即将到来的商品的行为

   D. 经营者销售非积压商品的行为

3. 诋毁他人商誉的特征有（　　　　）。

   A. 行为主体是经营者

   B. 行为人主观上存在故意

   C. 侵害的客体是特定经营者的商誉权

   D. 客观上表现为捏造、散布有损他人商誉权的虚假信息

4. 根据《反不正当竞争法》的规定，下列各项中，属于限制竞争的行为有
（　　　　）。

   A. 某市燃气公司要求该市所有燃气用户只能购买和使用其提供的燃气灶具，
否则不予供气

   B. 某市公安交通警察支队要求所有的汽车用户必须到其指定公司安装汽车防
盗报警器，否则不准上路

   C. 某招标人在招标前将标底提前透露给一个投标人

   D. 某电信局要求其辖区内的用户必须使用其提供的电话机，否则不予安装

5. 2007 年 8 月 30 日，我国制定了《反垄断法》，下列说法哪些可以成立？
（　　　　）

   A. 《反垄断法》的制定是以我国当前的市场经济为基础的，没有市场经济，就
不会出现市场垄断，也就不需要《反垄断法》，因此可以说，社会是法律的
母体，法律是社会的产物

   B. 法对经济有积极的反作用，《反垄断法》的出台及实施将会对我国市场经济
发展产生重要影响

   C. 我国市场经济的发展客观上需要《反垄断法》的出台，这个事实说明，唯
有经济才是法律产生和发展的决定性因素，除经济之外法律不受其他社会
因素的影响

   D. 为了有效地管理社会，法律还需要和其他社会规范（道德、政策等）积极

配合，《反垄断法》在管理市场经济时也是如此

四、案例分析题

1. 甲乙两旅行社都是享有盛名的国家承办境外游客到国内观光的经济组织。2002年，两旅行社均接待海外游客20万人次，经济效益不相上下。2007年上半年，甲旅行社以高薪为条件，致使乙旅行社海外部15名工作人员全部辞职，转入甲旅行社工作。甲旅行社为此成立海外旅行二部，该15名原乙旅行社的工作人员在转入甲旅行社时将自己的业务资料、海外业务单位名单都带入甲旅行社。2007年上半年，两旅行社的业务均发生很大的变化，甲旅行社的海外游客骤然上升，效益大增，而乙旅行社业务受到极大影响，造成了较大的经济损失。

试分析：

(1) 甲旅行社的行为是否构成不正当竞争？如是，应属哪种不正当竞争行为？为什么？

(2) 对甲旅行社是否应进行法律制裁？如何制裁？

2. A单位经过介绍人B向C服装厂订购工作服500套。双方在合同中订明，C服装厂给A单位10%的折扣优惠。A单位依照合同通过银行转账支付了450套的货款。C服装厂提款后一个月交货给A单位，同时，服装厂为了酬谢介绍人B，支付介绍费1 000元。

试分析：

(1) C服装厂与A单位的交易行为中有无不合法之处？为什么？

(2) 介绍人B收取服装厂的1 000元是否合法？

第九章　票据法律制度

第一节　票据和票据法概述

一、票据概述

（一）票据的概念

票据是出票人签发的，约定自己或者委托他人在见票时或在指定的日期，向收款人或持票人无条件支付一定金额的有价证券。《中华人民共和国票据法》（以下简称《票据法》）规定的票据包括汇票、本票和支票。

（二）票据的特征

作为有价证券的一种，票据除具备有价证券的基本特征外，还具有以下特征：

1. 票据是债权证券

票据所表示的权利是票据权利人请求票据义务人支付一定金钱的请求权。

2. 票据是无因证券

票据权利与票据原因严格分离，持票人行使权利时，无需证明取得票据的原因。只要权利人持有票据，就享有票据权利，并可以依票据行使权利。

3. 票据是文义证券

票据所创设的权利义务以及与票据有关的一切事项必须以票据上所记载的文字为准。即使票据上记载的文义存在错误，也要以该文义为准。

4. 票据是设权证券

票据上所表明的权利是因出票人依法签发而创设的。

5. 票据是要式证券

票据的格式、记载内容以及一切在票据上所进行的活动必须符合法律规定的程序和方式。

6. 票据是流通证券

流通是票据的基本功能之一，在票据到期前，票据权利可以因背书和交付转让给他人。

二、票据法概述

(一) 票据法的概念及特征

1. 票据法的概念

票据法是指调整票据关系以及与票据关系有关的其他社会关系的法律规范。其中票据关系是基于票据行为而在票据当事人之间形成的票据权利义务关系;与票据关系有关的其他社会关系则是为保证票据的流通和使用,基于票据法的特别规定而产生的社会关系。① 票据法有广义和狭义之分。

2. 票据法的特征

票据法作为民法的特别法,具有自身的特征,具体表现为:

(1) 强行性。票据法具有强行性,票据法中关于票据的种类、票据的格式、票据行为的构成等规定均属于强制性规范。

(2) 技术性。为了保证票据的流通和使用安全,票据法的许多制度都是立法技术的产物,主要规定当事人的行为程式和行为技术,很少涉及当事人行为时的价值选择和价值判断。

(3) 国际统一性。随着商品交易活动区域的扩大,为了促进本国及世界经济发展,各国票据法均尽可能地与国际票据规则接轨。

(二) 票据关系及票据基础关系

1. 票据关系

票据关系是票据法律关系的简称,指票据当事人之间基于票据行为而发生的以票据记载的权利义务为内容的法律关系。票据关系主要包括票据发行关系、票据背书关系、票据承兑关系、票据保证关系和票据付款关系。

2. 票据基础关系

票据关系当事人之间之所以发生授受票据的行为,是基于一定的原因或前提,这种授受票据的原因或前提关系即票据基础关系。票据基础关系包括票据原因关系、票据资金关系和票据预约关系。

票据关系一旦形成就和票据基础关系相分离,票据基础关系是否存在和有效都不会对票据关系产生影响。

(三) 票据法律关系的主体

票据法律关系的主体,是指参与票据法律关系、享有票据权利和承担票据义务的当事人。票据法律关系的主体可分为:

1. 票据债权人和票据债务人

持有票据并据此享有票据权利的人为票据债权人,实施一定的票据行为而在票据上签名对票据承担付款责任的人为票据债务人。

---

① 于莹. 票据法 [M]. 北京:高等教育出版社,2005:15.

2. 基本当事人和非基本当事人

根据是否以出票行为产生可将票据当事人分为基本当事人和非基本当事人。基本当事人是签发票据时就已存在的当事人，如汇票和支票的出票人、付款人、收款人等；非基本当事人是签发票据后通过各种票据行为加入到票据关系中的当事人，如背书人、被背书人、票据保证人等。

3. 前手和后手

票据的流通性使票据的多数当事人处于相互联系的位置，这种位置关系可分为前手和后手。前手是指在票据签章人或者持票人之前签章的其他票据债务人；后手是指在票据签章人之后签章的其他票据债务人。

区分前手和后手的意义在于当票据上的当事人行使追索权时，只能由后手向前手追索，前手不能向后手追索。

（四）票据法律关系的内容

票据关系的内容是指票据当事人因票据行为依法享有的票据权利和承担的票据义务。

（五）票据法律关系的客体

票据法律关系的客体是票据当事人权利义务共同指向的对象，即一定数额的货币。

第二节　票据一般规则

一、票据行为

（一）票据行为的概念

票据行为有广义和狭义之分。广义的票据行为是指票据关系当事人之间以发生、变更或终止票据关系为目的而进行的法律行为。狭义的票据行为仅指承担票据债务的要式法律行为。票据行为包括出票、背书、承兑、保证、付款。

出票是指出票人签发票据并将其交付给收款人的票据行为。出票包括出票人签发票据的行为和交付票据的行为。票据上的权利义务都是通过出票行为设定的，出票行为为基本票据行为。汇票、本票、支票都必须有出票行为。

背书是指在票据背面或者粘单上记载有关事项并签章的票据行为。票据为流通证券，票据的转让流通主要是通过背书行为实现的。因背书行为，背书人产生对票据债务人的担保责任和连带责任，被背书人代替背书人成为新的持票人，取得票据债权。汇票、本票和支票等都可以有背书行为。

承兑是指汇票付款人承诺在汇票到期日支付汇票金额的票据行为。承兑是汇票特有的制度。在汇票关系中，付款人完成承兑行为即为承兑人，承兑人即成为票据债务的主债务人。

保证是指票据债务人以外的第三人以担保特定的票据债务人履行债务为目的，在票据上所为的附属票据行为。① 保证人本来不是票据授受的当事人，与票据债务没有当然联系，但由于保证行为的作出，保证人成为票据债务人之一。票据的保证是单方行为，只要保证人在票据上记载保证事项并签章，即可产生《票据法》和《担保法》上的双重效力。保证可以发生于汇票、本票关系之中。

（二）票据行为的特征

票据行为具有以下特征：

1. 要式性

票据行为为要式行为。对于票据的签章、形式以及格式《票据法》均做了严格规定，排除了当事人的意思自治和任意选择。当事人只有严格按照《票据法》的规定在票据上记载法定事项并签章，才能产生其预期的法律效果。票据行为的要式性有利于票据的安全流通。

2. 无因性

票据关系一旦依法成立，其效力可以摆脱其基础关系的牵连。只要票据行为的形式符合《票据法》的规定，就是有效的票据行为。票据行为的无因性有利于票据的流通，有利于保护持票人的利益。

3. 文义性

票据行为的内容必须以票据所记载的文义为准，即使记载内容与实际不符，也不能否定票据记载的法律效力，只能根据票据记载文义确定票据行为的内容。

4. 独立性

独立性是指同一票据上的各个票据行为互不影响，各自独立地发生法律效力。《票据法》第 5 条规定："没有代理权而以代理人名义在票据上签章的，应当由签章人承担票据责任；代理人超越代理权限的，应当就其超越权限的部分承担票据责任。"《票据法》第 6 条规定："无民事行为能力人或者限制民事行为能力人在票据上签章的，其签章无效，但是不影响其他签章的效力。"《票据法》第 14 条规定："票据上有伪造、变造的签章的，不影响票据上其他真实签章的效力。"《票据法》第 49 条还规定："保证人对合法取得汇票的持票人所享有的汇票权利，承担保证责任。但是，被保证人的债务因汇票记载事项欠缺而无效的除外。"换言之，除被保证人的债务因汇票记载事项欠缺无效外，保证人均应对持票人所享有的汇票权利承担保证责任。这与一般民法意义上主债务与从债务的关系存在着显著区别。

5. 连带性

连带性是指同一票据上的各种票据行为人均对持票人承担连带责任。作为票据债权人的持票人在其票据权利无法实现时，可将其所有前手列为互负连带责任的共同债务人，对其承担连带票据责任。《票据法》第 68 条规定："汇票的出票人、背书人、承兑人和保证人对持票人承担连带责任。持票人可以不按照汇票债务人的先后顺序，对其中任何一人、数人或者全体行使追索权。"

---

① 孙应征. 票据法理论与实证解析 [M]. 北京：人民法院出版社，2004：71.

（三）票据行为的有效要件

票据行为的有效要件分为实质要件和形式要件两类。

1. 票据行为的实质要件

票据行为的实质要件包括以下几个方面：

（1）票据当事人的民事行为能力。法人的行为能力受其权利能力的限制，法人在其票据权利能力范围内享有票据行为能力。根据《票据法》第6条的规定："无民事行为能力人或者限制民事行为能力人在票据上签章的，其签章无效，但是不影响其他签章的效力。"

（2）意思表示。意思表示真实是民事法律行为的一般生效要件，票据行为也必须由真实的意思表示构成。但票据具有无因性和文义性的特征，为了促进票据流通，保护善意第三人利益，仅要求意思表示的相对人对意思表示的外表进行判断，只要票据行为的形式符合规定，就是有效的票据行为。《票据法》第12条规定："以欺诈、偷盗或者胁迫等手段取得票据的，或者明知有前列情形，出于恶意取得票据的，不得享有票据权利。"此规定表明，在票据行为的形式符合规定的情况下，以欺诈、偷盗、胁迫以及出于恶意取得票据的，持票人也不得享有票据权利。

2. 票据行为的形式要件

票据行为的形式要件包括书面形式、签章、记载事项和交付。

（1）书面形式。出票、背书、承兑、保证等票据行为必须采用书面形式。

（2）签章。在票据上，签章是票据行为生效的一个重要条件。

我国《票据法》规定，票据上的签章，为签名、盖章或者签名加盖章。在票据上的签名，应当为该当事人的本名。《票据管理实施办法》第16条规定："该本名是指符合法律、行政法规以及国家有关规定的身份证件上的姓名。"《票据法》第7条第2款规定："法人和其他使用票据的单位在票据上的签章，为该法人或者该单位的盖章加其法定代表人或者其授权的代理人的签章。"根据该规定，法人和其他单位的签章必须同时采用签名加盖章方式，否则该票据行为不具有票据法上的效力。

《最高人民法院关于审理票据纠纷案件若干问题的规定》第41条和中国人民银行发布的《支付结算办法》第23条就票据的签章要求作出了详尽的规定。

（3）记载事项。根据票据记载事项效力的不同，记载事项可分为必要记载事项、任意记载事项、禁止记载事项。

必要记载事项，指依票据法规定必须记载的事项。根据记载事项的效力上的差异，必要记载事项又分为绝对必要记载事项和相对必要记载事项。

任意记载事项，指票据法规定的当事人任意记载，一旦记载即具有法律效力的事项。

禁止记载事项，指若记载于票据上，将使记载或票据归于无效的事项。

由于票据种类不同，记载事项也有所不同，下列四项为各种票据共同的绝对必要记载事项：

①表明票据种类的文句，如汇票、本票、支票的记载。

②确定的金额。《票据法》第 8 条规定："票据金额以中文大写和数码同时记载，二者必须一致，二者不一致的，票据无效。"

③收款人的记载。收款人是票据的主债权人，因此必须记载这一内容。

④出票日期的记载。出票日期是判定票据权利义务的发生、变更和终止的重要标准，因此必须记载这一内容。

《票据法》第 9 条规定："票据上的记载事项必须符合本法的规定。票据金额、日期、收款人名称不得更改，更改的票据无效。对票据上的其他记载事项，原记载人可以更改，更改时应当由原记载人签章证明。"

（4）交付。交付是指票据行为人将票据交给相对人持有的行为。无论是出票还是背书、承兑、保证、付款等均须将票据交付到相对人手中，才算完成票据行为，相对人也才能根据其占有的票据行使票据权利或承担票据义务。

（四）票据行为的代理

《票据法》第 5 条规定："票据当事人可以委托其代理人在票据上签章，并应当在票据上表明其代理关系。"票据行为的代理是指代理人基于被代理人的授权，在票据上载明被代理人的姓名或名称，表明代理关系，并在票据上签章的行为。票据代理的成立要件包括：

（1）票据当事人有委托代理的意思表示；

（2）在票据上载明被代理人的姓名或名称；

（3）在票据上表明代理关系，如注明"代理"或类似字样；

（4）代理人签章。

没有代理权而以代理人名义在票据上签章的，应当由签章人承担票据责任；代理人超越代理权限的，应当就其超越权限的部分承担票据责任。

二、票据权利

（一）票据权利的概念及分类

票据权利，是指持票人凭票据向票据债务人请求支付票据金额的权利。票据权利包括付款请求权和追索权。

1. 付款请求权

付款请求权，是指票据债权人依法要求票据主债务人或其他付款人按票据上记载的金额付款的权利。付款请求权是第一请求权。票据的主债务人是汇票的付款人或承兑人及其保证人、本票的出票人及其保证人、支票的付款人。

2. 追索权

追索权，是指持票人行使付款请求权遭到拒绝或有其他法定原因发生时，向其前手请求偿还票据金额及其他费用的权利。在票据法上，持票人应首先行使付款请求权，只有在付款请求权不能实现时才能行使追索权，故追索权又被称为第二请求权。

（二）票据权利的取得

根据取得方式的不同，票据权利的取得分为原始取得和继受取得。原始取得，是指出票人制成票据并交付给收款人后，收款人即从出票人处得到票据权利。继受取得，是指持票人通过背书转让或者交付程序从有处分权人处取得票据权利。

根据当事人票据取得的主观状态，可将票据取得分为善意取得、恶意取得。持票人在善意和无重大过失的情况下，依照票据法规定的方式支付对价后取得的票据，为善意取得。持票人善意取得的票据，应当享有票据权利。明知让与人以欺诈、偷盗或者胁迫等手段取得票据仍受让的为恶意取得。出于恶意取得票据的不得享有票据权利。持票人因重大过失取得不符合票据法规定的票据的，不得享有票据权利。

（三）票据权利的行使

票据权利的行使是指票据权利人向票据债务人提示票据，请求实现票据权利的行为。

1. 票据权利的行使对象

汇票和支票的付款请求权行使对象为付款人，本票的付款请求权行使对象为出票人。追索权的行使对象是付款请求权行使对象以外的所有签章于票据的人，如背书人、汇票的出票人、保证人等。

2. 票据权利的行使程序

票据权利的行使以持有票据为条件，持票人首先应行使付款请求权，付款请求权不能实现时才能行使追索权。

持票人应在提示付款期限内行使付款请求权。我国《票据法》第53条、第77条、第78条、第91条规定了票据提示付款期限。见票即付的汇票，自出票日起1个月内向付款人提示付款；定日付款、出票后定期付款或者见票后定期付款的汇票，自到期日起10日内向承兑人提示付款。本票的出票人在持票人提示见票时，必须承担付款的责任。本票自出票日起，付款期限最长不得超过两个月。支票的持票人应当自出票日起10日内提示付款。

如果超过提示付款期限，持票人依然可以提示付款，汇票付款人、承兑人、本票出票人依然可以付款。如果付款请求遭到拒绝，本票的持票人会因此丧失对出票人以外的前手的追索权，但汇票与支票的持票人并不会因此而丧失追索权。

3. 票据权利的行使处所

《票据法》第16条规定："持票人对票据债务人行使票据权利，或者保全票据权利，应当在票据当事人的营业场所和营业时间内进行，票据当事人无营业场所的，应当在其住所进行。"

（四）票据权利的保全

票据权利的保全是票据权利人为防止票据权利的丧失而实施的行为。具体方法包括为防止付款请求权因届满丧失而采取的向人民法院提起诉讼使时效中断的方法，为防止追索权失效而要求付款人提供拒绝承兑或拒绝付款的证明，在付款人或者承兑人被宣告破产、被责令终止业务时请求有关机关给付司法文书副本的方法等。

（五）票据权利的消灭

票据权利和其他民事权利一样，会因一定的法律事实而消灭。票据权利消灭后，票据上的债权、债务关系随之消灭。除一般债权的消灭事由（如混同、免除等）可以导致票据权利消灭外，出现下列情况时，票据权利也归于消灭：

1. 付款人履行了付款义务

付款人对持票人履行了付款义务后，持票人的付款请求权消灭，票据上其他债务人的责任同时解除。

2. 票据时效期间届满

票据时效是指票据权利人在法定的期限内不行使权利即引起票据权利消灭的法律制度。

根据《票据法》第 17 条的规定，票据权利在下列期限内不行使而消灭：

（1）持票人对票据的出票人和承兑人的权利，自票据到期日起 2 年。见票即付的汇票、本票，自出票日起 2 年。

（2）持票人对支票出票人的权利，自出票日起 6 个月；

（3）持票人对前手的追索权，自被拒绝承兑或者被拒绝付款之日起 6 个月；

（4）持票人对前手的再追索权，自清偿日或者被提起诉讼之日起 3 个月。

票据的出票日、到期日由票据当事人依法确定。

《最高人民法院关于审理票据纠纷案件若干问题的规定》第 18 条规定："票据法第 17 条第 1 款第三、四项规定的持票人对前手的追索权，不包括对票据出票人的追索权。"第 20 条规定："票据法第 17 条规定的票据权利时效发生中断的，只对发生时效中断事由的当事人有效。"持票人因超过票据权利时效而丧失票据权利的，仍享有民事权利，可以请求出票人或者承兑人返还其与未支付的票据金额相当的利益。

3. 票据记载事项欠缺

根据《票据法》的规定，持票人因票据记载事项欠缺而丧失票据权利的，仍享有民事权利，可以请求出票人或者承兑人返还其与未支付的票据金额相当的利益。

4. 追索义务人清偿票据债务及追索费用

持票人行使追索权，被追索人按规定清偿票据债务和追索费用后，票据权利归于消灭。《票据法》第 71 条规定，被追索人按规定清偿后，可以向其他汇票债务人行使再追索权，请求支付已清偿的全部金额、利息和有关追索的费用。

（六）票据权利的补救

票据权利与票据是紧密相连的，票据丧失会影响票据权利的实现。为此，《票据法》第 15 条第 2 款规定了票据丧失后的补救措施，包括挂失止付、公示催告、普通诉讼。

1. 挂失止付

挂失止付是指失票人将丧失票据的情况通知付款人，由接受通知的付款人暂停支付的一种方法。《票据法》第 15 条规定："票据丧失，失票人可以及时通知票据的付款人挂失止付。但是，未记载付款人或者无法确定付款人及其代理付款人的票据除外。收到挂失止付通知的付款人，应当暂停支付。"

挂失止付并不是票据丧失后票据权利补救的必经程序，它仅仅是失票人防止票据被冒领或骗取而采取的一种暂时的预防措施。失票人也可以不采取挂失止付，直接向人民法院申请公示催告，由人民法院在受理后发出停止支付通知，或向人民法院直接起诉。

2. 公示催告

公示催告是指在票据丧失后，由失票人向人民法院提出申请，请求人民法院以公告方法通知不确定的利害关系人限期申报权利，逾期未申报者，则权利失效，而由人民法院通过除权判决宣告所丧失的票据无效的一种制度和程序。我国《民事诉讼法》第 193 条规定："按照规定可以背书转让的票据持有人，票据被盗、遗失或者灭失，可以向票据支付地的基层人民法院申请公示催告。"我国《票据法》第 15 条第 3 款规定："失票人应当在通知挂失止付后 3 日内，也可以在票据丧失后，依法向人民法院申请公示催告，或者向人民法院提起诉讼"。

3. 普通诉讼

普通诉讼是指丧失票据的失票人向人民法院提起民事诉讼，要求法院判定付款人向其支付票据金额的活动。

三、票据抗辩

（一）票据抗辩的概念

《票据法》第 13 条第 3 款规定："本法所称抗辩，是指票据债务人根据本法规定对票据债权人拒绝履行义务的行为。"可见，票据抗辩是指票据债务人对票据债权人的请求，提出合法事实和理由予以对抗，并拒绝履行义务的行为。票据债务人依法享有的这项权利与票据权利人的请求权相对立，是票据债务人保护自己合法权益的重要手段。

（二）票据抗辩的种类

根据抗辩事由及效力的不同，可以将票据抗辩分为对物抗辩和对人抗辩两类。

（1）对物抗辩，又称绝对抗辩或客观抗辩，是指票据债务人以票据本身存在的事由而向一切票据债权人行使的抗辩。具体包括：

①因票据行为不成立而为的抗辩；

②依票据记载不能提出请求而为的抗辩；

③因票据记载的权利已消灭或失效而为的抗辩；

④因票据权利保全手续欠缺而为的抗辩；

⑤因票据存在伪造、变造情形而为的抗辩。

（2）对人抗辩，又称为相对抗辩或主观抗辩，是指基于持票人自身或票据债务人与特定的持票人之间的关系而产生的抗辩。《票据法》第 13 条第 2 款规定："票据债务人可以对不履行约定义务的与自己有直接债权债务关系的持票人，进行抗辩。"对人的抗辩只能向特定的持票人主张。

《票据法》第 13 条第 1 款规定："票据债务人不得以自己与出票人或者与持票人的前手之间的抗辩事由，对抗持票人。但是，持票人明知存在抗辩事由而取得票据的除外。"

四、票据的伪造和变造

《票据法》第 14 条规定："票据上的记载事项应当真实，不得伪造、变造。伪造、变造票据上的签章和其他记载事项的，应当承担法律责任。"

(一) 票据伪造

票据伪造是指行为人以行使票据权利为目的，假冒他人或虚构他人的名义在票据上为一定的票据行为，包括票据本身的伪造和票据上签章的伪造。假冒他人名义对已经存在的票据实施伪造签章的行为为票据上签章的伪造，如伪造背书签章、承兑签章、保证签章等。假冒他人或者是虚构他人的名义进行出票行为为票据本身的伪造（即发票的伪造），如在空白票据上伪造出票人签章或盗盖出票人的印章而进行出票，这种票据是无效的票据。票据伪造不属于票据行为。

(二) 票据变造

票据变造是指无权改变票据内容而擅自变更票据文义的行为，即改变签名以外的票据上的其他记载事项的行为。票据变造的前提是该票据在变造前须为形式上有效的票据，而在变造后仍须为形式上有效的票据。

我国《票据法》规定，票据上有伪造、变造的签章的，不影响票据上其他真实签章的效力。票据上其他记载事项被变造的，在变造之前签章的人，对原记载事项负责；在变造之后签章的人，对变造之后的记载事项负责；不能辨别是在票据被变造之前或者之后签章的，视同在变造之前签章。

第三节　汇票规则

一、汇票概述

(一) 汇票的概念

汇票是出票人签发的，委托付款人在见票时或者在指定日期无条件支付确定金额给收款人或者持票人的票据。汇票最集中地体现了票据的信用、支付和融资等功能，是票据的典型代表。

汇票具有以下特征：

(1) 汇票是由出票人委托他人支付的票据，是一种委付票据；

(2) 汇票是在指定到期日付款的票据；

(3) 汇票是付款人无条件支付票据金额给收款人或持票人的票据；

(4) 汇票在出票时即存在的基本当事人为出票人、付款人和收款人。

(二) 汇票的种类

根据我国《票据法》的规定，汇票分为银行汇票和商业汇票。

1. 银行汇票

银行汇票是由汇款人将款项交存当地银行，由出票银行签发给汇款人持往异地办理转账结算或支取现金的票据。单位、个体经济户和个人需要使用各种款项，均可使用银行汇票。只有参加"全国联行往来"的银行才能签发汇票，充当出票人。由于银行汇票的出票人和付款人都是银行，银行汇票的可兑换性非常强，且风险较低。银行汇票上记载的"汇款人"不是汇票上的当事人。

2. 商业汇票

商业汇票是出票人签发的，委托付款人在指定日期无条件支付确定的金额给收款人或者持票人的票据。在银行开立存款账户的法人以及其他组织之间，必须具有真实的交易关系或债权债务关系，才能使用商业汇票。

根据承兑人的不同，商业汇票分为银行承兑汇票和商业承兑汇票。

银行承兑汇票由银行承兑，是利用银行的资金信用；商业承兑汇票由银行以外的付款人承兑，是付款人利用自己的资金信用。由于银行的资金信用较高，银行承兑汇票的安全性也较高，在票据实务中被人们广泛接受。

二、出票

(一) 出票的概念

出票是指出票人签发票据并将其交付给收款人的票据行为。出票包括作成票据和交付票据两项行为。汇票的出票人必须与付款人具有真实的委托付款关系，并且具有支付汇票金额的可靠资金来源。不得签发无对价的汇票用以骗取银行或者其他票据当事人的资金。

票据是一种无因证券，即使出票人签发了没有对价的汇票，出票人等债务人也仍应按照汇票上记载的事项承担票据责任。

(二) 汇票的格式

汇票的格式是指作成汇票后记载于汇票上的内容，具体包括：

1. 绝对必要记载事项

绝对必要记载事项，是指《票据法》规定的汇票必须记载的事项，缺少其中任何一项或任何一项记载不合法，将导致汇票无效。《票据法》第22条规定，汇票必须记载下列事项：

（1）表明"汇票"的字样；

（2）无条件支付的委托；

（3）确定的金额；

（4）付款人名称；

（5）收款人名称；

（6）出票日期；

（7）出票人签章。

2. 相对必要记载事项

所谓相对必要记载事项，是指由《票据法》列举，但汇票上可以选择是否记载的事项。如不予记载，也不影响汇票的效力。

汇票上记载付款日期、付款地、出票地等事项的，应当清楚、明确。

付款日期按照见票即付、定日付款、出票后定期付款、见票后定期付款四种形式之一记载，汇票上未记载付款日期的，为见票即付。

汇票上未记载付款地的，付款人的营业场所、住所或者经常居住地为付款地。

汇票上未记载出票地的，出票人的营业场所、住所或者经常居住地为出票地。

3. 任意记载事项

任意记载事项，是指除绝对必要记载事项和相对必要记载事项外，在不违反法律的前提下记载于汇票的事项。

汇票上可以记载《票据法》规定事项以外的其他出票事项，但是这些记载事项不具有汇票上的效力。

（三）出票的效力

1. 对出票人的效力

出票人签发汇票后，即承担保证该汇票承兑和付款的责任。出票人在汇票得不到承兑或者付款时，应当向持票人清偿《票据法》第70条、第71条规定的金额和费用。

2. 对收款人的效力

收款人取得汇票的权利。

3. 对付款人的效力

付款人在承兑后即成为汇票主债务人。

三、背书

（一）汇票转让与背书

除出票人在汇票上记载"不得转让"字样的汇票外，持票人可以将汇票权利转让给他人或者将一定的汇票权利授予他人行使。持票人将汇票权利转让给他人或者将一定的汇票权利授予他人行使时，应当采用背书转让方式。以背书转让的汇票，后手应当对其直接前手背书的真实性负责。

（二）背书的形式

背书为要式行为，必须满足《票据法》的规定才能成立。背书应注意以下事项：

1. 被背书人名称和背书签章

被背书人名称和背书签章为绝对必要记载事项。汇票以背书转让或者以背书将一定的汇票权利授予他人行使时，必须记载被背书人名称。未记载被背书人名称的，背书行为无效。背书人背书时，必须在票上签章，否则背书行为无效。

2. 背书日期

背书未记载日期的，视为在汇票到期日前背书。

3. 关于禁止背书的记载

背书人的禁止背书是背书行为的一项任意记载事项。背书人在汇票上记载"不得转让"字样，其后手再背书转让的，原背书人对后手的被背书人不承担保证责任。

4. 不得记载的内容

背书不得附有条件。背书时附有条件的，所附条件不具有汇票上的效力。将汇票金额的一部分转让的背书或者将汇票金额分别转让给两人以上的背书无效。

5. 背书时粘单的使用

票据凭证不能满足背书人记载事项的需要，可以加附粘单，粘附于票据凭证上。粘单上的第一记载人，应当在汇票和粘单的粘接处签章，否则该粘单记载的内容无效。

（三）背书连续

背书连续是指在票据转让中，转让汇票的背书人与受让汇票的被背书人在汇票上的签章依次前后衔接。以背书转让的汇票，背书应当连续。持票人以背书的连续，证明其汇票权利；非经背书转让，而以其他合法方式取得汇票的，依法举证，证明其汇票权利。

对于非经背书转让，而以其他合法方式取得汇票的，不涉及背书连续问题。

（四）委托收款背书和质押背书

委托收款背书和质押背书均属非转让背书。

1. 委托收款背书

委托收款背书又称委任背书，是指持票人以行使票据上的权利为目的，而授予被背书人以代理权的背书。委托收款背书不是票据权利的转让，而是一种以背书形式进行的委托，背书人是委托人，被背书人是受托人。委托关系形成后，被背书人可以代理行使票据上的权利，但是，被背书人不得再以背书转让汇票权利。

2. 质押背书

质押背书又称设质背书、质权背书，是指持票人以票据权利设定质权，提供质押担保为目的在票据上做成的背书。背书人是原持票人，也是出质人，被背书人则是质权人。被背书人取得质权人地位后，在背书人不履行其债务的情况下，可以行使票据权利，并从票据金额中按所担保债权的数额优先得到清偿。质押时应当以背书记载"质押"字样。

（五）法定禁止背书

汇票被拒绝承兑、被拒绝付款或者超过付款提示期限的，不得背书转让；背书转让的，背书人应当承担汇票责任。

四、承兑

（一）承兑的概念及特征

承兑是指汇票付款人承诺在汇票到期日支付汇票金额的票据行为。承兑具有以下特征：

承兑是附属票据行为；

承兑是承诺支付票据金额的票据行为；

承兑是汇票付款人所为的票据行为；

承兑是要式法律行为。

（二）承兑的程序

承兑的程序包括提示承兑、承兑或拒绝承兑、汇票交还三个过程。

1. 提示承兑

提示承兑是指持票人向付款人出示汇票，并要求付款人承诺付款的行为。定日付款或者出票后定期付款的汇票，持票人应当在汇票到期日前向付款人提示承兑；见票后定期付款的汇票，持票人应当自出票日起 1 个月内向付款人提示承兑；汇票未按照规定期限提示承兑的，持票人丧失对其前手的追索权。

见票即付的汇票无需提示承兑。

2. 承兑或拒绝承兑

付款人对向其提示承兑的汇票，应当自收到提示承兑的汇票之日起 3 日内承兑或者拒绝承兑。如果付款人拒绝承兑，应制成拒绝承兑证书并交持票人。付款人收到持票人提示承兑的汇票时应当向持票人签发收到汇票的回单，回单上应当记明汇票提示承兑日期并签章。

付款人承兑汇票的，应当在汇票正面记载"承兑"字样和承兑日期并签章。付款人承兑汇票，不得附有条件；承兑附有条件的，视为拒绝承兑。见票后定期付款的汇票，应当在承兑时记载付款日期，汇票上未记载承兑日期的，以自收到提示承兑的汇票第三日为承兑日期。

3. 汇票交还

付款人收到提示承兑的汇票后即占有汇票，在其决定承兑或拒绝承兑后应将汇票交还持票人。

（三）承兑的效力

付款人作出承兑的记载，并将汇票交还持票人后，承兑即发生效力。《票据法》第44 条规定："付款人承兑汇票后，应当承担到期付款的责任。"

五、保证

票据保证是指票据债务人以外的第三人，以担保特定债务人履行票据债务为目的，而在票据上所为的一种附属票据行为。票据保证兼有保证行为与票据行为的特征。

（一）保证的当事人

关于票据保证的当事人是双方还是三方的问题学术界目前仍存在争论。有学者认为票据保证的当事人仅为保证人与被保证人，也有学者认为票据保证的当事人除保证人与被保证人外，还包括被保证票据债务的权利人。本书认为票据保证的当事人包括：

（1）保证人，由汇票债务人以外的他人担当。已成为票据债务人的，不得再充当保证人。保证人应是具有代为清偿票据债务能力的法人、其他组织或者个人；国家机关、以公益为目的的事业单位、社会团体、企业法人的分支机构和职能部门不得为保证人；但是法律另有规定的除外。

（2）被保证人，是指票据关系中已有的票据债务人，包括出票人、背书人、承兑人。票据债务人一旦由他人为其提供保证，其在保证关系中就被称为被保证人。

（二）保证的格式

保证是要式行为，根据《票据法》第46条的规定，保证人必须在汇票或粘单上记载下列事项：

（1）表明"保证"的字样；

（2）保证人名称和住所；

（3）被保证人的名称；

（4）保证日期；

（5）保证人签章。

在《票据法》第46条规定的记载事项中，绝对必要记载事项包括保证文句和保证人签章两项。保证人在汇票或者粘单上未记载被保证人名称的，已承兑的汇票，承兑人为被保证人；未承兑的汇票，出票人为被保证人。保证人在汇票或者粘单上未记载保证日期的，出票日期为保证日期。保证不得附有条件；附有条件的，不影响对汇票的保证责任。

（三）保证的效力

被保证的汇票，保证人应当与被保证人对持票人承担连带责任。但是，被保证人的债务因汇票记载事项欠缺而无效的除外。汇票到期后得不到付款的，持票人有权向保证人请求付款，保证人应当足额付款。保证人在向持票人清偿债务后，依照法律规定取得持票人对被保证人及被保证人之前手的偿还请求权。

保证人为两人以上的，保证人之间承担连带责任。

六、付款

付款是指付款人依据票据文义支付票据金额，以消灭票据关系的行为。付款的程序包括付款提示与付款。

（一）提示付款

根据《票据法》第53条的规定，持票人应当按照下列期限提示付款：

见票即付的汇票，自出票日起1个月内向付款人提示付款；定日付款、出票后定期付款或者见票后定期付款的汇票，自到期日起10日内向承兑人提示付款。

持票人未按照上述规定期限提示付款的，在作出说明后，承兑人或者付款人仍应当继续对持票人承担付款责任。

通过委托收款银行或者通过票据交换系统向付款人提示付款的，视同持票人提示付款。

（二）付款

持票人依照规定提示付款的，付款人必须在当日足额付款。付款人及其代理付款人付款时，应当审查汇票背书的连续，并审查提示付款人的合法身份证明或者有效证件。付款人及其代理付款人以恶意或者有重大过失付款的，应当自行承担责任。

持票人获得付款的，应当在汇票上签收，并将汇票交给付款人。持票人委托银行收款的，受委托的银行将代收的汇票金额转账收入持票人账户，视同签收。

对定日付款、出票后定期付款或者见票后定期付款的汇票，付款人在到期日前付款的，由付款人自行承担所产生的责任。

汇票金额为外币的，按照付款日的市场汇价，以人民币支付。汇票当事人对汇票支付的货币种类另有约定的，从其约定。

付款人依法足额付款后，全体汇票债务人的责任解除。

七、追索权

（一）追索权的发生原因

追索权是指持票人行使付款请求权遭到拒绝或有其他法定原因发生时，向其前手请求偿还票据金额及其他费用的权利。追索权的发生应具备的条件包括实质要件和形式要件。

1. 追索权发生的实质要件

《票据法》规定的追索权发生的实质要件包括：

（1）汇票到期被拒绝付款；

（2）汇票在到期日前被拒绝承兑；

（3）在汇票到期日前，承兑人或付款人死亡、逃匿的；

（4）在汇票到期日前，承兑人或付款人被依法宣告破产或因违法被责令终止业务活动。

2. 追索权发生的形式要件

持票人行使追索权必须履行一定的保全手续而不致使追索权丧失。保全手续包括：

（1）在法定提示期限提示承兑或提示付款。

（2）在不获承兑或不获付款时，在法定期限内取得拒绝证明。根据《支付结算办法》第41条的规定，拒绝证明应当包括下列事项：①被拒绝承兑、付款的票据种类及其主要记载事项；②拒绝承兑、付款的事实依据和法律依据；③拒绝承兑、付款的时间；④拒绝承兑人、拒绝付款人的签章。

承兑人或者付款人被人民法院依法宣告破产的，人民法院的有关司法文书具有拒绝证明的效力。承兑人或者付款人因违法被责令终止业务活动的，有关行政主管部门的处罚决定具有拒绝证明的效力。

持票人因承兑人或者付款人死亡、逃匿或者其他原因，不能取得拒绝证明的，可以依法取得其他有关证明。

持票人不能出示拒绝证明、退票理由书或者未按照规定期限提供其他合法证明的，丧失对其前手的追索权。但是，承兑人或者付款人仍应当对持票人承担责任。

（二）追索权的行使

行使追索权的程序包括：

1. 发出追索通知

（1）通知的期限。持票人应当自收到被拒绝承兑或者被拒绝付款的有关证明之日起 3 日内，将被拒绝事由书面通知其前手；其前手应当自收到通知之日起 3 日内书面通知其再前手。持票人也可以同时向各汇票债务人发出书面通知。未按照规定期限通知的，持票人仍可以行使追索权。因延期通知给其前手或者出票人造成损失的，由没有按照规定期限通知的汇票当事人，承担对该损失的赔偿责任，但是所赔偿的金额以汇票金额为限。在规定期限内将通知按照法定地址或者约定的地址邮寄的，视为已发出通知。

（2）通知应记载的内容。追索通知必须采用书面形式。书面通知应记明汇票的主要记载事项，并说明该汇票已被退票。汇票退票的情况主要是指汇票不获承兑或者不获付款的事由。

2. 确定追索对象

汇票的出票人、背书人、承兑人和保证人对持票人承担连带责任，持票人可以不按照汇票债务人的先后顺序，对其中任何一人、数人或者全体行使追索权。

持票人对汇票债务人中的一人或者数人已经进行追索的，对其他汇票债务人仍可以行使追索权。被追索人清偿债务后，与持票人享有同一权利。

持票人为出票人的，对其前手无追索权。持票人为背书人的，对其后手无追索权。

3. 清偿与受领

持票人行使追索权，可以请求被追索人支付下列金额和费用：①被拒绝付款的汇票金额；②汇票金额自到期日或者提示付款日起至清偿日止，按照中国人民银行规定的利率计算的利息；③取得有关拒绝证明和发出通知书的费用。

被追索人清偿债务时，持票人应当交出汇票和有关拒绝证明，并出具收到利息和费用的收据。

（三）再追索权

被追索人依照规定清偿后，可以向其他汇票债务人行使再追索权，请求其他汇票债务人支付下列金额和费用：①已清偿的全部金额；②前项金额自清偿日起至再追索清偿日止，按照中国人民银行规定的利率计算的利息；③发出通知书的费用。被追索人依照规定清偿债务后，其责任解除。

第四节　本票与支票规则

一、本票

（一）本票概述

本票是出票人签发的，承诺自己在见票时无条件支付确定的金额给收款人或者持票人的票据。本票是由出票人约定自己付款的一种自付票据，只有出票人和收款人两个基本当事人，出票人在完成出票行为之后，即承担了到期日无条件支付票据金额的责任，不需要在到期日前进行承兑。

根据我国《票据法》的规定，本票仅限于银行本票，且为记名式本票和即期本票。银行本票是银行签发的，承诺自己在见票时无条件支付确定的金额给收款人或者持票人的票据。

本票是票据的一种，《票据法》总则中的内容均适用于本票。

（二）出票

本票的出票行为是以自己负担支付本票金额的债务为目的的票据行为。

本票出票人出票，必须按一定的格式记载相关内容。本票的记载事项包括绝对必要记载事项和相对必要记载事项。

1. 本票的绝对必要记载事项

（1）表明"本票"字样；

（2）无条件支付的承诺；

（3）确定的金额；

（4）收款人名称；

（5）出票日期；

（6）出票人签章。

2. 本票的相对必要记载事项

（1）付款地。本票上未记载付款地的，出票人的营业场所为付款地。

（2）出票地。本票上未记载出票地的，出票人的营业场所为出票地。

（三）见票付款

银行本票是见票付款的票据，收款人或持票人在取得银行本票后，随时可以向出票人请求付款。本票自出票日起，付款期限最长不得超过两个月。本票的出票人是票据上的主债务人，负有向持票人绝对付款的责任。如果本票的持票人未按照规定期限提示见票的，则丧失对出票人以外的前手的追索权。而出票人除票据时效届满而使票据权利消灭或者要式欠缺而使票据无效外，并不因持票人未在规定期限内向其行使付款请求权而使其责任得以解除。因此，持票人仍对出票人享有付款请求权和追索权，只是丧失对背书人及其保证人的追索权。

（四）相关汇票制度的适用

本票的背书、保证、付款行为和追索权的行使，除《票据法》第三章的规定外，适用有关汇票的规定。本票的出票行为，除《票据法》第三章的规定外，适用《票据法》第24条关于汇票的规定。

二、支票

（一）支票概述

支票是出票人签发的，委托办理支票存款业务的银行或者其他金融机构在见票时无条件支付确定的金额给收款人或者持票人的票据。支票为付款人仅为银行及其他法定金融机构的见票即付的票据，是付款提示日期法定且较短的票据。与称为信用证券的汇票和本票不同，支票的主要职能为替代现金使用。

支票分为普通支票、现金支票和转账支票。普通支票票面上未印制特定的付款方式，可以支取现金，也可以转账，用于转账时，应当在支票正面注明。现金支票票面印刷有"现金"字样，只能用于支取现金。转账支票票面上印刷有"转账"字样，只能用于转账。

（二）出票

出票是出票人签发支票并交付的行为。支票的出票为严格的要式行为。

1. 支票的格式

支票的记载事项分为绝对必要记载事项和相对必要记载事项。

（1）支票的绝对必要记载事项。支票的绝对必要记载事项包括：

①表明"支票"字样；

②无条件支付的委托；

③确定的金额；

④付款人名称；

⑤出票人名称；

⑥出票人签章。

我国《票据法》规定了两项记载事项可以通过授权补记的方式记载：支票上的金额可以由出票人授权补记，未补记前的支票，不得使用；支票上未记载收款人名称的，经出票人授权，可以补记。

（2）支票的相对必要记载事项。支票的相对必要记载事项包括：

①付款地。支票上未记载付款地的，付款人的营业场所为付款地。

②出票地。支票上未记载出票地的，出票人的营业场所、住所或者经常居住地为出票地。

2. 其他法定条件

支票的出票行为除应满足格式上的要求外，还应符合以下条件：

第一，支票的出票人所签发的支票金额不得超过其付款时在付款人处实有的存款金额。出票人签发的支票金额超过其付款时在付款人处实有的存款金额的,为空头支票。签发空头支票是一种违法行为,对其责任人要给予严厉的处罚和制裁,构成犯罪的,要依法追究其刑事责任。

第二,支票的出票人不得签发与其预留本名的签名式样或者印鉴不符的支票。

3. 出票效力

出票人做成支票并交付之后,即产生相应的法律效力。

出票人必须按照签发的支票金额承担保证向持票人付款的责任。这一责任包括两项:一是出票人必须在付款人处存有足够可处分的资金,以保证支票票款的支付;二是当付款人对支票拒绝付款或者超过支票付款提示期限的,出票人应向持票人承担付款责任。

(三) 付款

支票限于见票即付,不得另行记载付款日期。出票人在付款人处的存款足以支付支票金额时,付款人应当在见票当日足额付款。但应当注意以下问题:

1. 提示期间

支票的持票人应当自出票日起 10 日内提示付款;异地使用支票的,其提示付款的期限由中国人民银行另行规定。超过提示付款期限的,付款人可以不予付款。付款人不予付款的,出票人仍应当对持票人承担票据责任。

2. 付款

持票人在提示期间内向付款人提示票据,付款人在对支票进行审查之后,如未发现有不符合规定之处,即应向持票人付款。

3. 付款责任的解除

付款人依法支付支票金额的,对出票人不再承担受委托付款的责任,对持票人不再承担付款的责任。但是,付款人以恶意或者有重大过失付款的除外。

(四) 相关汇票制度的适用

支票的背书、付款行为和追索权的行使,除《票据法》第四章的规定外,适用有关汇票的规定。支票的出票行为,除《票据法》第四章的规定外,适用《票据法》第24 条、第 26 条关于汇票的规定。

第五节 涉外票据的法律适用

一、涉外票据的概念

《票据法》第 94 条规定,涉外票据,是指出票、背书、承兑、保证、付款等行为中,既有发生在中华人民共和国境内又有发生在中华人民共和国境外的票据。可见,依我国《票据法》的规定,判断票据是否具有涉外因素的标准仅为属地原则。

二、《票据法》与有关国际条约、国际惯例的关系

国际条约是指国家之间缔结的，确定其相互关系中权利和义务的一种国际书面协议。中华人民共和国缔结或者参加的国际条约同《票据法》有不同规定的，适用国际条约的规定。但是，中华人民共和国声明保留的条款除外。

《票据法》和中华人民共和国缔结或者参加的国际条约没有规定的，可以适用国际惯例。

三、涉外票据的法律适用

票据债务人的民事行为能力，适用其本国法律。票据债务人的民事行为能力，依照其本国法律为无民事行为能力或者为限制民事行为能力而依照行为地法律为完全民事行为能力的，适用行为地法律。

汇票、本票出票时的记载事项，适用出票地法律。支票出票时的记载事项，适用出票地法律，经当事人协议，也可以适用付款地法律。

票据的背书、承兑、付款和保证行为，适用行为地法律。

票据追索权的行使期限，适用出票地法律。

票据的提示期限、有关拒绝证明的方式、出具拒绝证明的期限，适用付款地法律。

票据丧失时，失票人请求保全票据权利的程序，适用付款地法律。

第六节　票据法上的法律责任

一、票据欺诈行为的法律责任

根据《票据法》第 102 条的规定，有下列票据欺诈行为之一的，依法追究刑事责任：

（1）伪造、变造票据的；

（2）故意使用伪造、变造的票据的；

（3）签发空头支票或者故意签发与其预留的本名签名式样或者印鉴不符的支票，骗取财物的；

（4）签发无可靠资金来源的汇票、本票，骗取资金的；

（5）汇票、本票的出票人在出票时作虚假记载，骗取财物的；

（6）冒用他人的票据，或者故意使用过期或者作废的票据，骗取财物的；

（7）付款人同出票人、持票人恶意串通，实施前六项所列行为之一的。

第 103 条规定，有前条所列行为之一，情节轻微，不构成犯罪的，依照国家有关规定给予行政处罚。

二、金融机构工作人员的法律责任

金融机构工作人员在票据业务中玩忽职守，对违反票据法规定的票据予以承兑、

付款或者保证的，给予处分；造成重大损失，构成犯罪的，依法追究刑事责任。由于金融机构工作人员因上述行为给当事人造成损失的，由该金融机构和直接责任人员依法承担赔偿责任。

三、付款人故意压票、拖延支付的法律责任

票据的付款人对见票即付或者到期的票据，故意压票，拖延支付的，由金融行政管理部门处以罚款，对直接责任人员给予处分。票据的付款人故意压票，拖延支付，给持票人造成损失的，依法承担赔偿责任。

【案例精析】

青岛澳柯玛集团销售公司诉中国银行利津支行票据兑付纠纷案

一、案情

1998年3月13日，青岛澳柯玛销售公司与利津县物资配套公司（以下简称利津物资公司）签订了一份工矿产品购销合同。双方约定：由澳柯玛销售公司向利津物资公司供应澳柯玛系列产品，供货总值1亿元人民币，结算方式为银行承兑汇票。为此，利津物资公司与利津中行于1998年3月14日签订了编号为98001－1至98001－20的20份银行承兑契约。各份契约均约定：承兑汇票金额为500万元；承兑申请人（利津物资公司）应于汇票到期7日前将应付票款足额交付承兑银行（利津中行），如到期日之前承兑申请人不能足额交付票款时，承兑银行对不足支付部分的票款转作逾期贷款。利津物资公司、利津中行分别在上述20份承兑协议上签章。同日，利津物资公司、利津中行、澳柯玛销售公司及青岛澳柯玛电器公司（以下简称澳柯玛电器公司）四方签订了一份银行承兑保证协议。协议约定：澳柯玛销售公司和澳柯玛电器公司为利津中行与利津物资公司签订的合同编号为98001－1至98001－20的银行承兑契约承担连带保证责任；如果利津物资公司违约，利津中行有权直接向保证人追偿，澳柯玛销售公司和澳柯玛电器公司保证在接到利津中行书面索款通知后5个营业日内清偿；保证人如违约未按期代为清偿到期债务，利津中行有权委托保证人的开户金融机构直接扣收其账户中的存款或直接扣收保证人的其他财产权利，并可视情况按担保总额的2%向其收取违约金。利津物资公司、利津中行、澳柯玛销售公司、澳柯玛电器公司分别在合同上签章。1998年3月28日，山东省利津县公证处对上述银行承兑保证协议进行公证。

协议签订后，利津中行如约对利津物资公司签发了20张银行承兑汇票，编号为VII00103276至VII00103295。各张汇票上均载明：出票人利津物资公司，收款人澳柯玛销售公司，付款人利津中行，金额500万元，出票日期为1998年3月14日，到期日为1998年9月14日，各张汇票的票面上均载明"不得转让"字样。利津中行在上述汇票的承兑人一栏签章承兑。同年9月5日和9月10日，澳柯玛销售公司因未足额供货而将其中的11张共计5 500万元的汇票分两次退回给利津中行。之后，澳柯玛销售

公司于 9 月 10 日和 11 日将其余的编号为 VII00103276 至 VII00103284 的 9 张共计 4 500 万元银行承兑汇票分别委托其三家开户银行向利津中行提示付款。利津中行以"与澳柯玛销售公司有约定的债权债务关系，澳柯玛销售公司违约"为由拒绝付款，同时将汇票扣留，并于 9 月 23 日开出拒付证明。1998 年 9 月 28 日，澳柯玛销售公司向利津中行并山东省中国银行信贷管理处出具了一份"退票说明"，具体内容是："由于市场客观原因，我公司未能履行对你行所承兑的 4 500 万元银行承兑汇票之'银行承兑保证协议'所应有的担保责任，而我公司与利津物资公司间的购销业务又在继续，鉴于上述情况，特将已到期的 4 500 万元银行承兑汇票退回。望报经上级批准后，另行办理相应的银行承兑汇票为盼"。利津中行遂在上述汇票上加盖"作废"印章，作废票处理。

1999 年 7 月 5 日，澳柯玛销售公司向山东省高级人民法院提起诉讼，请求判令利津中行对上述 4 500 万元银行承兑汇票承担付款责任并赔偿相应损失。

二、审判

山东省高级人民法院审理后认为：汇票的文义性和无因性决定了汇票一经承兑，承兑人即负有到期无条件付款的义务，其他任何事由不能作为拒付的理由。澳柯玛销售公司作为持票人，持已经利津中行承兑的到期汇票向其提示付款，利津中行以澳柯玛销售公司未履行承兑保证协议中的担保责任为由，拒绝付款并扣留票据是错误的。澳柯玛销售公司本可以继续向利津中行主张付款请求权，也可以要求利津中行退回汇票，但澳柯玛销售公司却于 1998 年 9 月 28 日向利津中行出具了书面的退票说明。票据权利的行使，以持有票据为前提条件，没有票据就没有票据权利可言。澳柯玛销售公司的退票说明，将记载其权利凭证的汇票退给了利津中行，表明澳柯玛销售公司放弃了请求退回汇票的权利，也放弃了对利津中行的付款请求权。这是澳柯玛销售公司对票据及票据权利放弃的意思表示，是对利津中行付款义务的免除。这种放弃自己的权利、免除债务人债务的行为，不违反法律规定，应为有效行为。因此，自利津中行收到退票说明时起，澳柯玛销售公司已经丧失了对上述汇票的一切权利，其与利津中行之间基于上述汇票而产生的债权债务关系随之终止。澳柯玛销售公司在与利津中行之间的票据关系终止后，又提起诉讼，请求利津中行基于票据关系承担付款责任，对此不应予以支持。经该院审判委员会讨论，该院判决：驳回澳柯玛销售公司的诉讼请求。一审案件受理费 265 010 元，由澳柯玛销售公司承担。

澳柯玛销售公司不服山东省高级人民法院的上述民事判决，向最高人民法院提起上诉称：澳柯玛销售公司的退票说明所指向的对象是已于 1998 年 9 月 10 日退回的 5 500 万元汇票，而非已承兑的 4 500 万元汇票。对此，有澳柯玛销售公司的原法定代表人和打字员出具的证词可以证明退票说明中的"4 500 万元"是笔误，应为"5 500 万元"；就票据关系而言，是否退票和是否接受退票，这是出票人与持票人之间的权利义务关系。汇票是双方之间付款方式的凭证，利津物资公司在 2000 年 1 月 28 日出具的证词可以证明关于 4 500 万元汇票，该公司没有授权任何人代为收回；利津中行拒绝付款的理由是澳柯玛销售公司与其存在债权债务关系。但是，这一债权债务关系是基于澳柯玛销售公司、利津物资公司和利津中行所签订的银行承兑保证协议。根据双方的银行承兑契约的约定以及中国人民银行《支付结算办法》第 91 条的规定，利津物资公司应在汇票到期日之前足额交付票款至利津中行的账户上，否则，利津中行对未交存部分的票款转作逾期贷款。也就是说，澳柯玛销售公司是对转作逾期贷款的票款承担连带保证责任，而不是4 500万元银行承兑汇票的保证人。只有在贷款贷出后、借款人未按期还款的情况下，保证人才承担保证责任。既然本案所涉款项并未贷出，澳柯玛销售公司就无保证责任。票据保证与贷款保证是两个法律关系，利津中行以承兑申请人利津物资公司未还款、澳柯玛销售公司承担保证责任为由拒绝付款，没有法律依据。一审判决认定事实不清，适用法律不明，请求撤销原判，改判利津中行对本案所涉4 500万元汇票承担付款责任。

利津中行答辩称：一审判决认定事实清楚，适用法律正确，请求依法予以维持。

最高人民法院认为：本案所涉9张银行承兑汇票，形式完备，各项必要记载事项齐全，符合《中华人民共和国票据法》第22条及相关规定，应认定有效。为对本案所涉汇票进行承兑，利津物资公司、利津中行、澳柯玛销售公司、澳柯玛电器公司分别签订了承兑契约和承兑保证协议。利津中行依照承兑协议对本案所涉9张汇票予以承兑，同时又注明"不得转让"字样，实质上是为利津物资公司向澳柯玛销售公司购货提供融资。而澳柯玛销售公司和澳柯玛电器公司为利津物资公司的该融资向利津中行提供担保，并承诺利津中行有权直接扣收该两保证人的财产，从而将自己置于与出票人承担相同债务的一种连带债务人的地位上。利津中行正是以与澳柯玛销售公司之间存在的这一基础关系作为抗辩事由拒绝付款的。根据《中华人民共和国票据法》第13条第2款规定："票据债务人可以对不履行约定义务的与自己有直接债权债务关系的持票人进行抗辩。"在上述法律规定的情形出现时，票据当事人得以票据基础关系对抗票据关系。故在出票人利津物资公司未在到期日之前依照约定将相关资金划入付款人利津中行的账户上，而持票人澳柯玛销售公司仍然持汇票向付款人（承兑人）提示付款时，付款人利津中行可以以资金关系来行使抗辩权，拒绝承担相应的付款责任。按照《中华人民共和国合同法》第99条关于"当事人互负到期债务，该债务的标的物种类、品质相同的，任何一方可以将自己的债务与对方的债务相抵消"的规定，利津中行行使上述抵消权有法律依据。澳柯玛销售公司的退票说明也表明双方达成对彼此之间的债务进行抵消的合意。澳柯玛销售公司在与利津中行的票据关系中止后又提起诉讼，显属不当。其有关"票据保证与贷款保证是两个法律关系，本案所涉贷款未贷出，澳柯玛销售公司即无保证责任"的上诉主张于法无据，不予支持。综上，原审认定事实清楚，判令驳回澳柯玛销售公司关于利津中行承担本案所涉汇票的付款责任的诉讼请求并无不当。

最高人民法院根据《中华人民共和国票据法》第13条、第22条，《中华人民共和国合同法》第99条，《中华人民共和国民事诉讼法》第153条第1款第（一）项之规定，判决如下：

驳回上诉，维持原判。二审案件受理费265 010元由澳柯玛销售公司承担。

三、法律问题

票据的无因性与票据的抗辩问题。

四、评析

票据是无因证券。票据的无因性是指票据权利与票据原因严格分离，持票人行使权利时，无需证明取得票据的原因。只要权利人持有票据，就享有票据权利，并可以依票据行使权利。但是票据的无因性并不是绝对的，票据的无因性原则也存在着例外。在特定的情形下票据的基础关系可以作为票据关系的抗辩事由。票据无因性的例外主要体现在三个方面：①依据《票据法》第11条之规定，无对价而取得票据的持票人其所拥有的权利不得优于其前手所拥有的权利，即前手持票人权利有瑕疵，无对价而取得票据的持票人的权利也有瑕疵。②依据《票据法》第12条第1款、第13条第1款之规定，票据的无因性只是相对于票据的正当持票人而言的，对于恶意持票人，即对于取得票据时明知票据权利有瑕疵的人而言，票据基础关系可以作为对抗恶意持票人的抗辩事由。③依据《票据法》第13条第2款之规定，票据的无因性只适用于票据债务人与第三人之间，在票据的直接当事人之间，仍可以将票据原因作为抗辩事由。

在本案中，澳柯玛销售公司主张其不是4 500万元银行承兑汇票的保证人，即不是票据关系的保证人，有权要求利津中行对本案所涉4 500万元汇票承担付款责任。澳柯玛销售公司的请求实际上体现了其片面主张票据无因性的绝对性，该请求并未得到法院的支持。

根据《票据法》第13条第2款的规定，"票据债务人可以对不履行约定义务的与自己有直接债权债务关系的持票人进行抗辩"，通过银行承兑保证协议的签订，澳柯玛销售公司为利津物资公司和利津中行之间的汇票资金关系进行了保证，从而利津中行与澳柯玛销售公司之间存在着基础关系，利津中行有权以此作为抗辩事由拒绝付款。

自2000年11月21日起施行的《最高人民法院关于审理票据纠纷案件若干问题的规定》第15条明确规定：票据债务人依照票据法第12条、第13条的规定对持票人提出下列抗辩的，人民法院应予支持。①与票据债务人有直接债权债务关系并且不履行约定义务的；②以欺诈、偷盗或者胁迫等非法手段取得票据，或者明知有前列情形出于恶意取得票据的；③明知票据债务人与出票人或者与持票人的前手之间存在抗辩事由而取得票据的；④因重大过失取得票据的；⑤其他依法不得享有票据权利的。该规定在坚持票据无因性的前提下，综合考虑了从出票到最后付款整个票据运作过程的安全性，有利于保护诚实信用的票据债务人的合法权益，对票据债务人的合法抗辩进行了明确规定。

此外，本案的判决还是票据关系债务与基础关系债务相互抵消的一个典型范例。在本案中，利津中行承兑汇票后成为票据关系的主债务人，在票据关系中应承担到期付款的责任；澳柯玛销售公司为利津物资公司和利津中行之间的汇票资金关系进行了保证，成为基础关系的债务人，两者互负债务；而澳柯玛销售公司未向利津中行履行已到期的保证债务，依据《合同法》第99条关于抵消的规定，利津中行有权将其在银行承兑汇票项下的债务与澳柯玛销售公司的债务相互抵消。①

（案件来源：最高人民法院公报，2000年第4期，总第66期）

---

①　吴胜春. 青岛澳柯玛集团销售公司与中国银行利津支行票据兑付纠纷案［J］. 现代商业银行，2002（2）.

【实训项目】

汇票的制作与使用

一、目的

通过该实训，加强学生对汇票的概念、特征、必要记载事项的了解，以及对《票据法》关于汇票出票、背书、承兑、保证等票据行为的理解，提高学生的实际动手能力。

二、组织形式

老师提供银行汇票票样，学生每4~5人一组，通过情景模拟，完成该项目。

三、要求

1. 以小组为单位提供根据票样制作的汇票，汇票的记载事项符合法律规定；

2. 分析各个票据行为的效力。

【自测题】

一、判断题

1. 票据所表示的权利是票据权利人请求票据义务人支付一定金钱的请求权。
（　　）

2. 持票人行使权利时，需证明取得票据的原因。　　　　　　　　（　　）

3. 票据上的当事人行使追索权时，可以由后手向前手追索，也可以由前手向后手追索。　　　　　　　　　　　　　　　　　　　　　　　　　　　　　（　　）

4. 票据关系一旦依法成立，其效力可以摆脱其基础关系的牵连。　　（　　）

5. 无民事行为能力人或者限制民事行为能力人在票据上签章的，会导致票据上所有签章无效。　　　　　　　　　　　　　　　　　　　　　　　　　　　（　　）

6. 持票人可以不按照汇票债务人的先后顺序，对其中任何一人、数人或者全体行使追索权。　　　　　　　　　　　　　　　　　　　　　　　　　　　　（　　）

7. 持票人对支票出票人的权利，自出票日起6个月不行使而消灭。　（　　）

8. 汇票上未记载付款地的，持票人的营业场所、住所或者经常居住地为付款地。
（　　）

9. 本票的基本当事人是出票人和付款人。　　　　　　　　　　　　（　　）

10. 普通支票票面上未印制特定的付款方式，可以支取现金，也可以转账。
（　　）

二、单项选择题

1. 以下选项中，不属于票据法的特征的是（　　　）。

　　A. 任意性　　　　B. 技术性　　　　C. 强制性　　　　D. 国际统一性

2. 票据权利人享有的票据权利是（　　　）。

　　A. 形成权　　　　B. 请求权　　　　C. 物权　　　　　D. 抗辩权

3. ( ) 是汇票特有的票据行为。

    A. 出票   B. 签章   C. 承兑   D. 付款

4. 票据法律关系的客体为 ( )。

    A. 智力劳动成果 B. 实物   C. 行为   D. 货币

5. 下列各项中，( ) 不是汇票的基本当事人。

    A. 出票人   B. 付款人   C. 保证人   D. 收款人

6. 持票人对票据的出票人和承兑人的权利，自票据到期日起 ( ) 不行使而消灭。

    A. 6 个月   B. 1 年   C. 18 个月   D. 2 年

7. 下列选项中，属于汇票绝对必要记载事项的是 ( )。

    A. 付款日期   B. 出票日期   C. 出票地   D. 付款地

8. 见票即付的汇票，自出票日起 ( ) 内向付款人提示付款。

    A. 当日   B. 10 日   C. 15 日   D. 1 个月

9. 本票的绝对必要记载事项不包括 ( )。

    A. 收款人名称   B. 出票日期   C. 出票地   D. 出票人签章

10. 根据相关规定，涉外票据追索权的行使期限，适用 ( ) 法律。

    A. 出票地   B. 付款地   C. 保证地   D. 承兑地

三、多项选择题

1. 导致票据权利消灭的情形有 ( )。

    A. 票据债务人付款，持票人将票据交付付款人

    B. 被追索人清偿票据债务及追索费用

    C. 票据时效期限届满

    D. 票据不慎毁灭

2. 汇票的必须记载事项有 ( )。

    A. "汇票" 字样   B. 无条件支付的委托

    C. 付款人名称   D. 收款人名称

3. 票据的出票人在票据上记载 "不得转让" 字样的，( )。

    A. 票据持有人背书转让的，背书行为无效

    B. 背书转让后的受让人仍享有票据权利

    C. 票据的出票人、承兑人对受让人不承担票据责任

    D. 有 "现金" 字样的银行汇票不得背书转让

4. 某甲欲对其客户以支票结算，应满足的条件为 ( )。

    A. 建立账户   B. 存入足够支付的款项

    C. 经中国人民银行审核批准   D. 预留印鉴

5. 涉外票据法律适用中，票据的提示期限、有关拒绝证明的方式、出具拒绝证明的期限，适用法律错误的为 ( )。

    A. 付款地法律   B. 行为地法律

    C. 出票地法律   D. 我国法律

四、案例分析题

1. A 银行接受 B 公司的委托签发了一张金额为 8 600 元人民币的本票，收款人为某电脑公司的经理李某。李某将票据背书转让给了王某。王某将票据金额改为 8.6 万元人民币后转让给了 C 商店，C 商店又将该票据背书转让给了某供销社。当该供销社向付款银行提示付款时，付款银行以票据上有瑕疵为由退票。

问：

（1）涉争的本票是银行本票还是商业本票？为什么？

（2）王某改写票据金额的行为，在票据法上叫什么行为？王某应承担哪些责任？

（3）如果最后的持票人向前手行使追索权，除王某以外的各位前手应替代承担怎样的票据责任？法律依据是什么？

2. A 公司为支付所欠 B 公司货款，于 1998 年 5 月 5 日开出一张 50 万元的商业承兑汇票。B 公司用此汇票进行背书转让给 C 公司，以购买一批原材料。但事后不久，B 公司发现 C 公司根本无货可供，完全是一场骗局，于是马上通知付款人停止向 C 公司支付款项。C 公司获此票据后，又将该票据背书转让给了 D 公司，以支付其所欠工程款。D 公司用此汇票向 E 公司购买一批钢丝，背书时注明了"货到后此汇票方生效"。E 公司于 1998 年 7 月 5 日向付款人请求付款。付款人在对该汇票审查后拒绝付款，理由是：① B 公司已通知付款人停止付款；②该汇票未记载付款日期，且背书附有条件，为无效票据。随即付款人便作成退票理由书，交付于 E 公司。

问：

（1）付款人可否以 C 公司的欺诈行为为由拒绝向 E 公司支付票款？为什么？

（2）A 公司开出的汇票未记载付款日期，是否为无效票据？为什么？

（3）D 公司的背书是否有效？该条件是否影响汇票效力？

（4）E 公司的付款请求权得不到实现时，可以向本案哪些当事人行使追索权？

第十章　知识产权法律制度

第一节　知识产权法概述

一、知识产权的概念与特征

（一）知识产权的概念

知识产权属于民事权利，是人们基于创造性智力成果和工商业标记所依法享有的专有权利的总称。

知识产权的范围主要利用概括或列举的方法来界定。概括是描述知识产权的属性和对象的抽象认识，难以形成一致的看法。列举是罗列具体知识产权权项，如《建立世界知识产权组织公约》将知识产权的范围界定为：关于文学、艺术和科学作品的权利；关于表演艺术家的演出、录音制品和广播节目的权利；关于人类在一切领域的发明的权利；关于科学发现的权利；关于工业品外观设计的权利；关于商标、服务标志、厂商名称和标志的权利；关于制止不正当竞争的权利；一切在工业、科学、文学或艺术领域由于智力活动产生的其他权利。又如《与贸易有关的知识产权协议》对知识产权范围的界定为：著作权及其相关权利；商标权；地理标志权；工业品外观设计权；专利权；集成电路布图设计权；未公开信息的保护权。我国是世界知识产权组织（WIPO）和世界贸易组织（WTO）的成员方，上述两项国际条约的界定对我国有约束力。根据我国《民法通则》的规定，知识产权包括著作权、专利权、商标权、发现权、发明权和其他科技成果权。

（二）知识产权的特征

知识产权是一种兼具人身权和财产权的民事权利，具有如下特征：

1. 无形性

知识产权的客体是智力成果等知识产品，是一种没有形体的精神财富，其存在、利用和处分均不同于有形财产。

2. 法定性

由于知识产品没有形体，可以同时为多个主体所共同占有，很难为拥有者所完全控制，所以知识产权必须通过法律加以确认。

3. 专有性

知识产权与所有权一样具有排他性或者绝对性。其专有性主要表现在两个方面：

一是知识产权为权利人专有，无法律规定或未经权利人许可，任何人不得使用权利人的知识产品；二是对同一项知识产品，不允许有两个或两个以上的同一属性的知识产权并存。

4. 地域性

知识产权作为法定权利要受到法律的空间上的效力范围的限制，其效力一般仅限于本国境内，只有签署公约或缔结双边互惠协定才可以具有域外效力。

5. 时间性

知识产权不是永恒的权利，一旦超过法律规定的有效期限，知识产权就自行消灭，知识产品也进入公有领域，为全人类所共享和共用。

二、知识产权法的概念

知识产权法是指调整在创造、利用知识产品过程中所产生的各种权利义务关系的法律规范的总称。知识产权法没有独立的调整对象和手段，作为特别法从属于民法。

我国没有统一的民法典，也没有专门就知识产权制定法典。知识产权法是在《民法通则》规定的总的指导原则下，根据知识产权的不同类型制定不同的单行法律、法规以及规章，这些共同构成了我国知识产权的法律制度。

三、我国知识产权法法律制度

改革开放以来我国十分重视知识产权的立法工作，尤其是为履行加入世界贸易组织的承诺，对知识产权的有关法律、法规以及规章进行了修订和完善。目前我国已经初步建立了完整的与国际接轨的知识产权法律制度。

1986年4月颁布的《民法通则》第五章第三节对知识产权作了专节规定。1982年8月颁布《中华人民共和国商标法》（以下简称《商标法》），该法分别于1993年和2001年作了两次修正；1984年3月颁布《中华人民共和国专利法》（以下简称《专利法》），该法分别于1992年、2000年和2008年作了三次修正；1990年9月颁布《中华人民共和国著作权法》（以下简称《著作权法》），该法于2001年和2010年作了两次修正。根据上述法律，国家有关立法部门分别制定了相关的实施细则，并颁布了相关配套的条例。

此外，我国还加入了一系列的有关保护知识产权方面的国际公约，如《建立世界知识产权组织公约》、《保护工业产权巴黎公约》、《保护文学艺术作品伯尔尼公约》、《商标注册国际马德里协定》、《录音制品公约》、《专利合作公约》、《世界版权公约》等。

传统知识产权制度，主要包括著作权法、专利法、商标法。

第二节 著作权法

一、著作权法概述

(一) 著作权的概念及其特征

著作权，亦称版权，是指作者或其他著作权人对文学、艺术或科学作品所依法享有的专有权利。

著作权属于知识产权，具有知识产权所共有的特征：①著作权因作品的创作完成而自动产生；②著作权只保护作品的表达形式，不保护作品的思想内容；③作品只要是作者独立创作完成的，就享有著作权。

(二) 著作权法的概念

著作权法是指调整因文学、艺术和科学作品的创作和使用而产生的人身关系和财产关系的法律规范的总称。

二、著作权的主体与归属

(一) 著作权的主体

著作权的主体是指依法对文学、艺术和科学作品享有著作权的民事主体。根据我国《著作权法》的规定，著作权人包括作者以及其他依法享有著作权的自然人、法人或者其他组织。

1. 作者

作者是指文学、艺术和科学作品的创作人。根据《著作权法》的规定，作者按照以下标准进行认定：第一，创作作品的公民是作者；第二，由法人或者其他组织主持，代表法人或者其他组织意志创作，并由法人或者其他组织承担责任的作品，法人或者其他组织视为作者；第三，如无相反证明，在作品上署名的公民、法人或者其他组织为作者。

2. 作者以外其他依法享有著作权的自然人、法人或者其他组织（简称其他著作权人）

其取得著作权主要有以下两种情况：第一，因合同而取得著作权，主要是依委托合同、转让合同取得著作权，成为著作权主体；第二，因继受取得著作权，自然人依继承或者接受遗赠而取得著作权，法人或者其他组织变更、终止后，承受其权利义务的法人或者其他组织取得著作权。

(二) 著作权的归属

1. 著作权的归属

著作权属于作者，法律另有规定的除外。

2. 职务作品著作权的归属

职务作品是指公民为完成法人或者其他组织工作任务所创作的作品。职务作品的著作权由作者享有，但法人有权在其业务范围内优先使用。

3. 委托作品著作权的归属

委托作品是指受他人委托而创作的作品。委托作品著作权的归属由委托人和受托人通过合同约定，合同未作约定或者没有订立合同的，著作权属于受托人。

4. 合作作品著作权的归属

合作作品是指两人以上合作创作的作品。合作作品可以分割使用的，作者对各自创作的部分可以单独享有著作权；合作作品不可以分割使用的，著作权由各合作作者共同享有，经过协商一致行使；合作作者对著作权的行使如果不能协商一致，任何一方无正当理由不得阻止他方行使除转让之外的其他权利，但所得收益应当合理分配给合作作者。

5. 演绎作品著作权的归属

演绎作品是指改编、翻译、注释、整理已有作品而产生的作品，著作权归演绎人所有。

6. 汇编作品著作权的归属

汇编作品是指汇编若干作品、作品的片段或者不构成作品的数据或者其他材料，对其内容的选择或者编排体现独创性的作品，著作权由汇编人享有。

7. 影视作品著作权的归属

影视作品是指电影、电视、录像作品和以类似摄制电影的方法创作的作品，著作权由制片者享有。

8. 美术作品著作权的归属

美术作品包括绘画、书法、雕塑、建筑等作品，作品原件所有权的转移，不视为作品著作权的转移，但美术作品原件的展览权由原件所有人享有。

9. 匿名作品著作权的归属

作者身份不明的作品，由作品原件的合法持有人行使除署名权以外的著作权。作者身份确定后，由作者或者其继承人行使著作权。

三、著作权的客体

著作权的客体，即著作权保护的对象，为作品。

(一) 作品的概念与类别

著作权法所称作品，是指文学、艺术和科学领域内，具有独创性并能以某种有形形式复制的智力创作成果。

我国《著作权法》根据作品的表现形式不同，将作品划分为九类：

1. 文字作品

文字作品是指小说、诗词、散文、论文等以文字形式表现的作品。

2. 口述作品

口述作品是指即兴的演说、授课、法庭辩论等以口头语言创作、未以任何物质载体固定的作品。

3. 音乐、戏剧、曲艺、舞蹈、杂技艺术作品

音乐作品是指交响乐、歌舞等能够演唱或者演奏的带词或者不带词的作品。戏剧作品是指话剧、歌剧、地方戏曲等供舞台演出的作品。曲艺作品是指相声、快书、大鼓、评书等以说唱为主要形式表演的作品。舞蹈作品是指通过连续的动作、姿势、表情表现的作品。杂技艺术作品是指杂技、魔术、马戏等通过形体动作表现的作品。

4. 美术、建筑作品

美术作品是指绘画、书法、雕塑等以线条、色彩或者其他方式构成的有审美意义的平面或立体的造型艺术作品。建筑作品是指以建筑物或者构筑物形式表现的有审美意义的作品。

5. 摄影作品

摄影作品是指借助器械，在感光材料上或者其他介质上记录客观物体形象的艺术作品。

6. 电影作品和以类似摄制电影的方法创作的作品

电影作品是指摄制在一定介质上，由一系列有伴音或者无伴音的画面组成，并且借助适当装置放映或者以其他方式传播的作品。

7. 工程设计图、产品设计图、地图、示意图等图形作品和模型作品

工程设计图、产品设计图是指为施工和生产绘制的图样及对图样的文字说明。地图、示意图是指地图、线路图、解剖图等反映地理现象、说明事物原理或者结构的图形。模型作品是指为展示、试验或者观测等用途，根据物体的形状和结构，按照一定比例制成的立体作品。

8. 计算机软件

计算机软件是指计算机程序及其有关的文档。

9. 法律、行政法规规定的其他作品

（二）不受著作权法保护的对象

根据我国《著作权法》的规定，不受著作权法保护的对象分为两类：一是不受著作权法保护的作品，主要是指依法禁止出版、传播的作品，如违背法律，破坏公序良俗的反动、淫秽作品。二是不适用于著作权法的对象，主要包括：法律、法规及官方文件；时事新闻；历法、通用数表、通用表格和公式。

四、著作权的内容

著作权包括两个方面的内容，即著作人身权和著作财产权。

（一）著作人身权

著作人身权是作者基于作品的创作而依法享有的与人身相联系而无财产内容的权利。著作人身权包括：①发表权，即决定作品是否公之于众的权利；②署名权，即表明作者身份，在作品上署名的权利；③修改权，即修改或者授权他人修改作品的权利；④保护作品完整权，即保护作品不受歪曲、篡改的权利。

（二）著作财产权

著作财产权是著作权人通过各种方式利用其作品而获得物质利益的权利。著作财产权包括：①复制权，即以印刷、复印、拓印、录音、录像、翻录、翻拍等方式将作品制作一份或者多份的权利；②发行权，即以出售或者赠与方式向公众提供作品的原件或者复制件的权利；③出租权，即有偿许可他人临时使用电影作品和以类似摄制电影的方法创作的作品、计算机软件的权利，计算机软件不是出租的主要标的的除外；④展览权，即公开陈列美术作品、摄影作品的原件或者复制件的权利；⑤表演权，即公开表演作品以及用各种手段公开播送作品的表演的权利；⑥放映权，即通过放映机、幻灯机等技术设备公开再现美术、摄影、电影和以类似摄制电影的方法创作的作品等的权利；⑦广播权，即以无线方式公开广播或者传播作品，以有线传播或者转播的方式向公众传播广播作品以及通过扩音器或者其他传送符号、声音、图像的类似工具向公众传播广播作品的权利；⑧信息网络传播权，即以有线或者无线方式向公众提供作品，使公众可以在其个人选定的时间和地点获得作品的权利；⑨摄制权，即以摄制电影或者以类似摄制电影的方法将作品固定在载体上的权利；⑩改编权，即改编作品，创作出具有独创性的新作品的权利；⑪翻译权，即将作品从一种语言文字转换成另一种语言文字的权利；⑫汇编权，即将作品或者作品的片段通过选择或者编排，汇集成新作品的权利；⑬许可他人使用并获得报酬的权利，即著作权人可以许可他人行使上述规定的权利，并依照约定或者著作权法有关规定获得报酬；⑭转让权，即著作权人可以全部或者部分转让上述规定的权利，并依照约定或者著作权法有关规定获得报酬；⑮应当由著作权人享有的其他权利。

五、著作权的保护期限和限制

（一）著作权的保护期限

著作权的保护期限是指著作权受法律保护的时间界限。著作权的保护期限具体规定为：①作者的署名权、修改、保护作品完整权的保护期不受限制。②公民的作品，其发表权、著作权中的财产权的保护期为作者终生及其死亡后50年，截止到作者死亡后第50年的12月31日；如果是合作作品，截止到最后死亡的作者死亡后第50年的12月31日。③法人或者其他组织的作品、著作权（署名权除外）由法人或者其他组织享有的职务作品，其发表权、著作权中的财产权的保护期为50年，截止到作品首次发表后第50年的12月31日，但作品自创作完成后50年内未发表的，不再受著作权法的保护。④电影作品和以类似摄制电影的方法创作的作品、摄影作品，其发表权、著作权中的财产权的保护期为50年，截止到作品首次发表后第50年的12月31日，但作品自创作完成后50年内未发表的，不再受著作权法的保护。

（二）著作权的限制

著作权的限制主要是限制著作权人的专有权利，平衡创作者、传播者和使用者以及社会公众之间的利益，促进公益。

1．合理使用

合理使用是依法无需权利人许可和支付报酬的作品使用制度。具体情形包括：①为个人学习、研究或者欣赏，使用他人已经发表的作品；②为介绍、评论某一作品或者说明某一问题，在作品中"适当引用"他人已经发表的作品；③媒体为报道时事新闻而不可避免地再现或引用、刊登或播放其他媒体已经发表的"关于政治、经济、宗教问题的时事性文章"、"公众集会讲话"，但"作者声明不许刊登、播放的除外"；④为学校的课堂教学或者科学研究，翻译或者"少量复制"已经发表的作品，供教学或者科研人员使用，但"不得出版发行"；⑤图书馆、纪念馆、美术馆为陈列或者保存版本的需要，复制本馆收藏的作品；⑥免费表演已经发表的作品，该表演未向公众收取费用，也未向表演者支付报酬；⑦对陈列在"室外公共场所"的艺术作品进行摄影、录像；⑧将"中国公民"已经发表的以汉语言文字创作的作品翻译成少数民族语言文字在"国内"出版发行；⑨将已经发表的作品改为盲文出版。

2．法定许可使用

法定许可是依法无需权利人许可但需要支付报酬的作品使用制度。具体情形包括：①为实施九年制义务教育而编写教科书；②作品在报刊上刊登后，其他报刊可以转载；③录音制作者使用他人已经合法录制为录音制品的音乐作品制作录音制品；④电视台播放他人已经发表的作品、已经出版的录音制品。

六、著作权的许可使用和转让

（一）著作权的许可使用

著作权的许可使用是指著作权人许可作品使用人以一定方式在一定期间、一定范围使用其作品的行为。著作权许可使用合同一般包括下列主要内容：①许可使用的权利种类；②许可使用的权利是专有使用权或者非专有使用权；③许可使用的地域范围、期间；④付酬标准和办法；⑤违约责任；⑥双方认为需要约定的其他内容。

（二）著作权的转让

著作权的转让是指著作权人将其作品著作权中的财产权全部或者部分转让给他人的行为。著作权转让合同一般包括下列主要内容：①作品的名称；②转让的权利种类、地域范围；③转让价金；④交付转让价金的日期和方式；⑤违约责任；⑥双方认为需要约定的其他内容。

七、邻接权

邻接权是与著作权有关的权利，即作品的传播者所享有的权利。

根据我国《著作权法》的规定，邻接权主要包括：出版者对其出版的图书和报刊享有的权利；表演者对其表演享有的权利；录音录像制作者对其制作的录音录像制品享有的权利；广播电台、电视台对其制作的广播、电视节目享有的权利。

八、著作权的保护

(一)著作权的侵权行为

著作权的侵权行为是指未经著作权人的同意，又无法律上的根据，擅自对著作权作品进行使用以及其他以非法手段侵犯著作权的行为。侵权行为主要包括以下几种：①擅自发表他人作品；②侵占他人作品；③强行在他人作品上署名；④歪曲、篡改他人作品；⑤剽窃他人作品；⑥擅自使用他人作品；⑦拒付报酬；⑧制作、出售假冒他人署名的作品；⑨侵犯专有出版和版式设计权；⑩侵犯邻接权；⑪其他侵权行为等。

(二)著作权侵权行为的法律责任

著作权侵权行为的法律责任包括民事责任、行政责任和刑事责任。

1. 民事责任

民事责任主要包括停止侵害、消除影响、赔礼道歉、赔偿损失等。我国《著作权法》规定，侵犯著作权或者与著作权有关的权利的，侵权人应当按照权利人的实际损失给予赔偿。实际损失难以计算的，可以按照侵权人的违法所得给予赔偿。赔偿数额还应当包括权利人为制止侵权行为所支付的合理开支。权利人的实际损失或者侵权人的违法所得不能确定的，由人民法院根据侵权行为的情节，判决给予 50 万元以下的赔偿。

2. 行政责任

行政责任主要包括没收违法所得，没收、销毁侵权复制品，并可处以罚款；情节严重的，可以没收主要用于制作侵权复制品的材料、工具、设备等。

3. 刑事责任

刑事责任包括侵犯著作权罪、销售侵权复制品罪。我国《刑法》第 217 条规定，以营利为目的，有下列侵犯著作权情形之一，违法数额较大或者有其他严重情节的，处 3 年以下有期徒刑或者拘役，并处或者单处罚金；违法所得数额巨大或者有其他特别严重情节的，处 3 年以上 7 年以下有期徒刑，并处罚金：①未经著作权人许可，复制发行其文字作品、音乐、电影、电视录像制品、计算机软件及其他作品的；②出版他人享有专有出版权的图书的；③未经录音录像制作者许可，复制发行其制作的录音录像的；④制作、出售假冒他人署名的美术作品的。《刑法》第 218 条规定，以营利为目的，销售明知是侵权复制品，违法所得数额巨大的，处 3 年以下有期徒刑或者拘役，并处或者单处罚金。

第三节　专利法

一、专利法概述

（一）专利与专利权

专利一词一般有三种含义：一是专利权的简称，是专利权人依法对其发明创造在一定期限和范围内享有的专有权利；二是专利技术的简称，是依法获得保护的发明创造本身；三是专利文件的简称，是记载专利技术的专利文献。

专利权是指专利权人在法定期限和范围内对其发明创造成果享有的专有权利。它是国家专利行政部门依法授予发明人或申请人生产经营其发明创造并禁止他人生产经营其发明创造的独占性排他权利。

（二）专利法的概念

专利法是指调整因发明创造的开发、实施及其保护等发生的各种社会关系的法律规范的总称。

二、专利权的主体

专利权的主体即专利权人，包括专利权所有人和持有人，是依法享有专利权、承担相应义务的单位和个人。根据我国《专利法》的规定，发明人或者设计人、职务发明创造的单位、外国人和外国企业或者外国其他组织都可以成为专利权的主体。

（一）发明人或者设计人

发明人或者设计人是指直接参与发明创造活动并对发明创造的实质性特点作出创造性贡献的人。发明人或者设计人只能是自然人，而不能是单位。发明创造属于事实行为，不属于法律行为。

（二）职务发明创造的单位

职务发明创造也称为雇员发明，是指发明人或者设计人执行本单位任务或者主要利用本单位物质技术条件完成的发明创造。具有下列条件之一，即属于职务发明创造：①在"本职工作"中完成的发明创造；②履行本单位交付的"本职工作之外"的任务所完成的发明创造；③退休、退职或者调动工作后"1年内"完成的、与其在原单位承担的本职工作有关的发明创造；④主要利用本单位的物质技术条件完成的发明创造。

（三）外国人和外国企业或者外国其他组织

在中国有经常居所或者营业所的外国人和外国企业或者外国其他组织在中国申请专利，按国民待遇原则办理；在中国没有经常居所或者营业所的外国人和外国企业或者外国其他组织在中国申请专利的，依其所属国同中国签订的协议或者共同参加的国际条约或者依照互惠原则办理。

三、专利权的客体

专利权的客体，是指可以获得专利法保护的发明创造。我国《专利法》规定的发明创造有发明、实用新型和外观设计。

（一）发明

发明是对产品、方法或者其改造所提出的新的技术方案。发明包括产品发明和方法发明。产品发明是研发特定用途物品的技术方案，方法发明是研发改造物品的方法的技术方案。

（二）实用新型

实用新型是指对产品的形状、构造或者其结合所提出的适于实用的新的技术方案。实用新型具有如下特征：①实用新型是一种新的技术方案；②实用新型仅限于产品，不包括方法；③实用新型要求产品必须是具有固定的形状、构造的产品。

（三）外观设计

外观设计是指对产品的形状、图案、色彩或者其结合所作出的富有美感并适于工业应用的新设计。外观设计具有如下特征：①以产品的外表为依托，构成产品与设计的组合；②能应用于工业上并形成批量生产；③富有美感。

四、授予专利权的条件

（一）授予专利权的发明和实用新型应当符合的条件

授予专利权的发明和实用新型，应当具备新颖性、创造性和实用性。

1. 新颖性

新颖性是指在申请日以前没有同样的发明或者实用新型在国内外出版物上公开发表过、在国内公开使用过或者以其他方式为公众所知，也没有同样的发明或者实用新型由他人向国务院专利行政部门提出过申请并且记载在申请日以后公布的专利申请文件中。新颖性的判断标准：

（1）现有技术的范围，是指申请日（有优先权的，指优先权日）前在国内外出版物上公开发表、在国内公开使用或者以其他方式为公众所知的技术。

（2）公开，包括公开的方式、公开的地域标准、公开的时间标准。

第一，公开的方式。专利法上公开的方式有三种：一是出版物公开或书面公开，即把发明创造的内容在出版物上予以描述；二是使用公开，由于使用将发明或实用新型的技术内容公开，公众可以从技术的应用中得知其技术内容；三是其他方式的公开，要求公开的内容完整、清楚，公众能够根据其公开的内容实现发明或实用新型。

第二，公开的地域标准。目前有三种标准：一是世界性标准，即凡是在世界任何一个地方公开过的技术，都不具备新颖性；二是本国标准，即凡是在本国公开过的技术，都不具备新颖性；三是混合标准，即关于出版物的公开采用世界性的标准，而其他方式的公开，采用本国标准。从我国《专利法》的规定来看，我国采用的是混合标准。

第三，公开的时间标准。目前有两种标准：一是以发明日为标准，即只要在发明创造完成时该发明创造是新的，就具有新颖性；二是以申请日为标准，即发明创造在申请日时是新的便具有新颖性。从我国《专利法》的规定来看，我国采取的是申请日的时间标准。国务院专利行政部门收到专利申请文件之日为申请日。

（3）抵触申请，是指由于在先申请的存在，使得在后申请的同一发明创造不具备新颖性。把后申请的发明创造的技术内容与先申请的发明创造的技术内容进行比较，只要后申请的内容在先申请的内容中已经有所披露，则后申请不能获得专利权。

（4）丧失新颖性的例外。我国《专利法》规定，申请专利的发明创造在申请日以前6个月内，有下列情形之一的，不丧失新颖性：①在中国政府主办或者承认的国际展览会上首次展出的；②在规定的学术会议或者技术会议上首次发表的；③他人未经申请人同意泄露其内容的。

2. 创造性

创造性是指同申请日以前已有的技术相比，该发明有突出的实质性特点和显著的进步。

实质性特点是指发明创造具有一个或几个技术特征，与现有技术相比有本质的区别。凡是发明创造所属技术领域的普通技术人员都不能直接从现有技术中得出构成该发明创造的全部必要技术特征的，都应认为具有实质性特点。

进步是指与现有技术相比有所发展和前进。如克服了现有技术存在的缺点和不足，或者具有新的优点或效果，或者代表了某种新的技术趋势。

3. 实用性

实用性是指该发明或者实用新型能够制造或者使用，并且能够产生积极效果。实用性一般具备三个条件：①可实施性，即发明创造必须能够解决技术问题，并且能够在产业中应用，能够制造或者使用；②再现性，即所属技术领域的技术人员根据公开的技术内容，能够重复实施专利申请中为解决技术问题所采用的技术方案；③有益性，即发明创造能够在经济、技术和社会等领域产生积极和有益的效果。

（二）授予专利权的外观设计应当符合的条件

授予专利权的外观设计应当同申请日以前在国内外出版物上公开发表过或者国内公开使用过的外观设计不相同和不相近似，并不得与他人在先取得的合法权利相冲突。我国法律规定，外观设计的新颖性在判断标准上与发明、实用新型的新颖性基本相同。

（三）不授予专利权的发明创造

1. 科学发现

科学发现是指人们通过自己的智力活动对客观世界已经存在的但未被揭示出来的规律、性质和现象等的认识。

2. 智力活动的规则和方法

智力活动的规则和方法是指人们进行推理、分析、判断、记忆等思维活动的规则和方法，如体育竞赛规则、游戏规则、计算方法、生产管理方法等。

3. 疾病的诊断和治疗方法

因疾病的诊断和治疗方法不能用工业的方法制造和使用，因此不适用于专利法保护。

4. 动物和植物品种

不包括动物和植物品种的生产方法

5. 用原子核变换方法获得的物质

我国《专利法》还规定，对违反国家法律、社会公德或者妨害公共利益的发明创造，不授予专利权。发明创造本身的目的并不违法，但其实施可能破坏社会公德或者妨害公共利益，这样的发明创造也不能被授予专利权。

五、专利权的取得、终止和无效

（一）专利权的取得

1. 专利的申请

（1）专利申请的原则：①先申请原则。先申请原则是指在两个以上的申请人分别就同样的发明创造申请专利的情况下，对先提出申请的申请人授予专利权。先申请的判断标准是专利申请日。②单一性原则。单一性原则是指一份专利申请文件只能就一项发明创造提出专利申请，即"一申请一发明"原则。③优先权原则。优先权原则是指将专利申请人首次提出专利申请的日期，视为后来一定期限内专利申请人就相同主题在他国或本国提出专利申请的日期。

（2）专利申请的提出、修改和撤回。①专利申请的提出。专利权不能自动取得，申请人必须履行专利法规定的专利申请手续，向国务院专利行政部门提交必要的申请文件。②专利申请的修改。专利申请的修改，可以由申请人自己主动提出修改，也可以根据国务院专利行政部门的要求进行修改。③专利申请的撤回。申请人可以在被授予专利权之前随时撤回其专利申请。

2. 专利申请的审查、批准

（1）发明专利申请的审查、批准，一般要经过如下程序：①初步审查。国务院专利行政部门收到发明专利申请后，应当进行初步审查。初步审查主要包括以下内容：专利申请文件是否完备、格式是否符合要求；专利申请人是否符合申请人主体资格；专利申请主题是否符合规定；专利申请费用缴纳情况等等。②早期公开。国务院专利行政部门对发明专利申请经初步审查认为符合专利法规定要求的，自申请日起满18个月，即行公布。国务院专利行政部门还可以根据申请人的请求早日公布其申请。③实质审查。实质审查是国务院专利行政部门根据申请人的请求，对发明的新颖性、创造性、实用性等实质性条件进行的审查。发明专利申请自申请日起3年内，国务院专利行政部门可以根据申请人随时提出的请求，对其申请进行实质审查；申请人无正当理由逾期不请求实质审查的，该申请即被视为撤回。国务院专利行政部门认为必要时，可以自行对发明专利申请进行实质审查。④授权决定。发明专利申请经实质审查没有发现驳回理由的，由国务院专利行政部门作出授予发明专利权的决定，发给发明专利证书，同时予以登记和公告。专利权自公告之日起生效。

（2）实用新型和外观设计专利申请的审查批准。国务院专利行政部门受理实用新型和外观设计专利申请后，只进行初步审查，不进行申请公开和实质审查程序。专利申请经初步审查没有发现驳回理由的，由国务院专利行政部门作出授予实用新型专利权或者外观设计专利权的决定，发给相应的专利证书，同时予以登记和公告。专利权自公告之日起生效。

（3）专利的复审。国务院专利行政部门设立专利复审委员会。专利申请人对国务院专利行政部门驳回申请的决定不服的，可以自收到通知之日起3个月内，向专利复审委员会请求复审。专利复审委员会复审后，作出复审决定，并通知专利申请人。专利申请人对专利复审委员会的复审决定不服的，可以自收到通知之日起3个月内向人民法院起诉。

（二）专利权的终止

专利权的终止，是指专利权因期限届满或者其他原因在期限届满前失去法律效力。专利权终止后，被授予专利权的发明创造成为人类的共同财富，任何单位和个人都可以无偿使用。

我国《专利法》规定，有下列情形之一的，专利权终止：①专利权的期限届满；②没有按照规定缴纳年费的；③专利权人以书面声明放弃其专利的；④专利权人死亡，无继承人或受遗赠人的。

专利权在期限届满前终止的，由国务院专利行政部门登记和公告。

（三）专利权的无效

1. 专利权无效的概念和理由

专利权无效，是指已经取得的专利权因不符合专利法的规定，根据有关单位或个人的请求，经专利复审委员会审核后被宣告无效。

宣告专利权无效的理由具体包括：授予专利权的发明创造不符合专利法规定的授予专利权的实质性条件；授予专利权的发明创造不符合专利法规定的关于专利申请文件的撰写要求或专利申请文件修改范围的规定；授予专利权的发明创造不属于专利法规定的发明、实用新型和外观设计；授予专利权的发明创造不符合先申请原则和单一性原则等。

2. 专利权宣告无效的程序

请求宣告专利权无效的单位或个人，应当向专利复审委员会提出请求书，并说明理由。专利复审委员会收到宣告专利权无效的请求书后，应当及时审查和作出决定，并通知请求人和专利权人。宣告专利权无效的决定，由国务院专利行政部门登记和公告。对专利复审委员会宣告专利权无效或者维持专利权的决定不服的，可以自收到通知之日起3个月内向人民法院起诉。人民法院应当通知无效宣告请求程序的对方当事人作为第三人参加诉讼。

3. 专利权宣告无效的法律效力

我国《专利法》规定，专利权宣告无效的法律效力具体体现为：①宣告无效的专利权视为自始即不存在。②宣告专利权无效的决定，对在宣告专利权无效前人民法院作出并已执行的专利侵权的判决、裁定，已经履行或者强制执行的专利侵权纠纷处理决定，以及已经履行的专利实施许可合同和专利权转让合同，不具有追溯力。但是因专利权人的恶意给他人造成的损失，应当给予赔偿。③专利权人或者专利权转让人不向被许可人或者受让人返还专利使用费或者专利权转让费，明显违反公平原则，专利权人或者专利权转让人应当返还全部或者部分费用。

六、专利权的限制

(一) 专利实施的强制许可

专利实施的强制许可，是指国务院专利行政部门依照法定条件和程序颁布的实施专利的一种强制性许可方式，不必经专利权人的同意，就可以实施专利。主要有以下三种形式：①具备实施条件的单位以合理的条件请求发明或者实用新型专利权人许可实施其专利，而未能在合理的时间内获得这种许可时，国务院专利行政部门根据该单位的申请，可以给予实施该发明专利或者实用新型专利的强制许可；②在国家出现紧急状态或者非常情况时，或者为了公共利益，国务院专利行政部门可以给予实施发明专利或者实用新型专利的强制许可；③一项取得专利权的发明或者实用新型比以前已经取得专利权的发明或者实用新型具有显著经济意义的重大技术进步，其实施又有赖于前一发明或者实用新型的实施的，国务院专利行政部门根据后一专利权人的申请，可以给予实施前一发明或者实用新型的强制许可。

取得实施强制许可的单位或者个人应当付给专利权人合理的使用费，其数额由双方协商；双方不能达成协议的，由国务院专利行政部门裁决。

(二) 不视为侵犯专利权的行为

下列行为依法不构成侵犯专利权：①专利权人制造、进口或者经专利权人许可而制造、进口的专利产品或者依照专利方法直接获得的产品售出后，使用、许诺销售或者销售该产品的；②在专利申请日前已经制造相同产品、使用相同方法或者已经做好制造、使用的必要准备，并且仅在原有范围内继续制造、使用的；③临时通过中国领陆、领水、领空的外国运输工具，依照其所属国同中国签订的协议或者共同参加的国际条约，或者依照互惠原则，为运输工具自身需要而在其装置和设备中使用有关专利的；④专为科学研究和实验而使用有关专利的。

七、专利权的保护

(一) 专利权的期限

专利权的期限，又称专利保护期。根据我国《专利法》的规定，发明专利权的期限为 20 年，实用新型专利权和外观设计专利权的期限为 10 年，自申请日起计算。

(二) 专利权的保护范围

专利权的保护范围，是指专利权效力所及的发明创造的技术特征和技术幅度。发明或者实用新型专利权的保护范围以其权利要求的内容为准，说明书及附图可以用于解释权利要求；外观设计专利权的保护范围以表示在图片中的该外观设计专利产品为准。

（三）侵害专利权的行为

根据《专利法》的规定，侵害专利权的行为主要包括几种：①未经专利权人许可，实施其专利的行为；②假冒他人专利的行为；③以非专利产品冒充专利产品、以非专利方法冒充专利方法的行为。

（四）侵害专利权行为的法律责任

侵害专利权行为的法律责任包括民事责任、行政责任和刑事责任。

1. 民事责任

民事责任主要包括停止侵害、赔偿损失、消除影响、恢复名誉等。侵犯专利权的赔偿数额，按照权利人因被侵权所受到的损失或者侵权人因侵权所获得的利益确定；被侵权人的损失或者侵权人获得的利益难以确定的，参照该专利许可使用费的倍数合理确定。

2. 行政责任

行政责任主要包括：①对未经专利权人许可实施其专利的行为，管理专利工作的部门认定侵权行为成立的，可以责令侵权人立即停止侵权行为。②对假冒他人专利的行为，除依法承担民事责任外，由管理专利工作的部门责令改正并予以公告，没收违法所得，可以并处违法所得 3 倍以下的罚款，没有违法所得的，可以处 5 万元以下的罚款。③对以非专利产品冒充专利产品、以非专利方法冒充专利方法的行为，由管理专利工作的部门责令改正并予以公告，可以处 5 万元以下的罚款。④对侵夺发明人或者设计人的非职务发明创造专利申请权以及其他权益的行为，由所在单位或者上级主管机关给予行政处分。

3. 刑事责任

《刑法》第 216 条规定，假冒他人专利，情节严重的，处 3 年以下有期徒刑或者拘役，并处或者单处罚金。

（五）诉前救济措施及诉讼时效

1. 诉前救济措施

专利权人或者利害关系人有证据证明他人正在实施或者即将实施侵犯其专利权的行为，如不及时制止将会使其合法权益受到难以弥补的损害的，可以在起诉前向人民法院申请采取责令停止有关行为和财产保全的措施。

2. 专利侵权诉讼时效

侵犯专利权的诉讼时效为两年，自专利权人或者利害关系人得知或者应当得知侵权行为之日起计算。发明专利申请公布后至专利权授予前使用该发明未支付适当使用费的，专利权人要求支付使用费的诉讼时效为两年，自专利权人得知或者应当得知他人使用其发明之日起计算，但是，专利权人于专利权授予之日前即已得知或者应当得知的，自专利权授予之日起计算。

第四节 商标法

一、商标法概述

（一）商标与商标权

1. 商标

商标是指由文字、图形、字母、数字、三维标志和颜色组合，以及上述要素的组合，使用于一定的商品或者服务，用以区分商品或者服务的生产经营者的显著标记。

根据不同的划分标准，可以将商标分成不同的种类：①根据商标的结构，可将商标分为文字商标、图形商标、数字商标、三维商标以及组合商标；②根据商标的用途，可将商标分为商品商标和服务商标；③根据商标的作用和功能，可将商标分为证明商标、集体商标、防御商标和联合商标；④根据商标在相关市场上的知名度，可将商标分为驰名商标、著名商标和知名商标。

2. 商标权

商标权是指商标所有人对其商标拥有的独占的、排他的权利。由于我国在商标权的取得方面实行的是注册原则，因此，商标权实际上是因商标所有人申请，经政府主管部门确认的专有权利，即因商标注册而产生的权利。

（二）商标法的概念

商标法是指调整商标的组成、注册、使用、管理和商标专用权的保护等的法律规范的总称。商标法有广义和狭义之分。狭义的商标法仅指全国人大常委会通过的《商标法》。广义的商标法除《商标法》外，还包括国家有关法律、行政法规和规章中关于商标的法律规范，如《商标法实施条例》、《驰名商标认定和管理暂行规定》、《商标代理管理办法》、《商标印制管理办法》等。我国参加缔结的有关商标权国际保护方面的条约、协定，经批准公布具有国内法效力的，也属于广义的商标法的范畴。

二、商标权的主体与客体

（一）商标权的主体

商标权的主体是指通过法定程序，在自己生产、制造、加工、拣选、经销的商品或者提供的服务上享有商标专用权的人。根据我国《商标法》的规定，商标权的主体范围包括自然人、法人或者其他组织。

（二）商标权的客体

商标权的客体是指经商标局核准注册的商标，即注册商标。申请注册的商标应当具备以下条件：①商标应当具备显著性。我国《商标法》规定，申请注册的商标，应当有显著特征，便于识别，并不得与他人在先取得的合法权利相冲突。商标具备的这种显著性，可以通过两种方式产生，一是商标本身具有显著性，二是通过长期的使用获得商标的显著性。②商标应当符合可视性要求。我国《商标法》规定，任何能够将自然人、法人或者其他组织的商品与他人的商品区别开的可视性标志，包括文字、图形、字母、数字、三维标志和颜色组合，以及上述要素的组合，均可以作为商标申请注册。由此可见，气味标志、音响标志不能成为注册商标。

根据我国《商标法》的规定，下列标志不得作为商标使用：①同中华人民共和国的国家名称、国旗、国徽、军旗、勋章相同或者近似的，以及同中央国家机关所在地特定地点的名称或者标志性建筑物的名称、图形相同的；②同外国的国家名称、国旗、国徽、军旗相同或者近似的，但该国政府同意的除外；③同国际组织的名称、旗帜、徽记相同或者近似的，但经该组织同意或者不易误导公众的除外；④与表明实施控制、予以保证的官方标志、检验印记相同或者近似的，但经授权的除外；⑤同"红十字"、"红新月"的名称、标志相同或者近似的；⑥带有民族歧视性的；⑦夸大宣传并带有欺骗性的；⑧有害于社会道德风尚或者有其他不良影响的；⑨县级以上行政区划的地名或者公众知晓的外国地名。但是，地名具有其他含义或者作为集体商标、证明商标组成部分的除外。已经注册的使用地名的商标继续有效。

下列标志不得作为商标注册：①仅有本商品的通用名称、图形、型号的；②仅仅直接表示商品的质量、主要原料、功能、用途、重量、数量及其他特点的；③缺乏显著特征的。上述所列标志经过使用取得显著特征，并便于识别的，可以作为商标注册。

此外，根据我国《商标法》的规定，以三维标志申请注册商标的，仅由商品自身的性质产生的形状、为获得技术效果而需有的商品形状或者使商品具有实质性价值的形状，不得注册。就相同或者类似商品申请注册的商标是复制、摹仿或者翻译他人未在中国注册的驰名商标，容易导致混淆的，不予注册并禁止使用。就不相同或者不相类似商品申请注册的商标是复制、摹仿或者翻译他人已经在中国注册的驰名商标，误导公众，致使该驰名商标注册人的利益可能受到损害的，不予注册并禁止使用。未经授权，代理人或者代表人以自己的名义将被代理人或者被代表人的商标进行注册，被代理人或者被代表人提出异议的，不予注册并禁止使用。商标中有商品的地理名称，而该商品并非来源于该标志所标志的地区，误导公众的，不予注册并禁止使用。

三、商标注册的申请和审查核准

（一）商标注册的申请

1. 商标注册申请的原则

（1）申请在先原则。两个或者两个以上的申请人，先后在同一或类似商品或者服务上，以相同或类似的商标申请注册的，商标权授予申请在先的人。申请先后的确定以申请日为准。

（2）优先权原则。优先权表现在两个方面：一是商标注册申请人自其商标在外国第一次提出商标注册申请之日起6个月内，又在中国就相同商品以同一商标提出商标注册申请的，依照该外国同中国签订的协议或者共同参加的国际条约，或者按照相互承认优先权原则，可以享有优先权。二是商标在中国政府主办的或者承认的国际展览会展出的商品上首次使用的，自该商品展出之日起 6 个月内，该商标的注册申请人可以享有优先权。

2. 商标注册申请的方法

（1）按规定的商品分类表填报使用商标的商品类别和商品名称。商品分类表是划分商品或服务类别和进行商标注册管理的重要依据。我国 1988 年 11 月 1 日开始采用《有关商标注册用商品和服务国际分类的尼斯协定》（以下简称《尼斯协定》）中的商品分类表申请商标注册，目前使用的分类表是 2007 年 1 月 1 日起实行的第九版；

（2）商标注册申请人在不同类别的商品上申请注册同一商标的，应当按商品分类表提出注册申请；

（3）注册商标需要在同一类的其他商品上使用的，应当另行提出注册申请；

（4）注册商标需要改变其标志的，应当重新提出注册申请；

（5）注册商标需要变更注册人的名义、地址或者其他注册事项的，应当提出变更申请。

（二）商标注册的审查核准

商标注册的审查核准是商标主管机关就申请注册的商标是否符合商标法的规定所进行的一系列活动，主要包括形式审查、实质审查、公告阶段。对于有争议的商标，还可能进行复审或者裁定。

1. 形式审查

商标局收到商标注册申请文件后，应当首先进行形式审查。形式审查的内容主要包括：申请手续是否齐备；申请人是否具备申请资格；申请文件是否齐全，填写是否正确；是否按规定缴纳了申请注册费等。经过形式审查，凡符合规定的，商标局予以受理，编定申请号，发给受理通知书。对于申请手续不齐备或者未按规定填写申请文件的，予以退回，申请日期不予保留。对于申请手续和申请文件基本符合规定，但需要补正的，通知予以补正，在规定期限内补正的，保留申请日期；未在规定期限内补正的，予以退回，申请日期不予保留。

2. 实质审查

商标局对受理的申请，依照《商标法》的规定进行实质审查。实质审查的内容主要包括：申请注册的商标是否具有显著特征，便于识别；申请注册的商标是否与已注册在相同或类似商品或服务上的商标相同或近似；申请注册的商标是否违背《商标法》的禁止规定等。

3. 公告

申请注册的商标，凡符合《商标法》规定的，由商标局初步审定，予以公告。对于两个或者两个以上的商标注册申请人，在同一种商品或者类似商品上，以相同或者近似的商标申请注册的，初步审定并公告申请在先的商标；同一天申请的，初步审定并公告使用在先的商标，驳回其他人的申请，不予公告。

4. 核准

申请注册的商标，凡不符合《商标法》规定的，由商标局驳回申请，不予公告。

对初步审定的商标，自公告之日起 3 个月内，任何人均可以提出异议，公告期满无异议的，予以核准注册，发给商标注册证，并予以公告。此外，商标局认为商标注册申请内容可以修正的，发给审查意见书，限其在收到通知之日起 15 日内予以修正，未作修正的，超过期限修正或者修正后仍不符合商标法规定的，驳回申请，发给申请人驳回通知书。

5. 复审或者裁定

对驳回申请、不予公告的商标，商标局应当书面通知商标注册申请人。商标注册申请人不服的，可以自收到通知之日起 15 日内向商标评审委员会申请复审，由商标评审委员会作出决定，并书面通知申请人。当事人对商标评审委员会的决定不服的，可以自收到通知之日起 30 日内向人民法院起诉。

对初步审定、予以公告的商标提出异议的，商标局应当听取异议人和被异议人陈述事实和理由，经调查核实后，作出裁定。当事人不服的，可以自收到通知之日起 15 日内向商标评审委员会申请复审。由商标评审委员会作出裁定，并书面通知异议人和被异议人。当事人对商标评审委员会的裁定不服的，可以自收到通知之日起 30 日内向人民法院起诉。人民法院应当通知商标复审程序的对方当事人作为第三人参加诉讼。当事人在法定期限内对商标局作出的裁定不申请复审或者对商标评审委员会作出的裁定不向人民法院起诉的，裁定生效。经裁定异议不能成立的，予以核准注册，发给商标注册证，并予以公告；经裁定异议成立的，不予核准注册。经裁定异议不能成立而核准注册的，商标注册申请人取得商标专用权的时间自初审公告 3 个月期满之日起计算。

四、注册商标的续展、转让、使用许可

（一）注册商标的续展

注册商标的续展，是指注册商标所有人在商标注册有效期届满前后的一定时间内，依法办理一定手续延长其注册商标有效期的制度。

根据我国《商标法》的规定，注册商标的有效期为 10 年，自核准注册之日起计算。注册商标有效期满，需要继续使用的，应当在期满前 6 个月内申请续展注册；在此期间未能提出申请的，可以给予 6 个月的宽展期。宽展期满仍未提出申请的，注销其注册商标。

（二）注册商标的转让

注册商标的转让，是指注册商标所有人依法将因注册商标产生的商标权转让给他人的行为。注册商标转让后，原注册商标所有人不再享有该注册商标的专用权，受让人成为该注册商标的所有人，享有商标专用权。

根据我国《商标法》的规定，转让注册商标的，转让人和受让人应当签订转让协议，并共同向商标局提出申请。受让人应当保证使用该注册商标的商品质量。转让注册商标经商标局核准后，发给受让人相应证明，并予以公告。受让人自公告之日起享有商标专用权。

（三）注册商标的使用许可

注册商标的使用许可，是指注册商标所有人通过签订商标使用许可合同，许可他人使用其注册商标，同时收取一定的许可使用费。注册商标的使用许可应当符合下列条件：①许可人是被许可的注册商标的所有人或有充分处置权人；②被许可人有生产使用许可的商品的资格；③使用许可的商标在法律保护的期限内，且使用许可期限不得超过该注册商标的有效期限；④使用许可的商品在该注册商标核定使用的商品范围内；⑤使用许可的商标与注册商标一致。

商标使用许可，主要包括以下三类：①独占使用许可，是指商标注册人在约定的期间、地域和以约定的方式，将该注册商标仅许可一个被许可人使用，商标注册人依约定不得使用该注册商标。②排他使用许可，是指商标注册人在约定的期间、地域和以约定的方式，将该注册商标仅许可一个被许可人使用，商标注册人依约定可以使用该注册商标但不得另行许可他人使用该注册商标。③普通使用许可，是指商标注册人在约定的期间、地域和以约定的方式，许可他人使用其注册商标，并可自行使用该注册商标和许可他人使用其注册商标。

五、商标使用的管理

商标使用的管理，是指商标行政管理部门对注册商标、未注册商标的使用进行监督管理，并对违反商标法规定的侵权行为予以制裁的活动。

（一）对注册商标使用的管理

经商标局核准注册的商标为注册商标，商标注册人依法享有商标专用权，受法律保护。根据我国《商标法》的规定，商标行政管理部门对注册商标的使用依法实行管理。具体管理工作包括以下内容：

1. 对使用注册商标的管理

使用注册商标，有下列行为之一的，由商标局责令限期改正或者撤销其注册商标：①自行改变注册商标的；②自行改变注册商标的注册人名义、地址或者其他注册事项的；③自行转让注册商标的；④连续3年停止使用的。

2. 监督使用注册商标的商品质量

使用注册商标，其商品粗制滥造，以次充好，欺骗消费者的，由各级工商行政管理部门分别不同情况，责令限期改正，并可以予以通报或者处以罚款，或者由商标局撤销其注册商标。

3. 对被撤销或者注销的商标的管理

注册商标被撤销的或者期满不再续展的，自撤销或者注销之日起1年内，商标局对与该商标相同或者近似的商标注册申请，不予核准。

（二）对未注册商标使用的管理

未注册的商标不享有商标专用权，我国允许商品生产者、经营者或者服务提供者合法使用未注册商标。根据我国《商标法》的规定，使用未注册商标，有下列行为之一的，由地方工商行政管理部门予以制止，限期改正，并可以予以通报或者处以罚款：①冒充注册商标的；②违反商标法中不得作为商标使用的标志的规定的；③粗制滥造、以次充好，欺骗消费者的。

六、注册商标专用权的保护

（一）侵犯注册商标专用权的行为及其法律责任

1. 侵犯注册商标专用权的行为

根据我国《商标法》的规定，有下列行为之一的，均属侵犯注册商标专用权：①未经商标注册人的许可，在同一种商品或者类似商品上使用与其注册商标相同或者近似的商标的；②销售侵犯注册商标专用权的商品的；③伪造、擅自制造他人注册商标标识或者销售伪造、擅自制造的注册商标标识的；④未经商标注册人同意，更换其注册商标并将该更换商标的商品又投入市场的；⑤给他人的注册商标专用权造成其他损害的。

2. 侵犯注册商标专用权的法律责任

侵犯注册商标专用权的法律责任包括民事责任、行政责任和刑事责任。

（1）民事责任。民事责任主要包括停止侵犯、消除影响、赔偿损失等。侵犯商标专用权的赔偿数额，为侵权人在侵权期间因侵权所获得的利益，或者被侵权人在被侵权期间因被侵权所受到的损失，包括被侵权人为制止侵权行为所支付的合理的开支，以及权利人或者委托代理人对侵权行为进行调查、取证的费用等。上述所称侵权人因侵权所得利益，或者被侵权人因被侵权所受损失难以确定的，由人民法院根据侵权行为的情节判决给予50万元以下的赔偿。销售不知道是侵犯注册商标专用权的商品，能证明该商品是自己合法取得的并说明提供者的，不承担赔偿责任。

（2）行政责任。行政责任主要包括：①责令立即停止侵权行为；②没收、销毁侵权商品和专门用于制造侵权商品、伪造注册商标标识的工具；③罚款。根据规定，工商行政管理部门可以根据情节处以非法经营额20%以下或者非法获利2倍以下的罚款；对侵犯注册商标专用权的单位的直接责任人员，可根据情节处以1万元以下的罚款。

（3）刑事责任。刑事责任主要包括：

我国《刑法》第213条规定，未经注册商标所有人许可，在同一种商品上使用与其注册商标相同的商标，情节严重的，处3年以下有期徒刑或者拘役，并处或者单处罚金；情节特别严重的，处3年以上7年以下有期徒刑，并处罚金。

我国《刑法》第214条规定，销售明知是假冒注册商标的商品，销售金额数额较大的，处3年以下有期徒刑或者拘役，并处或者单处罚金；销售金额数额巨大的，处3年以上7年以下有期徒刑，并处罚金。

我国《刑法》第215条规定，伪造、擅自制造他人注册商标标识或者销售伪造、擅自制造的注册商标标识，情节严重的，处3年以下有期徒刑、拘役或者管制，并处或者单处罚金；情节特别严重的，处3年以上7年以下有期徒刑，并处罚金。

（二）侵犯注册商标专用权案件的处理

根据我国《商标法》的规定，对侵犯注册商标专用权的案件，先由当事人协商解决；当事人不愿协商或者协商不成的，可以有两种处理方式：一是请求工商行政管理部门处理，二是向人民法院起诉。

1. 工商行政管理部门对侵犯注册商标专用权案件的处理

根据我国《商标法》的规定，商标注册人或者利害关系人对侵犯注册商标专用权的行为，可以请求工商行政管理部门进行处理。

县级以上工商行政管理部门对涉嫌侵犯他人注册商标专用权的行为进行查处时，可以行使下列职权：①询问有关当事人，调查与侵犯他人注册商标专用权有关的情况；②查阅、复制当事人与侵权活动有关的合同、发票、账簿以及其他有关资料；③对当事人涉嫌从事侵犯他人注册商标专用权活动的场所实施现场检查；④检查与侵权活动有关的物品，对有证据证明是侵犯他人注册商标专用权的物品，可以查封或者扣押。

当事人对工商行政管理部门处理决定不服的，可以自收到处理通知之日起15日内向人民法院起诉。侵权人期满不起诉又不履行的，工商行政管理部门可以申请人民法院强制执行。

2. 人民法院对侵犯注册商标专用权案件的处理

根据我国《商标法》的规定，商标注册人或者利害关系人对侵犯注册商标专用权的行为，可以向人民法院起诉。侵犯注册商标专用权的诉讼时效为两年，自商标注册人或者利害权利人知道或者应当知道侵权行为之日起计算。人民法院基于权利人的申请，要求申请人提交证据和担保的情形下，可以在诉前裁定责令停止侵权、财产保全或者证据保全。

（三）驰名商标的特殊保护

驰名商标，是指由有权机关认定的在市场上享有较高声誉并为相关公众所熟知的注册商标。

认定驰名商标，应当考虑下列因素：①相关公众对该商标的知晓程度；②该商标使用的持续时间；③该商标的任何宣传工作的持续时间、程度和地理范围；④该商标作为驰名商标受保护的记录；⑤该商标驰名的其他因素。

我国对驰名商标特殊保护的规定有：①将与他人驰名商标相同或者近似的商标在非类似商品上申请注册，且可能损害驰名商标注册人的权益的，驳回其注册申请；申请人不服的，可以向商标评审委员会申请复审；已经注册的，自注册之日起5年内，驰名商标注册人可以请求商标评审委员会予以撤销，但恶意注册的不受时间限制。②将与他人驰名商标相同或者近似的商标使用在非类似的商品上，且会暗示该商品与驰名商标注册人存在某种联系，从而可能使驰名商标注册人的权益受到损害的，驰名商标注册人可以自知道或者应当知道之日起两年内，请求工商行政管理机关予以制止。③自驰名商标认定之日起，他人将与该驰名商标相同或者近似的文字作为企业名称一部分使用，且可能引起公众误认的，工商行政管理机关不予核准登记；已经登记的，驰名商标注册人可以自知道或者应当知道之日起两年内，请求工商行政管理机关予以撤销。④未经有权机关认定，谎称商标为驰名商标，欺骗公众的，由行为地工商行政管理机关视其情节予以警告，处以违法所得额 3 倍以下的罚款，但最高不超过 3 万元，没有违法所得的，处以 1 万元以下的罚款。

【案例精析】

"番茄花园案"的法律问题

一、案情

2006 年 12 月至 2008 年 8 月期间，被告单位成都共软网络科技有限公司（以下简称成都共软公司）为了营利，由被告人孙某指示被告人张某和洪某、梁某勇合作，未经微软公司的许可，复制微软 Windows XP 计算机软件后制作多款"番茄花园"版软件，并以修改浏览器主页、默认搜索页面、捆绑他公司软件等形式，在"番茄花园"版软件中分别加载百度时代网络技术（北京）有限公司等多家单位的商业插件，通过互联网在"番茄花园"网站、"热度"网站发布供公众下载。其中被告人洪某负责制作的"番茄花园"WINXP SP3 V.3300 等八款安装版和免激活版累计下载 71 583 次，被告人梁某负责制作的"番茄花园"WINXP SP2 V6.2、LEI NLITE XP SP3 V1.0 美化版累计下载 8 018 次，郑某（另案处理）负责制作的"番茄花园"GHOST XP sp3 V1.0、GHOST XP sp3 V1.1、GHOST XP sp3 V1.2 版累计下载 117 308 次。被告单位成都共软公司从百度时代网络技术（北京）有限公司等多家单位获取非法所得计人民币 2 924 287.09 元。2009 年 6 月 3 日，江苏省苏州市虎丘区人民检察院向苏州市虎丘区人民法院提起公诉。

（案例来源：中国法律信息网）

二、判决

虎丘区人民法院经审理认为，被告单位成都共软公司、被告人孙某、张某、洪某、梁某的行为均已构成侵犯著作权罪。鉴于被告人张某系自首、被告人梁某系从犯，遂判处被告单位罚金人民币 8 772 861.27 元，违法所得计人民币 2 924 287.09 元予以没收；判处被告人孙某有期徒刑三年六个月，并处罚金人民币 100 万元；判处被告人张某有期徒刑二年，并处罚金人民币 10 万元；判处被告人洪某有期徒刑三年六个月，并处罚金人民币 100 万元；判处被告人梁某有期徒刑二年，并处罚金人民币 10 万元。

三、案件争议

本案引发社会各界对"盗版"和"垄断"的热烈讨论，人们开始重视知识产权对一国产业的影响。代表性观点如下：第一，微软选择"番茄花园"运作 5 年后举报是"卸磨杀驴"，微软利用"番茄花园"盗版软件压缩国产软件的生存发展空间，形成市场垄断；第二，本案依据美国相关案例不构成侵权和犯罪；第三，微软利用打击"番茄花园"盗版来规避我国反垄断法；第四，"番茄花园"案件依照我国法律侵犯著作权罪可以成立。

四、分析

本案中"番茄花园"侵犯了微软软件的哪些权利？对微软 XP 进行主题、桌面、按钮等外观美化，侵犯了著作权人微软的修改和保护作品完整权；取消微软的正版验证程序，侵犯了微软的技术保护措施权；通过网站提供免费下载，侵犯了微软的信息网络传播权和获得报酬权。

本案是否构成刑事犯罪？我国《刑法》第217条规定，侵犯著作权罪的行为是以营利为目的复制发行未经许可的计算机软件而违法所得数额较大或有其他严重情节的行为。第一，以营利为目的。不具有营利目的同样可能构成民事侵权，但是它不会构成犯罪。本案中番茄花园软件通过免费下载获取点击和流量，从而通过插件、广告等谋取收益，以刊登收费广告等方式直接或者间接收取费用的情形，属于《刑法》第217条规定的"以营利为目的"。第二，通过信息网络向公众传播他人文字作品、音乐、电影、电视、录像作品、计算机软件及其他作品的行为，应当视为《刑法》第217条规定的"复制发行"。第三，违法所得数额较大或者有其他严重情节。本案审理中综合考虑了违法所得数额和该软件的点击下载数量。

本案是我国通过刑事司法保护途径打击大规模软件网络盗版行为的一起具有较大社会影响的案例。该案的判决给那些寄希望于通过盗版获取非法利益的网站和其他侵权者敲响了警钟。本案作为一起典型的知识产权刑事司法保护案例，清楚表明了我国严格履行国际公约义务对国内外著作权人给予平等保护的坚定态度，也充分体现了中国在转型时期高度重视知识产权保护的执法精神。该案也是当地人民法院开展由知识产权审判庭统一审理知识产权民事、行政和刑事案件试点后成功处理的一起有重大影响的案件。

【实训项目】

设计一个商品或服务商标

一、目的

使学生进一步掌握商标法的基本内容，培养学生的设计创新能力。

二、组织形式

1. 教师强调商标的种类、组成及其功能，强调商标注册的原则、程序及效力。

2. 每3～5个同学为一组，为本书第三章实训项目所设立的公司选择某一商品或某一服务，根据商标法的规定设计一个商标，并模拟注册。

三、要求：

一周内完成，提交的材料应包括以下内容：

1. 该商品或服务的特点；

2. 设计的商标并附文字说明，设计的商标应符合商标法的规定；

3. 商标注册所需要的文件；

4. 注册商标的使用范围。

【自测题】

一、判断题

1. 知识产权是无形的精神财富。 （ ）

2. 甲对乙的某部作品进行翻译并已出版，当丙对乙的同一部作品进行翻译时，甲有权予以阻止。 （ ）

3. 著作人身权不受时间限制。 （ ）

4. 雇员可以与单位约定完成单位任务产生的发明创造的专利权归属。 （ ）

5. 发明人和设计人既可以是自然人，也可以是法人和其他组织。 （ ）

6. 发明、实用新型的专利保护期是20年，外观设计专利保护期是10年，自申请日起计算。 （ ）

7. 被许可使用的商标，可以自被许可之日起重新计算保护期，也可以改变被许可使用商标的文字和图形。 （ ）

8. 驰名商标一定是注册商标。 （ ）

9. 对侵犯注册商标专用权的案件，当事人不愿协商或者协商不成的，必须请求工商行政管理部门处理后才能向人民法院起诉。 （ ）

10. 就不相类似商品申请注册的商标是摹仿他人在中国注册的驰名商标，误导公众，致使该驰名商标注册人的利益可能受到损害的，商标主管部门应当不予注册并禁止使用。 （ ）

二、单项选择题

1. 我国目前业已形成的是以（ ）为龙头的保护知识产权的法律体系。

 A. 反不正当竞争法   B. 民法通则

 C. 合同法   D. 著作权法

2. 2002年8月8日，甲与乙合作制作了一部音乐作品。甲于2002年11月15日去世，乙于2003年6月10日去世。根据著作权法律制度的规定，该音乐作品的继承人对该音乐作品享有的许可他人使用并获得报酬的权利的保护期截止日期为（ ）。

 A. 2022年8月8日   B. 2052年11月15日

 C. 2053年6月10日   D. 2053年12月31日

3. 甲委托乙开发一套管理软件，并约定在乙交付符合要求的软件后，甲一次性向乙支付5万元费用，甲乙没有就该软件著作权的归属作出约定。乙依约交付软件后，甲支付了费用。下列关于该软件著作权归属的表述中，正确的是（ ）。

 A. 由甲与乙共同享有   B. 由甲乙各享有50%的权益

 C. 由甲享有   D. 由乙享有

4. 某建筑设计公司工程师张某接受公司指派的任务，为该公司承揽设计的某住宅楼绘制了工程设计图。按照著作权法的规定，有关该工程设计图著作权的下列表述中，正确的是（ ）。

 A. 张某享有工程设计图的署名权，该公司享有著作权的其他权利

B. 张某享有工程设计图的发表权、署名权、修改权和保护作品完整权，该公司享有著作权的其他权利

C. 张某享有工程设计图的所有权利，但该公司在其业务范围内可以优先使用

D. 该公司享有工程设计图著作权的所有权利，但应当给予张某相应的奖励

5. 职工在完成单位工作任务时所完成的发明是（　　）。

　　A. 自由发明　　　　　　　　　　B. 共同发明

　　C. 职务发明　　　　　　　　　　D. 委托发明

6. 某研究所的研究员王某利用本单位的物质技术条件完成了一项发明，之前王某与研究所就该项发明有一份协议，约定了专利申请权和专利权归王某。根据专利法的规定，以下关于该项发明专利申请权和专利权归属的说法，正确的是（　　）。

　　A. 专利申请权和专利权归研究所　　B. 专利申请权归研究所，专利权归王某

　　C. 专利申请权和专利权归王某　　　D. 专利申请权归王某，专利权归研究所

7. 根据专利法律制度的规定，某汽车制造厂完成的下列新技术成果中，可能获得实用新型专利的是（　　）。

　　A. 汽车新燃料　　　　　　　　　B. 汽车防冻液

　　C. 汽车发动机　　　　　　　　　D. 汽车节能方法

8. 甲公司将本公司注册商标转让给乙公司，双方签订了转让合同。根据商标法的规定，乙公司开始享有该注册商标专用权的时间是（　　）。

　　A. 甲、乙双方签订注册商标转让合同之日

　　B. 商标局收到注册商标转让申请之日

　　C. 商标局核准注册商标转让合同之日

　　D. 商标局核准注册商标转让合同后，予以公告之日

9. 某公司于1993年12月10日申请注册"海天"商标，1994年3月20日该商标被核准注册。根据商标法的规定，该公司第一次申请"海天"商标续展注册的最后期限应为（　　）。

　　A. 2004年1月10日　　　　　　　B. 2004年2月10日

　　C. 2004年3月20日　　　　　　　D. 2004年9月20日

10. 根据商标法律制度的规定，注册商标有效期满后可以续展注册，续展注册的有效期为（　　）。

　　A. 6个月　　　　B. 5年　　　　C. 10年　　　　D. 20年

三、多项选择题

1. 甲乙共同创作完成一部小说，甲主张发表，乙不同意。后乙死亡，有一继承人，甲将该小说发表。根据著作权法律制度的规定，下列表述中，错误的是（　　）。

　　A. 乙生前不同意发表该小说，甲无权发表

　　B. 发表该小说的稿费全部由甲获得

　　C. 该小说财产权的保护期限应截止于乙死亡后第50年的12月31日

　　D. 甲不能剥夺乙的署名权

2. 甲为摄影家，曾于1931年"9·18事变"和1937年"卢沟桥事变"时分别拍有《人民的抗争》、《血染的大刀》两幅珍贵摄影作品。甲于1970年去世，此两幅作品于1983年由其独女乙整理后在国内首次发表。2005年丙公司未经许可且未注明作者，以《人民的抗争》、《血染的大刀》作为封面，制作并发售中国近现代战争系列DVD。下列关于丙公司行为性质的说法中，正确的有（　　　　）。

    A. 丙公司侵犯了乙的著作人身权

    B. 丙公司侵犯了甲的著作人身权

    C. 丙公司侵犯了乙对《人民的抗争》的著作财产权

    D. 丙公司侵犯了乙对《血染的大刀》的著作财产权

3. 某刊物不愿让别的刊物随意转载其刊物上发表的文章，根据著作权法律制度的规定，下列做法中，可行的方案是（　　　　）。

    A. 在刊物上发表不得转载的声明

    B. 在每一篇文章后都刊载作者不许转载的声明

    C. 在刊物的声明中载明所有作者均已授予本刊专有使用权

    D. 无须作任何声明

4. 甲是乙公司的研发人员，经长期研究，完成单位交付的研发任务，开发出了一种抗癌新药，现欲申请专利。以下关于该成果权利归属的说法中，正确的是（　　　　）。

    A. 专利申请权及专利权均归乙公司

    B. 专利申请权归乙公司，专利权归甲

    C. 专利申请权归甲，专利权归乙公司

    D. 乙公司转让专利权时，甲在同等条件下有优先受让权

5. 根据我国专利法的规定，授予专利的积极条件是（　　　　）。

    A. 新颖性   B. 创造性   C. 实用性   D. 合法性

    E. 技术性

四、案例分析题

1. 宋某于2008年8月11日向中国专利局提交了一份"长曲柄自行车"的实用新型专利申请，经初步审查，该申请于2009年8月15日被批准为实用新型专利。该实用新型专利有两个权利要求：①一种自行车，其特征是增加曲柄的长度1至4厘米；②按照权利要求①所述的自行车，其特征是曲柄加长超过3厘米时，将后轮珠碗卸掉，改装200球轴承。天津某自行车集团公司于2010年6月1日向专利复审委员会请求宣告该专利无效，理由为：长曲柄自行车专利的说明书与权利要求书中没有说明原长尺寸，没有原长尺寸的加长是虚概念，不应是发明专利。

（1）天津某自行车集团公司能否请求宣告该专利无效？为什么？

（2）专利复审委员会能否宣告该实用新型专利无效？为什么？

2. 2008年12月31日，重庆市长寿区某按摩器生产厂商向商标局申请将使用在该按摩器上的"长寿"标志注册为商标。2009年1月15日，商标局审查后认为"长寿"系县级以上行政区划名称，根据《商标法》第10条第3款"县级以上行政区划的地名

不得作为商标"之规定,驳回该申请。该厂商于2009年1月20日收到该驳回申请的决定。另外,该县另有一厂商在某保健器材上使用未注册的"长寿"商标。

(1) 如该按摩器生产厂商不服商标局驳回申请的决定,应于何时向谁提出申请复审?

(2) 你认为复审结果是什么?理由是什么?

(3) 如果复审结果维持初审决定,该按摩器生产厂商能否向法院提起诉讼?为什么?

(4) 如果复审结果改变初审决定,最后核准注册并发给商标注册证,那么另一保健器材生产厂商能否继续使用"长寿"商标?为什么?

第十一章 经济争议的解决

第一节 经济争议的解决概述

一、经济争议的含义

经济争议，是指在经济交往或经济活动中所发生的争议。它可能发生在平等主体之间，也可能发生在不平等主体之间。本章所指经济争议，是指平等民商事主体之间发生的关于财产方面权利义务的争议。不平等主体之间的经济争议，一般通过行政复议或行政诉讼方式解决。

二、解决经济争议的方式

解决经济交往中的争议，先要确定采用何种方式。解决争议的方式分为两大类：一类是当事人自己协商解决，即协商的方式；另一类是求助于第三人解决，即调解、仲裁或诉讼。这里简单介绍协商和调解，仲裁和诉讼将在下文专门阐述。

（一）协商

协商，是指当事人在自愿的基础上，按照有关法律和合同条款，通过磋商、谈判等方式，自愿达成和解协议，从而解决纠纷的一种方式。

这种方式是以自愿原则为出发点，当事人本着平等、互利的原则，就有关问题进行协商。协商是一种双方的法律行为，若协商一致，实际上就是达成了一项新的协议，对当事人有法律约束力，其法律约束力等同于合同的约束力，当事人必须遵守，否则就要承担法律责任。

协商这种解决纠纷的方式的特点在于：一是没有第三人参与，不会泄露各方的商业秘密；二是方便、灵活，兼顾双方的利益，不易伤和气；三是经济，解决纠纷的成本很低。由于有这些特点，所以对当事人以后的交往影响不大。在发生纠纷时，首先考虑协商这种解决方式，是一种很好的选择。

（二）调解

调解，是指在当事人自愿的基础上，请求第三人出面，在第三人的主持下，当事人协商同意，达成新的协议，从而解决争议的方式。

调解可分为民间机构的调解、专门的仲裁机构的调解、法院的调解。不同的调解机构所作的调解，其法律效力是不同的。通过法院调解，当事人在调解书上签字后，调解书就与判决书具有同等的法律效力。仲裁机构制作的调解书与裁决书具有同等的法律效力。其他的调解，当事人在调解书上签字以后，对当事人就具有法律的约束力，但没有强制执行力。若达成协议后，一方当事人拒绝在调解书上签字，则调解无效。

第二节　经济仲裁

一、经济仲裁的含义及特点

（一）经济仲裁的含义

经济仲裁，也称公断，是指各方当事人通过协议自愿地将已发生或可能发生的经济争议交付第三方裁决，最终裁决对各方均有约束力，从而解决争议的方式。

仲裁作为一种解决争议的方式，在国际上有悠久的历史。1697 年，英国正式制定了第一部仲裁法，1887 年瑞典也制定了有关仲裁的法律，并于 1917 年成立了斯德哥尔摩商会仲裁院。此后，仲裁制度获得了进一步的发展。目前仲裁已成为解决国际贸易争议的主要方式。我国于 1994 年 8 月 31 日颁布了《中华人民共和国仲裁法》（以下简称《仲裁法》），并于 1995 年 9 月 1 日起施行。2000 年 11 月 22 日中国国际商会修订并通过了《中国海事仲裁委员会仲裁规则》，并于 2001 年 1 月 1 日起施行。2000 年 9 月 5 日中国国际贸易促进委员会、中国国际商会修订并通过《中国国际贸易仲裁委员会仲裁规则》，并于 2000 年 10 月 1 日起施行。随着我国经济的发展和对外开放，仲裁已越来越多地成为人们解决争议的重要方式。

（二）经济仲裁的特点

1. 自愿性或契约性

当事人自愿选择和提交仲裁，并且在仲裁时，可以选择仲裁程序、规则、仲裁事项等。

2. 独立性与自治性

仲裁机构是民间性组织，不是国家机关，不受他人或其他组织的支配。

3. 准司法性

仲裁裁决是终局，对当事人有约束力。对于仲裁裁决，当事人不能起诉，也不能向任何机关提出变更要求。但仲裁机构本身并不能强制执行，仲裁裁决的执行要一方当事人向有管辖权的法院申请强制执行，就这一点而言，仲裁具有准司法性。

4. 专业性

仲裁的专业性强，仲裁员由各方面的专家组成。当事人还可以选定仲裁员，这样就能避免随意性。而且，在经济争议中有的事项技术性、专业性很强，法院审理起来十分困难，即便审了，由于专业的限制其公正性在有些情况下也难以保证，而由专家仲裁则更具有权威性和说服力。

5. 保密性

仲裁的审理不公开，所作的裁决除了当事人知晓外是不公布的，这样不但可以保守当事人的商业秘密，而且也使当事人的商业信誉不受影响。

6. 速度快、费用低

由于仲裁是一裁终局，且由各方面的专家临时组成仲裁委员会，因此仲裁的速度快。另外，由于程序简便，因此其费用也较低。

7. 对于国际贸易仲裁，域外执行具有简便性

域外执行是十分困难的，因为涉及国家主权问题。仲裁裁决的执行也是非常复杂的，许多国家从其国家利益考虑，都会对外国仲裁裁决在本国的执行作出一些限制，导致裁决得不到执行。为了解决这一问题，国际上已先后缔结了三个有关承认和执行外国仲裁裁决的国际公约，其中最有影响、最有普遍性的是联合国经济与社会理事会于 1958 年主持制定的《承认与执行外国仲裁裁决公约》，即《纽约公约》。现在已有一百多个国家加入，我国于 1986 年 12 月加入，该公约于 1987 年 4 月 22 日起对我国生效。

《纽约公约》原则上可以适用于任何一个外国仲裁裁决，但在现实中是不现实的，缔约国不可能承认与执行一切外国仲裁裁决，因此公约规定缔约国在加入该公约时可以作出互惠保留和商事保留。这样，在保留的前提之下，缔约国之间的裁决就可以得到承认和执行。当事人可以直接向有管辖权的外国法院申请执行。虽然还是要由外国法院来执行，但是和判决的执行是不同的。

二、经济仲裁的基本原则

（一）自愿仲裁原则

我国《仲裁法》第 4 条规定，当事人采取仲裁方式解决纠纷，应当双方自愿，达成仲裁协议。没有仲裁协议，一方申请仲裁的，仲裁委员会不予受理。自愿原则是仲裁很重要的一个原则，这一原则所包含的内容是：

（1）当事人采用仲裁方式解决争议，应当双方自愿；

（2）向哪个仲裁机构申请仲裁，由双方当事人协商决定；

（3）仲裁员的选择由双方协商选择或双方委托仲裁委员会主任指定；

4. 在仲裁过程中双方可以自行和解，也可以撤回仲裁申请。

（二）公平合理、及时原则

仲裁应当根据事实，符合法律规定，公平合理地解决纠纷。而且，在解决纠纷时要及时，《仲裁法》第 1 条就提出了及时解决纠纷的原则。

（三）独立仲裁原则

仲裁依法独立进行，不受行政机关、社会团体和个人的干涉。

（四）不公开原则

我国《仲裁法》第 40 条规定，仲裁不公开进行，除非当事人协议公开，但涉及国家秘密的除外。

（五）一裁终局原则

我国《仲裁法》第 9 条规定，仲裁实行一裁终局制度。裁决作出后，当事人就同一纠纷再申请仲裁或向人民法院起诉的，仲裁委员会或人民法院不予受理。

（六）或裁或审原则

当事人达成仲裁协议，一方向人民法院起诉的，人民法院不予受理，只有在仲裁协议无效的情况下，人民法院才受理。裁决被人民法院依法裁定撤销或不予执行的，当事人就该纠纷可以根据新的协议仲裁，也可以向人民法院起诉。

（七）法院监督原则

法院对仲裁的监督主要体现在人民法院对依法作出的仲裁裁决应执行，但对于不符合法律规定作出的仲裁，法院不仅可以拒绝，而且可以撤销。

三、仲裁委员会

仲裁委员会是独立进行仲裁活动的机构。仲裁机构不是行政机关，我国《仲裁法》规定，仲裁委员会可以在直辖市和省、自治区人民政府所在地的市设立，也可以根据需要在其他设区的市设立，不按行政区划层层设立。

仲裁委员会的设立应当经过省、自治区、直辖市的司法行政部门登记。设立仲裁委员会应具备的条件是：①有自己的名称、住所和章程；②有必要的财产；③有该委员会的组成人员；④有聘请的仲裁员。

仲裁委员会由主任 1 人、副主任 2 人至 4 人和委员 7～11 人组成。主任、副主任和委员由法律、经济贸易专家和有实际工作经验的人员担任。其中法律、经济贸易专家不少于 2/3。

仲裁委员会按照不同专业设仲裁员名册。仲裁员应当符合的条件是：①从事仲裁工作满 8 年的；②从事律师工作满 8 年的；③曾任审判员满八年的；④从事法律研究、教学工作并具有高级职称的；⑤具有法律知识、从事经济贸易等专业工作并具有高级职称或具有同等专业水平的。

四、仲裁协议及法律意义

（一）仲裁协议

仲裁协议是当事人达成的同意将已发生或将发生的争议交付仲裁机构仲裁的协议。一项有效的仲裁协议要符合以下基本条件：

1. 主体合格

主体合格，即当事人必须具有订立仲裁协议的合法资格。当事人各方只能是确定法律关系的当事人或其明确授权的代理人，无民事行为能力人或者限制行为能力人订立的仲裁协议无效。

2. 采用书面形式

提交仲裁的协议必须由书面形式作成。我国《仲裁法》规定，当事人申请仲裁，应当向仲裁委员会递交仲裁协议、仲裁申请书及副本。可见，所提交的仲裁协议要求有书面形式。

书面形式可以表现为多种形式：①仲裁条款。仲裁条款是主合同中的一个条款，是当事人在订立合同的时候签订的、同意把可能发生的争议提交仲裁的协议。这一条款与其他条款具有不同的法律效力，即不受主合同效力的影响。②仲裁协议书，是为解决可能发生或已经发生的争议而单独订立的专门的仲裁协议。仲裁协议书可以在发生争议时，也可以在争议发生后，由双方当事人自愿、协商达成。③载于其他文件中的仲裁协议。这类仲裁协议主要通过当事人之间的各种书信、电传、电报、数据电文以及其他各种记录表现出来。这种表现形式不像专门的仲裁协议书或仲裁条款那样集中，但却比较明确地反映了当事人自愿将争议提交仲裁的意思表示，因此这类意思表示也可视为仲裁协议。④在申诉书、答辩书的交换中，一方称有仲裁协议，另一方不否认的，即认为是书面形式。

3．内容合法

内容合法，即申请仲裁的内容要符合法律的规定。一项有效的仲裁协议应当具备以下法定内容：①要有明确的、符合法律规定的仲裁事项。根据我国《仲裁法》的规定，婚姻、收养、监护、扶养及继承纠纷，依法应当由行政机关处理的行政争议、劳动争议和农业集体经济组织内部的农业承包合同争议，不能依仲裁法申请仲裁。②具有申请仲裁的意思表示。提请仲裁的意思表示应明确记载于仲裁协议之中，不能含糊。如果不明确，当事人可以补充协议，达不成协议的，仲裁协议无效。一方采取胁迫手段，迫使对方订立的仲裁协议无效。③要明确选定仲裁机构或仲裁委员会。当事人应在仲裁协议中就仲裁机构或仲裁委员会的选择作出明确表示，如果未确定仲裁机构或仲裁委员会，当事人可以补充协议，达不成协议的，仲裁协议无效。

（二）仲裁协议的法律意义

1．排除法院管辖

确定仲裁，排除诉讼，这是仲裁协议的重要法律意义。有仲裁协议则对当事人有约束力，当事人只能向仲裁机构申请仲裁，而不能向法院起诉。一方当事人向法院提起诉讼，另一方当事人可以以有仲裁协议为由，请求法院停止审理。当事人达成仲裁协议，一方向法院起诉未声明有仲裁协议，法院受理后，另一方在首次开庭前提交仲裁协议的，法院应当驳回起诉，仲裁协议无效的除外；另一方在首次开庭未对法院受理该案件提出异议的，视为放弃仲裁协议，法院应继续审理。

2．仲裁协议对当事人有约束力

仲裁协议对当事人有约束力，当事人应严格遵守仲裁协议约定的事项。

3．仲裁协议具有独立性

仲裁协议的独立性表现在：①仲裁协议独立存在。《仲裁法》第 19 条规定，仲裁协议独立存在，合同的变更、解除、终止或无效，不影响仲裁协议的效力。《中国国际贸易仲裁委员会仲裁规则》第 5 条规定："合同中的仲裁条款应视为与合同其他条款分离地、独立地存在的条款，附属于合同的仲裁协议也应视为与合同其他条款分离地、独立地存在的一个部分。"即仲裁协议与合同的其他条款是相互独立的部分，合同的效力不影响仲裁协议的效力。②双方当事人自愿达成仲裁协议，对各方当事人具有同等的约束力，事后任何一方的反悔都是无效的。

4. 仲裁协议是仲裁机构受理仲裁的依据

没有仲裁协议，任何一方申请仲裁，仲裁机构都不会受理。

5. 仲裁协议是法院强制执行的依据之一

一方当事人不履行仲裁裁决，另一方当事人可以依照《民事诉讼法》的有关规定向人民法院申请执行。受申请的人民法院作出强制执行的行为，必须要有仲裁裁决和仲裁协议，如果没有仲裁协议，或者仲裁协议无效，法院将驳回申请人的申请。

五、经济仲裁的程序

(一) 申请和受理

1. 仲裁的申请

当事人在发生争议后向仲裁机构提出仲裁申请是仲裁的开始。当事人提出仲裁申请应当符合的条件是：有仲裁协议，有具体的仲裁请求和事实、理由；属于仲裁委员会受理的范围。当事人向仲裁委员会提出仲裁申请，应当向仲裁委员会递交仲裁协议申请书、仲裁协议书及副本。

仲裁协议申请书应当记载事项有：①申请人和被申请人的姓名、性别、年龄、职业、工作单位和住所，法人或其他组织的名称、住所和法定代表人或主要负责人的姓名、职务；②申请人所依据的仲裁协议；③案情和争议的要点；④仲裁请求和所根据的事实、理由，证据和证据的来源、证人姓名和住所。委托代理人进行活动的，应当向仲裁委员会提交授权委托书。

2. 仲裁申请的受理

仲裁委员会在收到仲裁申请书之日起 5 日内进行审查，决定是否受理，并将是否受理的决定通知当事人。认为不符合条件的，应当书面通知当事人，并说明理由。

仲裁委员会受理仲裁申请后，应当在仲裁规则规定的期限内将仲裁规则和仲裁员名单送达申请人，并将仲裁申请书副本和仲裁规则、仲裁员名单和费用表送达被申请人。

申请人和被申请人应当在收到仲裁通知书之日起 20 日内在仲裁委员会仲裁员名单中选定一名仲裁员或委托仲裁委员会指定；被申请人应在收到通知书之日起 45 日内向仲裁委员会提交答辩书和有关证明文件。被申请人如有反请求，应在收到通知书之日起，海事仲裁 45 日内，国际经济贸易仲裁 60 日内以书面的形式提交仲裁委员会。

(二) 组成仲裁庭

仲裁庭可以由 3 名仲裁员或者 1 名仲裁员组成，由 3 名仲裁员组成的，要设首席仲裁员。当事人约定由 3 名仲裁员组成仲裁庭的，应当各自选定或各自委托仲裁委员会主任指定 1 名仲裁员，第三名仲裁员由当事人共同选定或共同委托仲裁委员会主任指定。第三名仲裁员是首席仲裁员。当事人未在规定的期限内约定仲裁庭的组成方式选定仲裁员的，由仲裁委员会指定。

仲裁员有下列情况之一的必须回避，当事人也有权提出回避申请：①是本案的当事人或当事人、代理人的近亲属；②与本案有利害关系；③与本案当事人、代理人有其他关系，可能影响公正仲裁的；④私自会见当事人、代理人，或接受当事人、代理人请客送礼的。

当事人对仲裁员的公正性和独立性产生怀疑时，可以书面向仲裁委员会提出回避申请。对仲裁员的回避申请应在第一次开庭之前提出，如果要求回避事由的发生和得知是在第一次开庭审理之后，可以在最后一次开庭终结之前提出。

仲裁员是否回避由仲裁委员会主任决定，仲裁委员会主任担任仲裁员时，由仲裁委员会集体决定。

仲裁员有私自会见当事人、代理人或接受当事人、代理人的请客送礼的情形，情节严重的，或在仲裁时有索贿、徇私舞弊、枉法裁决行为的，应依法承担法律责任，仲裁委员会应当将其除名。

（三）开庭和裁决

1. 开庭

仲裁应当开庭进行，当事人协议不开庭的，仲裁庭可以根据仲裁申请书、答辩书以及其他材料作出裁决。仲裁不公开进行；当事人协议公开的，除涉及国家秘密外，可以公开进行。

仲裁委员会应当在仲裁规则规定的期限内将开庭日期通知双方当事人。当事人有正当理由的，可以在仲裁规则规定的期限内请求延期开庭。

申请当事人经书面通知，无正当理由不到庭或者未经仲裁庭许可中途退庭的，可以视为撤回仲裁申请。被申请人经书面通知，无正当理由不到庭或者未经仲裁庭许可中途退庭的，仲裁庭可以进行缺席审理和缺席裁决。

当事人应对自己的主张提供证据，仲裁庭认为有必要收集证据，可以自行收集。当事人在仲裁的过程中有权进行辩论。辩论终结时，首席仲裁员或独任仲裁员应当征询当事人的最后意见。

2. 裁决

仲裁开庭后，当事人可以自行和解。达成和解协议的，可以请求仲裁庭根据和解协议作出裁决书，也可以撤回仲裁申请。

仲裁庭在作出裁决前，可以先行调解。当事人自愿调解的，仲裁庭应当调解，调解不成的，应当及时作出裁决。调解达成协议的，仲裁庭应当制作调解书，调解书与裁决书具有同等的法律效力。调解书经双方当事人签收后，即发生法律效力。在调解书签收前当事人反悔的，仲裁庭应当及时作出裁决。裁决书应当依照多数仲裁员的意见作出，少数仲裁员的不同意见可以记入笔录。仲裁庭不能形成多数意见时，裁决应当按照首席仲裁员的意见作出。裁决书由仲裁员签名，加盖仲裁委员会印章，并由当事人签收，裁决书自作出之日起发生法律效力，对当事人有约束力，一方当事人不履行仲裁协议，另一方当事人可以向人民法院申请强制执行。

（四）申请撤销裁决

仲裁具有一裁终局的特点，仲裁作出后，当事人不得向法院提起诉讼，也不得向有关方面申请复议。但是如果仲裁裁决在作出程序上有错误或内容上有错误，当事人可以向人民法院申请撤销裁决。

当事人提出证据证明裁决有下列情况之一的，可以在收到裁决书之日起6个月内，向仲裁委员会所在地的人民法院申请撤销裁决：①没有仲裁协议的；②裁决的事项不属于仲裁协议的范围或者仲裁委员会无权仲裁的；③裁决所根据的证据是伪造的；④对方当事人隐瞒了足以影响公正裁决的证据的；⑤仲裁员在仲裁该案时有索贿、徇私舞弊、枉法裁决行为的。

人民法院经合议庭审查核实，发现有撤销的情形或裁决违背社会公共利益的，应当在受理撤销裁决申请之日起2个月内作出撤销的裁定。认为没有撤销的法定情形的，也应当在受理撤销裁决申请之日起2个月内作出驳回申请的裁决。

（五）裁决的执行

裁决作出后，当事人应当执行，若一方当事人不执行，另一方当事人可以向人民法院申请强制执行。一方当事人申请执行裁决，另一方当事人申请撤销裁决的，人民法院应当裁定中止执行。裁定撤销裁决的，应当裁定终止执行，撤销裁决的申请被驳回后，人民法院应当裁定恢复执行。

六、涉外经济仲裁

（一）涉外经济仲裁的含义和特点

涉外经济仲裁，是指在涉外经济贸易活动和海事活动中，由双方当事人在争议发生前或争议发生后，达成协议，自愿将争议提交仲裁机构裁决，并由此解决纠纷的一种制度。涉外经济仲裁除了具有国内一般仲裁的特点外，其最大的特点表现在：

（1）仲裁的内容更广，包括跨国经济交往中所发生的商事纠纷。

（2）当事人可以自愿选择仲裁地点、仲裁机构、仲裁规则。

（3）当事人可以选择仲裁所适用的法律。

（4）仲裁裁决的效力需要明确确定。

（二）涉外经济仲裁协议的内容

1. 仲裁事项

确定哪些事项要提交仲裁，这一点在涉外经济仲裁中十分重要。为了使仲裁协议有效、裁决能得到承认与执行，约定提交仲裁的争议事项必须按有关国家法律属于商事争议，或可仲裁的争议。因为1958年联合国《承认与执行外国仲裁裁决公约》规定，缔约国在加入时可以作出保留。其中规定任何国家在签署、批准或加入公约时，可以申明"本国只对根据本国法律属于商事的法律关系，不论其是否为契约关系所引起的争执，适用本公约"。许多国家对此作了保留。因此，如果所约定的争议不属于有关国家国内法律认为的商事关系，则关于该项争议的仲裁条款或对该争议所作的裁决，就得不到这些国家的承认与执行。

我国的《仲裁法》规定，涉外经济贸易、运输和海事中发生的纠纷适用仲裁法。《中国国际贸易仲裁委员会仲裁规则》及《中国海事仲裁委员会仲裁规则》具体规定了涉外经济纠纷可以仲裁的事项。

2．仲裁地点

仲裁地点涉及用哪一国家的冲突规则来确定争议所适用的实体法。当事人可选择地点。

3．仲裁机构

当事人可以选择在某一地的仲裁机构进行仲裁，若一地有两个以上的仲裁机构，则要写明仲裁机构的具体名称。

4．仲裁规则

仲裁规则是指仲裁时运用的法律程序。我国《仲裁法》规定，在我国仲裁机构仲裁须适用我国仲裁机构的仲裁规则。

5．仲裁的法律适用

它是指用哪个国家的实体法来确定当事人的权利、义务。当事人依法可以选择，一般遵循"当事人选择优先"的原则。当事人在选择所适用的法律时一般应考虑以下几个问题：①法律有无强制性规定。因为如果有强制性规定，必须适用强制性规定，不必另作选择。②根据不同的纠纷选择不同的具体的法律。③在选择了不同国家的法律之后，还要进一步明确是订立合同时的法律，还是仲裁时的法律

如果当事人放弃了选择的权利，则一般由仲裁庭按照仲裁地国家的冲突规范来援引准据法，或按常设机构的仲裁规则来选定。中国的涉外经济仲裁机构在决定适用哪一国的实体法时，一般遵循最密切联系原则来选择所适用的法律，通常可能选择缔约地国法、合同履行地国法、仲裁机构所在地国法、标的物所在地国法及当事人国籍法等。

6．明确仲裁裁决的效力

一般各国都规定仲裁裁决是终局，对当事人有约束力，不能向法院起诉。但有的国家的法律规定，当事人可以就仲裁裁决的程序问题向法院起诉。为了减少不必要的争议，裁决的效力要写明。

（三）涉外裁决的执行

我国《仲裁法》及有关仲裁的规则规定，涉外仲裁委员会作出的裁决，写明期限的，当事人在期限内履行，未写明期限的，应当立即履行。一方当事人不履行的，另一方当事人可以根据中国法律的规定，向中国法院申请执行，如果被执行人或其财产不在中华人民共和国境内，当事人应根据1958年《承认及执行外国仲裁裁决公约》或中国缔结或参加的其他国际条约，向外国有管辖权的法院申请执行。

第三节 经济诉讼

经济诉讼，是指当事人依法请求法院运用审判权解决经济争议的一种方式。人民法院审理经济争议案件在程序上应依照《民事诉讼法》。

一、经济诉讼管辖

法院对经济诉讼的管辖，是指法院系统内各级法院之间以及同级法院之间受理第一审案件的分工与处理权限的划分。在我国，经济诉讼管辖主要有以下几种：

（一）级别管辖

级别管辖是按照人民法院组织系统上下级别来划分对第一审案件的管辖权。划分的依据是案件的性质、复杂程度以及对社会的影响程度。

基层人民法院管辖除上级法院管辖以外的所有第一审经济纠纷案件。

中级人民法院管辖的第一审经济纠纷案件有：重大涉外案件、在本辖区内有重大影响的案件。

高级人民法院管辖在本辖区内有重大影响的第一审民事案件。

最高人民法院管辖的第一审民事案件是：在全国有重大影响的案件以及最高人民法院认为应当由其审理的案件。

（二）地域管辖

地域管辖，是指按地区确定人民法院的管辖权。在我国，人民法院的管辖区与行政区的划分是一致的。地域管辖可以分为几类：

1. 一般地域管辖

这是指按照当事人住所地行使管辖权。地域管辖一般采取原告就被告的原则，即由被告住所地的人民法院管辖。被告的住所地与经常居住地人民法院不一致的，由经常居住地人民法院管辖。同一诉讼的几个被告住所地、经常居住地在两个以上人民法院辖区的，各人民法院都有管辖权。只有对不在中国领域内居住的人、下落不明的人或宣告死亡的人提起有关身份的诉讼，以及对劳动教养的人、被监禁的人提起诉讼才由原告所在地或经常居住地人民法院管辖。

2. 特别地域管辖

这是指根据诉讼标的或诉讼标的所在地及被告住所地确定行使管辖权。以下几类属于特别地域管辖：①因合同纠纷引起的诉讼，由被告住所地或合同履行地人民法院管辖；②因保险合同纠纷提起的诉讼，由被告住所地或保险标的物所在地人民法院管辖；③因票据纠纷提起的诉讼，由票据支付地或者被告住所地人民法院管辖；④因铁路、公路、水上、航空运输和联合运输合同纠纷提起的诉讼，由运输始发地、目的地或被告住所地人民法院管辖；⑤因侵权行为提起的诉讼，由侵权行为地或被告住所地人民法院管辖；⑥因铁路、公路、水上和航空事故请求损害赔偿提起的诉讼，由事故发生地或车辆、船舶最先到达地，航空器最先降落地或被告住所地人民法院管辖；⑦因船舶碰撞或其他海事损害事故请求损害赔偿提起的诉讼，由碰撞发生地、碰撞船舶最先到达地、加害船舶被扣留地或被告住所地人民法院管辖；⑧因海难救助费提起的诉讼，由救助地或被救助船舶最先到达地人民法院管辖；⑨因共同海损提起的诉讼，由船舶最先到达地、共同海损理算地或航程终止地人民法院管辖。

3．专属地域管辖

根据案件的特定性质，某一类案件必须由一定地区的人民法院管辖。属于此类的是：①因不动产提起的诉讼，由不动产所在地人民法院管辖；②因港口作业中发生纠纷提起的诉讼，由港口所在地人民法院管辖；③因继承遗产纠纷提起的诉讼，由被继承人死亡时住所地或遗产所在地人民法院管辖。

（三）协议管辖

协议管辖，是指当事人在协商的基础上对第一审案件共同协议选择应由哪一个人民法院管辖。协议管辖是对当事人意愿的尊重，有利于克服地方保护主义，使审判更为公正。

1．当事人可以选择与争议有关的人民法院

如被告住所地、合同履行地、合同签订地、原告住所地、标的物所在地等人民法院管辖。但要注意，协议管辖要用书面协议的形式，同时不得违反级别管辖、专属管辖的规定。

2．协议管辖具有一定的范围

国内协议管辖仅限于合同纠纷案件，而且只能选择我国人民法院管辖。涉外协议管辖，既可选择中国法院也可选择外国法院，但有些特殊案件不能选择，只能由中国的法院管辖。在中国境内履行的中外合资经营企业合同、中外合作经营企业合同、中外合作勘探自然资源合同发生纠纷提起的诉讼，只能由中国的法院管辖。

（四）移送管辖及指定管辖

人民法院受理经济纠纷案件后，发现不属于自己管辖时，应当移送有管辖权的人民法院。受移送的人民法院认为受移送的案件不属于自己管辖的，应当报上级人民法院指定管辖。有管辖权的人民法院由于特殊原因，不能行使管辖权的，由上级人民法院指定管辖。

二、诉讼程序

（一）一审程序

一审程序，是指最初受理案件的法院审理案件时所用的程序，可以分为普通程序、简易程序和特别程序。普通程序分为以下几个阶段：

1．起诉和受理

根据法律规定，原告起诉时应具备四个法定的条件：①原告是与本案有直接利害关系的当事人；②有明确的被告；③有具体的诉讼请求和事实、理由；④属于人民法院受理的范围和受诉人民法院管辖。

起诉应向人民法院递交起诉状。起诉状应记明的事项有：当事人的姓名、性别、年龄、民族、职业、工作单位和住所，法人或其他经济组织的名称、住所和法定代表人或主要负责人的姓名、职务；诉讼请求和所根据的事实与理由；证据和证据来源，证人姓名和住所。同时，按被告人数提交副本。人民法院收到起诉状后，经审查，认为符合起诉条件的，应当在 7 日内立案，对不符合条件的应裁定不予受理。

2. 审理前的准备

首先，人民法院应在受理案件后的 5 日内将起诉状副本发送被告，被告可在收到之日起 15 日内提交答辩状。人民法院在收到答辩状 5 日内将答辩状副本发送原告。被告不提交答辩状的，不影响人民法院审理。其次，人民法院告知当事人有关的权利、义务。再次，合议庭组成人员确立后，应当在 3 日内告知当事人。最后，审判人员认真审核诉讼材料，调查收集必要的证据。

3. 开庭审理

人民法院应公开审理，但涉及国家机密、个人隐私及法律另有规定的情况则不公开审理。当事人申请不公开审理的，可以不公开审理。

开庭审理包括的主要阶段有：开庭准备、法庭调查、法庭辩论及宣告判决。判决在当事人收到判决书之日起 15 日后发生法律效力。

（二）二审程序

二审程序，是指当事人任何一方不服第一审人民法院的第一审判决或裁定，在法定的期间内、按法定的程序提起上诉，上一级人民法院审理案件时所适用的程序。

当事人不服一审判决，有权在判决书送达之日起 15 日内向上一级人民法院提出上诉。

上诉应当向一审人民法院提出，当事人直接向第二审人民法院上诉的，第二审法院应当在 5 日内将上诉状交原审人民法院。

原审人民法院收到上诉状后应当在 5 日内将上诉状副本送达对方当事人，对方当事人在 15 日内提出答辩状。人民法院在收到答辩状之日起 5 日内将副本送达上诉人。原审人民法院收到上诉状、答辩状后，应当在 5 日内连同案卷和证据，送第二审人民法院。第二审法院应当对其审查，经过审理，作出维持原判、依法改判或发回重审的判决。当事人对发回重审的判决、裁定可以上诉。第二审人民法院的判决、裁定，是终审的判决、裁定，判决书自送达之日起发生法律效力。

（三）审判监督程序

审判监督程序，是指对已经发生法律效力的判决、裁定，发现有错误而重新再审，纠正错误的程序。

提起审判监督的途径有：

（1）各级人民法院院长发现本院已经生效的判决、裁定有错误，提起再审，由本院审判委员会决定。

（2）最高人民法院对地方各级人民法院已经发生法律效力的判决、裁定，上级人民法院对下级人民法院已经发生法律效力判决、裁定，发现确有错误的，有权提审或指令下级人民法院再审。

（3）最高人民检察院对各级人民法院、各级人民检察院对同级人民法院已经发生法律效力的判决、裁定，发现有如下情形的有权提起抗诉。这些情形包括：原判决、裁定认定事实的主要证据不足，所适用的法律有错误，或违反法定程序，或审判人员在审理案件时有贪污受贿、徇私舞弊、枉法裁判等行为。

（4）当事人对已经生效的判决，符合以下法定情形之一的，可以提起再审：①有新的证据，足以推翻原判决、裁定；②原判决、裁定认定事实的主要证据不足；③所适用的法律有错误；④违反法定程序，可能影响案件的正确判决；⑤审判人员在审理案件时有贪污受贿、徇私舞弊、枉法裁判等行为。

当事人对已经发生法律效力的调解书，提出证据证明违反自愿原则或其内容违法，可以申请再审。

当事人提起再审，应当在判决书、裁定书发生法律效力后的两年内提出。

人民法院审理再审案件，应当另行组成合议庭。按照审判监督程序再审的案件，发生法律效力的判决、裁定是由第一审人民法院作出的，按照第一审程序审理，当事人可以上诉。发生法律效力的判决、裁定是由第二审人民法院作出的，按照第二审程序审理，所作的判决是发生法律效力的判决，当事人不能上诉。一方当事人不履行，另一方当事人可以向人民法院申请强制执行。

（四）督促程序

督促程序又称支付令程序，是指人民法院根据债权人要求债务人给付金钱或有价证券的请求，不经过人民法院审理，直接向债务人发出支付令并要求其给付的程序。

申请支付的条件是：

（1）支付令适用于给付金钱或有价证券。

（2）债权人与债务人没有其他债务纠纷，不存在抵消关系。

（3）支付令能够送达当事人。

人民法院受理债权人的申请后，经审查债权人提供的事实、证据，对债权债务关系明确、合法的，应当在受理之日起15日内向债务人发出支付令；申请不成立的，则裁定驳回。债务人在收到支付令之日起15日内清偿债务，或向人民法院提出书面异议。债务人在规定的时间内不提异议又不履行的，债权人可以向人民法院申请强制执行。

（五）财产保全与先予执行程序

1. 财产保全

财产保全，是指在起诉前或人民法院受理案件后、作出判决前，人民法院根据当事人的申请或认为必要的时候，对于可能因一方当事人的行为或其他原因，使判决不能执行或难以执行时，作出财产保全的裁定，从而使判决得以执行的程序。

人民法院采取保全措施，可以责令当事人提供担保，当事人不提供担保的，驳回申请。申请人在人民法院采取保全措施后15日内不起诉的，或被申请人提供担保的，人民法院应当解除保全措施。因申请人的错误采取保全措施，给被申请人造成损失的，申请人应当赔偿。

2. 先予执行

先予执行，是指人民法院受理案件后、作出判决前，根据当事人一方的申请，先裁定另一方给付一定的财物，或先行裁定另一方作为或不作为的程序。人民法院裁定先予执行前可以责令当事人提供担保，当事人不提供担保的，驳回申请。申请人败诉的，应当赔偿被申请人因先予执行造成的财产损失。

先予执行的条件是：

(1) 当事人提出申请；

(2) 当事人之间权利、义务关系明确；

(3) 不先予执行将严重影响申请人的生活或生产经营；

(4) 被申请人有履行能力。

申请先予执行的范围：①追索赡养费、抚养费、抚育费、抚恤金及医疗费用的；②追索劳动报酬的；③因情况紧急需要先予执行的。

当事人对财产保全或先予执行的裁定不服的，可以申请复议，但在复议期间不停止裁定的执行。

(六) 强制执行程序

强制执行，是指人民法院的执行机构根据已发生法律效力的判决书、裁定或其他法律文件，在当事人拒不履行义务的情况下，以国家的强制力确定和实现当事人权利、义务的一种程序。

1. 人民法院强制执行的根据

人民法院可以以下列法律文书作为根据，进行强制执行：①人民法院作出的民事判决书、裁定书、调解书、支付令及罚款决定书；②人民法院作出的具有财产内容的刑事判决书、裁定书；③人民法院作出的承认和执行外国法院、外国仲裁机构的裁定书；④仲裁机构制作的裁决书、调解书；⑤行政机关制作的依法由人民法院执行的决定书；⑥公证机关依法作出的具有强制执行效力的债权文书。

2. 执行措施

强制执行的措施主要有：①查询、冻结和划拨被执行人的存款；②查封、扣押、冻结、拍卖及变卖被执行人的财产；③搜查被执行人及其住所或财产隐匿地；④强制执行被执行人交付法律文书指定交付的财物或票证；⑤强制迁出房屋或强制退出土地；⑥强制被执行人完成判决、裁定和其他司法文书指定的行为，费用由被执行人承担；⑦强制被执行人加倍支付延期履行给付金钱债务的利息，强制被执行人支付未在指定的期限内履行其他义务的迟延履行金。

3. 申请执行的期限

双方或一方当事人为公民的，申请执行期限为 1 年，双方都是法人或其他经济组织的，申请执行的期限为 6 个月。申请执行的期限以法律文书规定履行期限的最后一日算起。

(七) 涉外经济诉讼程序

涉外经济诉讼，是我国企业、经济组织及个人同外国的企业、经济组织和个人之间在经济交往中发生争议，其中一方当事人诉诸我国法院，我国法院依法解决其争议的活动。

涉外经济诉讼有以下特别规定：

（1）优先适用我国缔结和参加的国际公约。我国缔结和参加的国际公约同我国民事诉讼法有不同规定的，适用国际公约，但我国在缔结和参加国际公约时声明保留的除外。

（2）人民法院在审理涉外民事案件时应当使用中华人民共和国通用的语言和文字。

（3）外国当事人在我国法院提起诉讼、应诉，需要委托律师代理诉讼的，必须委托中国的律师。

（4）因合同纠纷或其他财产权益纠纷对在中华人民共和国境内没有住所的被告提起诉讼的，可以由合同签订地、合同履行地、诉讼标的物所在地、可供扣押财产所在地、侵权行为地或代表机构住所地人民法院管辖。当事人也可以书面协议选择与争议有实质性联系的地点的人民法院管辖，但不得违反级别管辖和专属管辖的规定。

（5）涉外经济贸易、运输和海事中发生的纠纷，当事人在合同中订有仲裁条款或事后达成仲裁协议，提交中国涉外仲裁机构或其他机构仲裁的，当事人不得向人民法院提起诉讼。

（6）根据中华人民共和国缔结或参加的国际条约，或者按照互惠原则，我国法院和外国法院可以相互请求协助代为送达文书、调查取证以及进行其他诉讼行为。但外国法院请求协助的事项有损于中华人民共和国的主权、安全或社会公共利益的，我国法院不予协助。

我国法院作出的发生法律效力的判决、裁定，如果被执行人或其财产不在中华人民共和国境内，当事人请求执行的，可以由当事人直接向有管辖权的外国法院申请承认和执行，也可以由我国法院依照中华人民共和国缔结或者参加的国际条约的规定，或者按照互惠原则，请求外国法院承认和执行。

涉外经济诉讼的时效为4年。

【案例精析】

韩某诉圣公公司借款合同纠纷案

一、案情

山东省日照市圣公实业有限责任公司（下称"圣公公司"）分四次向农行日照市东港支行借款50万元，第一笔借款20万元期限自1997年1月8日至同年12月8日，第二笔借款10万元自1997年2月27日至同年12月27日，第三笔借款10万元自1997年5月30日至1998年11月30日，第四笔借款10万元自1997年9月28日至1999年3月28日。

第一、第二笔借款到期后，双方协商展期至1998年11月8日。东港支行于1998年12月10日对上述两笔借款进行了催收；1998年11月30日，对第三笔借款进行了催收；1999年11月20日，对第四笔借款进行了催收。2001年4月21日、2003年4月15日、2004年4月28日，东港支行三次向圣公公司送达了公证借款催收通知书。2002年12月，圣公公司被吊销营业执照。2005年12月，农行岚山支行（由东港支行岚山办事处变更）与第三人韩某签订债权转让协议，将50万元债权转让给韩某。2006年2月，岚山支行向圣公公司送达了债权转让通知。

因圣公公司未还款，债权人韩某起诉至山东省日照市岚山区人民法院，要求圣公公司偿还借款50万元。圣公公司辩称，被诉主体已不存在，且原告的请求已超过诉讼时效，应驳回诉讼请求。

二、判决

日照市岚山区人民法院一审认为，东港支行与圣公公司签订的四份借款合同均合法有效，圣公公司应按借款合同约定履行还款义务。岚山支行将债权转让给韩某并履行了通知义务，该转让行为有效。在债权转让前，原债权人均在两年内进行了催收，未超过诉讼时效。圣公公司系被吊销营业执照，仍具备法人资格，应承担民事责任。遂判决：圣公公司偿还韩某借款50万元。

圣公公司不服，提出上诉，请求驳回韩某的诉讼请求。

日照市中级人民法院二审认为，前三笔借款到期后，债权人的催收行为均已超过两年诉讼时效。第四笔借款于1999年3月28日到期，债权人于1999年11月20日、2001年4月21日进行了催收，引起诉讼时效中断。圣公公司被吊销营业执照后，未办理注销工商登记手续，此后该公司的经营处于非正常状态，债权人于2003年4月15日、2004年4月28日向圣公公司送达催收通知书，说明其有主张权利的意思表示，因该公司无人签收致使意思表示未到达圣公公司的责任不应由债权人承担，应当认定债权人该两次催收行为能够引起诉讼时效的中断。2006年2月，岚山支行及韩某将债权转让通知送至圣公公司法定代表人，引起诉讼时效中断，自此时至韩某起诉，该笔债权未超过诉讼时效。遂判决：撤销（2007）岚民二初字第306号民事判决；圣公公司偿还韩某第四笔借款10万元；驳回韩某的其他诉讼请求。

三、法律问题

诉讼时效中断的认定。

四、评析

债权人在诉讼时效期间内向债务人住所地送达债权催收通知，债务人处无人签收能否引起诉讼时效的中断，应当从诉讼时效的立法目的来理解。诉讼时效制度设计的首要目的是为了督促权利人积极行使自己的权利，进而加速社会经济流转；另一目的是保护义务人，考虑历时很长的请求权所产生的举证困难的问题，因此赋予义务人以时效抗辩，允许其在法定期间之后可以拒绝履行。

应当看到，后一立法目的的实现是建立在权利人怠于行使自己权利的基础上，从而以时效制度来促进权利义务关系的稳定。本案中，韩某在诉讼时效期间内到圣公公司住所地进行债权催收，足以表明其并未怠于行使自己的权利。圣公公司被吊销营业执照后，经营处于非正常状态，对债权人2003年4月15日和2004年4月28日送达的催收通知书，因无人签收致使意思表示未到达该公司这一事实，韩某既无过失，也非故意，其主张权利的意思表示未到达圣公公司的责任不应由债权人承担。故二审法院认定，债权人该两次催收行为能够引起诉讼时效的中断，第四笔借款应予偿还。①

（案例来源：人民法院报，http://rmfyb.chinacourt.org，案例指导）

---

① 案例编写人：山东省日照市中级人民法院张宝华、李红。

【实训项目】

撰写民事起诉状

一、目的

通过训练使学生熟悉法律文书的基本特点和作用，掌握法律文书写作的基本要求。

二、组织形式

由教师选择案例，向学生说明要求，根据范本撰写民事起诉状。

三、具体要求

1. 学生参考范本撰写起诉状。

2. 格式正确，主旨鲜明，阐述精当，叙事清楚，材料真实，依法说理，语言精确、庄重。

范本：

民事起诉状

原告：_____

（原告为自然人的，应依次写明原告的姓名、性别、年龄、民族、职业、工作单位、住所。原告无诉讼行为能力而由法定代理人起诉，或者由委托诉讼代理人代理诉讼的，应在原告下一项写明法定代理人或诉讼代理人的姓名、性别、同原告的关系。原告为法人或其他组织的，应写明单位全称、所在地址，下一项写明法定代表人或代表人姓名、职务、电话、企业性质、工商登记核准号、开户银行及账号等内容）

被告（1）：_____

被告（2）：_____

（身份事项同原告）

诉讼请求：

（1）（诉讼请求必须具体、明确）

（2）（诉讼请求必须具体、明确）

事实与理由（这部分为诉讼请求所根据的事实与理由，是起诉状的主要内容。应先写明事实，在写明事实的基础上再写理由。一般要求内容真实详尽，理由充分）。

证据和证据来源，证人姓名和地址（该部分可单独作为一项书写，也可以结合叙述案情事实，采取边叙述边举证的方法，最后简要归结并开列证人名单）。

此致

××人民法院

附：本诉状副本×份。

具状人：

××××年×月×日

【自测题】

一、判断题

1. 有效的仲裁协议可排除法院的管辖权，只有在没有仲裁协议或者仲裁协议无效，或者当事人放弃仲裁协议的情况下，法院才可以行使管辖权，这在法律上称为或裁或审原则。 （　　）

2. 行政复议机关责令被申请人重新作出具体行政行为的，被申请人不得以同一事实和理由作出与原具体行政行为相同或者基本相同的具体行政行为。 （　　）

3. 对于平等民事主体当事人之间发生的经济纠纷而言，有效的仲裁协议可排除法院的管辖权。 （　　）

4. 当事人采用仲裁方式解决纠纷，应当由双方自愿达成仲裁协议。 （　　）

5. 当事人申请仲裁，必须按照级别管辖和地域管辖的规定选择仲裁委员会。 （　　）

6. 甲公司与乙公司解除合同关系，则合同中的仲裁条款也随之失效。 （　　）

7. 根据仲裁法的规定，甲、乙两公司在建设工程合同中依法约定有仲裁条款，其后，该建设工程合同被确认无效，则仲裁协议也无效。 （　　）

8. 当事人对仲裁协议的效力有异议的，一方请求仲裁委员会作出决定，另一方请求人民法院作出裁定的，由仲裁委员会裁定。 （　　）

9. 除涉及国家秘密以外，仲裁应公开进行。 （　　）

10. 仲裁裁决作出以后，一方当事人不履行的，另一方当事人可向人民法院申请执行。 （　　）

二、单项选择题

1. 仲裁裁决作出后，当事人就同一纠纷，不能再申请仲裁或向人民法院起诉。这体现的仲裁原则是（　　）。

    A. 自愿原则　　　　　　　　　　B. 一裁终局

    C. 两审终审制　　　　　　　　　D. 仲裁组织依法独立行使仲裁权

2. 下列纠纷中，可以适用《仲裁法》解决的是（　　）。

    A. 甲乙之间的土地承包合同纠纷　B. 甲乙之间的货物买卖合同纠纷

    C. 甲乙之间的遗产继承纠纷　　　D. 甲乙之间的劳动争议纠纷

3. 甲乙发生合同纠纷，继而对双方事先签订的仲裁协议效力发生争议。甲提请丙仲裁委员会确认仲裁协议有效，乙提请丁法院确认仲裁协议无效。关于确认该仲裁协议效力的下列表述中，符合法律规定的是（　　）。

    A. 应由丙仲裁委员会对仲裁协议的效力作出决定

    B. 应由丁法院对仲裁协议的效力作出裁定

    C. 应根据甲乙提请确认仲裁协议效力的时间先后来确定由仲裁委员会决定或丁法院裁定

    D. 该仲裁协议自然失效

4. 下列有关仲裁的说法不正确的是（　　　）。

　　A. 平等主体的公民、法人和其他组织之间发生的财产权益纠纷，可以仲裁

　　B. 仲裁实行自愿的原则

　　C. 由于仲裁组织要依法独立行使仲裁权，所以仲裁委员会与其他的行政机关没有任何的隶属关系

　　D. 仲裁裁决作出后，当事人就同一纠纷，可以再申请仲裁

5. 甲乙在 X 地签订合同，将甲在 Y 地的一栋房产出租给乙。后因乙未按期支付租金，双方发生争议。甲到乙住所地人民法院起诉后，又到 Y 地人民法院起诉。Y 地人民法院于 3 月 5 日予以立案，乙住所地人民法院于 3 月 8 日予以立案。根据民事诉讼法律制度的规定，该案件的管辖法院应当是（　　　）。

　　A. 甲住所地人民法院　　　　　　B. 乙住所地人民法院

　　C. X 地人民法院　　　　　　　　D. Y 地人民法院

6. 甲乙因某不动产发生纠纷，甲欲通过诉讼方式解决。其选择诉讼管辖法院的下列表述中，符合法律规定的是（　　　）。

　　A. 甲只能向甲住所地法院提起诉讼

　　B. 甲只能向乙住所地法院提起诉讼

　　C. 甲只能向该不动产所在地法院提起诉讼

　　D. 甲可以选择向乙住所地或该不动产所在地法院提起诉讼

7. 下列纠纷中，可以适用仲裁法解决的是（　　　）。

　　A. 甲乙之间的土地承包合同纠纷　　B. 甲乙之间的货物买卖合同纠纷

　　C. 甲乙之间的遗产继承纠纷　　　　D. 甲乙之间的劳动争议纠纷

8. 对国务院各部门或者省、自治区、直辖市人民政府的具体行政行为不服，下列解决途径不正确的是（　　　）。

　　A. 可以提起行政复议

　　B. 可以直接提起行政诉讼

　　C. 对行政复议决定不服的，可以向法院提起行政诉讼

　　D. 对行政复议决定不服的，可以向国务院申请裁决

9. 下列纠纷不适用仲裁方式解决的有（　　　）。

　　A. 房屋买卖合同纠纷　　　　　　B. 企业之间的财产产权纠纷

　　C. 甲乙之间的货物买卖合同纠纷　　D. 企业对环保局的处罚不服的纠纷

10. 甲乙因合同纠纷申请仲裁，仲裁庭对案件裁决未能形成一致意见，关于该案件仲裁裁决的下列表述中，符合法律规定的有（　　　）。

　　A. 应当按照多数仲裁员的意见作出裁决

　　B. 应当由仲裁庭达成一致意见作出裁决

　　C. 仲裁庭不能形成多数意见时，不能作出裁决

　　D. 仲裁庭不能形成一致意见时，提请仲裁委员会作出裁决

三、多项选择题

1. 下列纠纷不适用仲裁方式解决的有（　　　）。

    A. 房屋买卖合同纠纷　　　　　　B. 企业之间的财产产权纠纷

    C. 婚姻纠纷　　　　　　　　　　D. 企业对环保局的处罚不服的纠纷

2. 根据我国《行政复议法》的规定，下列各项中，不能申请行政复议的有（　　　）。

    A. 不服行政机关作出的行政处分

    B. 不服行政机关作出的人事决定

    C. 不服行政机关对民事纠纷作出的调解

    D. 不服行政机关作出的收回土地使用权的决定

3. 下列各项纠纷中，不适用仲裁法的是（　　　）。

    A. 张某与李某因劳动关系而发生纠纷

    B. 赵某与王某因财产继承而发生纠纷

    C. 某运输公司与保险公司因保险标的的理赔而发生纠纷

    D. 某农民与集体签订的土地承包合同纠纷

4. 在我国，解决经济纠纷的主要方式有（　　　）。

    A. 仲裁　　　　　B. 行政诉讼　　　　C. 行政复议　　　　D. 民事诉讼

5. 下列争议解决方式中，适用于解决平等民事主体当事人之间发生的经济纠纷的有（　　　）。

    A. 仲裁　　　　　B. 民事诉讼　　　　C. 行政复议　　　　C. 行政诉讼

四、案例分析题

A 市的左公司和 B 市的右运输公司在 A 市签订了左公司长期在 B 市内的货物运输合同，双方约定如果出现纠纷则交由北京仲裁委员会进行仲裁。在合同履行过程中，因为油价上涨的原因，双方就运输价格发生争议。于是，双方交由北京仲裁委员会进行仲裁。随后，左公司又向人民法院提起诉讼，要求与右公司解除合同，并赔偿左公司因此而受到的损失。

法院在不知其有仲裁条款的情况下进行了审理。庭审过程中，右公司进行了答辩，表示不同意解除合同。一审法院经过审理，判决驳回原告的诉讼请求。原告不服，认为一审判决错误，提出上诉，并称双方当事人之间存在仲裁协议，法院对本案无诉讼管辖权。在二审中，右公司提出反诉，要求左公司支付运输款。二审法院经过对上诉案件的审理，判决驳回上诉，维持原判。

问题：

（1）何地法院对本案具有诉讼管辖权？

（2）假设本案起诉前双方当事人对仲裁协议的效力有争议，可以通过何种途径加以解决？

（3）原告左公司主张双方之间存在仲裁协议，法院对本案无管辖权是否成立？为什么？

（4）对于右公司的反诉，二审法院应当如何处理？

（5）假设二审法院认为本案不应由人民法院受理，可以如何处理？

（6）如果二审前双方进行了调解，为了达成和解，右公司认定的事实能否作为以后审理的依据？

自测题参考答案

第一章　经济法基础知识

一、判断题

1. √　2. ×　3. √　4. ×　5. √　6. √　7. √　8. √　9. √　10. ×

二、单项选择题

1. A　2. B　3. C　4. A　5. C　6. D　7. C　8. A　9. B　10. C

三、多项选择题

1. BCD　2. ACD　3. CD　4. ABCD　5. ABC

四、案例分析题

1. 本案存在的法律关系有齐某与李某等 10 人之间以及齐某与丁某等 12 人之间的委托合同关系。

齐某代理李某等 10 人、丁某等 12 人分别与某电器厂签订的冰箱、空调买卖合同关系。

齐某、李某等 10 人与丁某等 12 人之间的不当得利法律关系。因为李某等 10 人每人以 2 400 元的价格得到了价值 2 600 元的冰箱，丁某等 12 人每人以 2 600 元的价格得到了价值 2 400 元的空调，齐某留下的 400 元与李某等 10 人每人占到的 200 元的便宜，均为丁某等 12 人多预付的货款，故为不当得利。

齐某与丁某等 12 人之间的侵权法律关系。齐某擅自处理侵犯了丁某等 12 人的合法权益，属侵权行为。

本案中，因为齐某和丁某等 12 人之间存在着不当得利法律关系，齐某应向丁某等 12 人每人返还 200 元。李某等 10 人和丁某等 12 人之间也存在着不当得利法律关系，因此李某等 10 人应每人向齐某支付 200 元。

根据《合同法》第 406 条的规定，有偿的委托合同，因受托人的过错给委托人造成损失的，委托人可以要求赔偿损失。无偿的委托合同，因受托人的故意或重大过失给委托人造成损失的，委托人可以要求赔偿损失。本案中齐某应返还对丁某等 12 人每人多收的 200 元。

根据《民法通则》的规定，不当得利一经成立，在当事人之间便会产生不当得利之债。受损人有请求返还不当得利的权利，受益人则负有与之相对应的义务。受益人返还以返还原物为原则。如无法返还原物，则应折价返还。本案中李某等 10 人应要求齐某返还每人不当得利款 200 元。

2. 本案奖金应归李明所有。根据《民法通则》的规定：十周岁以上的未成年人是限制民事行为能力人，可以进行与他的年龄、智力相适应的民事活动；其他民事活动由他的法定代理人代理，或者征得他的法定代理人的同意。李明 14 岁是限制民事行为能力人，但他进行的使自己纯受益的民事权利行为是有效的。因此，奖金应归李明所有，但其监护人可代为管理。

李明的父母有权要求退货。李明为限制民事行为能力人，可以进行与他的年龄、智力相适应的民事活动；其他民事活动由他的法定代理人代理，或者征得他的法定代理人的同意。李明花 5 000 元购买电脑的行为不属于"与他的年龄、智力相适应的民事活动"且未取得其法定代理人的同意，因此，其父母有权要求退货。

第二章 企业法律制度

一、判断题

1. √ 2. × 3. √ 4. × 5. √ 6. √ 7. × 8. × 9. √ 10. ×

二、单项选择题

1. A 2. B 3. B 4. C 5. C 6. A 7. B 8. A 9. D 10. D

三、多项选择题

1. ABD 2. ABCD 3. AD 4. BCD 5. BCD

四、案例分析题

1. 本合同有下列违法之处：

（1）合同的主体违法。中外合资企业中方投资者为公司、企业或其他经济组织，中国的自然人不能成为中外合资企业的中方投资者。

（2）企业的名称不符合法律规定。承担有限责任的企业，必须在名称中注明"有限"字样。

（3）公司注册资本和投资总额的比例不合法。中外合资企业投资总额为 400 万美元的，注册资本不能少于 210 万美元，而本合同中中方出资 160 万美元，外方出资 40 万美元，只有 200 万美元。

（4）外方的出资比例不合法。法律规定，外方的出资不能少于注册资本总额的 25%，本合同中外方的出资只达到注册资本的 20%。

（5）工业产权的出资比例太大。工业产权出资不能超过注册资本总额的 20%。

（6）外方的出资方式不对。土地使用权只能是中方的出资方式，外方不能以此出资。

（7）企业的最高权力机构不对。合资企业不设股东会，其最高权力机构应当为董事会。

（8）企业法定代表人不对。合资企业的法定代表人应该是董事长，不是总经理。

（9）该企业合营各方享受权利承担义务的方式不对。应当按照出资比例分配利润、分担风险和分配解散时的财产。

（10）该企业增减注册资本的做法违法。合资企业的注册资本不能减少；确需减少的，必须经过审批机构批准。

（11）该企业解决争议使用的法律不合法。合资企业合同争议只能适用中国法律，不能适用外国法律。

2. ①该合伙企业不可以是普通合伙企业形式。我国《合伙企业法》规定，国有独资公司、国有企业、上市公司以及公益性的事业单位、社会团体不得成为普通合伙人。因此，这四个合伙人只能设立有限合伙企业。

②各方出资方式合法。合伙人可以用货币、实物、知识产权、土地使用权或者其他财产权利出资，也可以用劳务出资。

③由丁执行合伙企业事务的设想合法。《合伙企业法》规定，按照合伙协议的约定或者经全体合伙人决定，可以委托一个或者数个合伙人对外代表合伙企业，执行合伙事务。作为合伙人的法人、其他组织执行合伙事务的，由其委派的代表执行，其他合伙人不再执行合伙事务。但是，不执行合伙事务的合伙人有权监督执行事务合伙人执行合伙事务的情况。

④合伙协议不得约定由部分合伙人承担全部亏损。

第三章　公司法

一、判断题

1. √　2. √　3. ×　4. √　5. √　6. √　7. ×　8. √　9. ×　10. ×

二、单项选择题

1. D　2. C　3. B　4. B　5. A　6. C　7. B　8. B　9. C　10. B

三、多项选择题

1. AB　2. BC　3. ACD　4. ABCD　5. AB

四、案例分析题

1.（1）B 企业转让 A 公司股份的行为符合法律规定。根据《公司法》的规定，发起人持有的本公司股份，自公司成立之日起 1 年内不得转让。公司公开发行股份前已发行的股份，自公司股票在证券交易所上市交易之日起 1 年内不得转让。2010 年 3 月 5 日不在时间限制内，故 B 企业可以将部分股份转让给 D 公司。

（2）A 公司董事会决议符合法律规定。根据《公司法》的规定，董事会认为必要时可以提议召开临时股东大会；董事会行使的职权之一是制订公司增加或者减少注册资本以及发行公司债券的方案。所以，本题中董事会的决议符合法律规定。

（3）首先，A 公司临时股东大会通过发行公司债券的决议符合法律规定。根据《公司法》的规定，对发行公司债券作出决议属于股东大会的职权，股东大会决议经出席会议的股东所持表决权的过半数通过即可。其次，A 公司临时股东大会通过增选一名公司董事的决议不符合法律规定。根据《公司法》的规定，临时股东大会不得对通知中未列明的事项作出决议。

2.（1）A 不能接受委托代为行使表决权。根据规定，董事因故不能出席董事会会议的，可以书面委托其他董事代为出席。但 A 为监事，不是董事，不能代为行使表决权。

（2）董事会会议记录存在不妥之处。根据规定，董事会会议记录，应由出席会议的董事在会议记录上签名，列席董事会会议的监事无须在会议记录上签名。该公司列席董事会会议的监事在会议记录上签名，是不符合规定的。

（3）股东大会会议作出由公司职工代表曹某代替公司职工代表赵某的决议不符合《公司法》的规定。根据《公司法》的规定，股份有限公司职工代表出任的监事不是由公司股东大会选举产生，而是由职工代表大会、职工大会或者其他民主形式选举产生。本题由公司股东大会选举职工代表出任监事是不符合规定的。

第四章　破产法

一、判断题

1. √　2. √　3. √　4. ×　5. √　6. √　7. ×　8. √　9. √　10. ×

二、单项选择题

1. A　2. B　3. C　4. C　5. B　6. D　7. C　8. A　9. C　10. A

三、多项选择题

1. ABD　2. ABD　3. AB　4. ABC　5. ABD

四、案例分析题

1.（1）管理人不能申请人民法院撤销该抵押。根据规定，人民法院受理破产申请前1年内，债务人对没有财产担保的债务提供财产担保的，管理人有权请求人民法院予以撤销。在本题中，甲公司设定抵押的时间距人民法院受理破产申请已经超过了1年，因此，管理人不能申请人民法院撤销该抵押。

（2）管理人可以申请人民法院予以撤销。根据规定，人民法院受理破产申请前1年内，债务人放弃债权的，管理人有权请求人民法院予以撤销。

（3）管理人可以申请人民法院予以撤销。根据规定，人民法院受理破产申请前6个月内，债务人不能清偿到期债务，并且资产不足以清偿全部债务或者明显缺乏清偿能力，仍对个别债权人进行清偿的，管理人有权请求人民法院予以撤销。在本题中，甲公司向个别债权人C企业的清偿行为，发生在人民法院受理破产申请前6个月内，因此，管理人可以申请人民法院予以撤销。

（4）管理人有权予以追回。根据规定，债务人为逃避债务而隐匿、转移财产的行为，属于无效行为，自始无效，管理人有权予以追回。

（5）E企业不能向管理人主张抵消权。根据规定，债权人在破产申请受理前对债务人负有债务的，可以向管理人主张抵消。但是，债权人已知债务人有不能清偿到期债务或者破产申请的事实，对债务人负担债务的，不能抵消。但是，债权人因为法律规定或者有破产申请1年前所发生的原因而负担债务的除外。

（6）F企业的主张不符合规定。根据规定，人民法院受理破产申请后，债务人的出资人尚未完全履行出资义务的，管理人应当要求该出资人缴纳所认缴的出资，而不受出资期限的限制。

（7）管理人应当追回。根据规定，债务人的董事、监事和高级管理人员利用职权从企业获取的非正常收入和侵占的企业财产，管理人应当追回。

2.（1）人民法院的诉讼费用 30 万元、管理人报酬 20 万元属于破产费用，合计 50 万元；为继续营业而支付的职工工资及社会保险 40 万元属于共益债务。

（2）管理人有权请求人民法院予以撤销。根据规定，人民法院受理破产申请前 1 年内，对债务人无偿转让财产的行为，管理人有权请求人民法院予以撤销。

（3）丙公司可以申报债权。根据规定，管理人依照《企业破产法》的规定解除合同的，对方当事人以因合同解除所产生的损害赔偿请求权申报债权。

（4）债权人丁银行、乙企业在债权人会议上就破产财产分配方案的表决不享有表决权。根据规定，对债务人的特定财产享有担保权的债权人，未放弃优先受偿权利的，对通过"和解协议和破产财产的分配方案"的事项不享有表决权。

（5）破产财产的清偿顺序

①清偿银行贷款 250 万元、乙企业货款 500 万元；

②清偿 50 万元的破产费用和 40 万元的共益债务；

③清偿职工工资 200 万元；

④清偿税款 100 万元；

⑤剩余 860 万元的破产财产清偿普通破产债权，破产财产不足以清偿同一顺序的清偿要求的，按照比例分配。

（6）管理人或者人民法院应当将提存的分配额分配给其他债权人。根据规定，债权人未受领的破产财产分配额，管理人应当提存。债权人自最后分配公告之日起满两个月仍不领取的，视为放弃受领分配的权利，管理人或者人民法院应当将提存的分配额分配给其他债权人。

第五章　合同法

一、判断题

1. ×　2. ×　3. ×　4. √　5. ×　6. ×　7. √　8. √　9. √　10. ×

二、单项选择题

1. D　2. D　3. A　4. C　5. C　6. A　7. A　8. B　9. D　10. B

三、多项选择题

1. AB　2. AB　3. ABCD　4. AD　5. ABD

四、案例分析题

1. 本案涉及租用空白合同书签订合同的问题。该合同无效。公司 A 与乡镇企业对公司 B 的损失负连带清偿责任。公司 A 的非法所得予以追缴，上缴国库。

2.（1）乙方不完全履行合同而违约在先，理应双倍返还定金，但乙方已部分履行了合同，故应按比例双倍返还相应的定金。

（2）双方定有违约金条款，甲方有权要求乙方依此规定支付违约金。

（3）甲方应要求乙方双倍返还定金 6 万元，并原数退还另外 2 万元定金，但不能要求乙方同时承担违约金责任。

（4）不应支持，因为甲方仅有权就未履行部分解除合同。

（5）甲方有权要求乙方继续履行合同。

（6）甲方能够要求乙方承担该损失，因为乙方有责任承担赔偿非违约方可得利益损失的义务。

（7）甲方可在违约之债请求权与侵权之债请求权中任选一种，请求乙方承担责任。

第六章　担保法律制度

一、判断题

1. √　2. ×　3. √　4. √　5. √　6. ×　7. √　8. √　9. √　10. √

二、单项选择题

1. D　2. B　3. C　4. C　5. C　6. C　7. A　8. A　9. B　10. D

三、多项选择题

1. CD　2. BD　3. ABCD　4. AC　5. AC

四、案例分析题

1.（1）万宁公司中止履行合同不违反法律规定。根据《合同法》的规定，双务合同成立后，应当先履行债务的当事人，有确切证据证明对方不能履行债务或者有不能履行债务的可能时，在对方没有履行或者没有提供担保之前，有权中止履行合同。

（2）振明公司拒绝承担保证责任符合法律规定。根据《担保法》的规定，一般保证的保证人在主合同纠纷未经审判或者仲裁，并就债务人财产依法强制执行仍不能履行债务前，对债权人可以拒绝承担保证责任。

（3）振明公司与兴隆啤酒厂的债务可以相互抵消。根据《担保法》的规定，当事人互负到期债务，标的物种类、品质相同的，任何一方可以将自己的债务与对方的债务抵消。标的物种类、品质不相同的，经双方协商一致，也可以抵消。

2.（1）A、B两个企业签订的买卖合同有效。根据《合同法》的有关规定，法人的法定代表人超越权限订立的合同，除相对人知道或者应当知道其超越权限的以外，该代表行为有效。在本案中，B企业并不知道A企业的法定代表人张某超越了内部权限，因此张某的代表行为有效，买卖合同成立。

（2）A企业有权在6月5日行使不安抗辩权，中止履行合同。根据《合同法》的有关规定，应当先履行债务的当事人，有确切证据证明对方经营状况严重恶化的，可以中止履行，要求对方提供担保。

（3）A、B两个企业签订的抵押合同有效，但双方在抵押合同中关于"如B企业不能支付到期货款，该厂房的所有权直接归A企业所有"的约定无效。根据《担保法》的规定，抵押人和抵押权人在合同中不得约定在债务履行期限届满抵押权人未受清偿时，抵押物的所有权转移为债权人所有。但该约定内容的无效不影响抵押合同其他部分内容的效力。

（4）根据《担保法》的有关规定，保证人C与债权人A未约定保证期间的，保证期间为主债务履行期届满之日起 6 个月。在本案中，主债务的履行期届满之日为 2005 年 7 月 10 日，所以保证人 C 的保证期间为 2005 年 7 月 11 日至 2006 年 1 月 10 日。

（5）A 企业有权要求 B 企业支付其 80 万元的补偿金。根据《担保法》的有关规定，在抵押物灭失、毁损或者被征用的情况下，抵押权人可以就该抵押物的保证金、赔偿金或者补偿金优先受偿。

（6）C 企业拒绝履行保证责任的理由成立。根据《担保法》的有关规定，在合同约定的保证期间或者法律规定的保证期间，债权人未对债务人提起诉讼、申请裁定的（适用于一般保证），或者未要求保证人承担保证责任的（适用于连带保证），保证人免除保证责任。在本案中，C 企业的保证期间为 2005 年 7 月 11 日至 2006 年 1 月 10 日。债权人 A 直到 2006 年 6 月 1 日才要求保证人 C 承担保证责任，已超出了保证期间，所以 C 的保证责任免除。

第七章　消费者权益保护法和产品质量法

一、判断题

1. √　2. ×　3. ×　4. √　5. ×　6. √　7. ×　8. ×　9. ×　10. √

二、单项选择题

1. D　2. C　3. D　4. A　5. A　6. B　7. A　8. D　9. A　10. C

三、多项选择题

1. CD　2. AC　3. BD　4. ABD　5. ABD

四、案例分析题

1.（1）博佳皮衣厂不能因为"当面查验，概不退换"的声明而免除责任。因为对质量不合格的产品，消费者要求退货或换货是法律规定的权利，也是经营者的义务，经营者不得以其店堂告示来侵犯消费者的权益。

（2）张某应先向博佳皮衣厂要求赔偿，如果展销会主办方不能提供卖皮衣的经营者的相关信息，则张某可以向其求偿。

（3）博佳皮衣厂的诉讼不能成立。因为消费者有权将真实情况公之于众，公众媒体也可以将该真实信息公布，这是一种社会监督，经营者也有接受消费者和社会公众监督的义务。

2.（1）缺陷产品召回是指对于流通中存在缺陷的产品，在可能导致损害发生的情况下，产品生产经营者采取发布公告、通知等措施敦促消费者交回缺陷产品，经营者采取有效措施消除缺陷，防止损害发生的一种事先救济措施，以求"防患于未然"或将损失最小化。该制度具有如下特点：

首先，缺陷产品召回是一种针对具有同一性、系统性缺陷的产品采取的事先救济措施，在产品造成损害的事实尚未发生前采取，目的在于避免损害发生。这也是其与"三包"制度的主要区别，因为"三包"主要针对个别产品出现的个别问题，主要解决的是非系统性缺陷。

其次，缺陷产品召回是质量担保的补充形式，并不是经营者承担的附加产品义务。

因为经营者对产品质量负有的担保义务是持续的、多环节的，对于存在缺陷尚未造成损害发生的产品，理应负有担保义务。

再次，缺陷产品召回具有明显的社会利益导向。因为产品召回面向众多消费者，这无疑会增加企业的额外经营成本。可是，缺陷产品的召回必然有利于消费者的身体健康和财产安全以及社会整体利益。

最后，缺陷产品召回有主动召回和强制召回两种方式。前者主要基于经营者的商业道德和经营环境，后者则具有立法的强制力。

（2）汽车生产商愿意主动召回其生产的缺陷产品，主要是缺陷汽车产品的召回不仅是《缺陷汽车产品召回管理规定》所要求的，而且实施缺陷汽车产品召回有利于汽车生产商的长远发展。

在现代社会，市场的竞争已经发展到质量和服务（特别是售后服务）的竞争，产品质量的好坏直接关系到厂商的发展。汽车在我国已经越来越普及，其市场潜力十分巨大，对于有缺陷的汽车，厂商主动召回，不仅体现了厂商对产品质量的负责，更体现了厂商对消费者权益的尊重，体现了厂商的社会责任，这是厂商赢得消费者信赖、与消费者建立长期友好关系的重要保证。同时，对于缺陷汽车的召回也是国务院行政法规明确规定的，厂商的这种做法也体现了其合法经营、守法经商的诚意，同样也会赢得社会的认同，无论对社会还是对厂商自身的发展都是有益无害的。

第八章　反不正当竞争法与反垄断法

一、判断题

1. ×　2. √　3. ×　4. ×　5. √　6. √　7. √　8. √　9. √

二、单项选择题

1. C　2. A　3. A　4. B　5. C　6. A　7. B　8. D　9. C　10. A

三、多项选择题

1. ABCD　2. AC　3. ABCD　4. ABCD　5. ABD

四、案例分析题

1.（1）甲旅行社的行为已构成不正当竞争。

商业秘密，是指不为公众所知悉、能为权利人带来经济利益、具有实用性并经权利人采取保密措施的技术信息和经营信息。

雇员或职员的跳槽行为是企业的商业秘密被泄露的主要渠道。甲旅行社利用高薪利诱乙旅行社职员泄露乙旅行社的经营信息，致使乙旅行社业务骤减，造成一定经济损失。

（2）商业秘密是企业的一种无形财产，具有不可侵犯性，任何人均负有不可侵犯的义务，雇员也不例外。本案例中雇员跳槽以及泄露商业秘密的行为都构成侵权，应依法进行相应的处理。获取被泄露商业秘密的甲旅行社采用了不正当竞争手段，也应承担侵权责任。

2.（1）C服装厂与A单位之间的交易行为是合法的。我国《反不正当竞争法》规定的商业贿赂的表现形式主要是回扣。回扣是指在商业购销中，卖方从明确标价应支付价款外，暗中向买方退还钱财及其他报偿以争取交易机会和交易条件的行为。回扣的特征之一是从账外秘密给付。由此看，C 服装厂与 A 单位之间没有秘密给付。A 单位和 C 服装厂所签合同中的确 10% 的优惠是折扣，折扣是经营者在市场交易中，以明示的方式减扣或送让给对方一部分款额，促成交易的一种促销手段，不属于商业贿赂，是一种合法行为。

（2）介绍人 B 所收取的是介绍人劳务报酬也称佣金。佣金也是经营者以明示的方式给付，并明示入账的。所以介绍人 B 收取 1 000 元佣金是合法的。

第九章　票据法律制度

一、判断题

1. √　2. ×　3. ×　4. √　5. ×　6. √　7. √　8. ×　9. √　10. √

二、单项选择题

1. A　2. B　3. C　4. D　5. C　6. D　7. B　8. D　9. C　10. A

三、多项选择题

1. ABCD　　2. ABCD　　3. ACD　　4. ABD　　5. BCD

四、案例分析题

1.（1）涉争的本票是银行本票。我国《票据法》第 73 条第 2 款规定："本法所称本票，是指银行本票。"可见，我国《票据法》只承认银行本票，不承认商业本票。本案中的本票虽然是 A 银行接受 B 公司的委托而开出的，但是本票是用 A 银行而不是 B 公司的名义开出的，因此其性质仍然是（而且只能是）银行本票。

（2）王某改写票据金额的行为，在票据法上叫做票据的变造。票据的变造，是指无变更权的人对票据上除签章以外的有关记载事项进行变更的行为。在本案中，王某变更的不是票据的签章，而是票据的金额，因此构成票据的变造。

依照我国《票据法》第 14 条的规定，王某首先要承担票据责任，责任范围以其变造的金额为限。在本案中，也就是要对持票人承担 8.6 万元的付款责任。其次，根据我国《票据法》第 103 条第 1 款、第 104 条以及有关司法解释的规定，王某还应当分别承担民事赔偿责任、刑事责任和行政责任。

（3）根据我国《票据法》第 14 条第 3 款的规定，票据上其他记载事项被变造的，在变造之前签章的人，对原记载事项负责；在变造之后签章的人，对变造之后的记载事项负责。因此，如果本案中的持票人行使追索权，在王某变造之前签章的 A 银行、B 公司、李某，都只对原记载金额也就是 8 600 元负责，在王某变造之后签章的 C 商店，应当对变造后的金额负责，也就是 8.6 万元。任何一个债务人向持票人清偿之后，都可以向其前手债务人继续追索。

2.（1）不能。根据《票据法》的规定，票据债务人不得以自己与出票人或者持票人的前手之间的抗辩事由，对抗持票人，E 公司属善意持票人，不受前手票据权利瑕疵的影响。

（2）该票据为有效票据。票据的付款日期为相对应记载事项，未记载时不影响票据的效力。

（3）该背书无效，并不影响汇票的效力。根据《票据法》的规定，背书不得记载的内容，一是附有条件的背书，二是部分背书。背书时附有条件的，所附条件不具有汇票上的效力。

（4）E公司可以向其前手中任何一个或几个当事人行使追索权。

第十章　知识产权法律制度

一、判断题

1. √　2. ×　3. ×　4. √　5. ×　6. ×　7. ×　8. √　9. ×　10. √

二、单项选择题

1. B　2. D　3. D　4. A　5. C　6. C　7. C　8. D　9. D　10. C

三、多项选择题

1. ABC　2. BCD　3. BC　4. AD　5. ABC

四、案例分析题

1. （1）可以请求宣告该专利无效；自国务院专利行政部门公告授予专利权之日起，任何单位或者个人认为该专利权的授予不符合专利法的规定的，可以请求专利复审委员会宣告该专利权无效。

（2）能宣告该专利权无效。说明书应当对发明或实用新型作出清楚、完整的说明，以所属技术领域的技术人员能够实现为准。权利要求书应当以说明书为依据，说明要求专利保护的范围。但本案中，长曲柄自行车专利的说明书与权利要求书中没有说明原长尺寸，没有原长尺寸的加长是虚概念，不应是发明专利。

2. （1）应予2月5日之前向商标评审委员会申请复审。

（2）应当改变初审决定。因为"长寿"具有"岁数大"等其他含义，应当可以作为商标注册；同时用"长寿"作为保健器的商标，是一种暗示商标，而不是叙述商标，应当具有一定的显著性，符合商标申请的条件。

（3）可以向法院提起诉讼。因为修改后的《商标法》规定，商标的取得、维持和撤销都纳入司法审查的范围，申请人可以在收到商标评审委员会复审决定之日起30日内向人民法院起诉。

（4）不能。因为此时使用将侵犯商标专用权。

第十一章　经济争议的解决

一、判断题

1. √　2. √　3. √　4. √　5. ×　6. ×　7. ×　8. ×　9. ×　10. √

二、单项选择题

1. B　2. B　3. B　4. D　5. D　6. C　7. B　8. B　9. D　10. A

三、多项选择题

1. CD   2. ABC   3. ABD   4. ABCD   5. AB

四、案例分析题

（1）A、B 两市的法院都没有管辖权。《民事诉讼法》第 24 条规定："因合同纠纷提起的诉讼，由被告住所地或者合同履行地人民法院管辖。"如果不考虑其他因素，被告住所地或者合同履行地都在 B 市，因此 B 市法院就享有诉讼管辖权。但是我们应注意的是本案中左、右两公司在签订合同的同时，又约定如果双方出现纠纷则交由北京仲裁委员会进行仲裁。根据《仲裁法》第 5 条的规定："当事人达成仲裁协议，一方向人民法院起诉的，人民法院不予受理，但仲裁协议无效的除外。"本案中，并没有导致仲裁协议无效的情形出现，因此，人民法院对此案没有管辖权。

（2）可以请求仲裁委员会作出决定或者请求人民法院作出裁定。一方请求仲裁委员会作出决定，另一方请求人民法院作出裁定的，由人民法院裁定。《仲裁法》第 20 条规定："当事人对仲裁协议的效力有异议的，可以请求仲裁委员会作出决定或者请求人民法院作出裁定。一方请求仲裁委员会作出决定，另一方请求人民法院作出裁定的，由人民法院裁定。当事人对仲裁委员会的效力有异议，应当在仲裁庭首次开庭前提出。"因此，起诉前双方当事人对仲裁协议的效力有争议，可以申请仲裁委员会或者法院裁定。

（3）不成立。当事人一方向法院起诉时未声明有仲裁协议的，人民法院受理后，对方当事人又应诉答辩的，视为该人民法院有管辖权。最高人民法院《关于适用〈中华人民共和国民事诉讼法〉若干问题的意见》（以下简称《民诉意见》）第 148 条规定："当事人一方向人民法院起诉时未声明有仲裁协议，人民法院受理后，对方当事人又应诉答辩的，视为该人民法院有管辖权。"本案中，右公司作为被告出庭应诉答辩的行为视为放弃了仲裁协议，故人民法院有管辖权，应当继续审理。

（4）可以根据自愿原则进行调解，调解不成的，告诉当事人另行起诉。《民诉意见》第 184 条规定："在第二审程序中，原审原告增加独立的诉讼请求或原审被告提出反诉的，第二审人民法院可以根据当事人自愿的原则就新增的诉讼请求或反诉进行调解，调解不成的，告知当事人另行起诉。"本案中，由于右公司的反诉，应当进行调解，调解不成的，告知其另行起诉。

（5）裁定撤销原判，驳回起诉。《民诉意见》第 186 条规定："人民法院依照第二审程序审理的案件，认为依法不应由人民法院受理的，可以由第二审人民法院直接裁定撤销原判，驳回起诉。"

（6）不能。在诉讼中，当事人为了达成调解协议或者和解的目的作出妥协所涉及的对案件事实的认可，不得在其后的诉讼中作出对其不利的证据。最高人民法院《关于民事诉讼证据的若干规定》第 67 条："在诉讼中，当事人为达成调解协议或者和解的目的作出妥协所涉及的对案件事实的认可，不得在其后的诉讼中作出对其不利的证据。"本案中，为了达成和解右公司承认的一些事实，不能作为日后审判时对其不利的证据。

参考文献

1. 曾咏梅，王峰. 经济法［M］. 3 版. 武汉：武汉大学出版社，2006.

2. 王利明. 民法学［M］. 2 版. 北京：中国人民大学出版社，2006.

3. 刘军，楚风华. 经济法［M］. 北京：机械工业出版社，2007.

4. 潘静成，刘文华. 经济法［M］. 2 版. 北京：中国人民大学出版社，2005.

5. 王丽. 经济法教程［M］. 北京：对外经济贸易大学出版社，2007.

6. 徐杰. 经济法学［M］. 4 版. 北京：北京大学出版社，2007.

7. 高晋康. 经济法［M］. 4 版. 成都：西南财经大学出版社，2008.

8. 彭礼坤. 经济法［M］. 成都：西南财经大学出版社，2008.

9. 梁慧星. 中国物权法研究［M］. 北京：法律出版社，1998.

10. 张士元. 公司法概论［M］. 北京：中国政法大学出版社，1996.

11. 冯果. 公司法要论［M］. 武汉：武汉大学出版社，2003.

12. 李昌麒. 经济法学［M］. 3 版. 北京：中国政法大学出版社，2007.

13. 王利明. 合同法［M］. 3 版. 北京：中国人民大学出版社，2009.

14. 崔建远. 合同法［M］. 4 版. 北京：法律出版社. 2007.

15. 法律出版社法规中心. 中华人民共和国合同法案例解读本［M］. 北京：法律出版社. 2009.

16. 潘静成，刘文华. 经济法［M］. 3 版. 北京：中国人民大学出版社，2008.

17. 刘文华，孟雁北. 经济法练习题集［M］. 2 版. 北京：中国人民大学出版社，2009.

20. 徐孟洲. 经济法学原理与案例教程［M］. 北京：中国人民大学出版社，2006.

21. 史际春. 经济法［M］. 北京：中国人民大学出版社，2005.

22. 宋彪. 经济法案例研习教程［M］. 北京：中国人民大学出版社，2008.

23. 陈兴乐. 从阜阳奶粉事件分析我国食品安全监管体制［J］. 中国公共卫生，2004（10）.

24. 牟岩，刘跃峰. 国际打假经验借鉴［J］. 中国质量技术监督，2006（1）.

25. 吴汉东. 知识产权法［M］. 3 版. 北京：法律出版社，2009.

26. 刘春田. 知识产权法［M］. 北京：中国人民大学出版社，2000.

27. 钱晓英. 经济法概论［M］. 3 版. 北京：电子工业出版社，2010.

28. 陈亚平. 经济法实用教程［M］. 北京：中国农业大学出版社，北京大学出版社，2008.

29. 于莹. 票据法 [M]. 北京：高等教育出版社，2005.

30. 孙应征. 票据法理论与实证解析 [M]. 北京：人民法院出版社，2004.

31. 郑孟状等. 支票法论 [M]. 北京：中国人民公安大学出版社，2000.

32. 中国法制出版社. 仲裁法及其配套规定 [M]. 2 版. 北京：中国法制出版社，2002.

33. 姚梅镇，余劲松. 国际经济法概论 [M]. 武汉：武汉大学出版社，2000.